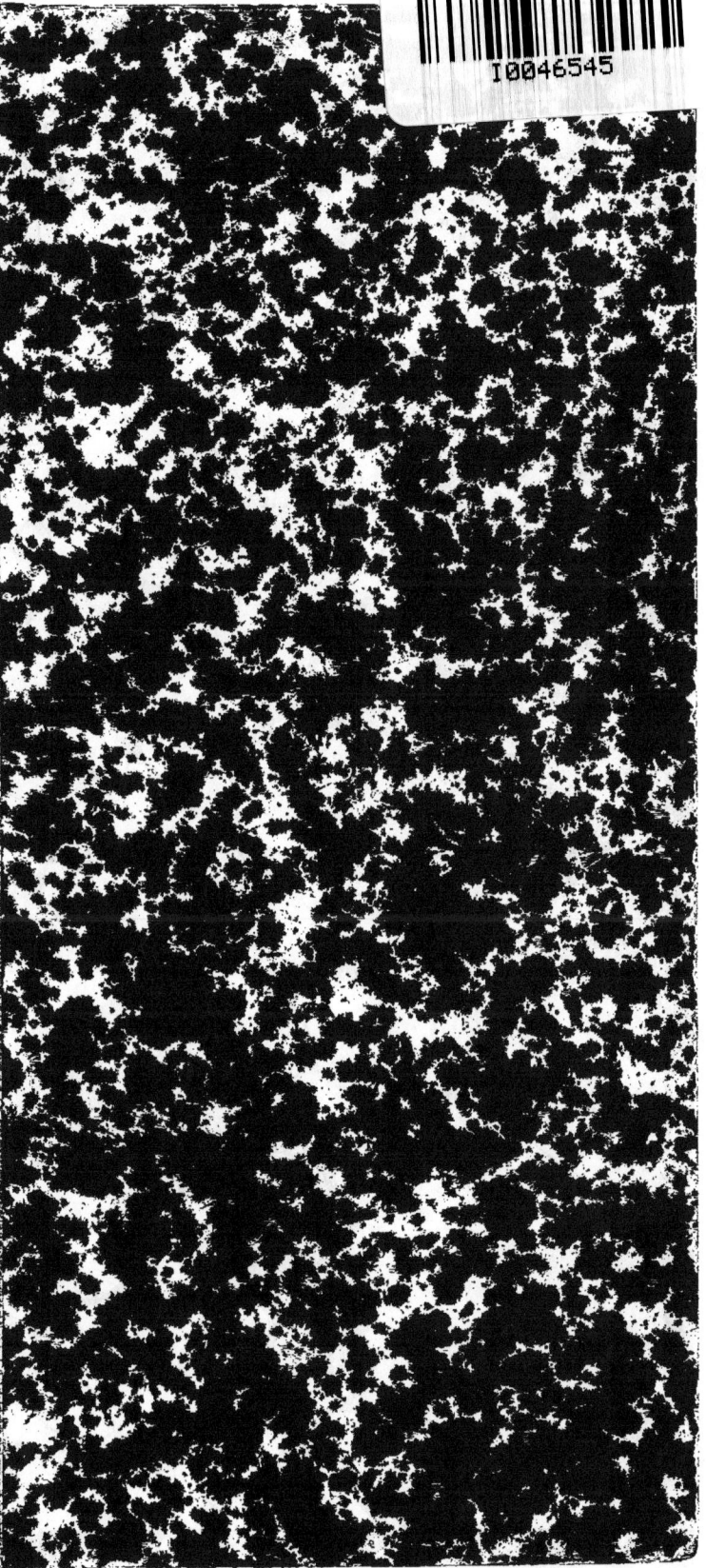

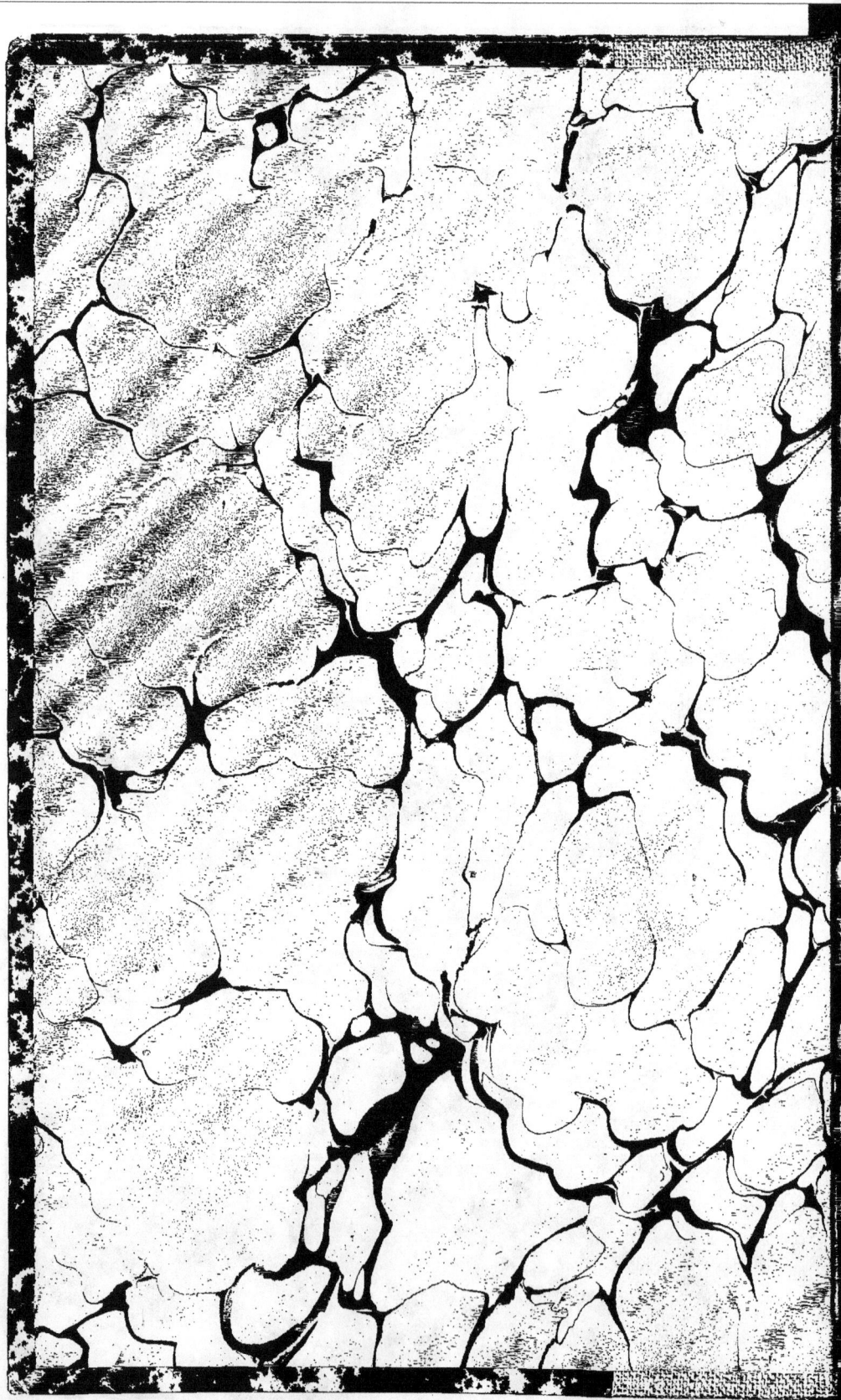

PAUL MANSUY

UNIVERSITÉ DE PARIS - FACULTÉ DE DROIT

L'Idée
du Juste Prix

THÈSE POUR LE DOCTORAT

SOUTENUE LE LUNDI 24 DÉCEMBRE 1906

PAR

Alfred de TARDE

Président : M. Ch. GIDE.

Suffragants : { MM. Fernand FAURE,
TRUCHY.

SARLAT

MICHELET, IMPRIMEUR, RUE DE LA CHARITÉ

1906

THÈSE POUR LE DOCTORAT

1438

UNIVERSITÉ DE PARIS - FACULTÉ DE DROIT

L'Idée
du Juste Prix

Thèse pour le Doctorat

PAR

ALFRED DE TARDE

SARLAT

MICHELET, IMPRIMEUR, RUE DE LA CHARITÉ

1906

A la mémoire vivante de mon père, GABRIEL TARDE, je dédie ces pages tout imprégnées de son souvenir et de son enseignement.

A. T.

CHAPITRE I.

—

—*—

I

Avant d'exposer le fond même de notre sujet, nous voulons définir nettement le point de vue auquel nous l'envisageons.

Le plus communément, le juste prix est conçu comme l'expression d'une règle morale, la mise en œuvre d'un concept de justice, — règle et concept qui se surajoutent aux faits de la vie quotidienne, qui sont d'une autre nature qu'eux et cherchent à les dominer. Il y aurait, d'une part, le prix payé en fait sur le marché, et, d'autre part, le prix qu'il serait juste qu'on payât, en vertu de certaines exigences morales. Le juste prix serait donc un simple *desideratum* de justice, indépendant de la pratique économique, étranger à l'observation, établi sur de pures bases spéculatives. Le juste prix ne se constaterait pas, il s'édicterait.

C'est bien là l'idée que les économistes, couramment, se sont faite du juste prix. Les uns et les autres furent, d'ailleurs, plus ou moins radicaux dans cette séparation de la justice et du fait. Certains, comme les économistes de l'école anglaise et de l'école française libérale, disjoignirent tout à fait le domaine économique et le domaine de la justice. Ils prétendirent se fonder sur l'observation pure, et reléguer en dehors de la science les préoccupations du moraliste. Ils ne virent pas que ces préoccupations, qu'ils négligeaient volontairement, avaient une répercussion certaine sur les faits, et que, par suite, elles-mêmes étaient des faits constatables, parfois d'une importance telle que, les ignorer, c'était se condamner à ne rien comprendre à fond, par exemple dans la théorie du salaire. Les deux éternelles lois accouplées de l'offre et de la demande et du coût de production, avaient paru suffisantes pour l'explication de la valeur et du prix, indépendamment de toute considération morale et, en général, de toute considération subjective, puisée dans la conscience des échangistes. D'ailleurs, par une instructive malice des choses, ces lois elles-mêmes prenaient, dans la bouche de ceux qui les proféraient, une très nette allure mystique : c'étaient les lois *naturelles*. — D'autres économistes, ceux des différentes écoles chrétiennes de nos jours, tout en reconnaissant que les deux domaines, le moral et l'économique, sont nettement distincts par leur nature, déclarent vouloir faire une large place, dans la vie économique, à la justice, expression de la loi religieuse, — et ainsi ils confondent dans la pratique la science et la morale, en soumettant l'une à l'autre. Il n'en reste pas moins que, pour eux comme pour les économistes classiques, le juste prix est, en théorie, un simple précepte, qu'il est désirable, ou qu'il est dangereux au contraire, d'instituer en règle de la vie économique.

Notre attitude est bien différente. Pour nous, le juste prix est une question de fait; il est l'un des éléments du prix. Nous n'étudions pas un problème de justice, nous étudions la formation réelle du prix et l'origine de la valeur. Nous cherchons à dégager l'action de certaines idées qui accompagnent la naissance de la valeur dans la conscience. Ce n'est donc pas une question de morale que nous agitons, et nous ne cherchons pas, comme saint Thomas et les canonistes par exemple, à construire un édifice de décisions sur ce qui est juste ou injuste, — mais nous considérons le juste prix, ou, plus exactement, *l'idée d'un juste prix,* comme un objet d'observation précise. Objet d'observation précise à deux points de vue : à la fois, comme l'un des éléments déterminants du jugement de valeur dans la conscience, — et comme facteur important du prix de certaines marchandises particulières. Nous voulons, d'une part, dégager à la racine de toutes les théories de la valeur, des affirmations arbitraires, rattachées à un sentiment moral, — et, d'autre part, étudier rapidement l'action expérimentale de l'idée de justice sur certains prix. L'un de ces points de vue complète l'autre : si l'idée de justice est vraiment vivante dans la conscience, au point de déterminer cet important jugement de valeur, qui est l'expression très fréquente et très directe de l'individu, on doit pouvoir suivre la trace plus précise de cette idée dans les faits particuliers. Nous choisirons un certain nombre de ces faits à l'appui de notre thèse, et nous verrons qu'il est impossible d'expliquer, sans l'action des idées éthiques, certains prix déterminés, notamment celui qui est le fondement principal des autres, le prix du travail. En d'autres termes, si la nécessité d'un *substratum*, d'un soutien moral, nous est démontrée par l'analyse du jugement de valeur, la *forme* particulière qu'affecte ce soutien dans certains jugements de valeur déterminés nous sera donnée par l'observation des marchés. Ce sera là une double preuve, l'une renforçant l'autre. Toutes deux, d'ailleurs, veulent être des preuves de fait, l'une puisée dans l'examen de la conscience individuelle, l'autre déduite de l'observation des prix sur le marché. Nous intitulerons ces deux parties de notre travail : l'une, partie *théorique,* parce qu'elle se borne à la discussion des théories différentes de la valeur, et cherche à établir les bases véritables du jugement de valeur ; l'autre, partie *pratique*, parce qu'elle concerne certains prix déterminés (salaire, intérêt...... etc.), et dégage l'influence de l'idée de justice sur ces prix.

Cette attitude d'observation pure est une réponse suffisante à l'objection que maints économistes pourraient nous adresser : « La science économique, disent-ils, est indépendante des catégories morales. Si elle préconise parfois un système, ce n'est pas en raison de ses qualités de justice, car la science ignore la justice, mais c'est en raison de son utilité plus ou moins grande pour le groupe social. La spéculation vraiment scientifique ne prend pas en considération les désirs et les idéals des hommes, elle ne s'occupe que de ce qui est nécessaire ou de ce qui est le plus utile, le plus rationnel. Le fondement de l'Economique n'est pas l'Idéal, mais l'Utilité. » — Passons sur l'objection que ce qui est le plus utile, c'est encore, en un sens, ce qui est le *meilleur*, c'est-à-dire, le plus conforme à un idéal arbitraire ; que si, entre deux modes de production, l'un plus utile, l'autre plus conforme à la justice, nous choisissons le premier, c'est en vertu d'une règle qui ne nous est point donnée par la connaissance scientifique ; que l'*optimum* économique enfin, comme l'a montré Cournot, ne peut être donné par la science, étant un principe d'action *a priori* (1). Prenons l'affirmation comme telle : La science ignore l'idéal. Qu'est-ce que cela veut dire, sinon que la science fait abstraction de l'homme en tant qu'être vivant, souffrant, désirant, passionné ? Nous ne nions pas qu'il y ait là un effort élevé de rationaliser l'homme (et cet effort lui-même provient d'un idéal : la Raison froide), mais il y a surtout une méconnaissance véritable de sa nature profonde. Quand les uns veulent faire intervenir le sentiment moral dans la direction des forces économiques, et que les autres lui dénient tout rôle, aucun ne se place au point de vue de la science impartiale ; ce sont deux idéals pratiques qu'ils mettent en présence. La science économique, basée sur la connaissance psychologique complète de l'homme, constate seulement que ces théoriciens s'appuient tous sur un sentiment profond de la justice, que cette justice soit donnée par la Nature ou par l'Esprit. Elle connaît une force irrécusable et certaine : le désir de justice, inscrit en chacun de nous. Elle le prend comme tel, observe sa forme déterminée à chaque époque, et découvre son action plus ou moins cachée sur le jugement de valeur. Elle ne le condamne ni ne l'absout, mais elle ne peut l'ignorer. Elle reconnaît la force convaincante de la justice dans les discussions économiques, et constate en regard l'impuissance des raisons objectives dans l'explication des phénomènes économiques. Elle prend l'homme tout entier, avec les désirs de son cœur et les postulats de son intelligence.

---

(1) Cournot. — *Théorie des Richesses* (1863). — *De l'Optimisme économique*, p. 411 et s.

Les économistes de l'école classique n'ont pas reconnu l'influence de ces désirs et de ces postulats. Héritiers d'une conception mécaniste des faits sociaux, qui est celle de la la philosophie du xviiie siècle, ils ont cru à l'enchaînement rigoureux et tout extérieur des phénomènes économiques. Ils visèrent à établir, d'une façon subtile et savante, quelques relations habituelles entre les faits, et crurent avoir découvert des lois d'une précision égale à celle des lois physiques. Ainsi la loi de l'offre et de la demande, la loi de la population, la loi de la valeur fondée sur le coût de production, la loi de Gresham, la loi du salaire nécessaire, la loi de la rente...... etc., — toutes imparfaitement qualifiées de lois, et dont aucune, sauf la loi de Gresham, qui n'est qu'un procédé de marchands, n'a résisté, comme loi, à l'étude approfondie des générations suivantes d'économistes.

L'échec partiel de cet effort tient, croyons-nous, précisément à cette affectation d'allure mécaniste que revêtait la pensée économique. Il faut pénétrer dans l'intimité des faits économiques, comme de tous les faits sociaux; il faut voir quelle est leur nature profonde; ce sont, avant tout, des faits mentaux. Et il ne faut légiférer, par suite, qu'en ne perdant jamais de vue cette origine et cet aboutissant des faits sociaux : l'esprit individuel. On aurait compris alors la nécessité d'introduire dans ces lois objectives, nées du très légitime désir de fixer des vérités certaines, des éléments relatifs empruntés à la connaissance du cœur humain. Tout ce qui est dans les faits sociaux a fait partie de la conscience individuelle. La loi de la rente, la loi de la population, la loi de l'offre et de la demande, la loi du salaire nécessaire...... etc., ne demandaient qu'à être traduites en termes psychologiques et relatifs pour exprimer des vérités positives. Or, parmi les éléments dont nous parlons, l'un des plus notables est le désir de justice. L'étude que nous allons entreprendre n'est autre chose que la mise en lumière de cet élément.

Nous écartons donc toute prétention dogmatique et morale, pour nous en tenir à l'étude des faits. En élucidant l'influence de l'idée de justice dans les théories et dans les faits économiques,

peut-être apporterons-nous quelque utile contribution au problème de l'origine de la valeur, — problème dont on ne saurait
nier l'importance capitale pour l'intelligence des phénomènes
et la constitution de la science économiques (1).

A propos du juste prix, nous serons amenés à découvrir
l'influence d'un grand nombre de sentiments et de croyances
qui sont étrangères à l'idée de justice. Nous croyons, en effet,
que la nature de l'homme est tout entière engagée dans le
jugement de juste prix. Mille opinions arbitraires, comme le
prestige attribué passagèrement à certains objets, à certains
lieux, à certaines doctrines, à certaines manières d'agir ou de
sentir...... etc., peuvent influer sur lui; elles ne peuvent elles-
mêmes, bien entendu, expliquer la nécessité d'un juste prix,
mais elle concourent ou peuvent concourir à modifier le calcul
de celui-ci dans la conscience individuelle. Voici comment :

Le juste prix, *en soi*, c'est l'équivalence entre l'objet reçu et
l'ojet donné. Cette définition, qui est celle d'Aristote, des canonistes et théologiens du moyen âge, et aussi bien celle de tous
les économistes, est purement formelle; elle est insignifiante
absolument au point de vue réel. C'est aussi bien la seule qui
puisse être donnée comme absolue, puisqu'elle vaut pour toutes
les justices les plus différentes. En effet, elle ne préjuge rien du
problème, qui est précisément de savoir combien vaut l'objet
reçu et combien l'objet donné. C'est là la partie à élucider; le reste
va de soi, n'est qu'affaire de calcul. Si l'on nous donne une
définition de la valeur, nous saurons tout de suite quel est le
juste prix correspondant. Etant données les valeurs telles qu'elles
sont fixées dans la conscience, le juste prix consiste toujours à

---

(1) Cette importance a pourtant été niée. Le problème de la valeur
suscite périodiquement des joûtes passionnées : à l'époque où parurent les
Harmonies économiques (Bastiat, Lassalle et Proud'hon), — aujourd'hui, à
propos de la thèse marxiste de la valeur (Engels, Sombart, Croce, Labriola,
Sorel...... etc.). Il semble qu'un découragement assez grand, de part et
d'autre, soit le résultat le plus net de ces assauts philosophiques. Mais
l'importance même du problème est prouvée par ces renaissances périodi-
ques. Une conception de la valeur est suffisante à fonder un ordre social.
Nous montrerons que le socialisme tout entier est engagé dans la solution
qu'il donne au problème de la valeur.

n'acquérir une valeur quelconque qu'en sacrifiant une valeur égale. La partie importante du problème, c'est donc l'étude des conditions antérieures à ce calcul d'équivalence, c'est *l'établissement des termes de cette équation psychologique*. Il s'agit de savoir comment les valeurs sont déterminées dans la conscience individuelle. Le problème est celui même de la valeur; il se confond avec lui.

Or, pour expliquer le jugement de valeur, nous faisons intervenir l'homme tout entier avec ses préférences, ses goûts individuels. Chacun porte en soi son échelle de valeurs; la hiérarchie qu'il établit entre les choses n'est que l'expression de cette hiérarchie intérieure, qui varie d'ailleurs et subit le choc des doctrines ambiantes, des opinions, des modes, des coutumes..... Par suite, la valeur de l'objet reçu et celle de sa contrepartie sont soumises, dans l'esprit de chaque échangiste, à cette hiérarchie préalable, et elles sont sujettes à changer avec elle, à hausser ou baisser suivant mille influences diverses. Le calcul de l'équivalence, qui fonde le juste prix, est donc déterminé, comme la valeur, par l'état des consciences individuelles.

Nous ne parlons, pour le moment, que de la fixation de la valeur dans la conscience individuelle; nous semblons oublier que la détermination du prix par celle-ci est un cas rare et presque abstrait, que le plus généralement le prix lui est donné tout fait à elle-même, et qu'elle l'accepte ou le discute. En effet, le prix, ou la valeur sociale, paraît se présenter avec un caractère propre, et posséder l'antériorité sur la valeur individuelle. Nous reviendrons sur ce problème; mais disons tout de suite quelle position nous avons prise vis-à-vis de lui. Il s'agit de savoir au fond si les estimations individuelles sont dominées par les estimations sociales, ou si, au contraire, celles-ci ne sont que d'anciennes estimations individuelles généralisées et devenues communes à un groupe social. Or, nous croyons que rien, socialement, ne peut s'imposer aux individus, qui ne vienne, par un détour plus ou moins long, des individus eux-mêmes. Tout sort d'eux et tout y retourne. Il ne semble pas qu'il y ait d'autres consciences réelles que les consciences individuelles, ni d'autres volontés que les leurs, et dans l'influence obscure que la société fait peser sur chacune d'elles, il n'apparaît pas qu'on puisse discerner autre chose qu'un faisceau d'actions individuelles plus ou moins semblables. La racine de toute valeur sociale, c'est une valeur individuelle plus ou moins répandue dans les cœurs, et généralisée par le moyen de la répétition sociale, ou imitation. « Quand la répétition a fonctionné un certain temps, et produit un certain nombre de choses semblables dans un ordre quelconque de réalités, elle y donne lieu à des quantités spéciales, qui sont la synthèse de ces similitudes (1). » La valeur sociale est l'une de ces quantités. Elle est l'expression de jugements et de désirs similaires dans un groupe donné.

Ce passage de l'économie individuelle à l'économie sociale, qui, pour certains auteurs, est une supposition commode et sans preuves, ne peut paraître mystérieux avec le secours de la psychologie sociale, ou interpsychologie. Comment certains jugements individuels, dira-t-on, profondément cachés dans la conscience, peuvent-ils être considérés comme les facteurs véritables du prix, ou de la valeur sociale ? La cause et l'effet semblent ici hétérogènes. — Cependant, si l'on suppose que ces jugements individuels se contredisent ou se confirment, s'opposent ou s'accordent entre eux, et que, en vertu de certaines lois de psychologie sociale, après de nombreuses luttes et éliminations, certains accords finissent par l'emporter et s'établir solidement, on pourra concevoir le prix comme l'un de ces accords de jugements individuels, accord supposé par le vendeur chez ses acheteurs, aussi bien que par l'acheteur chez ses vendeurs. Si la cause et l'effet semblent à tort hétérogènes, c'est que le prix, ou valeur sociale, est tenu pour ce qu'il n'est pas, c'est-à-dire pour une réalité indépendante des consciences individuelles, alors que sa nature n'est pas différente de celle d'un concept, et qu'il ne peut résulter que d'un accord psychologique, réel ou supposé. L'autorité et la vénération spéciale dont on entoure ces choses sociales, collectives, anonymes,

(1) Tarde. — *Psychologie économique*, I, p. 281.

la réalité mystique dont on les anime, la domination qu'elles exercent sur les esprits individuels, ne peuvent nous faire perdre de vue leur véritable nature. Cette autorité confuse relève elle-même de la psychologie, du prestige extraordinaire que confère à une idée l'adhésion presque universelle, mais nullement mystérieuse, des individus d'un groupe donné. A cette illusion réaliste paraissent avoir résisté peu de savants eux-mêmes. Et pourtant, si la psychologie individuelle est parfois un chaos, on pourrait soutenir, sans paradoxe, que la psychologie sociale est très claire ; elle est de la psychologie individuelle simplifiée, ordonnée, coulée en courants similaires très nets. Le prix exprime un jugement de valeur commun très simple.

Considérer les choses sociales comme des entités dominantes et distinctes des consciences individuelles, c'est être amené à voir dans la valeur sociale le facteur déterminant des valeurs individuelles, c'est proclamer que la valeur est un *fait objectif*. Contre cette affirmation s'élève toute notre thèse. Mais d'abord, qu'entendons-nous par un fait objectif ? Sur le sens précis de ce terme subsistent encore bien des obscurités. Certains auteurs (1) ne veulent pas qu'on oppose objectif à psychologique ; des explications pourraient être dites psychologiques qui prétendent aussi à être objectives. Les théories de la valeur, nous disent-ils, sont toutes plus ou moins psychologiques, quelques-unes seulement sont objectives. Objectif, ce serait *être soumis à des lois fixes*, et susceptible, par suite, d'étude scientifique. — Dans ce cas là, objectif s'opposerait alors simplement à imprévisible. Mais, précisément, le rôle de la science est d'agrandir le domaine du prévisible. En l'état actuel de nos connaissances, peu de phénomènes de conscience peuvent être dits soumis à une prévision constante, en vertu de lois définies. C'est donc chasser hors de la science tout ce qu'on appelle encore, — peut-être à tort, — l'arbitraire individuel ; c'est restreindre sans preuves le champ futur de la connaissance scientifique, car il est possible que

---

(1) Voyez notamment M. Durkheim (*Année sociologique*, I, p. 468).

tout soit objectif au sens que nous critiquons, c'est-à-dire, que tout soit soumis à des lois fixes ; — seulement nous ne connaissons pas toutes ces lois. Les phénomènes de la nature, qui parurent aux premiers hommes gouvernés par des volontés fantaisistes, n'étaient pas pour eux des faits prévisibles ; ils le sont devenus ; est-ce qu'ils ont changé de nature et sont devenus objectifs ? — Nous croyons donc que cette définition du terme objectif est étroite. Lorsque nous parlons de théories objectives de la valeur, nous n'entendons pas désigner celles qui soumettent la valeur à des lois fixes, car cela est également la prétention des théories psychologiques, mais nous entendons dire celles qui sont constituées en dehors de la psychologie, celles qui font naître la valeur par tout autre moyen que par un acte de conscience individuel. Pour nous, objectif reste : ce qui est et ce qui devient en dehors des consciences individuelles.

Nous classerons donc les théories des économistes sur la valeur, en deux groupes : celles qui ont cherché la cause de la valeur dans les choses, et celles qui l'ont cherchée dans l'esprit. C'est ce que nous appellerons la valeur *objective* et la valeur *psychologique*. La première peut être dite encore *valeur-travail,* car c'est le plus souvent le travail qui a attiré l'attention des objectivistes. Le groupe de la valeur-travail est de beaucoup plus nombreux que l'autre. Nous en trouvons l'explication dans ce fait que l'illusion objectiviste est propre aux sciences naissantes, comme elle accompagne nos premiers actes de conscience. Ce fut le vœu profond de presque tous les économistes, de construire une théorie entièrement objective de la valeur, — ce fut la tendance latente de presque tous leurs systèmes, — ce fut aussi la pierre où ils buttèrent tous. Leur désir était légitime : ils voulaient s'appuyer enfin sur une base solide et invariable, — mais ils crurent, à tort, que cette base ne pouvait être trouvée qu'en dehors du cœur humain. L'étude et la critique des théories successives de la valeur, qui forme l'objet de la première partie de notre travail, nous montrera cet effort constant pour éliminer de la spéculation les influences psychologiques capables de troubler la froideur sereine de la logique ; elle nous montrera aussi ce qu'il faut penser de ces tentatives ;

elle nous donnera, par suite, une indication sur la fragilité de certaines théories édifiées aujourd'hui, concernant la nature objective des lois qui régissent les phénomènes sociaux.

II

L'idée du juste prix, *c'est donc la forme même du jugement de valeur dans la conscience, et le contenu de cette idée dépend, comme le contenu du jugement de valeur, de l'état des consciences individuelles, dont il suit les modifications successives.* Est-il besoin de dire, après cela, que le juste prix n'est pas à nos yeux une question particulière, mais un problème général qui embrasse tout le domaine économique ? Une idée de juste prix, c'est une conception d'ensemble de la justice économique, — de cette justice qui vit et s'alimente sous le tissu compliqué des faits, qui forme leur part vivante, la nappe d'eau souterraine où plongent leurs racines. Or, cette intervention en sous-œuvre d'une doctrine de justice, il ne nous suffit pas de la signaler, il nous faut encore en déterminer la forme précise. Une fois acquise la certitude que la pensée économique ne peut se dépouiller d'une influence de justice, il nous reste à étudier cette influence plus précisément dans certains cas particuliers. Nous envisagerons donc séparément l'action d'une idée de juste prix sur la détermination du salaire, de l'intérêt de l'argent, du profit. Ce sera l'objet de notre seconde partie.

L'idée d'un juste prix du travail est l'un des plus importants aspects de notre idée ; — c'est le seul sous lequel ait été envisagée parfois l'influence des idées morales sur les faits économiques. Cette influence a été signalée par les plus récents économistes classiques, en dépit de leur théorie, avec laquelle elle cadrait mal. Anciennement, la doctrine de Turgot sur le salaire maximum, et celle de Stuart Mill sur le fonds des salaires, proposaient une explication du taux des salaires purement objective, — ou du moins, aussi objective que possible, car, déjà, elles laissaient une part minime à des éléments variables, mal définis, tels que : habitudes de vie moyennes, relatives aux temps et aux lieux. Ces doctrines se sont trouvées totalement impuissantes à expliquer toute la réalité. Ces temps derniers, MM. Cauwès, Beauregard, Leroy-Beaulieu, ont renouvelé la vieille théorie, non pas en la rebâtissant de fond en comble, mais en l'amendant simplement, en l'additionnant de l'action imprévue et hétérogène de certaines causes morales. Notamment, M. Leroy-Beaulieu reconnaît qu'il faut tenir compte ici d'un élément important, « qui ne joue aucun rôle pour les autres marchandises : l'élément moral ou éthique (1). » Il faut bien reconnaître, en effet, que l'idée d'un juste salaire est une de celles qui vivent profondément dans la conscience moderne. Ses manifestations sont fort nombreuses : citons les tarifs de salaire légaux dans quelques pays, et dans de très nombreux autres pays, les taux de salaire minimum, inscrits dans les lois, les règlements, les documents administratifs......

L'idée d'un juste prix de l'argent, d'un juste intérêt, n'offre pas moins de réalité. Cette idée, consacrée depuis fort longtemps dans presque tous pays par les lois sur l'usure, et par les répressions terribles dont on les amplifiait, est née, sans doute, d'une vive animosité du public contre les prêteurs d'argent, plutôt que du sentiment d'une juste valeur définie de l'argent. Cependant, le résultat de cette animosité intéressée était d'instaurer une doctrine sur la justice ou l'injustice de tel taux d'intérêt, qui prenait facilement l'allure d'une doctrine morale. Il faut avouer, en effet, que, si des liens profonds unissent l'idée que nous nous faisons du juste à notre vie affective la plus intime, notre justice peut refléter parfois des sentiments intéressés, et qu'à dévider le faisceau de ces liens, nous risquerions d'en trouver d'impurs. Il est indiscutable, d'ailleurs, que les deux questions du prix loyal et de l'usure ont été mêlées dans la doctrine canonique du moyen âge ; la prohibition de l'usure reposa sur la négation, puis sur la reconnaissance d'un juste prix de l'argent ; et si toute stipulation d'intérêts fut considérée d'abord comme usuraire, parce que l'argent était improductif et ne pouvait être vendu plus cher qu'il ne valait, bientôt l'usure

---

(1) Paul Leroy-Beaulieu. — *Traité d'Economie politique* (1896), tome II, p. 244.

ne s'appliqua qu'aux intérêts exagérés, parce que la pratique généralisée des affaires avait créé un prix courant de l'argent. — Ce qui nous intéresse spécialement, c'est que cette idée ancienne, après avoir subi une éclipse relative pendant la seconde partie du xixe siècle, renaît à l'époque actuelle, particulièrement dans les législations saxonne et germanique. Seulement, si le délit d'usure reparaît, c'est-à-dire, si l'idée d'un juste prix de l'argent s'empare de nouveau des consciences, ce n'est plus sous la forme rigide d'autrefois. Les lois autrichienne de 1868 et allemande de 1880 ne fixent pas un taux limitatif précis, au delà duquel l'intérêt de l'argent serait regardé comme usuraire; elles s'en rapportent à l'appréciation du juge pour tout ce qui excède un taux minimum, lequel ne peut jamais être délictueux. Qu'est-ce à dire, si ce n'est que la doctrine renaissante du juste intérêt a été comprise d'une façon plus profonde, plus psychologique? Elle répugne à fixer une fois pour toutes une règle inflexible, et reconnaît d'avance tous les éléments relatifs qui se mêlent à l'idée du juste; elle en fait une vérité non plus sociale, mais individuelle. Toutefois, à mesure que de pareilles concessions à l'intelligence psychologique de l'idée de justice envahissent l'esprit du législateur, naît en revanche le danger d'une confiance illimitée dans le juge, et, par suite, d'un arbitraire insupportable.

L'idée d'un juste profit n'est inscrite nulle part dans des dispositions législatives. Le profit du propriétaire foncier fut pourtant réglementé en Irlande par le land act de 1871 et le land bill de 1881. Mais cette idée du juste profit exerce une influence latente sur le prix des marchandises, et particulièrement, croyons-nous, dans le cas de monopoles, de trusts et de cartells. L'intéressant problème des prix de monopole semble échapper, en effet, en partie, aux explications antérieures des économistes. Car, à quels résultats invraisemblables aboutirait la loi de l'offre et de la demande, dans le cas de monopole absolu? L'offre étant unique, et la demande infinie, n'y aurait-il plus de règle des prix? Dans le cas où la concurrence fait défaut, les théories qui relèvent de la concurrence sont impuissantes. Et cependant, les prix de monopole obéissent eux-mêmes dans la réalité à des régulateurs certains ; nous verrons si l'un de ces régulateurs ne serait pas *l'opinion commune*, le jugement de valeur que prévoit ou suppose, chez ses acheteurs, le vendeur.

Ces idées de juste prix visent toutes plus ou moins le producteur ; elles sont, — si l'on en excepte le juste salaire, — des armes de défense forgées contre eux par les consommateurs. L'opinion des consommateurs sur le prix, voilà, en effet, l'opinion maîtresse et capitale. Or, cette opinion est soumise à des règles de psychologie collective qu'il serait utile d'observer et de recueillir sous ce titre : La morale des consommateurs. Cette morale a trouvé, en dehors des cas précédents, l'occasion de se faire reconnaître par la loi dans de très nombreuses occurrences ; il existe encore de nos jours un droit de tarification du pain et de la viande par les municipalités, mais il a existé autrefois, dans les pays d'Europe, tout un système de tarifications légales des prix. Les tarifs protectionnistes sont encore une expression atténuée de cette opinion, — assez souvent aussi de l'opinion toute égoïste des producteurs. Dans le cas de lois contre les trusts, l'Etat n'agit que comme mandataire de l'opinion des consommateurs.

Il s'agit là de faits en apparence bien hétérogènes. Cependant, le lien qui les unit peut facilement être saisi. Si l'on croit que le sentiment de la justice influe sur tous les aspects de la vie économique, il n'est pas douteux qu'il y ait, comme l'a remarqué M. Andler (1), à côté de l'usure d'argent, seule réprimée par les Codes, l'usure du propriétaire qui abuse du locataire de son immeuble, et aussi bien l'usure du patron qui abuse du travail de ses ouvriers. De ce que l'usure du créancier d'une somme d'argent s'est manifestée comme la plus flagrante, il ne s'en suit pas qu'elle soit d'une nature spéciale. Il s'agit toujours, au fond, d'une conception de justice froissée, d'un juste prix violé, juste prix de l'argent, de la terre ou du sol, du travail..... Et si l'une de ces conceptions de justice a reçu consécration d'une façon manifeste par la création du délit d'usure, il y a un

---

(1) Préface à l'ouvrage d'Anton Menger, *Le Droit au produit intégral du travail* (traduction 1901), pp. 13-14.

certain illogisme profond à nier que des conceptions parallèles, en d'autres domaines, ne puissent être efficaces. Aussi les économistes anglais, qui veulent dresser une cloison étanche entre la Morale et l'Economique, sont-ils fondés à demander la suppression du délit d'usure, qui conserve, dans la législation moderne, l'air inquiétant d'être issu d'une pure doctrine morale. Mais il nous paraît, au contraire, comme nous venons de le dire, que le délit d'usure, loin d'avoir fait son temps, subit une renaissance sous une forme nouvelle, plus approchée de la justice véritable, c'est-à-dire de la justice individuelle. Et de même il nous semble aussi que d'autres conceptions de juste prix, notamment celle du juste prix du travail, loin d'être abandonnées, prennent une importance nouvelle dans la vie économique présente, et qu'elles dirigent, à leur insu, ceux-là même qui se défendent le plus de faire œuvre morale. C'est en ce sens que l'on pourrait parler sans paradoxe d'une certaine actualité de la question du juste prix, renouvelée entièrement, sans aucun doute, depuis les penseurs du moyen âge, et liée intimement à l'actualité brûlante de la question morale.

Tous ces faits tracent d'eux-mêmes le cadre naturel de notre seconde partie, contre-épreuve de la première, qui s'attachera à dévoiler les *criteriums* précis dont use l'esprit dans la détermination de certains justes prix. La grande source où puisent les dispositions légales qui confirment l'idée d'un juste prix, c'est *l'opinion,* — mais l'opinion, de quels éléments forme-t-elle ce juste prix, sur quelles bases précises le construit-elle? C'est ce que montrera cette seconde partie.

Résumons-nous donc. Nous sommes amenés à diviser notre sujet ainsi qu'il suit, en deux problèmes différents :

I. — *Comment concevoir en théorie l'action de l'idée d'un juste prix sur la détermination de la valeur?* — Pour répondre, nous discuterons les différentes théories émises sur l'origine de la valeur; nous rechercherons, d'abord dans la doctrine canonique du *justum pretium,* puis dans la doctrine des Physiocrates, dans la doctrine classique de Smith et de ses disciples, et enfin dans la doctrine socialiste, si les conceptions diverses de la valeur que se sont faites ces différentes écoles ne se rattachent pas, chacune, à quelque idée arbitraire du juste prix, c'est-à-dire si elles ne reposent pas, malgré leurs prétentions scientifiques, sur un terrain purement moral, sur une conception particulière de la justice. Nous opposerons à ces théories la théorie psychologique, qui se fonde sur l'analyse du jugement de valeur.

II. — *Comment s'exerce en fait cette action de l'idée d'un juste prix sur les prix réels ?* — Pour répondre, nous étudierons quelques-uns des faits, parmi les plus frappants, où nous paraît se manifester, à l'époque moderne, l'influence d'une idée de justice sur les prix.

PREMIÈRE PARTIE.

Les Théories.

CHAPITRE II.

LA DOCTRINE CANONIQUE DU JUSTE PRIX.

I

Lorsqu'on étudie les doctrines économiques propres aux théologiens et aux canonistes du moyen âge, se pose d'abord la question de l'exacte portée de leurs enseignements. Faut-il considérer ces théologiens et canonistes comme les théoriciens d'un ensemble d'opinions admises couramment à leur époque, et dont les conséquences étaient inscrites dans les faits ? Ou bien faut-il voir en eux, au contraire, des moralistes isolés, prêchant pour les gens d'église une morale épurée et contredite par la pratique ?

Si l'on admet la première opinion, d'après laquelle ils se seraient faits les interprètes de la conscience morale de leur époque, on risque de tomber dans de graves contradictions historiques. En effet, saint Thomas et les canonistes du treizième siècle défendaient le prélèvement d'un intérêt par les prêteurs d'argent; ils réprouvaient le gain du commerçant qui vend plus cher qu'il n'achète, et se tient, par conséquent, en dehors du juste prix ; cependant, il y avait déjà à leur époque toute une classe de gens qui vivaient de l'usure, et une classe, plus nombreuse

2

encore, qui vivait du commerce; déjà la vie commerciale se dessinait nettement, et la commandite était affaire courante. Et c'était précisément dans le pays où les moralistes enseignaient presque tous, c'est-à-dire en Italie, que les villes marchandes, le négoce, la circulation de l'argent s'étaient développés le plus largement et le plus tôt. Comment expliquer le désaccord de ces doctrines intransigeantes avec le développement de la vie économique dès le xiiie siècle ? Comment expliquer que ce désaccord persiste durant tout le moyen âge, puisque la doctrine canonique et la vie commerciale se développent côte à côte durant les xive, xve et xvie siècles, sans paraître se gêner mutuellement ?

Frappés de ces contradictions, des savants allemands, qui avaient porté toute leur attention sur les origines et la formation du droit commercial au moyen âge, ont été amenés à ne voir dans les enseignements de l'Eglise, peu à peu coordonnés en systèmes logiques, que des spéculations pures, supérieures à la réalité, indépendantes d'elle, et qui ne visaient même pas à s'accorder avec elle. Ce serait un enchaînement logique d'idées et de préceptes moraux, qui n'intéressaient qu'une élite intellectuelle, qui se développaient dans les universités et dans les consciences des professeurs en théologie, — une véritable « toile d'araignée du cerveau » (1). Or, tandis que les théologiens discutaient à l'infini sur des questions vides et sans réalité, la jurisprudence commerciale créait lentement dans l'Europe du moyen âge le droit nouveau.

Ce jugement est une véritable méconnaissance du caractère de l'époque. Les systèmes des canonistes se sont construits, principalement, sous l'action d'idées empruntées à la morale chrétienne, et, en partie, par opposition au courant violent qui entraînait les juristes et les moralistes vers l'étude de la loi

---

(1) Cité par Ashley. — *Histoire et Doctrines économiques de l'Angleterre*, trad., tome II, p. 440. Voyez p. 434 et suiv. — Endeman, notamment, nie que la doctrine canonique ait exercé une grande influence sur la vie réelle du moyen âge. « Il ne faut pas se faire une idée exagérée de l'efficacité pratique de la doctrine et de la législation canoniques. » (Studien in der romanisch canonistischen Wirthschafts und Rechtslehre, p. 22-23).

romaine renaissante, exhumée après tant de siècles et parée
d'une séduction nouvelle. Ce fut entre ces deux courants, la
morale chrétienne et la loi romaine, une lutte sourde et obstinée,
que le succès postérieur des romanistes ne doit pas faire oublier.
Or, de ces deux courants, de ces deux ordres d'idées et de sentiments opposés, le courant romaniste s'accordait aux faits
nouveaux du commerce et de la circulation de l'argent; au
contraire, l'esprit de la loi canonique condamnait le négoce et
la poursuite des richesses; tandis que la loi romaine reconnaissait le principe de la liberté illimitée des contrats, la loi
canonique formulait le principe restrictif qu' « une marchandise
ne peut être vendue qu'à son juste prix. » Et c'est pourquoi
celle-ci, conservatrice de la morale des siècles précédents, a
paru n'avoir aucune relation avec la plus grande part de la vie
sociale du moyen âge.

Cependant, il ne faut pas perdre de vue que ces faits nouveaux
qui contredisaient la doctrine canonique, n'étaient qu'une
exception au XIIIᵉ siècle, et plus tard encore, — exception qui
attire nos regards trop exclusivement, à cause de son importance pour l'avenir et des germes qu'elle renferme, germes dont
toute notre vie économique moderne est issue. Tandis que le
commerce maritime, la commandite, le négoce international se
développaient, le gros de la nation, la masse du peuple restait
pour longtemps encore soumise à un certain nombre d'opinions peu favorables à ces faits (1) : et ce sont, précisément,
ces opinions que reflète et coordonne la doctrine de l'Eglise.

Il faut aller beaucoup plus loin : la doctrine canonique se
tenait en contact constant avec les faits, et elle les a certainement
influencés dans une très large mesure jusqu'à la fin du moyen
âge, par ses deux théories liées et cohérentes du juste prix et de
l'usure. D'abord, petit à petit, à mesure que les habitudes commerciales nouvelles se généralisaient, les canonistes modifiaient
leur doctrine avec une grande souplesse inconsciente. Ils

(1) Au début du XVIᵉ siècle encore, Erasme se fait l'écho de l'opinion
populaire, peu favorable aux marchands. « Les marchands, dit-il, sont les
plus fous et les plus sordides d'entre les hommes. »

réalisaient partiellement l'accommodation de la doctrine avec les faits les plus urgents, dès que ceux-ci avaient acquis un certain caractère de diffusion. Ainsi le prélèvement d'un intérêt, déclaré d'abord usuraire dans tous les cas, ne le devient, petit à petit, qu'au delà d'un certain taux ; et c'était là l'idée courante au xviᵉ siècle, aussi bien dans le peuple que chez les canonistes. Ceux-ci, dont on cite bien souvent les décisions comme contraires au bon sens, dépensaient en réalité un effort d'esprit assez grand pour accorder les préceptes de l'Evangile, l'autorité des Pères et des Conciles, avec les nécessités de la vie ; ils ne cherchaient pas à lutter en vain contre un courant trop fort ; ils maintenaient comme ils pouvaient contre l'envahissement des idées nouvelles les principes chrétiens ; et la plupart du temps, ils arrivaient ainsi avec quelque subtilité, et après force détours et divisions, à des solutions de simple bon sens. C'est, notamment, le cas pour saint Thomas, dont les conclusions sont toujours prudentes et harmonieusement balancées. — Nous verrons, pour le sujet qui nous occupe spécialement, comment les canonistes furent amenés à modifier, jusqu'à les défigurer complètement, leur théorie première sur la valeur des choses.

Par ce moyen était réalisée une union féconde entre la doctrine et la pratique. Au lieu de rester un système d'idées chimériques, la doctrine canonique exerçait une large influence, non seulement sur les consciences, mais sur la vie courante. C'est à cause de ces concessions lentes aux exigences pratiques nouvelles que l'on peut, sans être étonné, envisager ce fait : que le Droit commercial de la fin du moyen âge finit par adopter complètement la théorie canonique du juste prix et de l'usure (1). Nous montrerons, à la fin de ce chapitre, comment l'accord de l'opinion générale avec les doctrines canoniques est révélé, lui aussi, par un certain nombre de pratiques durant tout le moyen âge, notamment par les taxations

---

(1) Endemann, Studien in der romanisch canonistischen Wirthschafts und Rechtslehre (tome II, 1883, p. 402-407).

Ahsley, op. cit. tome II, p. 441.

fréquentes du pain, du vin et des denrées de première nécessité, qui furent d'usage dans les municipalités.

On pourrait être tenté de nous dire encore : « Les préceptes des canonistes, les opinions professées par eux dans des traités spéciaux et dans les sommes, ce sont avant tout opinions de théologiens, et, dès lors, elles ne s'adressent qu'à des prêtres ; elles laissent en dehors la vie sociale commune ; la somme théologique de saint Thomas, par exemple, serait un simple manuel à l'usage des ecclésiastiques, pour éclairer leur conscience dans les cas difficiles de la confession. » — Soit ; cela est vrai dans une certaine mesure. Les enseignements donnés par les canonistes ne prétendaient pas agir directement sur la loi civile, ils se présentaient seulement comme des sortes de modèles législatifs, de miroirs, d'exemples. Saint Thomas expliquait lui-même (1) que la législation civile pouvait se borner à ne réprimer que les abus les plus graves, par exemple, dans la rescision de la vente, à exiger une lésion d'outre-moitié. C'était donc, jusqu'à un certain point, une législation de la conscience. Mais ajoutons tout de suite que les conditions spéciales de l'époque rendaient, nécessairement, la législation civile solidaire de cette législation purement religieuse. Ceci nous est rendu sensible par l'exemple suivant.

Comparons un instant l'influence pratique que peut exercer à notre époque un large traité de morale chrétienne, s'appliquant aux choses de la vie sociale, comme, par exemple, l'Encyclique *Rerum Novarum* de Léon XIII, et l'influence que put avoir, pendant tout le moyen âge, la Somme théologique de saint Thomas. Assurément, les enseignements de l'Encyclique se présentent avec un caractère d'obligation pour tous les fidèles ; mais leur sanction, en dehors de la confession, est inexistante : ce ne sont là, en somme, que de simples solutions de cas de conscience ; leur efficacité réelle est assez réduite, et leur influence sur la législation civile est nulle. Au contraire, au moyen âge, deux considérations font des enseignements

---

(1) *Summa Theologica*, secunda secundœ, quœstio 77.

des canonistes et théologiens de véritables petites législations :
— d'abord, le droit et la théologie sont en intime pénétration,
et cette pénétration s'explique autant par une idée préconçue
que par le fait que beaucoup de juristes sont dans les ordres
et que l'étude du droit civil et celle du droit canonique ne sont
pas séparées dans l'éducation des fonctionnaires administratifs (1); ensuite, — et cela n'est qu'un corollaire de la
précédente considération, — les décisions des canonistes sont
sanctionnées par les tribunaux ecclésiastiques.

Ainsi, il y a eu union assez intime entre les doctrines et la
vie réelle, il y a eu entre elles assez d'actions et de réactions
pour qu'il ne puisse pas être dit sans injustice que la doctrine
des canonistes n'était qu'une « toile d'araignée du cerveau. »

Indépendamment de cet intérêt historique, les idées des
canonistes sur le juste prix et l'usure ont pour nous un intérêt
intellectuel de premier ordre. Elles forment, en effet, un
système, confus d'abord, mais de plus en plus coordonné par
la suite, de science économique.

En vue de satisfaire au but avant tout moral qu'ils pour-
suivaient, et de donner une solution aux problèmes de conscience, les théologiens et les canonistes ont été amenés à
envisager quelques-uns des fondements scientifiques de l'Economie politique : ainsi, la question du juste prix les amena
directement en face du problème de la valeur. Or, il est
intéressant de savoir comment ce problème capital a été résolu
par eux : c'est, en effet, croyons-nous, la première fois que le
problème de la valeur des choses est posé et résolu par l'esprit
humain. Assurément, ce ne furent là que des opinions de
théologiens, économistes seulement par voie de conséquence,
(la science tout entière à cette époque relevait de la théologie);
mais ce système, proprement économique, se présente avec un
caractère lié et cohérent.

Or, la solution qu'apportaient les canonistes est tout à fait
celle que l'on pouvait attendre du premier effort de pensée en

(1) Ashley, II, 440 et 442.

cette matière. Elle est entièrement objective, elle considère la valeur comme une substance. En tout ordre d'idées, l'esprit a commencé par donner à son objet une réalité indépendante de lui-même. Ce n'est que par un effort de réflexion postérieure qu'il rétablit la vraie nature de ses perceptions, et change, pour ainsi dire, le siège de la réalité, en le transportant du dehors au dedans ; les qualités ne sont plus imposées à l'esprit par les choses, mais, au contraire, aux choses par l'esprit.

II

Il nous faut justifier en quelques mots cette phrase : « Ce fut là le début de la pensée économique théorique, le premier système économique. » Les problèmes de la valeur et du juste prix ne paraissent pas, en effet, s'être posés devant la pensée antique. En ce qui concerne le juste salaire au moins, il y avait une raison pour laquelle la question ne pouvait naître : le travail libre était la très grande exception dans l'antiquité (il existait pourtant des travailleurs libres dans certaines villes commerçantes, notamment à Athènes au temps du grand siècle); la plus grande partie du travail était accomplie par des esclaves, et, pour eux, la rémunération était tout arbitraire, dépendait exclusivement de la bonne volonté du maître, qui pouvait ou non leur constituer un petit pécule (1). Quant à l'intérêt de l'argent, il fut réglementé, et il l'était certainement depuis la plus haute antiquité. C'était la preuve d'un sentiment de réprobation populaire contre les abus des prêteurs d'argent ; mais les idées relatives à la juste valeur de l'argent, dont ces lois étaient l'application, ne relevaient pas d'une doctrine quelconque : elles reposaient sur la coutume (2).

---

(1) Voir Léon Polier. — *L'idée du juste salaire*, pp. 15-25. — Giard et Brière, 1903.

(2) On a voulu cependant faire dériver, en partie, la doctrine canonique de l'usure en droit romain : Platon, *La Démocratie et le Régime fiscal à Athènes, à Rome et de nos jours*, p. 131 et s.

Il existe un édit de l'empereur Dioclétien relatif au prix des denrées, qui nous est révélé par l'inscription de Stratonicée (1), et cet édit comprend un tarif du prix moyen des denrées. Toutefois, cette tentative de fixation générale des prix, qui peut se placer vers la fin de l'an 301, paraît inspirée avant tout par des préoccupations monétaires. Le prix moyen de l'esclave paraît aussi avoir été fixé par deux lois de Justinien (2), et, antérieurement, souvent les empereurs (Tibère) avaient fixé un maximum pour le blé vendu au peuple. Cette question du prix du blé affectait un caractère des plus importants, et certainement, dans sa fixation, entrait l'idée courante, le sentiment populaire, que le blé devait être gratuit et distribué par le prince.

Tous ces faits sont isolés, et s'expliquent sans l'intervention d'une doctrine économique quelconque. La pensée antique ne s'est guère exercée qu'en passant sur les phénomènes économiques, et deux raisons au moins expliquent cette abstention : le mépris où le moraliste antique tenait le travail, et l'état encore inconscient et rudimentaire de la vie économique. C'est l'économie domestique, en effet, qui domine encore. Les phénomènes économiques se passent presque tous dans l'intérieur de la maison : ils sont sous le pouvoir de la morale familiale.

Il n'est pas étonnant, par suite, que nous ne retrouvions à cette époque aucune doctrine générale de justice cherchant à dominer la vie économique. Il n'y a pas de doctrine du juste prix ; il n'y a même, sans doute, aucun réel souci du problème. Les moralistes antiques avaient, il est vrai, construit toute une théorie générale de la justice. Dans la *Morale à Nicomaque*, Aristote fonde la justice théorique sur la proportionnalité ; par suite, il faudrait admettre que la justice dans l'échange consiste aussi dans une parfaite proportion entre les apports des échangistes. Aristote dit, d'ailleurs, lui-même, que l'échange doit reposer sur la réciprocité proportionnelle, en sorte que, « après

---

(1) Voir Bureau de la Malle, *Economie politique des Romains*, tome 1. — Code Justinien, *De episcopali audientia*, 1, 7 et les formules de Cassiodore.

(2) Bureau de la Malle, *op. cit.*

compensation opérée, chacun se retrouve précisément dans le même état où il était auparavant (1). » Et nous verrons que les canonistes ont rattaché directement leur doctrine à cette théorie aristotélicienne (2).

Mais il est certain que la spéculation sereine d'Aristote est bien différente, en son inspiration, de la spéculation des théologiens et canonistes, et que la doctrine canonique aboutit à des conséquences tout à fait inconnues de la pensée grecque. En effet, malgré l'évidence de l'axiome moral posé par lui, le raisonnement d'Aristote eut été troublé par le sentiment si particulier de la nécessité de l'esclavage. Pour lui, comme pour tout philosophe ancien, il ne pouvait s'agir de justice et de réciprocité d'action qu'entre des hommes libres, — et, par suite, le domaine de la justice économique était singulièrement réduit; la réciprocité dans le salaire était inconnue, puisque, habituellement, le salarié n'était pas un homme libre.

C'est pourquoi, il ne semble pas, en fin de compte, que la conscience antique, même si la vie économique de cette époque eût été plus intense, eût apporté dans ces questions le même sentiment moral qu'y apporte la conscience moderne, façonnée par le christianisme (3).

Un seul texte paraît certainement témoigner, à notre avis, d'un souci de justice économique dans l'antiquité. C'est un rescrit des empereurs Dioclétien et Maximien, inséré au Code

---

(1) *Morale à Nicomaque*, livre V, chap. IV *in fine* (traduction Barthélemy-Saint-Hilaire).

(2) Polier, p. 23. — Platon, lui aussi, touche un instant à la question du juste prix, et, comme toujours, en penseur amoureux de la réglementation. *Les Lois*, livre XI : « Il faut que les gardiens des lois, après s'être assemblés avec des personnes entendues, examinent ensemble quelle est la dépense et la recette d'où résulte pour le marchand un profit raisonnable, qu'ensuite ils fixent par écrit ce qu'on doit exiger à raison de ce qu'on a déboursé, et qu'ils commettent l'observation du règlement en partie aux agoranomes. » C'est le juste prix fondé sur le coût de production, plus un profit raisonnable.

(3) « Le droit romain a pour base la légalisation de l'égoïsme le plus absolu. » (Endemann, *Nationalœkonomische Grundsœtze* p. 196).

Justinien (1), et qui a eu, par la suite, une grande fortune, puisque la législation inaugurée par lui dure encore. D'après ce rescrit, tout vendeur d'immeubles peut exiger la restitution de sa chose, si l'aliénation a été consentie par lui à un taux inférieur à sa valeur réelle, « *minus dimidia justi pretii.* » Antérieurement, les jurisconsultes romains, après avoir réprimé le dol, ne reconnaissaient aucune lésion du fait d'un prix injuste (2). Mais le principe que la valeur des produits et services doit être appréciée par le *bonus paterfamilias*, c'est-à-dire par un homme honnête et renseigné, prévalut cependant dans une certaine mesure, et les magistrats et arbitres en faisaient l'application pratique dans les *restitutiones in integrum* (3).

Le rescrit de Dioclétien ne contrevenait donc à aucun principe antérieur (4), mais il sanctionnait pour la première fois d'une manière indéniable, le droit du vendeur à n'être pas lésé dans l'échange par un prix injuste. Le motif donné est : *humanum est;* cela est conforme à l'humanité, c'est-à-dire à une notion de justice qui doit être commune à tous. Cette constitution de Dioclétien, abrogée par Constantin, fut reprise et insérée par Justinien dans son Code, grâce auquel elle pénétra en Occident, accrue de l'autorité considérable que prirent alors les compilations de cet empereur. C'est là une application législative isolée, mais certaine, d'un sentiment, sinon d'une doctrine du juste prix.

L'esprit de cette constitution dioclétienne cadre mal avec l'esprit du droit romain de la belle époque, avec le principe si hautement affirmé de la liberté des conventions. En dehors des manœuvres dolosives, qui vicient les contrats, la libre volonté reste souveraine maîtresse des conventions en droit romain, et aucune considération d'équité ne vaut contre elle. On

---

(1) Code IV, 44, lois 2 et 8, *De rescindenda venditione.*

(2) V. Digeste, *De Minoribus*, frag. 16, § 4, et *Locati conducti*, frag. 22, § 2, frag. 23.

(3) V. Digeste, *De Minoribus XXV annis*, frag. 27, § 1.

(4) V. là-dessus Claudio Jannet, *Le Capital, La Spéculation et La Finance* (1892), p. 196 et s.

comprend assez pourquoi, lorsque ce texte fut exhumé avec toute la législation de Justinien, au xiie siècle, les canonistes s'en emparèrent et s'en prévalurent en faveur de leur doctrine (1). Ils en firent même l'un de ses points de départ. Plus tard, *Les Décrétales*, recueil de décisions rédigé sous Grégoire IX, classant sous le titre 17me les canons relatifs au juste prix, consacrèrent cette disposition ; la rigueur en fut cependant atténuée : le vendeur peut demander le supplément du juste prix, ou bien la restitution de l'objet vendu.

Seulement, cette célèbre disposition laisse intacte la question de savoir quel est le fondement du juste prix. Elle suppose un prix juste et ne le définit pas. Il est de bon sens de penser que Justinien s'en tenait au prix courant.

III

La doctrine canonique ne forme un ensemble véritablement lié, un système logique, qu'à partir du xve et surtout du xvie siècle. A cette époque, l'achèvement du système se manifeste par l'apparition d'une foule de monographies sur des sujets spéciaux (contrats, échange, usure. ....), rattachées à un ensemble bien arrêté (2). Mais ce n'est que lentement que se sont coordonnées les lignes de l'édifice ; les premières bases en sont fort anciennes, on les retrouve en remontant très haut dans le passé.

La partie de ce vaste système relative au juste prix fut étudiée d'abord par Raymond de Pennafort (1175-1275) (3), et saint Albert le Grand, docteur de Bollstadt (1193-1280). Ce fut surtout saint Albert que commenta et développa son disciple,

(1) Endeman, *Studien in der romanisch-canonistichen Wirthschafts und Rechtslehre*, tome II.

(2) Roscher, *Geschichte der Nationaloekonomik in Deutchland*, 18. Ashley, *Op. cit.* II, 438.

(3) *Summa theologica*, liv. II, tit. VII, § V.

saint Thomas d'Aquin. Ils ne furent pas les premiers qui parlèrent du juste prix, mais ils furent les premiers qui abordèrent la question dans un esprit dogmatique et réfléchi. Avant eux, les Pères de l'Eglise, notamment saint Jérôme, saint Chrysostome, saint Clément, saint Augustin (1), s'étaient réclamés du juste prix pour lancer contre les marchands de violentes diatribes ; ils se fondaient sur la parabole de Jésus chassant les vendeurs du temple, pour condamner indistinctement tous les commerçants de profession. Ce n'était là, chez eux, que l'expression un peu fruste d'un sentiment qui persista, qui resta le fond de la doctrine chrétienne, et servit de soutien à la théorie canonique des actes de commerce : la condamnation des richesses et de l'amour du gain pour lui-même. C'est pourquoi l'on peut voir dans les âpres déclamations des Docteurs de l'Eglise, les premiers rudiments de la thèse canonique du juste prix.

Si donc Albert le Grand et saint Thomas ont puisé le fond de leur théorie aux sources chrétiennes primitives, toutefois leur inspirateur direct, pour la forme, fut Aristote. Saint Albert reproduit le raisonnement d'Aristote, — et c'est dans le commentaire même sur l'*Ethique* qu'il développe sa théorie du juste prix. Dans l'échange, il faut, dit-il (2), une certaine égalité entre les parties. Cette égalité offre ici un caractère spécial : la réciprocité proportionnelle (*contrapassum*). Dans l'échange, chaque partie doit éprouver elle-même ce qu'elle fait éprouver à son adversaire, *contra pati* (3). La réciprocité proportionnelle est donc, dans les contrats dits *communicativi* (contrats d'échange), la forme de la justice.

---

(1) *De Trinitate*, lib. XIII, chap. 3.

(2) Albert le Grand, *Ethica,* lib. 5, tract. 9 et 10. (*Opera omnia*, Lugduni, 1651, tome IV, p. 201 et s.)
Voir l'analyse de Brants : *Les Débuts de la science économique aux XIIIe et XIVe siècles,* d'où nous extrayons le passage et la figure.

(3) Saint Thomas : « Videtur quod justum sit simpliciter idem quod contrapassum, in commutativa justitia, non autem in distributiva. » *Summa*, secunda secundæ, quæstio LXI, art. 4.

Et saint Albert trace de cette équation morale une figure, la *figura proportionnalitatis*, dont l'idée et les termes sont pris chez Aristote lui-même (1).

Soit un architecte qui offre sa maison, et un cordonnier qui offre sa chaussure :

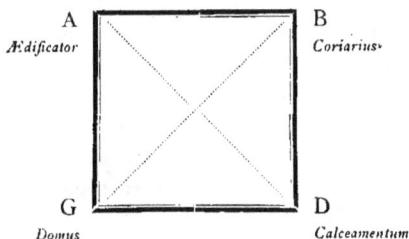

A — Ædificator
B — Coriarius·
G — Domus
D — Calceamentum

La proportion doit se constituer *per diametrum,* dit saint Albert (2) :

$$\frac{A}{D} = \frac{B}{G}$$

Voilà une formule de la justice dans l'échange qui peut paraître claire et définitive. Cherchons cependant à en dégager la signification. Elle nous échappe tout à fait. Par elle-même, elle ne dit absolument rien que ceci : il faut qu'il y ait le même rapport d'équivalence entre A et D, l'architecte et la chaussure, qu'entre B et G, le cordonnier et la maison. Mais de quelle nature doit être cette équivalence et sur quelle base doit-on l'appuyer ? Voilà ce qu'il faudrait savoir. C'est le défaut de certaines formules mathématiques de paraître résoudre avec des notations abstraites des problèmes qui subsistent tout entiers dans le contenu de ces notations. Qu'y a-t-il de réel sous ce croisement de lignes mystérieuses qui représentent la justice dans l'échange ?

(1) Voir Polier, *Op. cit.* p. 42. Le passage est dans *L'Ethique à Nico-maque.* liv. v, chap. 5.

(2) Albert le Grand dit seulement : « *Transitus domus ad coriarium signetur per diametrum g b, transitus vero calceamenti ad œdificatorem signetur per diametrum ad* » (*Loc. cit.*).

Est-ce la mesure matérielle des objets échangés qui doit servir de guide? Non, ce serait absurde. Il faut, dit d'abord Albert le Grand, que l'échange se fasse selon l'*indigentia* de chaque échangiste (1). Or, l'*indigentia*, c'est, d'après Langenstein, qui enseignait à Vienne un siècle plus tard, le manque de choses utiles ou nécessaires en quelque manière, — c'est donc, en l'espèce, le degré d'utilité plus ou moins grand que possède la chose par rapport à celui qui l'achète, c'est le besoin que celui-ci a de la chose. Traduisons la formule donnée d'après ce *criterium :* il faut que la quantité de chaussures D données en échange contre la maison G soit dans le même rapport que l'utilité de la chaussure pour l'architecte, par rapport à l'utilité de la maison pour le cordonnier. Si c'était là la pensée de saint Albert, elle serait peu précise pour un logicien passionné, car elle laisse une place inconsidérée aux appréciations personnelles et arbitraires de l'utilité des choses. Mais, sans doute, il n'aurait pas donné de l'*indigentia* la définition toute subjective de Langenstein, économiste plus raffiné.

Quant à saint Thomas, qui fait sienne la véritable pensée de son maître, voici le *criterium* plus précis et tout différent dont il se sert pour calculer cette équivalence : « *Opportet igitur ad hoc quod sit justa commutatio ut tanta calceamenta dentur pro uno domo... quantum œdificator... excedit coriarium in labore et in expensis* (2) », c'est-à-dire : il faut que l'architecte reçoive autant de fois une chaussure que le travail et les frais contenus dans la maison représentent de fois le travail et les frais contenus dans la chaussure. C'est l'équivalence calculée d'après le travail et les frais de production, et non plus d'après le besoin ou *indigentia*. C'est tout à fait autre chose, et c'est cependant,

---

(1) « *Indigentia humana est vera et naturalis mensura commutabilium* » (*Ethica*, lib. V, tract. 10, édit. cit. p. 2o3, en marge.)

(2) Saint Thomas. *Comment. ad Ethic.* (édit. Parme), xxi, p. 172. C'est bien là aussi la pensée de saint Albert : « Il faut que l'architecte accepte l'ouvrage du cordonnier, et le cordonnier celui de l'architecte, suivant son juste équivalent en frais et en travail (*in laboribus et expensis*); sinon, la société est compromise. » (*Ethica*, lib. V, tract. 9, éd. cit.)

au même titre que l'interprétation subjective, une conséquence du principe posé.

Il serait donc facile de montrer que tout cet appareil mathématique ne recouvre rien de précis, sinon un axiome de justice morale dont on ne peut rien conclure. Albert de Bollstad, après Aristote, affirme que la justice dans l'échange s'établit lorsque chacun reçoit l'équivalent de ce qu'il donne. Mais cet équivalent doit-il être calculé sur les frais de production ou sur l'utilité réciproque? Ce sont là deux théories distinctes, dont la différence n'est pas encore nettement aperçue par les canonistes, théories qui pourtant partageront, plus tard et jusqu'à nos jours, les économistes en deux lignées bien tranchées — et sur lesquelles cette doctrine *purement formelle* du *justum contrapassum* ou de l'*æqualitas* ne donne ni ne peut donner aucune indication.

Telle qu'elle, elle est cependant significative de la pensée profonde des canonistes : il y a, pensent-ils, une justice absolue, dont les données se traitent comme des données mathématiques. Il est possible d'établir avec certitude, une fois pour toutes, ce qui est juste. La stabilité sociale, rêve de tous les penseurs du moyen âge, est à cette condition. Il y a une justice objective, extérieure aux choses, et qui les commande, — et le juste prix n'est qu'un de ses aspects. On put croire, un moment, que les exigences de cette justice éternelle étaient inscrites dans les *Sommes* de saint Thomas et des grands docteurs de l'Eglise.

Cependant, la partie vraiment intéressante pour nous de la doctrine canonique n'est pas encore là. Elle est dans les discussions sur le *criterium réel* de ce juste prix, ainsi *formellement* constitué. A ce propos, en effet, les canonistes nous dévoileront leur intime opinion sur la nature et l'origine de la valeur.

IV

Ce rapport d'équivalence entre la prestation et la contre-prestation qui constitue la forme de la justice dans le contrat de vente, la pensée du moyen âge ne peut concevoir qu'il soit d'une nature psychologique, ni qu'il puisse se réaliser simple-

ment par l'équivalence des désirs entre l'acheteur et le vendeur ;
ou bien, si elle le conçoit vaguement, elle répugne à l'incertitude pratique et à l'arbitraire d'une telle règle. Il ne peut y
avoir, pense-t-elle, qu'un seul rapport d'équivalence entre les
objets échangés qui soit juste, — et c'est le même pour toutes
les ventes ; il est fixe et indépendant des circonstances particulières de chaque échange. C'est le prix juste, il faut le déterminer une fois pour toutes.

Comment donc le reconnaître ? Le premier signe qui se
présente naturellement à la pensée et sous la plume des auteurs
du moyen âge, c'est celui-ci : l'opinion courante, la « *communis œstimatio* » (saint Antonin de Florence, Scaccia, etc...) :
Le juste prix est celui qui est fixé par l'opinion commune. Les
canonistes abusent de ce renvoi à l'opinion ou à l'usage courant. A chaque instant, ils emploient l'épithète : modéré,
convenable, honnête, — et cela ne signifie pas autre chose
que l'approbation implicite de l'usage. Or, si en fait, c'est là la
solution la plus générale et la plus aisée du juste prix, en
théorie cette solution est insuffisante. Il est impossible que,
munis de ce vague soutien, les canonistes puissent poursuivre
leur chimère d'un juste prix fixe et certain. En effet, l'opinion
courante par elle-même n'est que le reflet de jugements individuels ; elle est guidée par des idées antérieures, et c'est en
celles-ci que l'on doit trouver le vrai critérium du juste prix.
D'ailleurs, l'opinion courante est, malgré tout, suspecte à ces
théoriciens, animés, sans s'en douter, d'un ardent souci d'objectivité ; pour que cet appui d'une valeur commune pût leur
convenir, il faudrait trancher radicalement le lien qui la rattache
encore à la valeur individuelle, c'est-à-dire, il faudrait connaître
d'abord quel est le fondement objectif de cette valeur commune,
la base matérielle sur laquelle s'appuie l'opinion courante.
Et la question reprend de nouveau.

Le refuge qui s'offrira alors à leur esprit, c'est de trouver
la formule même du juste prix dans la taxe légale ; — car la
taxe, c'est l'expression la plus nette, la plus certaine et la
moins suspecte de la *communis œstimatio*. Et en effet, les plus
notables penseurs du moyen âge ont été entraînés à formuler

ce vœu séduisant de la tarification légale (1). C'était le moyen
radical d'éliminer l'arbitraire auquel se heurtaient incessamment leurs spéculations sur le prix juste. La croyance que le
prix des choses, en bonne justice, devait relever entièrement
de la loi, leur fut naturelle. Aux XIIIe, XIVe et XVe siècles, Gilles
de Rome (2), Gerson (3), Trithème (4), Biel (5), imposent au
prince le devoir de fixer les prix, témoignant par là de cette
confiance dans l'autorité qui fut la première forme de l'espoir
d'une justice plus grande. Les cités et les corporations donnèrent d'ailleurs l'exemple de l'estimation fixe des marchandises et
des salaires. Il est une page célèbre de Gerson qui exprime avec
quelque éloquence ce rêve d'une tarification universelle. « C'est
donc surtout au législateur qu'il appartient de régler, autant
que possible, pour chaque chose, le juste prix qui ne doit pas
être dépassé par les particuliers, en dépit de leurs caprices qu'il
faut enchaîner...... Combien on éviterait par là d'altercations,
non seulement inutiles, mais impies, qui s'élèvent chaque jour
entre les vendeurs et les acheteurs !... Cette mesure serait une
source de paix pour les hommes de bonne volonté, et de gloire
pour Dieu (6). » Cette tarification légale, c'est la simplification
jusqu'à l'extrême du problème de la valeur, c'est l'adoption
d'un système de valeurs mécaniques et rigides, tel que
pouvaient le concevoir des esprits peu souples, mais désireux,
avant toutes choses, de clarté et de justice. Remarquons, en

(1) Endemann, *Studien*, II, 38. — Janssen, *L'Allemagne à la fin du moyen âge*, t. I, p. 400-401.

(2) Voir Espinas, *Histoire des Doctrines économiques*, p. 59.

(3) *De Contractibus*, proposition 18 : *Justa lege potest institui pretium rerum venalium.* — Voir Brants, *Op. cit.* p. 200.

(4) *De Judæis.*

(5) *Collect. Sentent.* quœstio 11.

(6) Cité par Polier, *Op. cit.* p. 48. — D'après Jourdain, *Mémoires sur le commencement de l'Economie politique dans les écoles du moyen âge;* dans *Mémoires de l'Académie des Inscriptions et belles-lettres,* tome XXVIII, année 1874.

passant, combien le système collectiviste, infiniment plus savant, est étrangement voisin de cette conception scolastique. Dans l'un et l'autre cas, en effet, la valeur subjective individuelle est confisquée au profit d'une valeur universelle et fixe, déterminée par l'autorité. Seulement, l'école collectiviste étudie la base de cette valeur, et déclare la trouver dans le temps de travail incorporé aux marchandises, tandis que, dans le système médiéval, cette base reste indéterminée. La cause profonde de leur ressemblance, c'est que l'un et l'autre sont et veulent être des doctrines *d'insensibilité* des valeurs (1).

Revenons au moyen âge. Quelle que soit la dose d'arbitraire dont peut user le législateur dans la fixation des prix, il doit bien cependant s'appuyer sur quelque chose, sur quelque condition commune des valeurs. Gerson ne l'indique pas; il se fie au prince, parce que, « dans un Etat, nul ne doit être censé plus sage que le législateur. » D'autres ont creusé plus avant la question; ils ont voulu atteindre jusqu'au critérium même qui doit guider le législateur, et qui constitue, par conséquent, le vrai critérium du juste prix. C'est, notamment, Jean Buridan, recteur de l'Université de Paris (xive siècle) et Henri de Langenstein, de l'Université de Vienne (fin du xive siècle), qui veulent soumettre l'autorité à la considération des frais de production. « Le prix normal des choses, dit Langenstein, peut être fixé par l'autorité et les règlements, mais il ne dépend pas absolument d'eux; il dépend de règles rationnelles, et notamment des frais de production » (2). Ainsi apparaît déjà l'idée d'un ensemble de lois naturelles qui s'imposent même au législateur.

Cependant, si les frais de production sont assez généralement considérés à cette époque, ainsi que le croit Brants, comme la base du juste prix, il y a pourtant d'autres canonistes qui semblent s'en référer à l'utilité, ou admettre son importance

---

(1) Nous ne parlons pas toutefois des rectifications à la doctrine collectiviste, qui font varier la valeur suivant l'utilité. Nous montrerons que de telles rectifications faussent totalement l'esprit du système.

(2) Voyez Brants, *op. cit.*, pp. 72 et 202, analysant le *De Contractibus*, cap. XI, de Langenstein.

parallèle. Il y a quelque incertitude sur cette question, laquelle est la plus importante, à vrai dire, de notre sujet. Les auteurs du moyen âge n'ont pas aperçu nettement le problème. Ils sentent ne pouvoir s'en tenir à la *communis æstimatio*, ils renoncent à regret à la tarification universelle ; toutes ces solutions provisoires ne font que reculer la question qu'ils ont à résoudre, et qui n'est autre que celle du point d'appui de la valeur. Or, il ne leur reste qu'à choisir entre deux partis, que nous distinguons dans l'ensemble par ces mots : l'utilité ou les frais de production. En d'autres termes, ils doivent fonder la valeur, ou sur des conditions psychologiques, ou sur des conditions objectives. Cherchons à préciser la doctrine canonique sur ce point.

Les premiers théologiens et canonistes ne furent pas des théoriciens de la valeur. Dans saint Thomas, Duns Scot (1274-1308), il n'y a pas de doctrine complète sur ce sujet; ce n'est que vers le xive siècle que furent tentées des théories systématiques de la valeur et du prix, notamment par Buridan et Langenstein. Mais la pensée générale de ces premiers canonistes, sans être nettement exprimée, peut être déduite de leurs opinions sur des cas particuliers. Il semble bien que ces auteurs aient aperçu que la base fondamentale de la valeur, c'est l'utilité des choses pour l'homme, ce que les économistes ont appelé depuis : la *valeur d'usage*. Mais ils ont vite laissé dans l'ombre ce fondement subjectif pour ne raisonner que sur l'hypothèse d'une valeur fixe. Il se dessine tout de suite chez eux une certaine méfiance contre l'instabilité des prix, contre leur subordination aux circonstances accidentelles de la vente. Ils redoutent d'être amenés à sanctionner par là l'exploitation et, en quelque sorte, l'usure du vendeur au détriment de l'acheteur pressé par le besoin. Aussi manifestent-ils une aversion marquée pour l'opinion qui mesure le prix à l'utilité de l'objet pour l'acheteur. A la question : Si un vendeur peut vendre plus cher une chose en raison du sentiment ou du besoin spécial de l'acheteur? saint Thomas répond : « *Non debet eam supervendere, quia utilitas, quæ alteri accrescit, non est ex vendente, sed ex conditione ementis : nullus autem debet vendere quod suum non est* (1). » Le vendeur ne peut profiter que de ce qui est sien, c'est-à-dire de ce qui est le résultat de son activité ; les circonstances de la vente ne peuvent l'enrichir sans injustice, car elles ne dépendent pas de lui. C'est déjà l'idée de l'*unearned increment*. Saint Thomas déclare encore que si le vendeur, en cédant sa chose, n'encourt pas de dommage spécial, tandis que l'acheteur en souffrira un s'il n'obtient pas la marchandise (c'est-à-dire, en réalité, si le vendeur est indifférent à se débarrasser de sa marchandise, tandis que l'acheteur en a un besoin pressant), le vendeur n'a pas le droit d'augmenter son prix sous ce prétexte, car, encore une fois, l'avantage qu'il possède sur son acheteur n'est pas de son fait, et il ne peut faire entrer en ligne de compte le besoin pressant de celui-ci (2). Le même raisonnement, même au seul point de vue moral, ne se pourrait pas tenir aujourd'hui, croyons-nous, avec la même rigueur : il est admis que le vendeur ou l'acheteur peuvent profiter, jusqu'à un certain point, d'une situation avantageuse qu'ils n'ont pas créée.

Saint Thomas n'a jamais songé, ni après lui ses disciples et successeurs, à une *valeur de relation*, à une valeur individuelle de chaque objet. Il ne dégageait pas la valeur individuelle du prix, valeur sociale et, en quelque sorte, universelle. Le prix et la valeur sont même chose pour lui ; ils sont incorporés à l'objet ; ils ne peuvent hausser ni diminuer sans que l'objet change matériellement. L'achat et la vente, dit-il, sont institués pour l'avantage égal des deux parties ; or, si le prix obtenu par l'un dépasse la valeur de l'article, l'autre est forcément lésé. Mais ici éclate l'erreur de la doctrine ; car le prix de l'article est l'expression de sa valeur sociale, nullement de sa valeur pour chaque co-échangiste ; il se peut donc que le prix obtenu par l'acheteur soit de beaucoup moindre que *la valeur de l'objet à ses yeux*, et que cependant la transaction soit encore à l'avantage du vendeur. Il y a deux valeurs : celles de l'objet pour chaque co-échangiste, — il n'y a qu'un prix.

---

(1) *Summa theologica*, quœstio 77, art. 1.
(2) *Summa theologica*, id. quœstio 77, art. 1.

Saint Thomas n'a donc pas songé à la valeur individuelle, mais, peut-être, n'y a-t-il pas songé parce qu'il la répudiait. En effet, l'utilité de l'objet pour l'acheteur naît de circonstances indépendantes du vendeur; si celui-ci en profite, il s'approprie un bien qui ne lui appartient pas : il vend « *quod suum non est.* » L'expression est forte et décisive. Il faut de toute nécessité pour la justice qu'il y ait une valeur supérieure aux cas individuels, qui constitue une règle définitive, de nature à ne consacrer aucune appropriation illicite de ce genre. Il faut, en un mot, une valeur objective.

Cette nécessité d'une valeur objective est donc, croyons-nous, dans la pensée des canonistes, moins encore un point de départ que le résultat d'une déduction. Elle signifie proprement ceci : que pour toute marchandise, pour tout service, il y a et il doit y avoir, à un moment donné et sur un marché donné, un juste prix équivalent, lequel ne dépend pas de la volonté des échangistes, ni de leurs désirs ou besoins, ni de quoi que ce soit d'individuel (1). Les premiers canonistes sont très rigoureux à cet égard; ils ne reconnaissent même pas que l'état de l'approvisionnement, de l'offre, puisse influer sur les prix, car il y a là un élément qui pourrait dépendre de la volonté des vendeurs. Plus tard, la doctrine, pactisant avec les nécessités du commerce, reconnaît plusieurs justes prix, selon les circonstances de l'échange : un infime, un moyen et un suprême juste prix; mais, à partir de ce moment, elle n'offre plus une véritable cohérence, elle a fait des concessions subjectives.

Pour expliquer le caractère spécial de cette doctrine par rapport aux doctrines économiques modernes, quelques auteurs, Knies (2) en particulier, prétendent que les canonistes avaient répudié toute valeur d'échange et ne considéraient que

---

(1) « *Res valet quod valet* SECUNDUM SE », dit saint Thomas. Et encore : « *Æqualitas rei ad rem secundum proportionem arithmeticam, non secundum proportionem ad affectionem hominis* ». (*Summa*, secunda secundæ, quæstio LXI, art. 2.)

(2) Knies, *Politische œkonomie vom Geschichtlichen Standpunkte* (1883), p. 116. — Voir aussi Polier, *op. cit.*, p. 54, qui partage cette opinion.

la valeur d'usage. Cette opinion nous paraît de tout point erronée. D'abord, cette fameuse dualité de la valeur d'usage et de la valeur d'échange, qui ne recouvre, comme nous le montrerons plus loin, qu'une confiscation prolongée de la première au profit de la seconde, cette dualité ne nous satisfait nullement, telle qu'on l'a comprise. Elle est un trop commode moyen d'esquiver le problème de la valeur en le scindant en deux parts : l'une, profonde et vivante, la valeur d'usage, dont on ne souffle mot; l'autre, superficielle et plus facile à saisir, la valeur d'échange, dont on s'occupe seule. On leur fixe à chacune un domaine propre, la valeur d'usage ne pouvant empiéter sur la valeur d'échange, ni inversement. On ne cherche pas à en voir le lien, et cependant la valeur d'échange ne nous apparaît que comme une modalité contingente de la valeur d'usage : c'est faire usage d'une chose que de l'échanger. — Quoi qu'il en soit, d'ailleurs, cette dualité ne peut en rien expliquer l'attitude originale de la doctrine canonique : il est faux que cette doctrine ait envisagé la valeur d'usage avant tout, car celle-ci est individuelle et instable essentiellement. C'est bien plutôt une absorption complète de la valeur d'usage par la valeur d'échange qu'elle rêve; elle souhaite une fixité parfaite des valeurs d'échange et ne s'intéresse guère aux infinies nuances des désirs individuels qui font la valeur d'usage insaisissable ou fuyante. Prenons un exemple forcé pour nous faire comprendre : Cette doctrine poursuit un idéal un peu semblable à celui que poursuivrait une école de peinture qui déclarerait n'employer désormais qu'une couleur uniforme et déterminée pour chaque nature d'objet. Il suffirait, de la sorte, pour bien peindre, d'appliquer sa couleur spéciale sur chaque objet, tout uniment, sans tenir compte de la lumière, de l'atmosphère, ni des rapports des couleurs entre elles, rapports que, par une instructive analogie, on appelle, en termes de peinture, des *valeurs*. Ce serait l'école des couleurs fixes et abstraites. Elle éviterait toute discussion d'esthétique. Le grand maître des arts fixerait une fois pour toutes la couleur moyenne et convenable, la juste couleur. Ce serait radicalement artificiel, car non conforme à la réalité, c'est-à-dire à la vision individuelle. Or, cette couleur moyenne, fixe, artificielle, c'est l'équivalent de la valeur abstraite recherchée par la doctrine canonique et qui serait imposée par l'autorité. On voit donc que cette doctrine se fonde, — comme d'ailleurs toute doctrine hantée de l'idée d'une valeur objective, — sur une séparation complète de la valeur d'échange et de la valeur d'usage individuelle. Or, il faut rattacher l'une à l'autre, comme la couleur à la vision, si l'on veut prendre fondement sur la réalité.

Presque tous les économistes modernes sont d'accord pour dire : « La valeur est un phénomène de nature psychologique (1). » Mais ils ne déduisent pas les conséquences de cet axiome. Ils subissent, pour la plupart, cette puissante illusion de l'esprit qui le porte à concevoir ses propres idées et ses propres sensations comme des faits extérieurs, objectifs, à animer ses propres créations et à les considérer comme des réalités indépendantes de lui. Ils cherchent la réalité de la valeur dans le monde extérieur ; ils se la représentent comme une qualité interne des choses, et non comme un reflet de l'esprit sur elles. Cette tendance est d'autant plus dangereuse que, par un curieux retour, ce réalisme illusoire conduit inévitablement l'esprit à un véritable mysticisme ; il aboutit, en effet, à considérer la valeur comme une entité d'une nature mystérieuse, par exemple comme un décret de la pensée divine (2). Or, si la doctrine canonique offre de cette tendance

---

(1) Voir le paragraphe vi de notre chapitre IV, et la conclusion de la partie théorique (chapitre VII).

(2) En quelque manière, il est exact que la valeur possède une certaine réalité objective, en tant qu'elle est devenue un fait social, c'est-à-dire commun aux individus d'un groupe. L'effet propre de la vie sociale, c'est de transformer en régularités les accidents individuels, d'endiguer les sources individuelles, et de donner ainsi une apparente autonomie à ces masses régularisées, à ces fleuves impersonnels. Il faut définir toutefois cette autonomie ou cette objectivité. La valeur courante ou prix, la valeur de coutume, qui se présente à nous comme un fait si important de la vie sociale, a, sans doute, un aspect propre, obéit à des lois propres ; mais, sans discuter davantage cette métaphysique des rapports du fait social et du fait individuel, nous croyons que le fait individuel se présente seul avec tous les éléments de clarté nécessaires, et qu'il n'a pas besoin,

une remarquable confirmation, il serait exagéré de l'opposer en ce sens aux doctrines économiques modernes, car toutes sont, à un plus ou moins haut degré, mélangées d'un impérieux désir d'objectivité; seulement, ces dernières sont ainsi en contradiction avec le principe affirmé par elles, de la nature psychologique de la valeur, tandis que la doctrine canonique ignorait et eût sans doute repoussé ces prémisses.

On voit donc suffisamment par là que, des deux solutions possibles dont nous parlions tout-à-l'heure en problème du point d'appui de la valeur, — à savoir l'utilité et les frais de production, — la doctrine canonique a rejeté la première en répudiant la valeur d'usage. Amenée à concevoir la valeur comme une entité indépendante des circonstances individuelles de l'échange, et qui s'impose à tout échange, elle a repoussé complètement l'idée que la valeur peut naître de l'utilité, du besoin, du désir... ou de quoi que ce soit de subjectif. Est-ce à dire cependant qu'elle ait adopté complètement la seconde solution et considéré les frais de production comme la substance de cette valeur objective, qui est son vœu et son rêve? En d'autres termes, peut-on rapprocher sans exagération la doctrine canonique des doctrines modernes, qui fondent la valeur sur le coût de production?

Quelques auteurs, Brants et Knies entre autres, l'ont tenté; le premier, dans le désir manifeste de retrouver chez les canonistes les germes de l'économie politique moderne et de

---

comme le fait social, de se rattacher à une *cause antérieure* pour être saisi de nous. Nous pouvons considérer le fait social de la valeur courante comme abstrait de la vie psychologique, mais nous n'oublierons jamais que ce fait social est un aboutissant et non un commencement, et qu'il a trouvé à un moment donné son entière explication dans le fait individuel de la valeur d'usage, auquel il remonte historiquement, comme il trouve sa seule réalité actuelle dans l'idée que s'en fait chaque individu. Privé de l'appui psychologique individuel, le fait social n'est qu'une construction idéale. Cependant, certains l'acceptent comme tel, « sans songer nullement à remonter à la source lointaine et un peu mystérieuse où il a pris naissance (Polier). » Cette source n'est ni lointaine ni mystérieuse. Et ce serait une singulière abdication de l'intelligence que de ne pas vouloir délier le faisceau d'éléments dont se compose un fait, sur lequel cependant elle bâtit toute une science.

défendre l'exactitude scientifique des conceptions de l'Eglise. Certains textes (nous avons cité un passage de saint Thomas, un passage de Langenstein ; il en est d'autres de saint Antonin de Florence et de Buridan) semblent, en effet, faire dépendre la valeur des frais de production. Si c'était là sa pensée arrêtée, la doctrine canonique aurait revêtu un certain aspect rigoureux qui lui manque. Que ce fût sa tendance naturelle d'incorporer la valeur aux frais de production de l'objet, cela est probable : c'est sur ce terrain, en effet, que se développent habituellement les théories objectives de la valeur ; mais il faut savoir de quelle manière elle calculait ces frais de production, et quelles théories accessoires elle y faisait rentrer, théories qui sont en absolue contradiction avec la doctrine de l'école anglaise sur la valeur-coût de production.

Tout d'abord, observons que l'élément le plus important du coût de production au moyen âge, c'est le salaire, lequel absorbe la plus grosse part du prix des objets, — tandis que le coût de production aujourd'hui comprend des éléments bien autrement divers : outre le prix de la main-d'œuvre et le prix de la matière, le prix du capital d'amortissement, le prix du capital circulant, le prix de la direction industrielle...etc. Le coût de production se présente comme une totalisation un peu confuse de coûts divers. Il signifie donc deux choses bien différentes pour la doctrine canonique et pour la doctrine économique anglaise.

Mais, de plus, quelle différence d'esprit entre elles ! La doctrine de la valeur normale limite la valeur au coût de production le plus bas, et notamment au taux de salaire *nécessaire*. Au contraire, la doctrine de la valeur canonique, même fondée sur les frais de production, se soutient à sa base par un raisonnement moral. En effet, c'est ici le lieu de faire intervenir une conception fondamentale et bien caractéristique de la pensée sociale du moyen âge. Elle concerne le salaire : elle calcule son montant d'après le *rang social* de l'artisan, et reconnaît au producteur le droit de se faire payer suivant les besoins que l'opinion attribue à sa classe. A vrai dire, cette conception dérive plutôt de l'esprit même de la doctrine chrétienne que de la théorie du juste prix (1), mais elle se rattache à celle-ci à sa base et en est inséparable ; elle en devient même la partie la plus solide. Voici par quel détour : L'une des idées les plus anciennes et les plus constamment affirmées de la doctrine chrétienne, c'est que la poursuite des richesses est un mal en soi ; elle constitue le péché d'avarice, l'un des plus odieux. Partant de ce principe, faudra-t-il condamner absolument les activités diverses des hommes, qui toutes ont pour but plus ou moins direct les satisfactions matérielles que donne la richesse ? Non, ces activités sont justifiables par un certain côté, par le devoir de chaque homme de *vivre selon son rang*. Il y a dans la nation des classes distinctes : des nobles, des marchands, des artisans, des soldats. Cette division sociale est une loi de Dieu, bonne et nécessaire. Or, l'opinion et les traditions attribuent à chaque classe un type de vie différent. Il en résulte que chaque homme, pour répondre à ce que la loi divine exige de lui, doit se maintenir dans la classe qui lui est assignée par sa naissance et se conformer à son genre de vie. Dans la mesure où son activité concourt à lui assurer ce minimum nécessaire, elle est légitime et agréable à Dieu. Ainsi, le principe de toute morale chrétienne est sauvegardé : la poursuite des richesses ne doit pas être une *fin*, mais un *moyen* de remplir convenablement le rôle social auquel nous sommes appelés (2).

Nous avons cité plus haut un texte de Langenstein, d'où l'on voulait inférer que, dans sa pensée, le prix normal des choses dépendait de règles naturelles et notamment des frais de production ; voici, cependant, comment il développe cette idée : « Il faut, dit-il, que, par ce prix, le producteur puisse subvenir à ses besoins, c'est-à-dire vivre selon sa classe » (3). Et Langens-

---

(1) Voy. Polier, *op. cit.*, p. 66.

(2) Voir les quelques pages imprégnées d'une haute impartialité bienveillante envers la doctrine canonique, dans lesquelles Ashley établit clairement les idées principales qui forment le lien du « système ». (*Histoire des doctrines économiques de l'Angleterre*, tome II, p. 445 et s.)

(3) Voir Roscher, *Geschichte der National Ækonomic in Deutchland*, p. 18, 20, 21. — Ashley, *Op. cit.* II, p. 451. — Brants, *Op. cit.* — Cf. également Luio Brentano, *Le Concept de l'Ethique et de l'Economie politique dans*

tein enseigne; par suite, que tout homme peut, de lui-même, déterminer facilement le prix des marchandises qu'il a à vendre : il n'a qu'à compter ce dont il a besoin pour se maintenir au rang qui lui est assigné. Il faut que le producteur (artisan ou salarié, *laborator*), en réclamant son salaire, « considère combien il doit vendre sa chose pour conserver son état et se nourrir conformément à cet état; et, qu'après avoir raisonnablement estimé ses dépenses et son travail, il calcule d'après cela le prix de son ouvrage (1). »

De même au xvie siècle, Jacob Fugger, chef d'une puissante famille d'Augsbourg, écrit : « Tu ne dois, dans ta profession de commerçant, te proposer d'autre but que de gagner ta vie quotidienne. C'est en t'inspirant de cette idée que tu dois faire le compte de tes déboursés, de ton travail, de ta peine, des risques que tu as courus; tu fixeras le prix des objets en conséquence, l'augmentant ou le diminuant, de façon à augmenter ta rémunération (2). »

Donc, ce n'est pas la marchandise fabriquée qui est le point de départ du juste prix, c'est la classe des producteurs de la marchandise. Ce n'est pas dans les conditions matérielles de l'objet, ni dans les conditions de l'échange, dans la concurrence, que se trouve le régulateur suprême des prix, c'est dans les conditions sociales de la vie du producteur. Il y a là une profonde idée morale, dont l'action s'exerce d'autant plus facilement que la concurrence n'existe guère entre les producteurs au moyen âge. En l'absence de ce régulateur mécanique des prix, c'est donc une idée morale, la rémunération selon les besoins de la classe, qui s'offre à jouer son rôle.

---

l'histoire (REVUE D'ÉCONOMIE POLITIQUE, 1902, p. 9.) — Mantz, professeur à Ingolstadt, reconnaît que le créancier a le droit de réclamer sa créance, seulement jusqu'à concurrence de l'entretien convenable de son débiteur *selon son rang*. Cette idée de classe sociale joue donc un grand rôle dans la pensée du moyen âge.

(1) « ...... *consideret pro quanto res suas vendendo*, STATUM SUUM CONTINUARE POSSIT, ET SE IN IPSO COMPETENTER NUTRIRE, *et secundum hoc impensis et laboribus rationabiliter æstimatis, mensuret et pretium operum*. »

(2) Cité par Sombart, *Der moderne Capitalismus.*

Cette idée peut nous paraître aujourd'hui assez vague, mais elle l'était beaucoup moins certainement à l'époque médiévale, car les besoins d'une famille, selon la classe sociale à laquelle elle appartenait, étaient fixés une fois pour toutes. D'autre part, cette famille avait peu d'espoir de s'élever jamais au-dessus de sa condition. Aujourd'hui, ces mots : les besoins de la famille, n'auraient plus de sens précis, sinon celui de *minimum de vie* (qui n'est pas du tout le sens de Langenstein ni de Jacob Fugger), car toute famille aspire à s'exhausser, garde l'espoir de passer à une condition plus haute, — et les besoins croissent avec les *possibilités d'élévation sociale.* Ce principe moral suppose donc l'organisation *stable* de la société en classes distinctes (*status*); il est la formule logique et dogmatique d'un état social hiérarchisé. Il n'offrirait aucune signification à notre époque. Le sentiment public paraît ne reconnaître à chacun en principe que ce qu'il a la force ou l'habileté d'obtenir, — et, par suite, le degré de bien-être qu'une classe peut obtenir (dans le sens imprécis que garde encore l'idée de classe) semble déterminé par ses avantages dans la concurrence. Cependant l'idée morale n'est pas entièrement étouffée; notre objet est précisément de la découvrir sous l'apparence de doctrines rigides; elle est seulement voilée, — mais la base profonde de la valeur est bien la même, alors et maintenant : c'est une idée morale, plus ou moins distinctement aperçue, qui fonde en sous-œuvre tout l'édifice économique.

Ce principe, que le prix doit rétribuer l'artisan selon les besoins reconnus à sa classe, prend une portée plus grande du fait que les frais de production, dont l'élément principal était le salaire, pouvaient être, à cette époque, facilement établis par l'acheteur lui-même. En effet, le plus souvent, le consommateur achetait directement l'objet à l'artisan qui l'avait fabriqué chez lui, dans sa ville, presque sous ses yeux, peut-être même pour lui. Le consommateur pouvait donc se rendre un compte à peu près exact de ce que l'objet avait coûté de travail et de matière première, et il pouvait calculer mentalement, en s'aidant du taux des salaires fixé par l'opinion et conservé jalousement par les corporations, ce qu'il était décent de donner. Aujourd'hui, la fabrication est dissimulée dans des usines closes, et personne ne connaît les dépenses du manufacturier ou de l'industriel. Souvent lui-même ignore exactement le coût de production (ce qui, soit dit en passant, ruine singulièrement la doctrine anglaise). En tout cas, lorsque l'objet arrive au consommateur, il a fait un trajet souvent fort long, et le consommateur ignore réellement ce que vaut l'article, c'est-à-dire comment il a été fabriqué, par qui, avec quoi, avec combien de travail; il lui est impossible de faire, à propos des salaires des différents ouvriers qui ont contribué à la fabrication de cet objet, le même calcul que pouvait faire le consommateur du moyen âge. Il ne connaît nullement, comme celui-ci, la valeur qui est représentée dans cet objet. Il n'est donc pas sollicité à cette question du juste prix avec une force presque journalière, ou plutôt il n'y est pas sollicité de la même façon. S'il pense toujours qu'il existe un prix raisonnable, ce prix est jugé tel en raison des habitudes passées. En réalité, c'est celui qui est conforme à la coutume. La question de justice ne se pose plus guère à propos du prix d'un objet que sous cet aspect, — mais, si elle cède parce qu'elle manque de base pour l'ensemble du prix, elle reprend sa force dans la détermination des prix différents dont le prix d'un objet n'est que le total : intérêt de l'argent, prix de la main-d'œuvre, prix du sol, profit, etc... Pour chacune de ces questions diverses, l'idée morale nous paraît agir avec force, encore que les économistes l'aient généralement nié; — elle agit, sans doute, d'une façon plus obscure, mais elle nous paraît inséparable des opérations de conscience individuelle, d'où naît le prix.

Donc, au moyen âge, l'établissement direct du juste prix d'une marchandise pouvait paraître chose facile, du fait que la production se déroulait presque tout entière sous les yeux du consommateur. Il en est de même encore pour les petits métiers des campagnes et même des villes, où le patron est lui-même l'artisan, aidé parfois d'un simple commis, et où l'emploi du capital est réduit au minimum. Pour ces métiers, comme pour ceux du moyen âge, les difficultés de la production sont facilement appréciées de l'acheteur ; on comprend que l'idée soit née d'une valeur objective ; le seul élément incertain qui entrât dans le prix des objets, c'était le salaire ; or, ce salaire lui-même avait une grande fixité dans l'opinion, ainsi que nous venons de le dire : il était celui qui permettait à l'ouvrier de vivre décemment avec le bien-être reconnu à sa classe sociale. Mais, aujourd'hui, l'établissement direct d'un juste prix des objets est une entreprise chimérique, du moins si on le conçoit comme reposant sur une valeur objective et déterminé par les éléments fixes et invariables de la production. Car, comment un consommateur pourrait-il d'abord connaître ces éléments et ensuite les fixer dans leur variabilité constante ? Aussi l'axe de la question s'est-il nécessairement déplacé : la question est devenue subjective. Le juste prix, ce n'est plus une qualité attachée à l'objet, — c'est une qualité surajoutée, extérieure, un reflet des consciences et des volontés. Selon les idées de saint Thomas, largement expliquées, ainsi que nous venons de le montrer, par la technique économique d'alors, l'objet porte avec lui son prix ; selon les tendances modernes, l'objet reçoit son juste prix des circonstances subjectives ambiantes. Nous aurons l'occasion de vérifier ces tendances.

En fin de compte, la doctrine canonique de la valeur, malgré ses prétentions objectives, se présente à nous comme appuyée profondément sur certaines tendances morales, dont elle n'était que le vêtement extérieur et auxquelles elle ne devait pas survivre. Ces tendances éthiques, plus ou moins nettement aperçues des docteurs du moyen âge, peuvent se résumer ainsi : c'était d'abord le désir que le vendeur ne pût profiter de l'ignorance de son acheteur, ni de son besoin, ni d'autres circonstances indépendantes de lui, vendeur ; — c'était aussi la croyance qu'il existait une division naturelle de la société en classes distinctes, et que chacune pouvait, par son travail, se faire payer le bien-être qui convenait à sa classe ; — c'était, enfin, ce profond désir de *stabilité sociale*, qui résume la pensée du moyen âge. Les conceptions médiévales du juste prix et de la valeur expriment un vœu de cristallisation sociale; elles reflètent cette idée que le meilleur état des sociétés, c'est la sécurité et la certitude dans la tradition. Elles sont donc réductibles profondément à des termes psychologiques et moraux.

V

Cette doctrine ne pouvait, sans se modifier, suivre le progrès des faits. Elle était, dans son premier état, d'une rigidité trop absolue, qui ne pouvait convenir au développement de l'échange et du commerce. La croyance qu'il existe à toute marchandise et à tout service une valeur fixe, un juste prix équivalent, devait se retrouver fausse à l'observation des faits. La doctrine se transforma donc; elle s'assouplit et se mêla d'idées étrangères qui s'accordaient mal avec le principe conservé de la fixité ou de l'insensibilité des valeurs. Elle pressentit très vite la nature psychologique de celles-ci.

Déjà saint Thomas souffrait une certaine élasticité dans la notion de valeur. Assurément il avait posé en axiome : *res valet quod valet secundum se*, la chose vaut ce qu'elle vaut en soi. Mais cela comportait cependant quelque marge d'erreur dans la détermination exacte de cette valeur en soi. Dire le point précis où elle se fixe reste une chose délicate, malgré les critériums objectifs proposés. Aussi existe-t-il certaines limites entre lesquelles on peut la faire jouer sans que le juste prix soit violé. « Le juste prix, dit-il, n'est pas déterminé d'une façon précise; il consiste plutôt dans une certaine appréciation, si bien qu'on peut, semble-t-il, y ajouter ou en retrancher un peu, sans que la justice en souffre. » (1).

A quoi répond cette marge d'oscillations? A ce fait qu'il peut exister des circonstances qui, précisément, ajoutent ou

---

(1) *Summa theologica secunda secundæ quest.* 77, *art.* 1 *ad primum.* « *Justum pretium non est punctualiter determinatum, sed magis in quadam æstimatione consistit, ita quod modica additio vel minutio non videtur tollere æquitatem justitiæ.* »

retranchent à la valeur de la chose. Ainsi, le marchand peut-il revendre plus cher qu'il n'a acheté? Oui, dit saint Thomas, mais dans deux cas seulement : 1° s'il a apporté des améliorations à la chose ; 2° pour l'immuniser de ses frais de transport. La justice de cette rémunération, pour frais de transport notamment, fut admise tout de suite (1). Or, ce sont là, en somme, des circonstances qui sont le fait du vendeur, et qui ajoutent à la valeur en soi de la chose. Elles peuvent être admises sans compromettre beaucoup la doctrine de la fixité des valeurs.

Mais il deviendra de plus en plus difficile de distinguer, parmi ces circonstances, celles qui sont exclusivement le fait du vendeur, et celles qui sont le fait du marché et des acheteurs. Le « *doctor solemnis* », Henri de Gand (1289), déclare expressément permise la revente à un prix supérieur : non pas seulement dans le cas où des perfectionnements ont été apportés à la matière, *ratione substantiæ*, mais encore dans trois cas : *ratione loci*, par le transport d'une marchandise d'un lieu dans un autre (saint Thomas l'avait admis déjà), — *ratione temporis*, si les marchandises sont devenues plus rares pendant le temps de garde (cela passe bien près de l'accaparement, si le vendeur a prévu et créé cette rareté), — et enfin *ratione ementis*, si l'acheteur est meilleur connaisseur des qualités de la chose que le vendeur (2). Plus tard, Scaccia (début du XVIIᵉ siècle), sans aucun esprit de distinction, mettra au rang des causes d'augmentation légitime du prix : « *bonitas intrinseca rei, copia vel inopia, impensa et labor* (3). » Ainsi donc, l'abondance ou la disette (et nous mettons à part la compétence, troisième cause reconnue par Henri de Gand), sont des cas de revente légitime

---

(1) Endemann, *Studien* II, 43.

(2) *Quodlibeta quæstiones, quodlibet* I, quæstio XL.

(3) Scaccia, TRACTATUS DE COMMERCIIS ET CAMBIIS, § 1, quæstio I, n° 436 : « *Pretium justum cujusque rei dicitur illud in quo æstimantur et considerantur bonitas intrinseca ipsius rei, copia et inopia, impensa et labor quæ in transportatione de uno in alienum locum requiruntur.* » — Voir Polier, *Op. cit.*, p. 52.

à un prix moindre ou plus fort. Cependant, ce sont là des éléments qui ne résultent pas d'une transformation de la chose par le marchand, qui ne sont même aucunement le fait du marchand, qui sont de simples accidents; comment peuvent-ils sans injustice lui profiter ou lui nuire ? On ne veut pas que le vendeur profite d'un fait où il n'est pour rien, — il y a donc quelque contradiction à admettre qu'il profite de la rareté de la chose ou de l'abondance des acheteurs. Dans ce cas, l'exploitation des acheteurs par le vendeur n'est pas directe et individuelle, c'est tout ce que l'on peut dire. Et même cela n'est pas certain, si la rareté et l'abondance doivent être conçues, ainsi que nous le pensons, comme des notions individuelles, si elles ne peuvent signifier que le besoin ou la satiété. Une chose devient rare, en effet, quand nos désirs d'elle se généralisent; elle devient abondante quand nos désirs d'elle sont satisfaits. Comment ces éléments psychologiques pourraient-ils, sans contradiction avec la notion canonique de la valeur, dominer le prix ?

Il restait, pourtant, un pas à accomplir. La rareté et l'abondance sont des explications en quelque manière générales ; elles valent pour l'ensemble des cas individuels. Et même le développement de la doctrine a pu les faire concevoir, à tort, croyons-nous, comme des faits objectifs qui peuvent modifier la valeur intrinsèque de la chose. Mais l'utilité et le besoin individuels, voilà les derniers termes de la série ; et pour ceux-ci nulle interprétation objective ne peut être donnée. Or, si Duns Scot (1274-1308) parlait déjà d'utilité à propos de la valeur, il contestait cependant, comme saint Thomas, comme Henri de Gand, comme Scaccia, que le vendeur pût tirer parti de l'intérêt que l'acheteur attache à la vente (1). Et cette opinion a été adoptée par la plupart des théologies morales courantes, lesquelles maintiennent la prescription que l'utilité de l'acheteur ne peut influer en aucune façon sur la valeur, tandis que la rareté et la concurrence peuvent faire hausser le prix légitime-

(1) Voyez notamment Henri de Gand, *Loc. cit.* quodlibet xiv, quæstio xiv. Il s'élève contre la formule : *res tanti valet quanti vendi potest.*

4

ment (1). Au contraire, Buridan, qui vivait vers le milieu du
xıv^e siècle, affirme délibérément que la valeur des choses est
proportionnée au besoin que nous en avons, à la grandeur des
services qu'elles peuvent nous rendre. « Ce qu'il faut des choses,
dit-il, est mesuré par l'étendue de notre besoin, et la valeur de
ce qu'il en faut est d'autant plus forte que le besoin est plus
grand ; de même, plus est grande la capacité d'un tonneau vide,
plus il faut de vin pour le remplir...... D'ailleurs, le prix des
choses ne peut se régler d'après leur valeur naturelle (intrinsèque), sans quoi une mouche vaudrait plus que tout l'or du
monde (2). » Les canonistes plus récents, Azorius, Nider, Soto,
Còvarruvias, Molina (3), placent de même très nettement
l'origine de la valeur dans la correspondance plus ou moins
grande des choses avec les besoins de l'homme, — et, par
suite, ils déclarent que la considération de l'utilité et des
besoins auxquels répond la chose, doit intervenir dans le calcul
du juste prix.

Alors c'est le revirement presque complet de la doctrine. Car
la conciliation devient impossible entre cette dernière conception subjective et la primitive conception de saint Thomas. La
doctrine première, en s'élargissant ainsi, s'est complètement
dénaturée ; l'incertaine notion de l'utilité se substitue à
l'ancienne notion, plus précise en apparence, des frais de production. La valeur rentre dans la conscience, elle s'intériorise.
C'est, sans aucun doute, au bénéfice d'une vue plus nette et

---

(1) THEOLOGIA MORALIS BEATI DE LIGORIO, III, p. 6o : « *Non possit vendere
plus justo pretio supremo...... nisi concurreret aliqua extraordinaria circons-
tantia, nempe* RARITAS REI, MULTITUDO EMPTORUM, *incommoditum venditoris,
vel specialis ipsius venditoris affectus ad rem,* — ALIAS, SI ADESSET AFFECTUS
EMPTORIS AD REM, *utique* NON LICERET AUGERE PRETIUM. » Du côté du vendeur
cependant, on le voit, cette théologie admet l'influence d'un facteur psychologique : *affectus emptoris ad rem,* — mais non du côté de l'acheteur.

(2) Buridan, *Quæstiones in decem libros Ethicarum Aristotelis,* lib. V,
quæstio 16.
Voir Espinas, *Histoire des doctrines économiques* pp. 100-101.

(3) Voir *L'idée du juste prix chez les théologiens du moyen âge* (Garnier), —
thèse, Paris, 1900. pp. 100-101.

plus profonde de la réalité, mais c'est au détriment de la précision première. En effet, la fixation du juste prix devient de plus en plus difficile et obscure. Il y a désormais, de l'aveu même des canonistes, des degrés dans le juste prix d'une chose (en dehors du prix fixé par la loi, lequel est toujours considéré comme seul juste) : il y a le *summum*, le *medium* et l'*infimum justum pretium* (1). Il est défendu de vendre au-dessus du *supremum*, et d'acheter au-dessous de l'*infimum justum pretium*. Entre ces deux extrêmes, la justice s'apprécie sans rigueur. Mais cela embrouille singulièrement la question : il n'y a donc plus de justice absolue ; celle-ci comporte des degrés ; elle peut être observée plus ou moins strictement, et elle reste cependant la justice ; la valeur peut subir plusieurs mesures différentes, et cependant rester la valeur en soi.

Medina cherche à expliquer ces contradictions : le prix d'une chose, dit-il (2), ne pourrait être connu *précisément* sans une révélation spéciale de Dieu. Les degrés dans le juste prix sont des approximations de la stricte justice objective, laquelle est de décret divin, mais difficile à connaître. Ainsi, c'est à l'imperfection de notre entendement qu'il faut attribuer la pluralité des justes prix. — Ce qu'il faut voir dans cette tentative d'explication, c'est que la doctrine prétend toujours s'appuyer sur une base objective et absolue, mais qu'elle se dupe elle-même. L'élasticité donnée à l'idée de justice est un indice certain qu'une méthode psychologique s'est substituée à la méthode ontologique première. On considère maintenant le *cas de justice individuel* et non plus le *précepte de justice universel*. La notion de juste prix s'est assouplie, pliée aux cas particuliers ; avec elle, la notion de valeur a changé ; d'absolue qu'elle était, elle est devenue relative aux besoins, à l'utilité individuelle.

D'ailleurs, pour certains canonistes, il n'y a plus même de

---

(1) Garnier, thèse citée p. 104 et suivantes. — Claudio Jannet : *Le Capital, la Spéculation et la Finance.* (1892) p. 198.

(2) *De rebus restituendis, quæstio* 31.

juste prix. Tout prix qui résulte librement des circonstances est légitime. Bernardin de Sienne et Antonin de Florence au xvme siècle, Médina au xvime, insistent pour qu'on laisse le prix se déterminer de lui-même, suivant les conditions du marché (1). Ainsi, au juste prix autoritaire et dogmatique, s'est substitué un juste prix de circonstance.

Presque plus rien ne reste alors de la première tentative de fixer la valeur en termes absolus et rigoureusement objectifs. Nous avons montré d'abord ce que cette rigide armature extérieure de la doctrine canonique recouvrait d'arbitraires tendances morales ; maintenant nous voyons céder cette armature elle-même sous les successives infiltrations psychologiques qui ont ruiné la bâtisse. La tentative de l'Eglise est restée vaine ; elle a entrepris de se soumettre la valeur, mais celle-ci lui échappe. Trop à l'étroit sous le vêtement rigoureux où on l'emprisonne, elle cherche à s'en dégager ; elle dépouille son universalité pour se rapprocher des individus. Les termes objectifs où elle était enfermée deviennent de plus en plus vagues, se réfèrent à des idées de plus en plus étendues. Le contenu de la notion se renouvelle entièrement, et bientôt celle-ci ne comprend plus que des éléments psychologiques. C'est là la résolution naturelle de la doctrine canonique, fondée sur la puissante illusion d'une valeur objective.

VI

Nous ne dirons qu'un mot de la question de l'usure ou du juste prix de l'argent chez les canonistes du moyen âge, en tant que celle-ci est un complément de leur doctrine du juste prix, ou, plus exactement, une dérivation de la même source. Les deux théories sont certainement parallèles, elles furent développées en même temps par les mêmes théologiens, et elles puisèrent toutes deux dans l'Evangile leur primitive inspiration.

---

(1) Voir sur cette évolution les quelques pages très substantielles de Claudio Jannet : *Le Capital, la Spéculation et la Finance*, p. 200-203.

Si la parabole de Jésus, chassant les marchands du temple, servit de point de départ aux Pères et aux théologiens pour réprouver les injustices du commerce, le précepte célèbre de saint Luc : « *Mutuum date, nil inde sperantes* (1) », constitua une bien plus directe origine à la très ancienne interdiction de prêter à intérêt. Cette défense absolue, qui s'appliquait d'abord exclusivement au clergé (Concile de Nicée, 325), fut étendue à tout le monde par les capitulaires de Charlemagne (2) et les conciles du ixe siècle.

Mais les occasions du prêt, à cette époque, étaient trop isolées et, sans doute, trop suspectes, pour que la thèse pût offrir encore matière à développement. Ce fut vers le xiie siècle seulement que la renaissance de la loi romaine, qui reconnaissait la légitimité du prêt à intérêt, imposa la question à l'attention des canonistes. Ces derniers renforcèrent leur théorie par opposition ; ils en firent une arme de défense des principes ecclésiastiques contre l'envahissement de la loi civile et les enseignements de l'école de Bologne (Accurse et les Glossateurs). L'Eglise, aussi bien dans cette défense de prélever un intérêt de l'argent que dans la négation de la liberté des prix, opposait le pur esprit évangélique aux principes mondains qui s'appuyaient sur la loi romaine. C'était la loi du Christ contre la loi civile. Dans cette lutte, la loi chrétienne se fortifiait de l'exemple de la loi musulmane, qui, elle aussi, s'était montrée fort rigoureuse contre les usuriers et les marchands avides. Saint Thomas parle parfois du Coran ; il a honte de se laisser devancer par lui dans la punition des péchés d'usure (3).

---

(1) Saint Luc, chap. IV, 35. On pourrait lui opposer la *Parabole des talents* (saint Mathieu, chap. XXV, 5).

(2) Notamment celui d'Aix la Chapelle (789) — et un autre de 813 : *Usuram non solum clerici, sed nec laïci christiani exigere debent.*

(3) Ihering (*Evolution du Droit* : note, p. 95, trad. 1901) cite en passant quelques cas où le nouveau droit romain consacre l'idée d'un prix légitime et d'une restitution possible ; il cite aussi (d'après Von Tornauw) le droit musulman, qui, dit-il, est allé plus loin que tout autre dans cette voie, en faisant un devoir au vendeur d'indiquer la valeur vraie.

Il ne faut pas croire cependant que la doctrine de l'Eglise s'en tint longtemps à cette interdiction intransigeante du prêt à intérêt. Tout en affectant de rester conforme à elle-même, elle devint vite une très subtile et ingénieuse théorie du juste fondement de l'intérêt. Là, comme dans la théorie du juste prix, elle s'assouplit vite aux exigences des faits, et sut, pour cette raison influer puissamment sur la législation civile.

Résumons cette évolution de la doctrine (1). Il est nécessaire de comprendre d'abord comment l'intérêt n'est que la transformation historique d'une convention accessoire du contrat de prêt, la *pœna conventionalis*, par laquelle le débiteur se soumettait à une certaine pénalité, dans le cas où il manquerait à l'obligation de restituer la chose prêtée au bout d'un temps fixé. Cette obligation de restituer formait, en effet, la seule matière principale du contrat ; mais il était légitime que le créancier s'assurât, par un moyen juridique, tout au moins le remboursement de sa chose, au bout de la période déterminée. Cette *pœna conventionalis* était d'usage courant au moyen âge ; elle s'appliqua donc naturellement au prêt d'argent. Il devint aussi d'usage courant qu'elle se fixât dans ce cas au montant de la somme elle-même à restituer, laquelle se trouvait ainsi doublée. Or, petit à petit, cette pénalité conventionnelle, dont le montant était fixé d'avance une fois pour toutes, se transforma en un tant pour cent, calculé sur la longueur du délai de restitution ; ce délai, en effet, mesurait bien l'importance du dommage causé. On appela *intérêt* cette compensation conventionnelle du dommage causé par la non-restitution ; elle payait, en effet, la différence (*interest,* ce qui est entre) entre la situation actuelle du créancier et ce qu'elle eût dû être si l'obligation de restituer avait été tenue.

Dans le paiement de cet intérêt, deux éléments peuvent être séparés. La célèbre distinction du *damnum emergens* et du *lucrum cessans* sert de base à toutes les discussions des théologiens et des canonistes sur l'usure pendant le moyen âge.

---

(1) V. Ashley, II, p. 458 et s. — dont nous suivons le lumineux exposé. Endemann, *Studien,* II, pp. 245, 269 et s.

Aucun doute n'existe chez eux, depuis une époque fort ancienne, quant à la légitimité d'un intérêt qui serait fondé sur le *damnum emergens*, c'est-à-dire sur le dommage immédiat consécutif à l'inexécution de l'obligation. Saint Thomas reconnaît que le prêteur a le droit de se couvrir, par le paiement d'un intérêt, du dommage qu'il a éprouvé par cette non-restitution, pourvu toutefois que le dommage soit certain et actuel (et non pas seulement probable et futur), comme, par exemple, si le prêteur avait été obligé d'emprunter à son tour et de payer un intérêt à cause de la négligence de son débiteur. C'était là, non pas payer *l'usage de l'argent* (péché d'usure), mais compenser une perte que l'on a fait éprouver (*recompensare damnum*) (1).

Mais sur la question du *lucrum cessans*, d'un intérêt destiné à compenser le *gain manqué*, et non plus seulement le dommage éprouvé, les canonistes suivirent d'abord en majorité l'autorité de saint Thomas, qui n'admettait en aucune façon sa légitimité. Et voici le raisonnement dont saint Thomas se servait : « Quant à cette considération d'un gain que le prêteur a été empêché de faire, elle ne peut venir en ligne de compte, car le vendeur *ne peut vendre ce qu'il n'a pas encore* et ce qu'il peut être empêché de mille manières d'avoir jamais (2). » On remarquera l'analogie de ce raisonnement avec celui que saint Thomas tenait à propos du vendeur qui hausse son prix en raison du besoin de son acheteur. Dans les deux cas, le vendeur d'une marchandise et le vendeur d'argent sont coupables de profiter de ce qui n'est pas en leur pouvoir : le besoin de l'acheteur, la possibilité d'un gain avec l'argent non restitué, ce sont là des circonstances étrangères au fait du vendeur et à l'objet propre du marché ; l'une et l'autre ne peuvent fonder que des bénéfices

---

(1) *Summa theologica*, secunda secundæ, quæstio 78, art. 2.

(2) *Summa theologica*, ibid. : « *Recompensationem vero damni, quod consideratur in hoc quod de pecunia lucratur, non potest in pactum deducere*, QUIA NON DEBET VENDERE ID QUOD NONDUM HABET ET POTEST IMPEDIRE MULTIPLICITER AB HABENDO. » Mais opinion moins absolue, quæstio 62, art. 4 : «... *Tale damnum non opportet recompensare ex æquo*, QUIA MINUS EST HABERE ALIQUID IN VIRTUTE, QUAM HABERE IN ACTU. »

illégitimes. Cela nous confirme dans notre opinion que les deux théories du juste prix et de l'usure sont parallèles et fondées sur des exigences morales analogues.

C'est là le premier état de la doctrine. Cependant, du temps de saint Thomas lui-même, des canonistes isolés considéraient déjà le *lucrum cessans* comme la base légitime d'un accroissement de l'intérêt (1). D'autre part, les civilistes reconnaissaient la liaison nécessaire des deux points de vue, et ils distinguaient moins rigoureusement l'intérêt légitime fondé sur le dommage, de l'intérêt illégitime fondé sur le gain manqué. Enfin, dès les dernières années du xive siècle, les placements avantageux se développaient dans de grandes proportions. Si bien qu'au xve siècle, la doctrine, chez les plus rigoureux théologiens eux-mêmes, admettait décidément, par une évolution semblable à celle qui, à propos du juste prix, l'amenait tout près de la réalité des faits, la légitimité d'un intérêt fondé sur la perte d'un gain probable ou d'un avantage futur. Il était nécessaire cependant, à cette époque encore, que le créancier fît la preuve que le défaut de paiement lui avait fait perdre une occasion de gain, — et cela, à vrai dire, était bien facile pour un marchand ou un négociant, pour qui les occasions de gain étaient journalières (2). La facilité de la preuve transforma celle-ci rapidement en une conséquence habituelle du contrat. A partir de ce moment, le *lucrum cessans* est fondu dans le *damnum emergens;* l'un et l'autre constituent des dommages clairement probables d'après les circonstances, et qui peuvent être les sources légitimes d'un intérêt. Le contrat peut donc, désormais, sans opposition sérieuse de la part des canonistes, faire mention lui-même d'un intérêt fixe et déterminé, calculé sur le temps (3).

---

(1) Funk, *Geschichte der Kirchlichen Zinsverbotes,* 41.

(2) Endemann, *Studien,* II, pp. 282-283.

(3) C'est ce dernier état de la doctrine que réflètent les modernes *Compendium theologiæ moralis* à l'usage des séminaristes. « *Lucrum cessans legitimus est titulus aliquid supra sortem exigendi. Ratio est :* 1) *quia tunc vere damnum emergens habetur.* — 2) *quia* spes lucri *est mutuo extrinseca, et proinde pretio æstimabilis* ». La confusion du *damnum emergens* et du *lucrum cessans* est proclamée.

Le résultat final de cette évolution est celui-ci : « Tout marchand, ou même toute personne habitant un centre commercial, où se trouvaient de fréquentes occasions de placement (en dehors du prêt lui-même), pouvait, en parfaite conscience, et sans crainte d'être inquiétée, convenir qu'elle recevrait un intérêt périodique de celui à qui elle prêtait de l'argent, *pourvu seulement* que le prêt fût gratuit à l'origine, et pour une période qui pouvait être très courte, afin que, théoriquement, le paiement de l'intérêt ne fût pas fait en vue de l'usage, mais comme compensation pour le retard apporté dans le remboursement de la somme (1). » La formule courante était ainsi conçue : « *Interesse non debetur, nisi ex mora* » (2), — l'intérêt n'est dû que là où il y a délai.

Ainsi est sauvegardée, par un détour dont bien des exemples se retrouveraient dans l'évolution du droit, une vieille croyance, pieusement conservée au centre d'une théorie nouvelle, sous laquelle elle meurt étouffée ; elle n'est plus alors qu'une formule. Par cette sorte de fiction de la gratuité originelle du prêt, la théorie du xve siècle se rattache, en effet, aux lointaines croyances des Pères de l'Eglise sur la stérilité absolue de l'argent, croyance empruntée elle-même à Aristote, — et elle évite de se mettre en contradiction avec elles (3). Elle consacre

---

(1) Ashley, *op. cit.*, II, 467.

(2) Endemann, **Studien**, II, 253-254.

(3) C'est pourquoi Bossuet (*Traité de l'Usure*) peut s'exprimer ainsi : « La doctrine qui dit que l'usure dans la loi nouvelle est défendue à tous les hommes envers tous les hommes, *est de foi* », — tout en admettant fort bien qu'une rémunération légitime est due au prêteur pour le *lucrum cessans* et le *damnum emergens*. — Sur ce sujet, les Jésuites (P. Diana, P. Bauny, *Somme des Péchez*, page 334, — etc.), subtilisent et distinguent d'une façon parfois amusante. La combinaison des *Trois contrats,* par laquelle un prêteur esquivait la défense de prêter à intérêt, était du nombre de ces subtilités. « Le prêteur passe avec l'emprunteur un *contrat de société,* puis un *contrat d'assurance* du principal, puis, enfin, un *contrat de vente* d'un plus grand gain incertain pour un moindre certain et assuré. » (P. Diana.) Les trois contrats sont licites ; le résultat est singulièrement le même, par un détour, que celui d'un contrat de prêt à intérêt. Dans ces conditions, le sens final de cette prohibition de l'usure,

encore cet antique sentiment de réprobation contre les usuriers, tiré de la loi mosaïque (1) et de l'Evangile. Les Pères de l'Eglise grecque, saint Basile, saint Grégoire de Nysse, saint Chrysostome, — et ceux de l'Eglise latine, saint Ambroise, saint Jérôme, saint Augustin (2), prêchaient ardemment la croisade contre l'usure, qu'ils ne distinguaient pas de la perception d'un intérêt quelconque. Ce sentiment de réprobation changea de forme avec la généralisation des occasions de placements ; au lieu de concerner indistinctement tout contrat de prêt où était stipulé un intérêt quelconque, il ne visa plus bientôt que certains intérêts exagérés. A l'idée que tout prélèvement d'intérêt était usuraire, se substitua petit à petit l'idée que ce prélèvement ne devenait tel qu'à partir d'un certain taux. C'était là l'idée courante au XVIᵉ siècle. Les exceptions successives admises à la vieille théorie négative d'un juste prix quelconque de l'argent, instaurèrent petit à petit un nouveau principe : le juste prix de l'argent dépend des circonstances probables de dommage et de gain. Mais des idées morales pénètrent encore et soutiennent, à cette époque, la théorie de l'usure : la volonté de ne baser la légitimité de l'intérêt que sur des éléments certains ou très probables, dommage présent et à venir, et non sur une productivité mystérieuse de l'argent, qui ne masquerait qu'une honteuse exploitation (3).

En résumé, la rigueur de la doctrine primitive, ici, comme à

---

conservée par les théologiens et la loi canonique, ne nous paraît comporter que deux explications : ou bien c'est une naïveté : l'argent *par lui-même* ne peut produire d'intérêts ; — ou bien plutôt, croyons-nous, c'est l'expression du désir de limiter la rémunération du prêteur à des éléments *certains* (dommage présent et dommage avenir incontestables), tout en conservant l'avantage de ne rien renier de la doctrine ancienne.

(1) Particulièrement *Exode*, XXII, 25.

(2) Voyez : pour saint Basile : *Homélie contre les usuriers;* — saint Grégoire de Nysse, *Homélie contre les usuriers;* — saint Jérôme, *Commentaires sur le chapitre 18 d'Ezéchiel;* — saint Augustin : *In Psalm.*, 36, série 3.

(3) De même, dans la doctrine canonique de la *Société*, la rémunération de l'associé n'est jugée légitime que s'il court un risque véritable ; le risque est un dommage. Voy. Ashley, *op. cit.*, II, 479 et s.

propos du juste prix, s'est atténuée; en même temps, sa netteté s'est obscurcie, car on peut légitimer presque tout intérêt avec cette idée de dommage calculé sur un gain probable. En se rapprochant de la réalité, la doctrine perd son sens premier et sa force; à ce point de vue encore, le parallélisme des deux doctrines canoniques du juste prix et de l'usure est frappant. Le principe abstrait, qui proclamait la gratuité nécessaire de l'argent, n'est plus conservé que nominalement; il a cédé devant la considération des cas individuels, où les dommages résultant de la privation de cet argent, à l'époque fixée pour le remboursement, apparaissaient comme certains. L'idée de justice a perdu son caractère universel, pour se plier aux circonstances individuelles.

Il n'est pas étonnant, d'ailleurs, que ces deux évolutions soient rapprochables; le sentiment qui animait les théologiens et les moralistes contre les usuriers, et celui qui les animait contre les marchands trop avides, étaient de même nature : le prix exagéré est une usure de même sorte que l'usure du créancier d'une somme d'argent; ce dernier, à son tour, n'est qu'un vendeur qui exploite son client (1). Dans les deux cas, il s'agit d'une conception de justice froissée, d'un juste prix violé.

Il y a encore une sorte d'usure dans le fait du propriétaire foncier qui abuse de ses tenanciers. C'est pourquoi la question de la rente constituée formait au moyen âge une question connexe à celle de l'usure. La constitution de rente, en effet, était, avec le prêt d'argent, le mode de placement le plus général. Nous n'en dirons qu'un mot. L'admission de ce contrat par les canonistes paraît n'avoir souffert aucune difficulté, tant en Allemagne (2) que dans d'autres pays (3).

---

(1) C'est souvent, d'ailleurs, sous la rubrique du péché d'usure, que les manuels de confesseurs plaçaient le péché qui consiste à vendre une chose « pour un prix supérieur à sa valeur ». Les deux théories se tiennent et se fortifient l'une l'autre; elles ont une même racine logique.

(2) Neumann, *Geschichte des Wuchers*, p. 179, 180.

(3) Ashley, *op. cit.*, II, 475. — Endemann, *Studien...*, II, 104.

Langenstein, qui traita le sujet avec développement et fit autorité en la matière, reconnaissait le contrat comme licite, mais prenait en considération son but, qui devait être, avant tout, le service de l'Etat ou celui de l'Eglise (1). L'Etat intervint, précisément suivant le conseil des canonistes, pour autoriser le rachat possible de toutes les rentes, et imposer, par suite, aux contractants la fixation préalable d'un taux de remboursement, calculé sur l'importance de la rente. Cela entraînait, comme conséquence, la reconnaissance d'un taux légal des rentes, par rapport à la valeur du bien foncier; cela consacrait un juste prix de location de la terre. Neumann a relevé la série des taux habituels dans ces contrats, de 1215 à 1620 (2). Il y avait donc un taux courant du placement en rentes (lequel tomba de bonne heure à 5 % dans les villes), et c'est sur ce taux courant que s'appuya la législation lorsqu'elle crut devoir s'occuper de la question.

Une décision du pape Martin V, en 1425, qui forma l'extra-vagante *Regimini*, devint la base du droit canon à ce sujet : des habitants du domaine de Breslau refusaient de payer leurs rentes au clergé, sous prétexte que celles-ci étaient entachées d'usure ; le pape, consulté, les reconnut licites sous certaines conditions, et fixa leur taux à 7 ou 10 % du prix d'acquisi-tion (3).

La pratique de la rente s'étendit vite du domaine foncier aux maisons urbaines, aux magasins et à tous droits productifs de revenu (droits de péage......) (4). Ainsi, tous les modes de revenus possibles au moyen âge étaient réglementés par la législation canonique, qui ne reconnaissait aucunement le principe romain de la liberté illimitée des contractants. Quel-

---

(1) Le contrat devait être considéré comme illicite s'il n'avait d'autre but que d'entretenir l'oisiveté des nobles; il devait surtout assurer des ressour-ces aux vieillards ayant rendu des services à l'Etat ou à l'Eglise. -- Voir Roscher, *Geschichte*, p. 22.

(2) Neumann, *op. cit.*, p. 266.

(3) Ashley, II, 476.

(4) Endemann, II, 125-131. — Ashley, 477.

ques règles morales, très simples, s'inspirant d'un idéal opposé
à la loi romaine, dominaient le sujet. Il reste à savoir d'abord
dans quelle mesure ces doctrines canoniques et théologiques
influencèrent la vie pratique du moyen âge, — et puis ensuite
quel lien rattache ces doctrines sur la liberté du prix et sur
l'usure, aux doctrines modernes, et si ces dernières peuvent
être considérées comme dérivées de l'esprit de la loi romaine,
ou, au contraire, de l'esprit de la loi canonique.

VII

Il paraît certain, tout d'abord, que les règles morales ou
doctrines que l'Eglise opposait à la renaissance du droit
romain pénétrèrent profondément les esprits, puisque, après le
triomphe du pouvoir civil, les municipalités, les corporations,
les parlements, les ordonnances royales tentèrent pendant des
siècles de les appliquer. C'est ainsi que les tarifs de prix, édictés
par les villes, s'inspiraient manifestement de la croyance en un
prix équitable, et usaient des procédés mêmes de la doctrine
canonique pour déterminer ce prix. Les statuts, publiés par les
gildes de métier, fixant le prix des objets manufacturés en
même temps que leur forme et leurs conditions de fabrication,
statuts soumis plus ou moins directement au contrôle des
autorités municipales, contribuaient également à accréditer
l'idée d'un juste prix. En Angleterre, des assises périodi-
ques fixaient pour tout le royaume le prix du pain, du vin et de
la bière (1); les municipalités gardaient le droit de taxer les
viandes. En général, d'ailleurs, les autorités des villes se
crurent le devoir, pendant tout le moyen âge et l'ancien régime,
de réglementer étroitement tout ce qui touchait à l'alimentation
et au marché des comestibles. L'opinion populaire les rendait
responsables, en effet, du mauvais fonctionnement du prix des

(1) Ashley, *Op. cit.* tome I, *Taxes du pain, du vin et de la bière*, section 21.
Voyez, également, Thorold Rogers, *Interprétation économique de l'Histoire*
(traduction, 1892), p. 35 : « Ces assises, dit-il, se perdent dans la nuit des
temps. »

denrées. C'est ce qui explique les incessants efforts qu'elles déployèrent pour conserver aux prix la plus grande fixité possible. Le point de vue du *consommateur* paraît surtout les avoir préoccupées dans cette poursuite chimérique. La stabilité des prix était l'idéal, en effet ; mais c'est un idéal de consommateur, car il ne comporte aucun accroissement du bien-être des travailleurs.

Le juste prix des salaires lui-même était fixé en considération du public, en vue de conserver aux marchandises cette fixité de prix avantageuse à la consommation. Par exemple, aux xv⁰ et xvi⁰ siècles, « dans les villes jurées, l'Etat, ou l'autorité municipale ou seigneuriale dont relevait la jurande, édictait souvent un taux des salaires : non pas un taux minimum, comme le demandent les socialistes d'aujourd'hui, mais bien, au contraire, un taux maximum (1). » Cette taxation de salaires, au lieu de profiter aux ouvriers, tourne donc contre eux ; mais quel est son but direct ? L'avantage qu'elle cherche n'est pas, il est vrai, le profit de l'ouvrier, mais c'est quand même le profit du métier ; le métier est intéressé à ce que les salaires ne varient pas, afin que le prix de vente reste stable. C'est donc au vœu de sa clientèle que le métier se soumet. Cette taxation des salaires a, il est vrai, un autre avantage, c'est d'égaliser les conditions de la concurrence entre les divers maîtres du métier (2), mais elle répond surtout au désir des consommateurs. Vers la fin de l'ancien régime, cette tendance apparaît encore nettement dans un édit rendu sous Louis XV. Après la chute du *Système*, le prix des draps et denrées augmenta, et par suite, celui des salaires. Le Conseil du commerce déclara « qu'il fallait mettre les ouvriers à la raison pour se contenter d'un salaire permettant de vendre les étoffes à un prix modéré (3). » Cet exemple, d'ailleurs, est loin d'être unique ; il est seulement significatif de

(1) Hauser : *Ouvriers du temps passé* (xv⁰ et xvi⁰ siècles).

(2) Hauser, *op. cit.*, p. 103.

(3) Voir Germain Martin : *La grande industrie en France sous Louis XV*, p. 271.

l'organisation industrielle de l'ancien régime. C'est toujours du consommateur qu'il est question; c'est pour que les denrées soient vendues au public à un prix modéré, que l'autorité réduit les exigences des ouvriers. Au xive et au xve siècles, elle intervient souvent par taxation directe du prix des denrées en question; plus tard, elle cherche à fixer le prix dans ses éléments, dans le salaire, dont les variations sont de nature à se répercuter d'une manière fâcheuse dans le prix. Cela dérive toujours du rôle qu'elle s'attribue : assurer des prix raisonnables au public.

Remarquons à ce propos que la conception du juste salaire est bien vraiment moderne. Les cas où la taxation des salaires sous l'ancien régime visait l'intérêt même des ouvriers, les cas où l'autorité statuait par préoccupation du *salaire raisonnable en lui-même,* sont très clairsemés (1). Les taxations de salaires paraissent s'expliquer bien autrement; elles rentrent dans la conception générale de l'organisation économique de cette époque; elles n'ont pour but ni l'amélioration, ni d'ailleurs la péjoration du sort des ouvriers; en fait, il est vrai, par suite de l'accroissement du prix de la vie, le maintien des anciens salaires tourne contre les ouvriers (2); mais le but poursuivi est autre : c'est la *stabilité économique, par l'établissement d'un juste prix des denrées de consommation.* C'est pourquoi les intendants, au xviiie siècle, recevaient l'ordre de fixer dans les provinces le maximum des salaires et des denrées; les deux choses étaient considérées comme liées ensemble (3).

L'effet de cette politique sur les salaires fut certainement très appréciable. Les corporations ont été une entrave à la hausse

---

(1) Voyez *contra* l'opinion de Brentano, citée par Janssen, *op. cit.*, tome I, p. 402 : « La régularisation des salaires n'était autrefois qu'une forme de la théorie générale du moyen âge, regardant comme le premier devoir de l'Etat le soutien des faibles contre les forts. »

(2) V. Hauser, *op. cit.*, p. 105.

(3) V. Babeau, *La lutte de l'Etat contre la cherté en* 1724. La hausse des prix fut l'épouvantail de l'ancien régime. — Voir citation de Bigot de Sainte-Croix dans Germain Martin, *op. cit.*, p. 271. — Voyez encore même ouvrage, p. 325.

de la main-d'œuvre ; elles entraînèrent même sa baisse réelle, car le prix de la vie augmentait, tandis que les salaires se maintenaient. Ce qu'il faut retenir surtout, c'est, contrairement à l'affirmation de certains économistes (1), l'action certaine de l'institution d'un prix légal, d'un juste prix, sur les prix réels. Les conventions librement conclues s'en réfèrent malgré elles à cet étalon légal, comme à un modèle, à une norme impartiale, qui possède sur les esprits des deux partis le prestige d'un jugement qui « dit le droit. » Et c'est en quoi les Etats modernes, qui, dans les marchés qu'ils concluent comme personnes privées, s'assujettissent à des règles de salaire minimum, donnent un exemple susceptible de porter petit à petit, mais sûrement, ses fruits.

La législation canonique du juste prix a donc eu un effet certain, à la fois sur le prix des denrées et sur le taux des salaires. Le désir du moyen âge était d'assurer au public la stabilité des prix, et au producteur une existence conforme à l'usage de sa classe sociale. Cela ne comportait aucun progrès possible ; les bases sociales étaient fixées une fois pour toutes, sur lesquelles s'appuyait l'édifice des tarifications réglementaires. Retenons que la doctrine canonique est l'expression directe de ces vœux, qu'elle les a fait naître autant qu'elle en provient (2).

Quant à la législation sur l'usure, elle fut bien plus directement encore commandée par la doctrine. Il n'est pas besoin de rappeler ici quelle elle fut dans dans tous les pays de l'Europe,

---

(1) M. d'Avenel ne peut croire que des institutions publiques puissent entraver le jeu *naturel* des lois économiques, et il soutient que les ordonnances sur le maximum au moyen âge n'ont influé en rien sur le taux réel des salaires (*Paysans et Ouvriers des trois derniers siècles*). En regard de cette affirmation, citons encore Hauser, esprit modéré, savant précis : « De ce que les lois sur le maximum ont été maintes fois violées, de ce qu'elles ont été impuissantes à modifier radicalement l'évolution économique, nous n'avons pas le droit de conclure que le salaire légal, lorsqu'il existe, n'influe pas, *et dans une forte mesure*, sur la moyenne des salaires réels. » (*Ouvriers du temps passé*, p. 107.)

(2) Ashley relève dans quelques ordonnances municipales l'esprit et les expressions mêmes des canonistes. *Op. cit.*, II, 442-443.

jusqu'au début du XIXᵉ siècle. L'on sait assez qu'en France, les ordonnances royales et les édits pour les pays de coutume, les jurisprudences des parlements pour les pays de droit écrit, rivalisèrent avec les conciles et les décisions des papes dans la prohibition du prêt à intérêt. L'influence de la doctrine canonique est ici trop évidente pour que nous insistions. Nous avons vu, d'ailleurs, que cette prohibition se conciliait fort bien avec un certain développement du négoce d'argent; en sorte que la sévérité des textes ne concernait, dans la pratique, que les prêteurs qui abusaient de leurs emprunteurs (1).

Il faut arriver, toutefois, jusqu'au Code Napoléon, puis à la loi du 3 septembre 1807, pour voir reconnaître sans contexte ce contrat; mais, en même temps, cette loi assignait une mesure légale au taux de l'intérêt. D'autres législations, sous l'influence de Jérémie Bentham (2) et de son école, reconnaissaient sans aucune restriction la liberté de l'intérêt. Etait-ce donc une réaction définitive contre les idées que la doctrine canonique et, après elle, la législation de l'ancien régime n'avaient cessé de proclamer? L'usage des tarifications municipales tombait, les corporations étaient abolies, la liberté du travail instaurée entraînait à sa suite la liberté des prix. Plus rien ne semblait demeurer, dès le début du siècle, des doctrines du moyen âge sur le juste prix et sur l'usure. Etait-ce donc le triomphe tardif de la loi romaine?

C'est ce qui apparaît au premier abord. Les doctrines économiques modernes, dont les Physiocrates et Smith furent les premiers représentants, prirent, dès la fin du XVIIIᵉ siècle, le contrepied des anciennes doctrines. Tandis qu'une grande défiance de la liberté animait les penseurs du moyen âge, les premiers économistes au contraire découvraient et célébraient ses

---

(1) Cette prohibition, d'ailleurs, ne s'appliquait pas aux Juifs, pour la raison qu'ils étaient hors de l'Eglise et damnés d'avance. Les Ordonnances se contentèrent de limiter l'intérêt, pour eux, à des taux qui nous paraissent invraisemblables (60 et 80 %), et périodiquement, d'ailleurs, elles les chassaient du territoire en confisquant leurs biens.

(2) Bentham, *Lettres sur l'usure* (1787).

heureux effets; ils l'identifiaient avec la loi naturelle. Ce n'est pas, d'ailleurs, que le souci de la justice fût absent de leur œuvre, seulement leur justice était une justice naturelle, issue des choses elles-mêmes, tandis que la justice des scolastiques était extérieure, issue de la pensée divine, et s'efforçait de dominer les faits. Le prix juste et l'intérêt juste seront désormais, non plus des concepts idéaux, qu'il faut déduire de purs raisonnements, mais des faits naturels, déterminés par la concurrence ou liberté économique. D'où il suit que l'autorité doit se désintéresser, en principe, du fonctionnement économique, sauf en ce qui touche la sécurité des transactions, qui rentre dans ses attributions propres. Les contractants seront donc libres de passer entre eux toutes sortes de conventions, comme le voulait la loi romaine; l'usure ne peut exister, une fois abolies les lois contre l'usure; les prix ne peuvent être surfaits, une fois brisées les digues que la loi oppose à la circulation et à l'évaluation libres des marchandises.

Mais, si le XIXᵉ siècle paraît s'être inspiré, pendant longtemps, de ce libéralisme, et s'être abstenu de faire triompher dans la réalité un idéal défini de justice, cependant, l'état présent des doctrines et des mœurs semble faire retour à des conceptions plus proches, par certains côtés, de celles qui avaient cours à l'époque médiévale (1). Les dangers que la liberté de l'usure a causés dans l'Europe centrale et orientale, ont été assez grands pour induire la législation allemande et autrichienne à revenir en arrière et à faire renaître le délit d'usure. La législation anglaise les a suivies ces temps derniers. Les autres nations conservent précieusement leur limitation légale du taux de l'intérêt. Enfin, le récent code allemand de 1900 crée de toutes pièces une théorie générale sur la lésion par inéquivalence dans les contrats, qui consacre le fondement de l'idée d'un juste prix.

---

(1) Ashley remarque que la plus récente génération des économistes anglais et allemands apporte dans la science quelques-unes des préoccupations morales qui distinguaient les théologiens du moyen âge; ils cherchent, notamment, à « subordonner les intérêts matériels aux fins plus élevées du développement humain. » (Brentano, Marshall.) Voir Ashley, *op. cit.* II, 435-436.

Ces faits sont significatifs. La croyance que le prix le meilleur est le prix de concurrence, paraît fortement ébranlée. Tout le mouvement si puissant des coalitions industrielles, tant ouvrières que patronales (trusts), proteste contre elle. Or, le régulateur de la concurrence supprimé, il faut faire appel à de nouveaux principes, et, dans ce désarroi, les doctrines idéales de justice paraissent devoir prendre une nouvelle force. Chaque jour, l'Etat prend conscience de devoirs qu'il juge de plus en plus étendus. La poussée socialiste, l'ingérence croissante de l'autorité dans les actes privés, en tant qu'elles manifestent en l'Etat une confiance qu'elles refusent aux particuliers, s'inspirent de la croyance en une justice supérieure aux conventions libres, et que l'autorité a pour devoir de réaliser dans les faits. Nous verrons, successivement dans quelques domaines, se réveiller cette idée, qui paraît bien plus proche de l'esprit des doctrines chrétiennes du moyen age que de l'esprit de la loi romaine.

CHAPITRE III.

—

LE PRIX NATUREL DES PHYSIOCRATES.

————

I

Le problème qui se pose pour nous est celui-ci : « Pouvons-nous penser qu'il existe un appui psychologique arbitraire à l'idée du prix naturel, telle que l'ont conçue les Physiocrates ? » En dépouillant le contenu de cette idée, ne retrouverons-nous pas, ainsi que nous venons de le faire pour le juste prix canonique, un *a priori* donné par la conscience, un postulat de nature morale, qui devient ainsi le fondement théorique du système ? — C'est là, nous le rappelons, l'objet même de nos recherches : toute théorie de la valeur, même d'apparence objective, n'est-elle pas reliée secrètement dans la conscience à une doctrine de justice ? ou, en d'autres termes, toute théorie de la valeur n'est-elle pas l'expression d'une idée plus ou moins consciente de juste prix ?

Le système des lois naturelles que les Physiocrates découvrirent dans la seconde moitié du xviiie siècle, ne vise pas à donner moins qu'une formule générale de l'ensemble de la vie sociale. La maxime célèbre de Vincent de Gournay : « *Laissez faire, laissez passer* », mot d'ordre de l'école, renfermait une pensée dont l'envergure dépassait singulièrement le domaine de la circulation des marchandises. Elle était l'application d'un principe d'ordre qui formait la base même du droit naturel. Ce principe d'ordre était la liberté, ou, dans le domaine économique, la concurrence. A vrai dire, c'était là un principe négatif; il ne formulait aucun précepte précis et se contentait de supprimer les entraves qui s'opposent à l'application spontanée des lois naturelles. La liberté, ce n'est pas un principe de construction sociale volontaire, c'est la suppression des obstacles à l'arrangement naturel des choses entre elles. Le droit naturel des Physiocrates, fondé sur la liberté, découle naturellement, et, en quelque sorte, *physiologiquement*, de la nature des choses. Ce n'est pas le droit naturel idéal d'un Rousseau, construit sur l'hypothèse d'un état primitif de l'humanité, c'est le droit reconnu par l'observation, et qui résulte de l'organisation naturelle du monde.

Voilà qui semble exclure, au premier abord, toute conception de justice *a priori*. Les Physiocrates sont des gens obsédés de mathématique sociale. Le célèbre *Tableau économique,* dressé par Quesnay (1), qui prétend expliquer le mécanisme économique dans son entier, en partant du *produit net* donné par la terre et réparti ensuite entre toutes les classes de la société, est une sorte de bilan grandiose de la vie sociale, où tout est quantifié et traduit en formules précises, abruptes, et en chiffres; nulle place n'y semble laissée à l'arbitraire d'une conception de justice quelconque, qu'exclut d'ailleurs tout à fait son caractère utilitaire. En effet, les Physiocrates observent les faits et concluent : « *D'elles-mêmes,* les choses s'organisent de telle ou telle façon; il ne faut point troubler leur évolution spontanée. » Les lois naturelles sont donc des résultantes et non des règles *a priori,* — et le *prix naturel,* c'est-à-dire celui qui se détermine suivant les lois naturelles, est un produit, et non un principe posé d'avance, comme le juste prix des canonistes du moyen âge.

Et cependant, malgré ces efforts d'objectivité, il est facile de montrer que la pensée physiocratique plonge, par ses racines, dans un domaine moral, est commandée tout entière par un sentiment impérieux, étranger à l'observation des faits. Assurément, le prix naturel des Physiocrates n'offre aucune apparence

---

(1) C'est lui dont Mirabeau disait : « Il y a trois inventions merveilleuses dans l'humanité : l'écriture, la monnaie et le Tableau économique. »

d'une formule *a priori* de juste prix, — et cependant il dépend, en fin de compte, d'une conception arbitraire. Voici comment :

Les lois naturelles sont des lois découvertes par l'observation ; soit, mais les Physiocrates ajoutent : Ce sont les meilleures possibles (1). La loi physique est définie : « le cours réglé de tout évènement physique de l'ordre naturel, évidemment le plus avantageux au genre humain » (2). Si la liberté est le grand principe de tout ordre social, c'est qu'elle est la condition d'épanouissement des lois qui sont les plus avantageuses au genre humain. Chaque obstacle à ces lois est considéré par les Physiocrates comme une atteinte au bien général, puisque, seul, leur plein développement assure la réalisation la plus parfaite de l'harmonie sociale. — Or, comment cela se pourrait-il, si ces lois ne sont l'expression d'une volonté supérieure, le signe d'un plan divin ? Il faut qu'une intelligence providentielle dirige les libres activités des hommes vers le meilleur bien public. Et c'est bien là, en effet, le postulat des Physiocrates. La loi naturelle a le caractère d'une tendance travaillant à une fin ; elle est *un dessein qui se réalise ;* elle veut le plus grand bien de l'humanité. Derrière la Nature et ses lois, il y a un Créateur infiniment bon, de qui tout procède, « l'Auteur de la nature (3) ».

---

(1) Quesnay, Œuvres complètes (édition Oncken) : *Du Droit naturel* (paru en sept. 1765 dans le JOURNAL DE L'AGRICULTURE, DU COMMERCE ET DE L'INDUSTRIE), p. 375 : « Les lois naturelles sont immuables, irréfragables et *les meilleures possibles.* »

(2) Quesnay, ibid. p. 375.

(3) Ce finalisme n'est pas moins évident chez Mercier de la Rivière : «...... Le monde alors va de lui-même ; le désir de jouir et la liberté de jouir ne cessant de provoquer la multiplication des productions et l'accroissement de l'industrie, ils impriment à toute la société *un mouvement qui devient une tendance perpétuelle vers son meilleur état possible.* » (*L'ordre naturel des sociétés politiques,* chap. 18, p. 617.) — Voir une étude de Veblen sur *Les préconcepts dans la science économique* (QUARTERLY JOURNAL OF ECONOMICS *january* 1899, analysé dans ANNÉE SOCIOLOGIQUE de M. Durkheim, 1900). L'auteur cherche à établir que le fond de la pensée physiocratique est essentiellement *animiste,* d'un animisme non grossier, mais assez élevé.

Ce postulat d'une suprême Intelligence directrice prend parfois la forme, plus positive en apparence, du *naturalisme économique* : le médecin Quesnay et ses disciples parlent souvent d'un *être social,* qu'ils conçoivent à l'image de l'être humain, et en qui ils supposent l'existence d'une force mystérieuse et unitaire. La société est gouvernée par cette force, qui agit en elle comme la vie dans un organisme. Mais cette idée ne fut jamais bien distincte chez eux de leur providentialisme. Quoique la vieille métaphore de l'être social ait revêtu pour la première fois dans leur doctrine le caractère d'une conception précise de la réalité sociale, cependant, elle se doublait toujours d'un mysticisme particulier, la confiance en la Providence, inspiratrice des volontés individuelles comme de l'être collectif.

A vrai dire, une telle conception de l'organisme social est inséparable d'une certaine espèce de mysticisme, et cela se vérifiera plus tard chez les sociologues de l'école dite « organiciste », aussi bien que chez leurs devanciers, les Physiocrates. Car la réalité et la nature de la force mystérieuse qui agit en l'être collectif, échappent à l'intelligence, beaucoup plus encore chez ces sociologues prétendus positivistes, que chez les Physiocrates, plus logiques en se reposant sur l'idée divine.

Quoi qu'il en soit, si les lois naturelles sont l'expression de la Providence, il faut identifier la justice avec elles ; le terme de *lois naturelles* prend le sens de *lois justes* (1). L'accomplissement des lois naturelles a été voulu par la Pensée divine ; tout obstacle à leur libre exercice est une entrave à la justice. Pour connaître évidemment celle-ci, il n'est donc que de pénétrer le plan de la nature. « Si l'on me demande ce que c'est que la

---

(1) « Les lois que l'Auteur de la nature a instituées sont *justes et parfaites* dans le plan général, lorsqu'elles sont conformes à l'ordre et aux fins qu'il s'est proposées, *car il est lui-même l'auteur des lois et des règles,* et par conséquent, supérieur aux lois et aux règles. » (Quesnay, *ibid.,* p. 371.) Et Dupont de Nemours (*De l'origine et des progrès d'une science nouvelle,* page 341) : « Les hommes ont des droits et des devoirs réciproques *d'une justice absolue, parce qu'ils sont d'une nécessité physique et absolue* pour leur existence. »

justice, je répondrai que c'est une règle souveraine, *reconnue par les lumières de la raison*, qui détermine évidemment ce qui appartient à soi-même ou à un autre » (1). C'est donc une règle qui existe en dehors de la raison et qui est reconnue par elle. Où situer l'existence de cette règle, sinon dans l'Esprit souverain que manifeste l'ordre naturel ? La justice, c'est le décret de Dieu reconnu dans l'ordre de la nature par la raison de l'homme. Voilà le mysticisme des Physiocrates.

Et c'est pourquoi il ne faut pas se faire illusion : lorsque ceux-ci parlent de la *nécessité* des lois naturelles, cela s'entend aussi bien d'une nécessité de justice que d'une nécessité de fait, et plus encore peut-être de la première, puisque, dans la réalité, nous voyons les lois naturelles violées, tandis que le décret divin est immuable (2).

La condition de la justice économique, c'est donc le plein jeu de la liberté, c'est la concurrence. Grâce à elle, s'établit le *prix naturel*. C'est Le Trosne qui le dit : « La concurrence seule peut établir les productions à leur prix naturel (3) ». D'ailleurs, ce prix naturel coïncide de lui-même avec le coût de production, ou, plus exactement, avec les « frais de culture (4) ». La terre, en effet, est pour les Physiocrates la seule source de valeur, étant la seule source de produit net. Les frais de commerce ne peuvent faire partie du coût de production ; ils sont, au contraire, des charges inutiles qui grèvent la production ; c'est en dehors d'eux que s'établira le prix naturel. Le

---

(1) Quesnay, *ibid.*, p. 365.

(2) Peut-être ne faut-il pas rendre Quesnay entièrement responsable de cette partie apriorique et déductive de l'œuvre des Physiocrates, mais plutôt tels de ses disciples, comme l'abbé Baudeau et Mercier de la Rivière. Assurément, Quesnay a posé les bases du droit naturel *(Le Droit naturel)*, mais son éducation rurale et sa tournure d'esprit le prédisposaient davantage à l'observation *pratique,* qui tient une grande place dans ses ouvrages. — V. *Le Libéralisme économique dans les œuvres de Quesnay,* Truchy *(Revue d'Economie politique,* 1902, p. 925).

(3) Le Trosne, *De l'Intérêt social.*

(4) Voyez Hector Denis, *Histoire des doctrines économiques et socialistes,* notamment p. 94-95.

plus juste prix des marchandises est donc celui qui résulte d'un état de concurrence illimitée, et d'un état où les charges des intermédiaires sont réduites au minimum ; mais ces deux points sont liés ensemble, car plus le champ de la concurrence s'étend et plus les excroissances du prix, résultats des privilèges, diminuent jusqu'à la limite minimum. La concurrence est donc, en dernier lieu, la condition absolue du prix naturel. Or, la concurrence, c'est-à-dire « la liberté des échanges » (Le Trosne), étant sortie par une déduction abstraite de l'idée de loi naturelle, le prix fondé sur la concurrence ou prix naturel, forme dans cette chaîne théorique un dernier chaînon fortement relié aux autres. Il est le prix forcément juste, parce qu'il résulte nécessairement d'un ordre social construit sur le principe du droit naturel.

Il faut, pour bien comprendre l'apparence de justice abstraite et absolue que pouvait avoir aux yeux d'un Physiocrate cette idée d'un prix naturel, se souvenir de la fascination qu'exerçait, à cette époque, l'idée de liberté. L'idée de liberté formait, au xviiie siècle, le point central de cette masse confuse d'idées et de sentiments, renouvelée à chaque époque, dont la puissance suggestive est en rapport avec l'imprécision, et qu'on nomme le Droit naturel. Quesnay fit rentrer la liberté économique dans la liberté philosophique (1), et, par suite, fit participer celle-là au prestige dont jouissait celle-ci. H. Summer Maine (2) a montré l'action considérable de l'idée d'un droit naturel sur le droit romain de la dernière époque ; l'on en pourrait faire autant de toutes les incarnations successives que prit, dans le cours des siècles, cette notion d'un droit idéal supérieur aux conventions humaines, d'une « loi de nature » ; le droit canon au moyen âge, et plus tard la philosophie du xviiie siècle, se donnaient tour à tour comme sa fidèle expression, et

---

(1) Polier, p. 105 ; citation de Le Trosne, qui établit une liaison nécessaire entre la loi de justice, qui renferme les droits et les devoirs de l'homme social, et les lois de la reproduction et de la distribution des subsistances.

(2) *Ancien Droit*, trad. franç. p. 43 et s.

leur influence profonde tient en partie au mirage de cette justice absolue, dont ils se disaient les interprètes (1).

Ce n'est pas sans raison que nous sommes amenés à découvrir une liaison étroite entre les deux idées de juste prix et de droit naturel. Le sentiment d'une justice idéale provoque et soutient l'idée d'un droit naturel, comme il fait naître et étaye l'idée d'un juste prix. Celle-ci même, à vrai dire, ne prétend être que la forme économique de cette justice idéale. Les deux sentiments se rejoignent au profond de la vie affective; ils sont, par un certain côté, des sentiments éternels, mais dont la matière est éternellement changeante. Le droit naturel et le juste prix se donnent, à chacune de leurs incarnations, comme des vérités absolues; ils se revêtent d'une apparente réalité, car il est dans la nature des sentiments puissants de projeter au dehors et d'animer leur objet; mais cette réalité est illusoire; ce qui est impérissable et réel, c'est le sentiment lui-même et non la forme extérieure qu'il affecte (2). Le juste prix est, comme le droit naturel, *une forme de pensée dont le contenu est essentiellement variable.*

II

Retenons donc que le prix naturel des Physiocrates, c'est, au fond, le prix légitime des marchandises dans un ordre social conforme à la volonté divine. Il y a bien aussi, chez Smith, un prix naturel, équivalent aux frais de production; mais l'expression a perdu alors le caractère philosophique qu'elle avait chez les Physiocrates. Elle ne prétend pas être une formule de justice. Elle n'en conservera pas moins de son origine un air de

(1) Voir Tarde, *Transformations du Droit*, chap. 6, *Le Droit naturel.*

(2) Ce qui peut mettre en relief la nature sentimentale de ces conceptions, c'est l'imprécision même de leur objet. S. Maine a montré, pour le droit naturel, que jamais les jurisconsultes de Rome, ni d'ailleurs, ne se sont mis d'accord sur : 1°) l'existence d'un état de nature dans le passé; 2°) les témoignages précis qui font distinguer la loi de nature des institutions juridiques contingentes. L'essence de cette loi de nature, de ce *jus naturale,* est d'être un *optimum* juridique, à peu près unanimement admis.

déduction abstraite, que nous reconnaîtrons n'être pas entièrement trompeur.

Comme il y a un prix naturel des marchandises, il y a, chez les Physiocrates un prix naturel du travail. Il se mesure, notamment pour Baudeau et Turgot, aux frais de subsistance de l'ouvrier (1). On sait que la loi d'airain de Lassalle n'est que le développement des principes exprimés par Turgot. Ici se manifeste le fatalisme philosophique, qui est au fond de l'idée de liberté, et consacre l'asservissement naturel du plus faible au plus fort. Dépouillée de la confiance originelle en la Providence, la théorie physiocratique prendra petit à petit, à travers les classiques, un caractère sombre, puis elle se fondra avec les idées toutes naturalistes de lutte pour la vie, si opposées à l'optimisme du début, qu'il faudra faire des concessions à l'esprit de législation et de réforme.

Il y a également un intérêt naturel de l'argent. Quesnay le fonde sur le revenu des biens que l'on peut acquérir avec cet argent (2). La limite naturelle du taux de l'intérêt a donc un rapport intime avec le revenu des terres. Or, celui-ci est assujetti à une loi : « La quantité de revenu que l'on peut acquérir par l'achat d'une terre n'est ni arbitraire ni inconnue ; c'est une mesure manifeste et limitée par la nature, qui fait la

---

L'idée la plus nette qu'on ait toujours fait rentrer dans ce cadre, c'est l'idée d'égalité. Mais cette idée, en apparence précise, peut être conçue de mille façons diverses : s'agit-il de l'égalité dans la possession des moyens juridiques, dans la richesse, dans les jouissances.....? De même, l'idée du juste prix n'a pas de soutien déterminé une fois pour toutes ; pour les canonistes, c'est l'idée de classe sociale et de *status* ; pour les Physiocrates et les classiques, la liberté ; pour les socialistes, la rémunération proportionnée à l'effort......

(1) Hector Denis, *op. cit.* p. 94, 95. — Voici la phrase de Turgot, souvent citée, d'où sont sorties la théorie du *salaire nécessaire* et la *loi d'airain* : « En tout genre de travail, il doit arriver, et il arrive, en effet, que le salaire de l'ouvrier se borne à ce qui lui est nécessaire pour lui procurer sa subsistance. » (Œuvres de Turgot, édition Guillaumin, tome I, page 10.)

(2) *Observations sur l'intérêt de l'argent*, par Nisaque (anagramme de Quesnay), *Œuvres*, édition Oncken, p. 399.

loi au vendeur et à l'acheteur (1) ». C'est, en d'autres termes, la portion du *produit net,* connue et mesurable, que le propriétaire vend avec la propriété du fonds, et qui lui revient naturellement dans le partage du produit entre les trois classes de la société (la classe productive, la classe des propriétaires et la classe stérile des intermédiaires). Cette loi naturelle du revenu des biens devient donc aussi la loi du taux de l'intérêt : « Le prétexte du prêt de l'argent à intérêt ne peut donc être fondé, dans l'ordre naturel et dans l'ordre de la justice, que sur le rapport de conformité de cet intérêt avec le revenu que l'on peut acquérir avec de l'argent par l'achat des terres, car il est impossible de concevoir d'autre revenu réel que l'on puisse acquérir avec de l'argent, sans le prendre injustement sur ce qui appartient à autrui (2) ». Déduction rigoureuse, si l'on part du principe physiocratique, qu'il n'y a d'autre source de produit net que « la terre et les eaux ».

Cette liaison du revenu des terres et du taux de l'intérêt amène à condamner les variations de l'intérêt à raison de la concurrence ; si l'intérêt monte plus haut que son taux naturel, qui est le taux de revenu des biens-fonds, la surcharge s'étend inutilement sur tous les citoyens ; les commerçants augmentent leurs frais de commerce, à raison du taux excessif de l'argent qu'ils ont engagé dans ce commerce. Cette surcharge est une déprédation qui retombe injustement sur le public. Le principe est donc que l'intérêt de l'argent, étant toujours payé, après un circuit plus ou moins long, par le revenu des terres, il doit se mesurer à sa source, à l'intérêt qu'on pourrait appeler *foncier.*

Le lien de toutes ces déductions, c'est une conception particulière de l'origine de la valeur : toute valeur vient de la terre et de son produit net (3). Le système entier des Physiocrates est

---

(1) *Ibid.,* p. 401.

(2) *Ibid.,* p. 402.

(3) On sait que le produit net est, pour les Physiocrates, la clé merveilleuse de toute civilisation. Sans produit, il ne pourrait y avoir de culture, ni de gouvernement, ni de progrès. (Voir Dupont de Nemours, dans *OEuvres de Quesnay,* éd. Oncken, p. 440.)

suspendu à cette croyance. A la suite des désastres du *Système*, après les ruines nationales, la terre avait repris une prééminence nouvelle. La doctrine physiocratique exprime cette renaissance foncière. Elle est, sur ce sujet de la valeur, toute matérielle ; elle ne reconnaît même pas le rôle du travail dans la création des richesses. Un artisan qui vend son ouvrage, dit Quesnay, vend la matière première avec laquelle il a confectionné cet ouvrage, plus le travail qu'il y a mis ; et il estime ce travail selon la dépense qu'aura occasionnée l'entretien de sa famille et de lui-même pendant le temps de confection de l'ouvrage. Donc, il n'y a de son fait aucune production, mais bien plutôt un anéantissement de valeur (1). Le travail ne crée pas de richesses, car il a lui-même une valeur déterminée par le prix de subsistance des travailleurs ; et c'est toujours l'industrie extractive ou agricole, la terre, en un mot, qui fournit cette subsistance, ainsi que les matières premières du travail.

La conception physiocratique de la valeur reste donc matérialiste et assez grossière. Son étroitesse est définitivement condamnée. Bientôt, Smith viendra dire : « C'est le Travail et non la Terre qui est la source de la valeur. » Et sur cette idée vivront de puissantes écoles économiques. — Il restait cependant à la théorie de se dégager encore de tout lien matériel, et de s'épurer tout à fait, en cherchant l'origine de la valeur dans l'Esprit, suivant les conceptions, restées longtemps inefficaces en Economique, de Galiani, Turgot et Condillac.

---

(1) Œuvres, éd. Oncken, p. 389. Voir aussi *Tableau économique.*

CHAPITRE IV.

—

LA VALEUR PSYCHOLOGIQUE.

—————

I

L'évolution doctrinale qui, après saint Thomas, tendait à imprégner d'éléments subjectifs la notion, d'abord rigide, du juste prix, et à faire concevoir de plus en plus la valeur comme une qualité des choses variable, dépendante des circonstances, — cette évolution ne fut pas continuée par l'école classique de Smith et de ses disciples. La naissance de l'Economie politique moderne fut marquée d'un nouveau souci d'objectiver la valeur, de la rattacher à une qualité matérielle des choses, — souci qui, peu conscient encore chez Smith, le devient chez Ricardo, et acquiert toute sa puissance chez les véritables disciples théoriques des économistes classiques : Robbertus, Marx et les socialistes scientifiques. Le développement de la doctrine économique pendant le xixe siècle montre avec constance cette même obsession d'un fondement objectif de la valeur, d'un mètre fixe et irréprochable de la justice dans le prix, qui animait déjà saint Thomas.

Le courant principal des économistes se rattache à Smith et Ricardo, qui mesurent la valeur aux frais de production représentés par l'objet, et finalement au travail incorporé en lui. Un imprudent éclectisme amena, il est vrai, les économistes classiques à faire entrer dans la théorie de la valeur l'utilité (loi de l'offre et de la demande) à côté du coût de production; mais les éléments subjectifs introduits à la suite de cette loi ne

jouent qu'un rôle secondaire ; car, s'il s'agit de déterminer la
« *valeur normale* » (expression équivoque d'un air demi-scienti-
fique, demi-éthique), autour de laquelle, en régime de concurrence, oscille la valeur courante, c'est seulement sur le coût de
production, sur l'élément fixe et matériel, que les économistes
s'appuient. Les deux fondements hétérogènes, travail et utilité,
ne pouvant figurer sur le même rang dans la même théorie,
leur choix implicite est pour le premier. Nous comprendrons
donc les écoles classiques dans ce courant de la valeur-travail,
et nous considèrerons les socialistes marxistes comme les
traducteurs logiques et derniers de leur pensée fondamentale
sur la valeur. Marx, en effet, dépend de Ricardo, qu'il a
développé et précisé. Cette abstraction un peu hardie nous
permettra d'envisager la suite logique des idées dans cet obscur
problème.

Cependant, en face de ce courant, une lignée opposée et parallèle d'esprits moins influents, plutôt philosophes qu'économistes
proprement dits, assignait à la valeur, dès le xviiie siècle, une
origine psychologique, et reliait celle-ci directement à l'esprit
humain. Il nous importe de connaître la source et le développement de cette thèse. L'abbé Galiani, Condillac et Turgot
l'exprimèrent les premiers assez nettement ; J.-B. Say, Storch,
paraissent l'avoir entrevue ; Bastiat l'exposa en partie et se
rendit célèbre par l'essai de conciliation qu'il tenta entre les
deux thèses contraires ; malgré son illusion d'avoir concilié
quoi que ce soit, son inspiration reste, avant tout, psychologique. Enfin, l'école autrichienne prit pour point de départ de
la valeur la notion toute subjective d'utilité finale, et donna un
lustre particulier à la théorie psychologique, — cependant que
de récents philosophes, surtout allemands, restituaient définitivement à l'esprit le pouvoir de créer la valeur.

Nous tenterons dans ce chapitre une rapide esquisse du
développement de cette thèse psychologique et de son influence
secondaire sur les économistes du siècle, à qui elle est restée
suspecte. Nous la nommerons, par opposition à la thèse
précédente de la valeur-travail, la thèse psychologique de la
la valeur ou la *valeur psychologique*, quoique cette appellation

un peu brève renferme quelque ambiguïté. Le mot valeur-utilité ne serait pas suffisamment exact, car le mot utilité a été compris par certains auteurs classiques dans un sens éloigné du sens subjectif, et la valeur fondée sur l'utilité n'est pas nécessairement une conception psychologique ; inversement, Bastiat, qui nous paraît devoir être compté parmi les partisans de la thèse psychologique, niait absolument le rôle de l'utilité dans la valeur. Enfin, le mot valeur-désir eût bien répondu à notre pensée, mais peu d'économistes jusqu'à présent (Gide) (1), ont placé le désir à l'origine de la valeur, — et les psychologues eux-mêmes n'ont pas tous clairement vu son rôle.

Il nous faut ajouter, pour notre justification, que cette distinction un peu grossière des économistes en deux courants nettements définis, est fondée sur cette remarque, qu'on ne peut concevoir au sujet de la valeur que deux théories opposées : l'une entièrement psychologique, qui se fonde, en dernier ressort, sur l'idée de valeur dans la conscience individuelle, — et l'autre dogmatique, qui fonde la valeur sur des qualités externes, la quantité de travail par exemple, et indépendamment de la psychologie individuelle. Si l'on croit, comme nous, qu'il ne peut y avoir une théorie sur l'origine de la valeur qui ne rentre dans l'un des deux partis distincts que nous venons de définir, on accepte la réalité de notre classification.

II

L'Abbé Galiani (2), dans un ouvrage bien oublié (*Della moneta libri cinque*, Cinq livres sur la monnaie, 1750) indique nettement la voie psychologique où l'on doit orienter les études sur la valeur. *L'évaluation*, pense-t-il, est un phénomène de

---

(1) Gide, *Principes d'Economie politique* (6e édit.. 1898), p. 54 et suiv.

(2) Beaucoup des renseignements qui vont suivre ont été empruntés à un excellent article de M. A. Dubois : *Les Théories psychologiques de la valeur au XVIIIe siècle* (Revue d'Econ. pol. 1897, p. 849 et s.) L'auteur a traduit lui-même un fragment de *Della moneta* de l'abbé Galiani. (*Loc. cit.* page 917 et s.)

conscience. « La valeur est une *idée* de proportion entre la possession d'une chose et la possession d'une autre, *dans la conception d'un homme*, » — formule lourde, mais qui met deux fois en relief l'origine interne de la valeur. Celle-ci est essentiellement un rapport établi par l'esprit entre deux choses, ou, plus exactement, entre deux représentations (il eût mieux valu dire encore : entre deux désirs). Ainsi, conclut tout de suite Galiani, l'homme est la mesure des valeurs. « Le prix des choses, c'est-à-dire la proportion existant entre les choses et notre besoin, n'a pas encore de mesure fixe. Peut-être en trouvera-t-on une. *Pour ma part, je crois qu'elle n'est autre que l'homme même* (1). »

C'est là, sous une forme concise, une intuition nettement psychologique. A la définition donnée par Galiani, nous voudrions rectifier seulement deux points :

1° Le terme *besoin*, qui eut, par la suite, une telle fortune chez les économistes, n'a aucunement la précision qu'on voudrait dans une analyse rigoureuse de la valeur. Il est à la fois trop étroit et trop vague : trop étroit, si l'on entend dire par là une exigence d'ordre *physique* (q'est son sens habituel), car bien des choses ont de la valeur, qui ne répondent à nulle exigence semblable ; trop vague surtout, car les besoins ne sont que les résidus de croyances, de préjugés, de désirs et d'hallucinations profondes de l'esprit. « Les besoins ne sont que la matière élaborée et transfigurée par les formes idéales de l'esprit » (2). Par suite, ce sont déjà des aboutissants complexes, et non des points de départ. Et le même mot, ainsi pris pour base, a l'inconvénient, en outre, de suggérer et faire croire que c'est *l'utilité*, fondée sur les besoins, qui gouverne les hommes, alors que ce sont en réalité les croyances et les passions dont nos besoins sont la conséquence, qui mènent le monde.

(1) *Della moneta*, lib. I, cap. 2. — Cette phrase est citée inexactement par M. Block (*Les Progrès de la science économique depuis A. Smith*, t. I p. 121) — et aussi par K. Marx (*Le Capital*, t. 1, p. 29, note).

(2) Tarde, *Transformations du Droit*, p. 156.

6

2° Il est inexact que le prix soit « la proportion existant entre les choses et notre besoin » ; le prix est plus et autre chose que cela : au simple point de vue de la psychologie individuelle, seule entrevue par Galiani, il est le résultat d'une lutte entre plusieurs évaluations individuelles, entre plusieurs désirs et croyances particuliers, qui suscitent ces évaluations. L'intuition de Galiani présente un schéma trop raccourci de l'opération ; il manque de compliquer l'hypothèse par l'action parallèle et la mêlée de nombreux jugements et désirs individuels sur le marché. Turgot dira beaucoup mieux plus tard, à ce point de vue. Mais l'un et l'autre, d'ailleurs, resteront encore incomplets, car, dans la formation du prix du marché, aucun ne soupçonnera l'action des lois supérieures de la psychologie sociale.

On voit que la *quantité de travail incorporée*, fondement de la valeur pour l'école anglaise, n'a rien à faire théoriquement en tout ceci. Galiani, dominé par sa conception subjective, n'a garde de dédaigner la valeur en usage, et, encore qu'il n'ait pas nettement distingué les deux aspects de la valeur, il se fonde instinctivement sur elle pour expliquer la valeur en échange. Il se met, par conséquent, à l'abri de cette erreur qui pèsera tant sur les économistes futurs, qui est de prendre pour point de départ de leurs raisonnements la valeur en échange, sans remonter jusqu'à son fondement réel, la valeur en usage, ou valeur tout court. En restreignant l'étude de la valeur à celle du prix, la science économique naissante prenait un faux air objectif ; elle coupait le cordon qui reliait la valeur à l'esprit. Mais, en même temps, celle-ci, ne pouvant être vraiment *expliquée* ni par l'offre et la demande, ni par le coût de production, restait une notion obscure, non définie, et tout l'édifice était compromis d'avance. Galiani posait des bases autrement solides, lorsqu'il rattachait la valeur à la psychologie individuelle, à l'ensemble des tendances égoïstes et affectives de l'homme (1). Son point de départ était autrement fécond que celui de Smith, qui, ne considérant que l'échange et la lutte des intérêts,

---

(1) Galiani parle déjà de la mode, qu'il appelle une « maladie de l'esprit », et de ses effets économiques. (DELLA MONETA, *trad. cit.*, p. 926.)

s'appuyait sur une psychologie abstraite, mutilée, impuissante à expliquer la réalité, une psychologie dont le premier et le dernier mot tenaient dans la loi du moindre effort.

TURGOT continue Galiani et s'inspire de lui. Il distingue deux sortes de valeurs : la valeur *estimative* (individuelle) — et la valeur *appréciative* (en échange). Arrêtons-nous un instant à l'origine et à la nature de cette valeur estimative. C'est à son sujet, et particulièrement dans l'ouvrage *Valeurs et Monnaies* (1), malheureusement resté inachevé, que Turgot donne une nette et méthodique exposition de la théorie psychologique. Il n'est pas inutile d'en reproduire les termes, car l'ouvrage est, croyons-nous, peu cité et peu lu. — Le mot valeur, dit-il, « exprime cette bonté relative à nos besoins, par laquelle les dons et les biens de la nature sont regardés comme propres à nos jouissances, à la satisfaction de nos désirs ; on dit qu'un ragoût ne vaut rien quand il est mauvais au goût..., etc... » Et il ajoute : « Le sens du mot valeur *aurait lieu pour un homme isolé*, sans communications avec les autres hommes » ; il critique ainsi par avance Smith et l'école classique, pour qui la valeur n'est pas antérieure à l'échange.

Mais une valeur ne se mesure que par comparaison. Si l'homme, même isolé, a le choix entre plusieurs objets propres à satisfaire ses désirs, sans doute il préférera instinctivement l'un à l'autre ; il sacrifiera le moins désiré. « Le sauvage aura tué un veau qu'il portait à sa cabane ; il trouve en son chemin un chevreuil : il le tue, et il le prend à la place du veau, dans l'espérance de manger une chair plus délicate. » C'est là « une *évaluation* des différents objets dans le jugement du sauvage. » D'ailleurs, ces évaluations n'ont rien de fixe ; elles changent d'un moment à l'autre, avec les besoins de l'homme. — Or, trois considérations concourent généralement à déterminer cette évaluation, fondement de la valeur estimative, qui précède l'échange : c'est, d'abord, la con-

---

(1) *Valeurs et Monnaies.* Œuvres de Turgot, édit. Guillaumin (1844), p. 72 et s. — Voir aussi : *Réflexions sur la formation et la distribution des richesses*, § 21 et 22.

sidération de la prévoyance, qui nous fait désirer les choses susceptibles par nature d'être conservées ; — c'est, ensuite, la considération de l'aptitude plus ou moins grande des choses à satisfaire le genre de désir qui les fait rechercher ; — c'est, enfin, la considération de la facilité plus ou moins grande que l'homme a de se les procurer. On voit poindre ici cette dualité étroite et fameuse de l'utilité et de la rareté, qui absorbera plus tard toute la notion de valeur individuelle dans l'école classique. Mais cet essai de classification imparfait est racheté par la formule définitive de la valeur estimative. Elle est ainsi désignée, dit Turgot, « parce qu'elle est effectivement *l'expression du degré d'estime que l'homme attache aux différents objets de ses désirs.* »

Enfin, s'il s'agit de savoir quel est le terme moyen auquel sont comparées les valeurs de chaque objet, Turgot cite et commente la phrase de Galiani : Le terme de toutes les valeurs, c'est l'homme même. « Quelle est donc sa mesure des valeurs ? Quelle est son *échelle de comparaison ?* Il est évident qu'il n'en a pas d'autre que ses facultés mêmes. La somme totale de ses facultés, c'est le seul point fixe d'où il puisse partir, et les valeurs qu'il attribue à chaque objet sont des parties proportionnelles de cette échelle. Il suit de là que la valeur estimative de chaque objet pour l'homme isolé, est précisément la portion du total de ses facultés qui répond au désir qu'il a de cet objet, ou celle qu'il veut employer à satisfaire ce désir. »

Où Turgot dépasse Galiani, c'est dans l'analyse du prix : Celui-ci est le résultat, dit-il, d'une lutte d'estimations individuelles. Galiani n'apercevait pas très nettement quels éléments psychologiques s'opposaient et se combinaient dans le prix (1). Turgot suppose une île sauvage. Deux individus ont : l'un du maïs, mais rien pour se chauffer ; l'autre du bois, mais rien pour se nourrir. Chacun « calculera la force des deux

---

(1) Galiani disait cependant, mais sans y insister : « Le prix correspond aux besoins et aux désirs de l'acheteur, ainsi qu'à l'estime du vendeur, ces deux éléments formant une proportion combinée. » (*Della moneta*, traduct. cit.)

besoins, des deux intérêts entre lesquels il est balancé, et il en fixera précisément la valeur estimative par rapport à lui. » Puis la discussion commencera, et les échangistes tomberont d'accord en un point où la différence de valeur estimative entre ce qu'il donne et ce qu'il reçoit sera égale pour chacun, sinon, le moindre désir de l'un d'eux forcerait l'autre à offrir davantage. Turgot conclut un peu aventureusement : « Il est rigoureusement vrai de dire que chacun donne valeur égale pour recevoir valeur égale (1). » La valeur appréciative ou échangeable naît donc, par une moyenne précise, du choc de deux valeurs estimatives.

Mais ceci ne concerne encore qu'un échange isolé. Quant à la valeur courante, au prix du marché, il naît du rapprochement des valeurs estimatives *moyennes* des vendeurs et des valeurs estimatives *moyennes* des acheteurs. Par exemple, si du blé s'échange contre du vin sur un marché, « la valeur du blé et du vin n'est plus débattue entre deux seuls particuliers relativement à leurs besoins et à leurs facultés réciproques, elle se fixe par la balance des besoins et des facultés *de la totalité des vendeurs de blé avec ceux de la totalité des vendeurs de vin* (2). » C'est donc une simple moyenne mathématique des estimations individuelles, qui sert de base au prix courant. — Or, ainsi qu'il était à prévoir, cette explication de la valeur sociale présente des lacunes importantes. L'estimation individuelle est pressentie à bon droit comme l'origine de l'estimation sociale, — mais les influences spéciales qui agissent sur les marchés sont omises, notamment ces chocs en retour de la valeur sociale sur la valeur individuelle (par exemple, l'influence de la coutume), notamment aussi ces propagations rapides de nouvelles fausses ou exagérées, qui obéissent aux lois de la

(1) C'est aussi ce que cherche à démontrer Condillac : Dans l'échange, dit-il, il y a échange de valeurs égales, et pas de profit d'aucun côté. — On pourrait aussi bien dire le contraire, en se plaçant toujours au point de vue de la psychologie individuelle : il y a échange, *parce que chacun y gagne.*

(2) *Réflexions sur la formation et la distribution des richesses,* § XXI.

psychologie collective, et dont l'action est si sensible dans les Bourses, ces marchés supérieurs. Tout cela, d'ailleurs, n'a guère été mieux étudié après Turgot, et même l'école psychologique autrichienne, de nos jours, restera incomplète sur ce point. Les suggestions qui naissent du contact et de la sympathie des hommes entre eux, les modifications qui affectent chaque conscience individuelle du fait qu'elle fait partie d'un groupe ou d'une foule, sont nécessaires à connaître pour l'intelligence de ce phénomène d'essence spirituelle, la valeur. Il faudrait compléter la psychologie individuelle par la psychologie collective ou inter-individuelle, par l'interpsychologie (Tarde).

Venons-en à un dernier représentant de la doctrine psychogique de la valeur au xviiime siècle, au physiocrate dissident CONDILLAC. — Il s'inspire de Turgot, comme Turgot de Galiani (1). Il affirme, comme ses devanciers, la nature psychologique de la valeur. « La valeur est moins dans les choses que dans l'estime que nous en faisons » (2). Mais le développement qu'il ajoute à ces prémisses physiologiques accentue et précise les tendances qui poussaient déjà Galiani, et surtout Turgot, à faire dépendre l'évaluation intérieure, du calcul combiné de l'utilité et de la rareté. Les choses n'ont plus ou moins de valeur, dit-il, « que parce que nous les jugeons plus ou moins utiles, et qu'avec la même utilité nous les jugeons plus ou moins abondantes » (3). — Or, ce développement ne nous satisfait pas à deux points de vue : d'abord, on peut dire du terme utilité ce que nous disions du mot besoin : il est d'une grande imprécision ; il comporte, à la fois, un sens objectif et un sens subjectif. Si l'utilité est certainement, chez les auteurs

---

(1) Lorsque parut le livre de Condillac, *Le Commerce et le Gouvernement* (1776), Turgot tombait du pouvoir, et la France commençait à se désintéresser des questions économiques ; cet ouvrage n'attira pas la moindre attention.

(2) *Le Commerce et le Gouvernement, considérés relativement l'un à l'autre.*

(3) *Ibid.*

que nous venons de citer, une qualité de nature subjective (1),
elle sera conçue plus tard, dans l'école classique, d'une façon
différente : elle désignera ou paraîtra désigner une qualité des
choses, fixée une fois pour tous. En outre, le terme utilité a un
certain air rationaliste qui est trompeur, car il n'exprime pas la
nature passionnée de l'opération psychologique que nous
appelons évaluation. — Mais l'objection la plus sérieuse tient à
ce que Condillac fonde la valeur sur le dualisme hétérogène de
l'utilité et de la rareté. Cette théorie, exploitée ensuite par
toute l'économie classique, laisse un malaise dans l'esprit (2).
On conçoit, tout de suite, qu'elle offre une certaine artificialité ;
cet accouplement de deux idées différentes, irréductibles l'une
à l'autre, est impuissante à fournir la *cause*, la *raison* de la
valeur, c'est-à-dire l'élément nécessairement unique qui *rend
compte* de ce phénomène.

Toutefois, nous reconnaissons volontiers que le reproche ne
s'adresse pas entièrement à Galiani, Turgot et Condillac, pour
qui la source de la valeur reste nettement spirituelle, et pour
qui, par suite, cette double explication par l'utilité et la rareté
n'offre pas la même importance. En effet, selon leurs dispositions philosophiques naturelles, ils conservent non seulement
à l'utilité, mais encore à la rareté, une pure origine subjective ;
ils ne parlent pas, comme le fera l'école classique, de l'utilité
ou de la rareté tout court, mais de *l'opinion que l'on a* de la
rareté ou de l'utilité, ce qui seul est exact. « Il faut se souvenir,
dit Condillac, que, quoique les choses n'aient une valeur que
parce qu'elles ont des qualités qui les rendent propres à nos
usages, *elles n'auraient cependant point de valeur pour nous si
nous ne jugions qu'elles ont en effet ces qualités.* » C'est infiniment clair et juste.

---

(1) Notamment chez Galiani. « J'appelle utilité, dit celui-ci, l'aptitude
qu'a une chose *de nous procurer le bonheur*. L'homme est un composé de
passions qui le meuvent avec une force inégale. Les satisfaire constitue la
jouissance ; la jouissance constitue le bonheur » (p. 918 de la trad. cit. de
Della Moneta). Galiani considère donc l'ensemble des passions humaines
comme la source de l'utilité des choses.

(2) V. Ch. Gide, *Principes d'économie politique*, page 60 (6ᵉ édition, 1898).

Quant à la valeur en échange, Condillac n'innove pas sur ses devanciers. Il définit le prix, « la valeur estimée d'une chose par rapport à la valeur estimée d'une autre », et le prix courant, « la valeur estimée en général par tous ceux qui font des échanges », et prête ainsi aux critiques que nous adressions à Turgot. Il est évident que le prix ou valeur sociale est autre chose que cela. Néanmoins, nous sommes arrivés à un stade important : la vraie définition de la valeur individuelle, — et l'honneur revient aux philosophes du xviiime siècle de l'avoir trouvée.

Avec Smith, commence le mépris instinctif de la psychologie en Economique; avec lui, naît le courant, qui ira croissant en importance, de la valeur-travail. Smith est un observateur attentif et un classificateur des faits économiques, mais, faute de vouloir considérer le côté profond du phénomène de valeur, il va exposer toute l'économie politique à une série d'incertitudes et d'erreurs (1).

III

La mobilité générale des valeurs et l'impossibilité de trouver à celles-ci une mesure fixe et invariable à travers le temps, attirèrent de bonne heure l'attention des économistes. Ils subordonnèrent la monnaie elle-même, mesure *relative* des prix, aux lois générales de la valeur, par le célèbre axiome : La monnaie est une marchandise. Il semble que cette négation implicite d'une valeur *absolue* eût dû les amener à reconnaître la nature immatérielle de la valeur. Cependant, ils s'en tenaient à constater : il n'y a pas de mesure fixe et invariable, — et ils n'en donnaient pas d'explication satisfaisante. En d'autres endroits, ils identifiaient la valeur au travail incorporé, selon la voie ouverte par Smith, sans se rendre compte qu'ils conve-

---

(1) Comme le dit M. A. Dubois : « Sur cette notion de la valeur, fondamentale en économie politique, la doctrine d'Adam Smith ne constitue pas un progrès, mais un recul » (*loc. cit.*, p. 864).

naient ainsi d'une mesure fixe et absolue, alors qu'il n'en pouvait exister.

Cette contradiction n'échappe pas à J.-B. Say, dont la doctrine offre parfois un caractère psychologique assez net. Mesurer la valeur par le travail, c'est vouloir la fixer par un élément qui dépend d'elle ; c'est un cercle vicieux. Car le travail, comme toute autre chose, a une valeur, et celle-ci se détermine selon les lois de toute valeur : il ne peut donc, pas plus qu'une autre qualité *des choses*, servir de mesure définitive. L'objection se trouve dans une note de Say, ajoutée aux Œuvres de Ricardo (1), et précisément à propos de l'affirmation de Ricardo, que le travail est la mesure des valeurs : « La vérité, dit-il, est que la valeur des choses étant une qualité essentiellement variable d'un temps à un autre, d'un lieu à un autre, la valeur d'une chose *(fût-ce celle du travail)* ne peut servir de mesure à la valeur d'une autre chose, si ce n'est pour un temps et pour un lieu donnés. C'est pour cela que, pour chaque lieu, il y a tous les jours un nouveau prix courant des marchandises et un nouveau cours du change (qui n'est que le prix courant des diverses monnaies). Une mesure invariable des valeurs est une pure chimère, parce qu'on ne peut mesurer des valeurs que par des valeurs, c'est-à-dire par une quantité essentiellement variable. Il n'en résulte pas que la valeur soit chimérique : elle ne l'est pas plus que la chaleur des corps, qui ne peut se fixer davantage. » Ce passage, qui condamne clairement le concept de la valeur-travail, serait plus décisif encore si J.-B. Say eût affirmé la racine spirituelle de l'idée de valeur ; il aurait pu montrer, par suite, que cette idée n'est une chimère que par rapport à la réalité objective, et non point du tout *par rapport à l'homme*, à ses désirs, à ses passions, auxquels elle se mesure en dernier ressort. Il se serait fondé ensuite sur les similitudes des esprits en société, pour découvrir un fondement réel, et non point chimérique, à l'idée de valeur courante ou sociale. Ainsi, il n'aurait pas lui-même prêté les mains, ainsi qu'il l'a fait, au reproche d'indétermination et d'irréalité adressé à la valeur

---

(1) Ricardo, *Œuvres*, édit. Guillaumin, p. 5.

d'origine subjective. L'absolu qu'il éliminait de la notion de valeur, il eût pu le retrouver d'une certaine façon dans l'esprit : la valeur-désir est, en quelque sorte, une mesure suprême et complète. — En somme, il s'est arrêté sur le bord de la doctrine psychologique. Dans son *Cours*, il définit la valeur « une qualité purement morale, et qui paraît dépendre de la volonté fugitive et changeante des hommes » (1), — mais Galiani et Turgot avaient mieux dit. Storch dira aussi : « L'arrêt que notre jugement porte sur l'utilité des choses constitue leur valeur » (2). La doctrine psychologique n'a pas fait de progrès.

Elle est notablement en recul par ailleurs, dès cette époque, chez presque tous les représentants de l'Economie politique classique, si même elle n'est pas tout à fait éclipsée. La question de savoir dans quelle mesure la thèse subjective a influencé l'école classique se résout, en somme, à cette autre question : que devient l'idée d'utilité dans l'école classique ?

Qu'était-ce d'abord que l'utilité chez les classiques ? Une qualité des choses unanimement définie : « l'aptitude à satisfaire le besoin. » Le besoin était la source interne de l'utilité. Or, le mot besoin, nous l'avons déjà dit, n'exprime pas une idée nettement psychologique, ni une idée nette d'ailleurs. Il signifie presque exclusivement des tendances et appétits physiologiques, et on peut penser que ces appétits sont à peu près semblables pour tous. Il n'exprime pas l'arbitraire individuel de la conscience. Et par suite, l'idée d'utilité n'a pas gardé une signification bien nettement subjective.

D'ailleurs, le besoin, l'utilité, ce sont là deux notions vite laissées de côté. Elles servent, en effet, chez la plupart des auteurs, à expliquer la valeur d'usage ; elles s'identifient même à elle. Or, la valeur d'usage, dans l'école classique, est l'objet d'une véritable confiscation. Elle est citée laconiquement dans les cours d'économie politique, comme une modalité singulière de la valeur, sans intérêt pour cette science ; puis on ne s'occupe plus d'elle, et l'utilité suit son sort. — La valeur

(1) J.-B. Say, *Cours complet d'Economie politique* (Guillaumin), I, p. 9.

(2) Cité par Bastiat, *Harmonies* (Guillaumin, 1860), p. 170.

d'échange, au contraire, repose sur le coût de production (ou de reproduction : Carey) (1), dans la plupart des cas, c'est-à-dire, lorsque la marchandise est susceptible d'être reproduite volontairement. Pour les autres cas, ceux où la marchandise est en quantité limitée, la considération de rareté influe sur la valeur, et alors entre en jeu la célèbre loi de l'offre et de la demande, fondement du prix : le prix est en raison inverse de la quantité offerte et en raison directe de la quantité demandée. En cette loi, agissent parallèlement la rareté (situation de l'offre par rapport à la demande) et l'utilité (situation de la demande par rapport à l'offre). L'une et l'autre, d'ailleurs, sont considérées sous un point de vue avant tout objectif ; l'utilité, par exemple, est confondue avec l'état de la demande ; c'est l'utilité sociale prise en bloc, comme un fait premier. Cet effort objectif est encore accentué par la formule précise et mathématique de cette soi-disant loi. Stuart Mill, rectifiant plus tard cette formule, remplace le prétendu rapport inversement proportionnel qui existerait entre le prix d'une part, et l'offre et la demande d'autre part, par l'*équation* de l'offre et de la demande. C'est cette équation nécessaire qui fonde le prix dans un marché (2). D'ailleurs, Stuart Mill ne vise pas moins à exclure du prix toute influence subjective d'utilité, reléguée dans le domaine obscur de la valeur d'usage, c'est-à-dire des conditions de formation de la demande sociale.

Mais, même ainsi traduite d'une façon objective dans la loi de l'offre et de la demande, l'idée d'utilité ne joue qu'un rôle secondaire. Le coût de production reste, en effet, l'élément *explicatif* de la valeur, non seulement pour les objets qui

---

(1) Carey, *Principes de la Science sociale* (traduct. Guillaumin, 1861, pp. 166, 177). La valeur est limitée par le prix de reproduction ; mais, pour les objets qui ne peuvent pas être reproduits, embarras de l'auteur (p. 179, note) et appel à des considérations psychologiques.

(2) Stuart Mill, *Principes d'économie politique* (trad. Guillaumin), I, p. 515. « La valeur à laquelle une marchandise (en quantité limitée) s'élève sur le marché, n'est autre que celle qui, sur ce marché, détermine une demande suffisante pour absorber toutes les quantités offertes ou attendues. »

peuvent être indéfiniment reproduits, mais même pour ceux qui n'existent qu'en quantité limitée, car pour ceux-là, la rareté est l'élément principal ; or, la rareté tient le plus souvent aux difficultés de production, au coût. Ainsi le coût fonde la valeur, et il détermine notamment la *valeur normale*, intéressante notion dont nous montrerons le rôle au chapitre suivant. En fin de compte, l'idée d'utilité n'a plus aucun pouvoir d'explication, *de cause,* dans la théorie classique de la valeur.

Il semble que ce soit contre elle une ligue inconsciente. J.-B. Say, qui représentait au début du siècle l'économie libérale, l'acceptait alors comme fondement de la valeur (1), mais il s'arrêtait sur le bord d'une complète doctrine psychologique. Puis la loi de l'offre et de la demande la recouvrit petit à petit d'une formule objective et faussement précise. Enfin, l'idée de coût prit la place dominante et envahit progressivement le domaine réservé à l'utilité, par exemple chez Stuart Mill, où elle forme la clef d'explication générale de la valeur et sert de fondement à la *valeur normale.* — Il serait difficile de soutenir que l'hostilité, témoignée par cette évolution, envers l'idée d'utilité, ne puise pas sa force dans le domaine moral. La valeur fondée sur l'utilité, cela ne paraissait pas sans doute devoir satisfaire un secret besoin d'harmonie. On ressentait comme une injustice que les dons gratuits de la nature pussent profiter à celui qui n'a fait aucun effort pour les obtenir. La doctrine socialiste, héritière directe de la théorie classique, drainera tous ces reproches et ces aspirations vers la justice, sur lesquels elle édifiera sa théorie nouvelle de la valeur.

IV

On doit donner une attention particulière à la théorie de Bastiat, qui eut une singulière fortune pour avoir tenté de concilier les deux principales thèses qui se partageaient les économistes sur le terrain de la valeur. Dans chacune de ces

---

(1) « L'axiome de M. Say, dit Bastiat, était celui-ci : La valeur a pour fondement l'utilité. » (Bastiat, *Harmonies*, p. 162.)

thèses, d'ailleurs, les nuances étaient infinies entre les auteurs. Chaque économiste, disait Bastiat, a cru pouvoir fonder la valeur sur un signe particulier et nouveau : la matérialité et la conservabilité (Smith), le travail (Ricardo), la rareté (Senior), l'utilité (Say), le jugement (Storch). Mais toutes ces formules sont incomplètes et n'expliquent chacune qu'un aspect du phénomène : il est une idée générale qui les englobe toutes, une idée plus large et une idée très simple. Il n'est que de songer à cela : ce ne sont ni des qualités, ni des choses matérielles qui s'échangent, mais des *services*. « La valeur, c'est le rapport de deux services échangés » (1). L'idée de service, en effet, se prête à de merveilleux accords : elle implique l'idée de travail et celle d'utilité. Les qualités d'utilité, de travail, comme aussi bien la rareté, la matérialité... etc., ont bien de l'influence sur la valeur, mais ce n'est point par elles-mêmes, c'est tout simplement parce qu'elles rendent le *service* plus précieux, parce qu'elles accroissent son importance. Le service, en tant qu'il est une épargne d'effort pour l'acheteur, est fondé sur le travail ; — en tant qu'il est une appréciation de l'acheteur sur les satisfactions de tout genre que lui procurera l'usage de la chose, il est fondé sur l'utilité. Il n'y a donc pas d'antagonisme réel entre les deux thèses opposées. L'importance du service fixe la valeur, et le signe qui sert à chaque acheteur pour décider si la part qu'il cède est égale à celle qu'il reçoit, c'est la grandeur réciproque des services.

Mais cette idée échappe dès qu'on la presse. En effet, quel est plus précisément le signe qui mesure les services entre eux dans l'échange ? N'y a-t-il pas quelque mesure objective cachée sous ce mot fuyant ? Il semble, en effet, que Bastiat ait parfois en vue la quantité de *travail épargné* à l'acheteur (2). Or, Ricardo fondait la valeur sur le *travail incorporé* aux choses.

---

(1) *Harmonies économiques*. — Edition Guillaumin, 1860 (t. VI des œuvres complètes) — p. 129.

(2) *Harmonies* (même édition 1860, comme pour toutes les autres citations), p. 159 : « J'affirme que la valeur s'estime au moins autant par le *travail épargné* au cessionnaire que par le travail exécuté par le cédant. »

Ne s'agit-il pas, dans l'un comme dans l'autre cas, d'un critérium objectif de la valeur ? et n'est-ce pas, sous deux formes opposées, la même affirmation que le travail est la mesure de la valeur ?

L'analogie de ces deux points de vue est certaine : le travail *incorporé* pour le cédant, c'est du travail *épargné* pour le cessionnaire. Mais la pensée de Bastiat n'est pas exactement celle-ci, et ne peut être nullement assimilée à celle de Smith et Ricardo. En effet, fonder la valeur sur le travail incorporé, c'est invoquer dans tous les cas une mesure objective ; qu'il s'agisse du travail réel, incorporé dans chaque objet pris individuellement, ou du travail social nécessaire à la confection de ce genre d'objet, c'est toujours une quantité déterminée de travail qui est le soutien de la valeur. Mais dans la thèse du travail épargné, c'est bien autre chose : il peut s'agir du travail épargné réellement à l'acheteur, mais il peut s'agir aussi du *jugement* que porte l'acheteur sur cette épargne de travail, et, dans ce second cas, la mesure n'est nullement objective. Or, si Bastiat avait voulu dire que la valeur se mesure au travail réellement épargné, et non au jugement de l'acheteur, il aurait affirmé : ou bien que la valeur est infinie, car, dans la plupart des cas, l'acheteur serait dans l'impossibilité absolue de confectionner lui-même l'objet qu'il achète, et la peine à lui épargnée serait infinie, — ou bien que le travail épargné, et par suite la valeur, se mesure au travail social nécessaire à confectionner ce genre d'objets, et alors il aurait dit exactement la même chose sous une autre forme que ses adversaires. Ce serait donc le rendre responsable d'une absurdité ou d'un illogisme par trop évident, que d'interpréter ainsi sa pensée. Il ne nous reste qu'à conclure : ce n'est point le travail épargné, dans la théorie de Bastiat, qui est la mesure réelle de la valeur — mais bien le *jugement de l'acheteur sur le travail épargné.*

Ou, plus exactement, le jugement de l'acheteur sur les satisfactions de tout genre que lui représente la possession de cet objet, et non pas seulement sur l'effort matériel qu'elle lui évite. Car mille jugements divers influent, d'après Bastiat, sur la discussion supposée des échangistes, et, par suite, sur la valeur,

A plusieurs reprises, il insiste sur cette idée que le mot service représente une foule de considérations, forme la synthèse rapide et obscure de cent idées diverses qui se disputent le cœur des acheteurs. Il insiste sur ce fait : que les services sont comparés d'après des motifs individuels et très variés, et qu'ainsi mille sentiments, moraux et immoraux, influent sur la valeur actuelle d'un service déterminé (1). Et d'ailleurs, il ne spécifie pas autrement ces sentiments et ces jugements, et se contente d'en signaler l'existence. Cette lacune vient de ce qu'il n'a pas voulu creuser la signification du mot services ; il eût été ainsi forcé d'abandonner ce terme, qui avait une vertu apparente de conciliation, et de situer plus profondément dans l'âme l'origine de la valeur.

Il est donc certain que l'attention de Bastiat est principalement tournée vers le jugement des échangistes, — qu'en fin de compte, le mot services représente pour lui une somme d'appréciations psychologiques, que la valeur est reliée par suite au cœur même et à l'esprit des contractants. Et c'est pourquoi il ne paraît pas douteux que Bastiat puisse être rangé parmi les rares théoriciens psychologues de la valeur, au milieu du xixme siècle. Sa théorie se résout en une théorie de la valeur-jugement.

Mais elle n'est pas entièrement développée : elle est arrêtée court à mi-chemin. Bastiat a voulu, en effet, sans doute dans un but d'éclectisme, lui donner une apparence objective. Quand il définit la valeur : « le rapport de deux services », il néglige de dire que ce rapport a lieu *dans l'esprit ;* et, quoique cela soit évident de par la manière dont il conçoit l'idée de service, cependant il semble s'appuyer sur un rapport mathématique extérieur, tel que celui, par exemple, qui résulterait

(1) *Harmonies*, p. 160 : « La peine prise par le cédant exerce aussi une influence sur le marché ; c'en est un des éléments, mais ce n'est pas le seul. Il n'est donc pas exact de dire que la valeur est déterminée par le travail. *Elle l'est par une foule de considérations, toutes comprises dans le mot service.* » Et encore : « Leur exigence réciproque (des contractants) dépendra de leur situation respective, *de l'intensité de leurs désirs et d'une foule de circonstances.* »

de la comparaison des quantités d'effort épargné, et faire bénéficier ainsi sa théorie d'une certaine solidité objective. Il n'a jamais bien nettement pris position. Il paraît concéder aux partisans d'une valeur objective qu'il peut bien exister, en effet, une mesure extérieure et fixe, pourvu que ce soit la mesure des services échangés. Mais, en réalité, sa thèse reste, dans ses profondeurs, subjective. Le mot « service », dont il l'habille, ne fait qu'introduire une sorte de malaise et d'ambiguïté dans sa pensée, et c'est bien imprudemment qu'il en fait la pierre angulaire de son édifice, car la notion à quoi il répond glisse, miroite et ne se laisse pas saisir. Ce n'est qu'un mot en réalité, un mot imprécis, et propre, par cela même, à réconcilier dans son obscurité les idées les plus contradictoires. Bastiat, écrivain habile, a trouvé un terme assez souple pour désigner à la fois deux choses opposées : l'une, matérielle, extérieure, une quantité de travail; l'autre, psychologique, interne, une appréciation. Et de ces deux acceptions du mot service, — d'une part la quantité d'effort épargnée, d'autre part la somme des satisfactions de tout ordre que cet objet est *jugé* devoir nous procurer, — Bastiat, nous l'avons montré, choisit la seconde. Mais il ne répudie pas nettement la première, afin, sans doute, de profiter de son apparente et bien illusoire rigueur. Ainsi, Bastiat se dupe lui-même, et M. Gide l'en raille finement (1). Sa découverte lui semble un prodige ; il voit en elle une garantie de paix entre les futurs économistes : c'est la main fraternelle tendue entre les systèmes ennemis. Bastiat est une victime de la fascination du verbe, du verbe qui concilie les contradictoires, qui fait toute une diplomatie fine d'idées, s'insinue, s'oppose, s'allie, et triomphe dans une *nuance*.

Si l'on dégageait la pensée de Bastiat de ce mot et de cette illusion, on découvrirait, sans doute, les traits essentiels d'une bonne théorie psychologique de la valeur. Un produit a de la valeur, pense Bastiat, non point par lui-même, mais parce qu'il représente un service. « La valeur se rattache au service

---

(1) Voir l'article pénétrant de M. Gide : « *La notion de valeur chez Bastiat.* » (REVUE D'ECONOMIE POLITIQUE, 1887, p. 251 et suivantes.)

et en provient » (1). C'est une valeur-reflet. Ceci est nettement exprimé : « Quand la valeur a passé du service au produit, elle subit dans le produit toutes les chances auxquelles elle reste assujettie dans le service lui-même » (2). Donc, la valeur n'est pas fixe et intrinsèque ; elle peut, sans que le produit change de nature, augmenter, ou diminuer, ou disparaître, suivant la destinée du service. Remplacez « service » par « désir », et il reste une loi psychologique exacte.

Cette théorie a passé *à côté* de l'idée nécessaire. Les services, cela comprenait tout pour Bastiat, aussi bien les satisfactions d'ordre intellectuel et moral, les jouissances d'affection, d'art, d'amour-propre, etc..., que les aides matérielles de l'existence. Il eût mieux valu, dans ce cas-là, creuser la notion de service et la rattacher au *désir*. Combien se fût éclaircie sa définition de la valeur par cette substitution de mots ! La valeur, c'est le rapport de deux désirs, — d'abord dans le cœur d'un même homme, puis dans le cœur de deux concurrents.

D'abord, dans le cœur d'un même homme, c'est-à-dire qu'il eût fallu envisager la valeur individuelle ou d'usage, et rattacher à celle-ci la valeur d'échange. Bastiat, inconsciemment, a fait le contraire. Il a suivi la tradition et la méthode de l'école classique (que nous aurons l'occasion de définir plus loin), qui est de considérer la valeur, non point d'abord dans l'économie individuelle, *mais d'emblée dans l'échange*. « L'idée de valeur, dit-il, est entrée dans le monde la première fois qu'un homme ayant dit à son frère : Fais ceci pour moi, je ferai cela pour toi, — ils sont tombés d'accord ; car alors, pour la première fois, on a pu dire : les deux services *échangés* se valent » (3). L'échange est donc essentiel à la valeur ; avant lui, elle n'était pas encore née. « Il fait plus que de mesurer les valeurs, dit-il ailleurs, il leur donne l'existence. » Et cependant, avant l'échange qui met en rapport deux désirs inconnus l'un à

---

(1) *Harmonies*, p. 181.

(2) *Ibid.*, p. 180 et suivantes.

(3) *Ibid.*, p. 130.

l'autre et qui se mesurent, il y a, dans le cœur de chaque échangiste, des désirs concurrents ; il y a eu, si l'on peut dire, rencontre et discussion entre eux, et l'un a dû céder à l'autre, parce qu'il s'est senti inférieur. C'est cette préparation individuelle que Bastiat méconnaît avec les classiques. Il s'en tient à cette affirmation implicite : il n'y a pas de valeur avant l'échange. Il part donc du second stade, mais tout est inexpliqué sans le premier. Assurément, pourtant, le service, c'est une sorte de valeur individuelle, et dans la mesure où c'est une valeur individuelle, la thèse est acceptable ; mais il semble que Bastiat veuille rattacher l'idée de service à l'échange et la faire dépendre de celui-ci. Il faut transporter dans la valeur individuelle ce qu'il croit être du domaine de la valeur d'échange : le rôle des sentiments et des idées.

Si Bastiat, enfin, ne fait pas remonter jusqu'à l'individu le principe psychologique de la valeur, il n'est pas non plus conséquent jusqu'au bout avec ce principe psychologique lui-même, et c'est précisément à propos du juste prix. — Une théorie psychologique de la valeur ne peut envisager la question du juste prix ainsi qu'une théorie dogmatique. Cette dernière, confondant la valeur avec une qualité extérieure des choses, considérera le juste prix comme un problème d'ordre purement moral et non pas scientifique, comme la pression extérieure de la loi morale de justice sur la loi physique de valeur. Au contraire, une théorie psychologique reconnaîtra l'influence du facteur moral de justice à l'origine même de la valeur, et pour elle le juste prix ne sera pas autre chose que le prix ressenti comme juste dans la conscience des échangistes. Or, Bastiat a déclaré que des sentiments et idées de tout ordre influaient sur l'appréciation du service qui constitue la valeur, et il devrait conclure : Le juste prix, s'il existe, se forme *de lui-même* dans la conscience des échangistes.

Est-ce bien là, cependant, sa pensée ? Assurément, son désir d'identifier la loi morale avec la loi physique, et de voir dans la liberté, ainsi que les Physiocrates, les maîtres premiers dont il procède, la condition de réalisation des desseins divins, le pousse à voir dans le prix spontanément et librement conclu, la parfaite expression de la loi de justice. Mais Bastiat ajoute une idée plus précise, une condition nécessaire du progrès et de la justice dans le monde : *la concurrence*. Il ne suffit pas que le prix soit librement conclu, il faut encore que la production soit libre et qu'aucune entrave extérieure ne trouble le marché des produits. La concurrence est une condition préalable à l'accord des échangistes; elle est la condition extérieure de la justice dans le prix. Ici, Bastiat abandonne la théorie psychologique pour s'en référer à une théorie étrangère, qui attribue à la Providence la direction suprême du monde, et fait de la concurrence son instrument merveilleux. La loi de concurrence, en effet, si féconde en harmonies sociales, « atteste, d'une manière éclatante, l'incommensurable supériorité des desseins de Dieu sur les vaines et impuissantes combinaisons des hommes » (1).

Combien misérables, en effet, sont les combinaisons des hommes en face de la combinaison divine, qui a concilié une fois pour toutes dans une harmonie supérieure les intérêts égoïstes de chacun avec l'intérêt général ! En des pages brillantes, Bastiat a chanté cette union des intérêts, qui était déjà la grande pensée des Physiocrates (2), et qui forma longtemps et forme encore le sous-sol des théories économiques libérales. La juxtaposition et concorde finale de ces deux groupes d'intérêts différents ne peut s'expliquer que par l'hypothèse, soit d'un organisme social, soit d'une direction providentielle des activités personnelles, deux hypothèses qui sont plus voisines l'une de l'autre qu'on ne le pense au premier abord. C'est vers la seconde que penchent Bastiat et les Physiocrates. Nous retrouverons chez Smith cette doctrine de l'harmonie des intérêts, que la philosophie anglaise du début du xixe siècle avait tout à fait acceptée, doctrine remplie d'illusions, dont le postulat est qu'il suffit de connaître les intérêts pour connaître les lois et les droits naturels, et

---

(1) *Harmonies*, chap. 10, p. 317 (Edit. Guillaumin).

(2) V. Perin, *Hist. des doct. écon. depuis un siècle*, page 29.

qu'avec eux le monde « va de lui-même » (MERCIER DE LA RIVIÈRE) vers le meilleur but possible. Chez Bastiat, le résultat logique d'un tel optimisme est de nier qu'une loi de justice humaine doive intervenir dans la rétribution des différents services. La science constate comment se règle leur valeur, le reste ne regarde pas l'Economie politique. On aperçoit ici l'influence de ce cloisonnement étanche entre la morale et la science, qui caractérise l'Ecole anglaise. Mais ce n'est qu'un trompe-l'œil. Bastiat nie seulement qu'une justice particulière, *artificielle* et *de création humaine*, ait le droit d'intervenir dans le jeu des lois naturelles, qui sont constituées, elles, suivant une justice générale, *naturelle* et *de création divine*. C'est, en somme, sacrifier une justice suspecte à une justice supérieure, dictée par l'ordre de la nature (Physiocrates), ou par la concurrence (Bastiat), — mais ce n'est nullement nier toute justice, loin de là. Il faut saisir cette nuance; elle est exactement celle qui sépare l'école socialiste de l'école libérale; l'une et l'autre revendiquent la justice, mais placent cette justice différemment, l'une dans la Nature, l'autre dans l'Homme.

L'inconséquence dont nous parlions dans la théorie de Bastiat n'en reste pas moins évidente. Elle se résume ainsi : Bastiat reconnaît l'influence des jugements « de tout ordre » sur l'appréciation des services et la formation de la valeur, et il nie pourtant, d'après une idée préconçue, que telle théorie humaine de justice doive intervenir dans cette appréciation, et à l'origine de la valeur. D'une part, il est descriptif et psychologique; d'autre part, il est dogmatique et arbitraire.

V

La théorie classique de la valeur, qui, ainsi que nous l'avons vu, avait accordé une grande importance à l'élément objectif de *rareté*, maintenait toujours en face de celui-ci *l'utilité* subjective, et faisait reposer la valeur sur ces deux éléments accouplés, évidemment hétérogènes. La loi de l'offre et de la demande mesurait le prix à la proportion existant entre deux termes apparemment précis, et reposait sur l'idée de rareté (quantité offerte) et l'idée d'utilité (quantité demandée). Mais, si la quantité offerte était dans certains cas possible à déterminer, la quantité demandée était impossible à préciser : fallait-il comprendre dans la demande tout désir vague d'avoir la chose à bon marché? L'explication échouait. En réalité, comme le disait Cournot (1), « la demande se subordonne au prix, et non le prix à la demande » ; la demande est *fonction* du prix.

Il fallait choisir; où se trouvait l'explication principale du phénomène de valeur? était-ce dans l'utilité ou la rareté? L'École psychologique moderne, dite autrichienne, crut pouvoir réconcilier ces deux idées, dont on ne sentait pas le lien, et dont l'assemblage donnait à la théorie un air d'incohérence et d'arbitraire ; — et elle les réconcilia dans le for intime de la conscience, grâce à l'idée *d'utilité finale*. C'est l'utilité finale, c'est-à-dire la moindre utilité du bien parmi toutes celles qu'il peut avoir par rapport à la personne considérée, qui décide de la valeur individuelle. Le dernier usage de la chose est celui qui fixe une fois pour toutes son importance ou sa valeur. Celle-ci se mesure donc à l'intensité du dernier besoin satisfait, parmi tous les besoins auxquels la chose répond. L'origine de cette théorie remonte à un Français, Dupuit, qui l'exprima dès 1844; plus tard, Jévons, Menger et Walras la découvrirent de nouveau et la développèrent simultanément en Angleterre, en Autriche et en Suisse.

Nous croyons que cette théorie de la valeur eût gagné à être exprimée en termes de *désir*. Plus ou moins explicitement, d'ailleurs, c'est sur le désir qu'elle se fonde ; c'est en lui que se réconcilient subjectivement l'utilité et la rareté. En effet, si l'on prend le classique exemple des seaux d'eau, dont chacun est affecté à un usage différent : le premier à la table; le second à la toilette ; le troisième à l'arrosage du jardin ; le quatrième au lavage de la maison... etc., la théorie en question enseigne

---

(1) Cournot, *Théorie des richesses* (1863), p. 94. C'est Cournot le premier, à notre connaissance, qui critiqua d'une manière définitive les prétentions mathématiques de la loi de l'offre et de la demande. Il analysa, avec une précision subtile, la liaison réelle des prix et de la demande, et détermina les conditions de tout ordre qui influent sur cette relation. (V. aussi *Recherches sur les principes mathématiques de la théorie des richesses*, 1838.)

que l'utilité du dernier seau dont on pourra disposer, c'est-à-dire l'utilité finale ou utilité-limite (Grenz-Nutzen), est celle qui fixera la valeur de tous les autres seaux. Pourquoi cela? Parce que le désir-limite est le seul qui importe réellement, les autres étant satisfaits et ne comptant plus. Mais ce désir-limite, est-ce le désir satisfait par le dernier usage de l'eau (ainsi que le dit la théorie) ou bien le *premier désir insatisfait?* S'il n'y a que quatre seaux, est-ce le désir satisfait par le quatrième seau, ou bien est-ce le désir du cinquième seau manquant, dont l'intensité fixe la valeur? Ceci demande à être éclairci. En effet, il est une subtilité qui échappe à la théorie autrichienne et qui entraîne l'inexactitude partielle de la formule énoncée. La valeur, dit-elle, est déterminée par l'intensité du dernier besoin satisfait. Ceci peut s'exprimer encore ainsi : la valeur est déterminée par l'intensité du besoin du dernier seau d'eau, c'est-à-dire du moins utile : d'où, quand un objet s'offre en grande quantité, sa valeur est déterminée par le moindre besoin, — ou, enfin, le besoin le moins intense fixe la valeur.

Or, c'est là une singulière proposition qui doit nous étonner, et va nous aider à découvrir en quoi la théorie autrichienne veut être rectifiée. Elle parle du besoin le moins intense, parmi quels besoins? Parmi ceux que l'objet en question a *déjà satisfaits;* or, ils ne peuvent entrer en ligne de compte, puisqu'un besoin satisfait n'est plus un besoin. Aucun des besoins plus intenses que suppose la théorie n'est entré en jeu, *n'a été ressenti,* puisque l'on a été placé d'emblée en face de quatre seaux d'eau, par exemple. Par suite, c'est un artifice de déclarer que c'est le besoin le moins intense parmi ces besoins satisfaits qui fixe la valeur, et il est bien plus vrai de dire, à l'inverse, que c'est le *besoin le plus intense parmi les besoins insatisfaits* qui détermine la valeur de l'ensemble. Si nous mettions le mot désir à la place du mot besoin, le raisonnement, sans changer de nature, eût gagné en clarté (1) : les

(1) M. Bicking, *La valeur dans les Sciences sociales* (thèse, 1904). L'auteur veut aussi (p. 189) que le mot désir soit substitué au mot utilité dans la théorie autrichienne. Il dit : « Le désir commence où l'usage finit. » Ouvrage intéressant, écrit dans un esprit psychologique.

désirs que *provoquerait* l'objet, s'il était en quantité moins abondante, ne peuvent avoir d'influence, puisque ces désirs satisfaits sommeillent et sont comme inexistants ; au contraire, les désirs que ne satisfait pas l'objet, parce qu'il est en quantité limitée, ces désirs sont des réalités vivantes, et le plus important d'entre eux, *celui qui eût été satisfait immédiatement ensuite,* mesure la valeur. La valeur est donc mesurée au désir le plus intense parmi ceux que l'objet ne peut pas satisfaire ; et la preuve, c'est que si tous les désirs auxquels peut répondre l'objet sont satisfaits à cause de son abondance, l'objet, au lieu d'avoir la valeur du dernier désir satisfait, n'a plus aucune valeur ; la libération du désir, c'est le néant.

Ce reproche pourrait paraître d'une subtilité inutile, s'il n'était important de maintenir le caractère psychologique essentiel de la valeur individuelle, qui est de se mesurer toujours au désir actuellement le plus intense parmi la série des désirs auxquels répond l'objet. Psychologiquement, la valeur implique le sacrifice intérieur des désirs concurrents les moins intenses aux désirs les plus intenses, lesquels, seuls, importent. La théorie psychologique moderne manque d'une netteté suffisante à cet endroit. Elle se contente de l'idée vague et usée de besoin, et de l'idée non plus précise d'utilité. Ainsi, l'utilité-limite n'explique pas la cause dernière de la valeur ; elle situe la valeur sur l'échelle des usages ou utilités, mais n'explique pas la nature véritable du lien qui l'unit à l'utilité. Ce lien n'est autre que le désir, cause première de toutes les utilités. C'est pourquoi le mot désir-limite eût renfermé un pouvoir d'explication et de précision supérieur.

Toutefois, l'inspiration théorique de cette doctrine est vraiment psychologique. Le mot rareté a perdu chez elle la signification objective de limitation physique qu'il avait dans l'école classique ; il ne s'entend plus que de la privation nécessaire de certains des besoins auxquels la chose répond.

Cette idée d'utilité-limite épuise-t-elle la notion de valeur subjective ? Il semble que non, à lire certains auteurs. Böhm-

Bawerk (1), l'un des plus célèbres représentants de la théorie psychologique, invoque la notion de *coût*, qui, pour une catégorie de biens assez considérable (2), ceux notamment qui peuvent être augmentés ou remplacés à volonté, se combine avec celle d'utilité,, et parfois la domine dans l'explication de la valeur, aussi bien subjective que d'échange. Marshall et Edgeworth voient de même dans le coût un élément opposé et parallèle à l'utilité. Dietzel invoque le coût ou l'utilité, suivant que les objets peuvent ou ne peuvent pas être reproduits à volonté (3). Il n'y a guère que Jevons qui conserve à l'utilité dans tous les cas une puissance explicative générale (4). Est-ce la renaissance du coût de production? et l'école psychologique en revient-elle au dualisme irréductible dont l'ancienne école classique se servait pour expliquer la valeur d'échange? Il n'y aurait donc que ceci de changé : que la valeur subjective elle-même est impressionnée par le coût, et par suite que le domaine réservé par l'école classique à la notion d'utilité est encore rétréci. Ce serait un recul de l'explication psychologique.

Cependant, il faut comprendre ce que l'école veut dire par coût. Pour elle, le coût s'entend du sacrifice de certains avantages ou de certains biens, grâce auquel nous pourrons nous procurer un autre bien. Il est évident qu'une flèche ne vaut pas plus pour Robinson qu'il n'estime le temps qu'il mettrait à en tailler une nouvelle; mais elle ne vaut pas moins non plus (5); elle vaut le sacrifice de ce temps. Or, ce sacrifice se trouve avoir, dans la plupart des cas, sa mesure dernière dans l'utilité elle-même, ou utilité-limite. En effet, le temps employé à tailler une

---

(1) Article sur la valeur dans le *Dictionnaire d'Economie politique* de Conrad et Lexis, traduit dans la REVUE D'ECON. POL. de Juin 1894, p. 503 et suiv., sous le titre : *Essai sur la valeur*.

(2) V. les distinctions nombreuses qu'il fait entre les biens au point de vue de leur valeur subjective, *loc. cit.*, p. 523 et suiv.

(3) *Loc. cit.*, p. 504.

(4) *Theory of political economy*, 2ᵉ édit., page 1.

(5) Böhm-Bawerk, *loc. cit.* p. 526-527.

nouvelle flèche *coûte* lui-même le temps qu'il faudrait pour la production d'un autre bien, la construction d'une cabane par exemple. En dernière analyse, la flèche coûte une partie de la cabane, sa valeur se mesure à une partie de celle de la cabane. Ceci nous paraît très psychologique (1). Ceci se résout, en somme, à quoi? A un sacrifice de certains désirs à certains autres. La satisfaction d'un désir coûte la satisfaction d'un autre désir; et c'est évidemment, dans cette lutte intérieure, le désir le plus fort qui l'emporte. Chaque jour, un plaisir nous coûte un autre plaisir; et ainsi échouent, chaque fois que nous agissons, mille possibilités d'autres actes différents. Une réalité, c'est l'avortement et le coût de mille virtualités mort-nées.

On voit donc que, sous la notion de coût, c'est l'utilité qui reparaît dans l'école psychologique moderne. La valeur subjective tout entière est réductible à l'utilité. Mais la valeur d'échange, comment la concevoir? Existe-t-il entre ces deux valeurs un rapport d'origine à conséquence, ou bien faut-il dériver la valeur d'échange en partie ou en totalité d'une autre source?

L'école psychologique reconnaît l'unité de la valeur dans la conscience. Böhm-Bawerk enseigne que l'idée de valeur dépasse le domaine de l'Economique, et que les différents aspects de cette idée, s'appliquant à des œuvres d'art, des sentiments moraux... etc., proviennent tous d'une origine commune, qui est évidemment spirituelle. Il distingue, il est vrai, avec attention la valeur *subjective*, ou « l'importance pratique qu'un bien acquiert dans le cercle d'intérêt d'un sujet déterminé », — et la valeur *objective*, ou « le pouvoir d'acquérir comme équivalent par le commerce d'échange, une quantité déterminée d'autres biens (2) », — et cette valeur objective, c'est la valeur d'échange des économistes, de Smith en particulier *(power of*

---

(1) C'est la valeur-lutte ou la valeur-coût, décrite par Tarde indépendamment de l'école psychologique (REVUE PHILOSOPHIQUE, 1881 : *Les deux sens de la valeur.* — REVUE D'ECON. POL. 1888. — Et LOGIQUE SOCIALE, 1893, p. 357-358.)

(2) *Loc. cit.* p. 504.

purchasing others goods), tandis que la valeur subjective diffère peu de l'ancienne valeur d'usage. Il va même jusqu'à regretter qu'un seul terme désigne deux phénomènes aussi différents : d'un côté, le fait brutal qu'un bien peut se vendre pour une somme d'argent déterminée ; de l'autre, le délicat enchaînement qui relie le bien aux besoins d'une personne. Mais la liaison de la valeur subjective et de la valeur d'échange, la dépendance de celle-ci par rapport à celle-là, est formellement reconnue par lui et par l'école.

Le problème des rapports de la valeur d'usage et de la valeur d'échange n'est qu'un cas du problème plus général des rapports de l'individuel et du social. Or, sur ce point, l'école psychologique est affirmative, mais inexplicite et incomplète. Böhm-Bawerk dit que les motifs déterminants qui fondent pour un individu l'utilité plus ou moins grande d'un bien, « ne sont pas sans influence sur la formation des conditions sous lesquelles les gens, dans le commerce d'échange, cherchent à se procurer ces biens (1) ». Les estimations subjectives précèdent donc la valeur d'échange et influent sur elle. De quelle nature est donc le prix, la valeur sociale ? Nous savons que dans le domaine de la valeur subjective, le coût fixe souvent la valeur. De même, dans la valeur sociale, le coût de production détermine souvent le prix (particulièrement pour la masse des biens susceptibles d'être augmentés ou remplacés à temps) (2) ; mais le coût de production et le prix, que représentent-ils en dernière analyse ? Des estimations subjectives aussi. Ce sont « des valeurs fluides, changeantes, formées et déterminées par la somme des *mêmes estimations particulières subjectives qui paraissent s'appuyer sur elles;* il y a là une mosaïque sociale composée avec un matériel d'anciennes estimations subjectives de valeur fondée

---

(1) *Loc. cit.* p. 512.

(2) *A temps,* — c'est-à-dire assez tôt pour que le besoin actuel soit satisfait suivant son degré d'urgence, car si l'approvisionnement, même susceptible d'être mis en rapport avec le besoin, ne peut l'être que dans un temps assez éloigné, c'est, pour le besoin urgent qui demande à être satisfait, absolument comme s'il était en quantité limitée (Böhm-Bawerk.)

sur l'utilité (1) ». Le social se résout donc en entier dans l'individuel, dans l'individuel ancien, éloigné, mais dans l'individuel seulement. La notion de coût de production ne peut que servir *d'intermédiaire*, le coût se mesurant à la valeur des biens qu'il faut sacrifier en remplacement de la chose, *et se fondant en dernier lieu sur une utilité-limite quelconque.*

Toutefois, disons-nous, la doctrine est incomplète. On peut reprocher, en effet, à ses auteurs de n'avoir pas conscience des moyens grâce auxquels la valeur subjective se transforme en valeur sociale. S'ils avaient pensé, par exemple, au rôle de l'imitation, propagatrice des croyances et des désirs, ils auraient pu expliquer avec clarté les similitudes d'estimations individuelles sur lesquelles ils se fondent sans le dire, et ils se seraient tout naturellement trouvés en face d'une estimation sociale sur laquelle ils pouvaient raisonner sans être infidèles à leur point de départ. Cette estimation sociale, en effet, fondement du prix, est sous-entendue dans leur pensée, mais combien mal définie et même inintelligible, lorsque Böhm-Bawerk dit que le prix est déterminé par la *somme* des estimations individuelles! Car comment comprendre que le prix totalise les estimations individuelles, ajoute ou retranche leurs résultats? En quelle conscience supérieure s'opère ce mystérieux travail? Et, surtout, comment comprendre que des estimations individuelles isolées ne soient point variées à l'infini et puissent être en partie juxtaposées les unes aux autres? On pressent ici l'action de quelques courants supérieurs, susceptibles de conformer ces estimations à un modèle donné, et sans lesquels la valeur sociale reste inexpliquée.

C'est cette imparfaite connaissance de la psychologie sociale, des lois qui régissent l'action des esprits les uns sur les autres, de l'interpsychologie, en un mot (Tarde), qui entraîne l'insuffisance de l'Ecole psychologique autrichienne devant la réalité complexe des faits. L'Ecole explique seulement la valeur

---

(1) *Loc. cit.* p. 533.

subjective individuelle ; — mais comment cette valeur d'un seul est devenue la valeur de milliers et de milliers d'individus, comment elle a fondé le prix par une sorte d'abstraction, de quintessence de ces similitudes, comment le prix, une fois formé, domine dans une certaine mesure la valeur individuelle, et comment s'établit entre eux un échange d'actions et de réactions incessantes, c'est là ce qu'elle a omis d'expliquer et ce que l'interpsychologie, seule, pouvait lui apprendre. Elle a bien senti que la valeur individuelle est la cause active, et incessamment active, l'origine vivante, le foyer profond et caché de toute valeur sociale ; — mais elle n'a pas su l'expliquer avec une suffisante netteté, d'abord à cause d'une terminologie un peu obscure, et puis, parce qu'elle ne s'appuyait sur aucune loi sociale préalable, et qu'elle était dans l'ignorance d'une sociologie élémentaire.

Cette omission à la base de ses déductions sur la valeur sociale est particulièrement frappante dans la théorie ingénieuse, mais artificielle, des *couples-limite*.

Prenons d'abord un couple isolé d'échangistes, abstrait du marché. Deux séries d'évaluation sont en présence : 1° échelle d'évaluations avec utilité-limite chez le vendeur, par rapport à la marchandise qu'il vend ; 2° échelle d'évaluations avec utilité-limite chez l'acheteur, par rapport à la marchandise qu'il achète. Compliquons ensuite l'hypothèse et supposons plusieurs acheteurs en face d'un seul vendeur : alors, les séries d'évaluations des acquéreurs se superposeront, de telle sorte que la série s'étendra depuis l'évaluation *maxima* du plus offrant, de celui pour qui l'utilité-limite est la plus haute, jusqu'à l'évaluation *minima* de celui pour qui l'utilité-limite est la plus basse ; — et cette série totale se trouvera en regard de l'évaluation du vendeur, comme plus haut. Alors, c'est le concurrent qui fait les offres les plus avantageuses qui l'emporte (le *tausch-faehigste Bewerber*).

Si, au contraire, un seul acheteur est en présence de plusieurs vendeurs concurrents, le même phénomène a lieu en sens inverse, et les évaluations des vendeurs se superposent en regard de l'évaluation de l'acheteur.

Et si, comme c'est le cas le plus général enfin, il y a concurrence bilatérale des vendeurs et des acheteurs, deux séries d'évaluations superposées sont en présence, suivant le tableau ci-dessous :

Supposons un marché de chevaux :

A 1 achèterait un cheval à 180ᶠ			V 1 cèderait son cheval à 280ᶠ		
A 2	»	» 200	V 2	»	» 300
A 3	»	» 220	V 3	»	» 320
A 4	»	» 250	V 4	»	» 350
A 5	»	» 280	V 5	»	» 380
A 6	»	» 300	V 6	»	» 400

LIMITE INFÉRIEURE
LIMITE SUPÉRIEURE

Il ne peut y avoir qu'un prix sur le marché. Où se fixera-t-il ? Il oscillera entre deux limites : l'une, formée par l'estimation du dernier acheteur admis à l'échange (A 6) et celle du premier vendeur exclus (V 3) *(limite supérieure);* — et l'autre, formée par l'estimation du dernier vendeur admis à la vente (V 1) et celle du premier acheteur exclus (A 4) *(limite inférieure.)*

Ainsi se forment donc les *couples-limite* (Grenz-Paare). Le couple-limite supérieur comprend l'acheteur réel, dont l'estimation de valeur subjective est la plus haute (qui paraît disposé à payer le plus cher), et celui des vendeurs éliminés dont l'estimation est juste un peu trop excessive pour qu'il écoule sa marchandise (A 6 - V 3); le prix, en effet, ne dépasse pas l'estimation de cet acheteur, ni n'atteint celle de ce vendeur. — Et le couple-limite inférieur comprend le vendeur réel dont l'estimation de valeur subjective est la plus basse (qui serait disposé à vendre le meilleur marché), et celui des acheteurs éliminés, dont l'estimation est juste un peu trop basse pour qu'il achète; le prix, en effet, ne descend pas plus bas que l'estimation de ce vendeur, ni aussi bas que celle de cet acheteur. Ce sera entre ces deux couples-limite que se fixera le prix courant, suivant l'habileté ou la ténacité de chaque groupe d'échangistes.

Il y a dans cette théorie, d'ailleurs remarquable, des choses assez obscures, mais nous ne retiendrons pour l'instant que le reproche suivant, qui en groupe beaucoup d'autres, qui a une importance capitale à nos yeux, et peut se résumer ainsi : cette théorie ne fait aucune place aux lois de la *psychologie sociale*, et se fonde sur des estimations *isolées*, sans tenir compte des influences mutuelles de ces estimations les unes sur les autres dans un marché.

Elle suppose donc des situations précises, invariables et qui préexistent au marché. Cette hiérarchie imaginaire des vendeurs et des acheteurs, opposés en deux groupes symétriques, ne peut être qu'une hiérarchie *préalable* à la discussion, et *connue de tous*. Tous les échangistes arrivent donc à la fois, avec leur prix étiqueté, et se classent à leur rang ; ensuite, le marché se déroule comme une cérémonie réglée où chacun s'avance et discute en son temps (1).

---

(1) « C'est un marché métaphysique, » dit M. Cornelissen dans une étude sur les *Théories modernes de la valeur* (REVUE SOCIALISTE, novembre 1901). Et il critique Böhm-Bawerk lorsque celui-ci déclare : « Il faut supposer dans mes abstractions : 1) d'abord, que tous les chevaux (hypothèse du marché aux chevaux que nous avons reproduite dans notre exposé) sont de même qualité sur le marché ; 2) que tous les concurrents y paraissent simultanément ; 3) qu'enfin *ceux qui viennent au marché ne sont pas trompés sur la situation réelle de ce marché.* » M. Cornelissen a raison ; ces trois suppositions, ou au moins les deux dernières, sont abusives ; car, pour la première (que tous les chevaux sont de même qualité), c'est une simplification explicative, et elle ne nous paraît pas pouvoir fausser le raisonnement. Mais pourquoi sont-elles abusives ? et pourquoi le marché, ainsi tronqué, peut-il passer pour tout à fait irréel ? Parce que la théorie néglige la *psychologie des marchés*, parce qu'elle n'est pas vraiment, et jusqu'au bout, psychologique, — et ce n'est point du tout, comme le veut M. Cornelissen, parce qu'elle rejette l'élément travail, le coût de production, pour ne s'occuper que de l'utilité finale du bien, c'est-à-dire de son application future (p. 542). Nous retrouverons les critiques de M. Cornelissen à propos du fondement de la doctrine marxiste de la valeur. On en perçoit le sens et les tendances par un autre reproche (celui-là décisif à ses yeux), qu'il oppose à la doctrine de Böhm-Bawerk. « Toute cette conception de la production et de la distribution des biens, dit-il, contraste

Cependant, combien cette physionomie régulière des marchés est éloignée de la réalité! Les acheteurs et les vendeurs le plus souvent s'ignorent les uns les autres, s'observent, font courir de faux bruits, prennent peur sur des suppositions sans fondement. Parfois, le prix change en un moment : les acheteurs étaient foule, les vendeurs se montraient arrogants ; maintenant, ce sont les vendeurs qui recherchent les acheteurs. Comment expliquer les brusques sautes du prix dans une même séance, avec les estimations *préalables*? — En un mot, il semblerait, d'après la théorie de Böhm-Bawerk, que tous les éléments du prix sont antérieurs au marché, et que le marché n'a d'autre influence que d'opérer le déclanchement de ces petites estima-

---

essentiellement avec les principes fondamentaux de la vie sociale moderne. L'ouvrier salarié de nos jours, travaillant au métier à tapisserie, polissant des diamants, etc., ne saurait pas être considéré comme possédant une surabondance des marchandises qu'il produit, et y attachant, par conséquent, une moindre utilité limitative. » La critique est indirecte et ne porte pas. M. Cornelissen fait une pétition de principes : il suppose, sans le prouver, que la valeur naît et se constitue définitivement entre les mains du travailleur qui confectionne l'objet. Or, le travailleur *ne se préoccupe pas de la valeur de l'objet*, puisque ce n'est pas lui qui décide de le confectionner, ni lui qui le vendra, et il n'a aucune action directe sur la valeur future de l'objet. Il est bien vrai, comme le dit M. Cornelissen, que l'objet n'a pour lui aucune utilité-limite ; il est vrai aussi que la valeur de l'objet lui est tout à fait indifférente, mais c'est précisément pour cela que l'on ne peut, sans étonner un esprit réfléchi, déclarer qu'il crée et fixe définitivement la valeur. Il faut partir non point du travailleur, mais de *l'acheteur futur qui acquerra cet objet pour sa consommation;* entre ses mains, la valeur de l'objet sera alors complète et définitive. Jusque-là, l'objet n'aura de valeur *qu'en considération de cet acheteur futur et espéré*, et il se peut que sa valeur s'enfle et décroisse en un moment, si cette espérance d'un acheteur futur et d'un prix déterminé subit des variations. Ainsi s'explique que des blés en magasin subissent des pertes considérables, ou, au contraire, des hausses importantes de valeur, sans changer de nature ni de lieu, — et cela dans de très courts espaces de temps. La valeur se forme dans l'esprit de celui qui dirige la production, à *l'occasion* du marché futur (et non pas toujours au moment du marché), mais ce sont les désirs et les croyances *escomptés* des acheteurs et consommateurs derniers qui sont la cause véritable de la valeur. Celle-ci ne peut, en aucune façon, se former dans l'esprit du travailleur moderne, précisément parce que le producteur moderne, par suite de la division croissante du travail, n'est pas du tout celui qui vendra le produit, sauf pour quelques

tions individuelles, de les fondre, et d'en tirer, par une sorte d'alchimie, le prix courant.

Il y a un abîme entre ce marché idéal, cohérent et raisonnable, et le marché réel, plus ou moins affolé et passionné de tous les jours (1), car le prix, pour une grande part, *se fait au marché*; chaque acheteur, chaque vendeur, en se rendant au marché, ne connaît le prix qu'il est disposé à consentir que dans des limites plus ou moins vagues. Les désirs et les croyances assoupis que le contact avec ses adversaires réveillera, celles que le milieu du marché fera naître, n'influent pas encore sur son estimation. Ces éléments du prix sont latents ou absents. Et même si, par hasard, l'acheteur ou le vendeur porte avec soi une résolution précise de ne consentir *qu'à tel prix*, est-il sûr de ne pas faiblir, une fois gagné par la contagion du marché?

Une étude générale de la psychologie des marchés, — étude

---

entreprises agricoles, et, dans le fond des campagnes, pour quelques métiers de jour en jour abandonnés. Les échangistes *fixent la valeur* par la lutte de leurs désirs et de leurs croyances opposés; les travailleurs *créent le produit*, ce qui est tout différent. Le produit reste identique à lui-même, pendant que la valeur subit, par reflet, toutes les variations du prix-courant de ce genre d'objet, sur les marchés où il va aller. Cette valeur est inconnue du travailleur au moment où il crée; elle peut lui être toujours inconnue; elle est née indépendamment de son influence comme producteur (car, comme acheteur, il peut avoir une certaine influence sur le marché des choses qu'il consomme). On fait grief à la théorie baverkiste, en somme, des conditions de la division du travail social. On peut condamner, en effet, au nom de la morale, que l'ouvrier reste totalement étranger à la valeur du produit de son travail, — mais il ne faut point prononcer cette condamnation au nom d'une théorie descriptive de la valeur, car ce résultat est une conséquence naturelle de la division du travail entre producteur et échangiste.

(1) Le même reproche *d'abstraction* et *d'irréalité* peut être fait aux conceptions un peu analogues de Vilfredo-Pareto et de Walras sur la fixation du prix dans les marchés. Ils supposent un tableau *d'offre totale* en face d'un autre tableau de *demande totale;* après quoi, le prix se fixe automatiquement. Inconsciemment, on imagine un fonctionnaire spécial, un compteur public de marché, dans une guérite, qui reçoit les offres et les demandes, calcule et affiche le prix uniforme. (Voir article de Rist dans la *Revue de métaphysique et de morale*, de 1904).

qui n'a jamais été faite à notre connaissance — diviserait en trois groupes les influences propres des marchés sur le prix :

1° *Influences des acheteurs les uns sur les autres.* — Un marché est une foule (1). Les vendeurs et acheteurs qui s'y coudoient réclament le même traitement, et c'est de leur rassemblement et de la connaissance qu'ils ont du prix consenti à leurs confrères, que naît la nécessité d'un prix unique sur le marché. Il faut noter que l'importance de la psychologie sociale ou inter-psychologie a commencé à se révéler aux économistes par cette loi évidente de *l'unité du prix de marché*, laquelle repose seulement sur cette connaissance mutuelle du traitement que les acheteurs reçoivent des vendeurs. Un marché d'un kilomètre de long, où les acheteurs s'ignoreraient les uns les autres, pourrait donner lieu à plusieurs prix différents, et inversement plusieurs marchés mis en relation dans un même pays ou même entre plusieurs pays par *télégraphe* ou *téléphone*, ne pourraient posséder qu'un seul prix (abstraction faite de la différence résultant des frais de transport de la marchandise d'un marché à un autre, et aussi du dommage résultant du retard occasionné par le transport — deux restrictions dont l'importance va s'atténuant au cours de la civilisation).

Mais là ne s'arrête pas l'action des acheteurs les uns sur les autres. Dans ces rassemblements, l'imitation joue un rôle prépondérant. Elle explique, notamment, ces grands courants de panique ou, inversement, de confiance inconsidérée, qui, dans certains marchés supérieurs, comme les Bourses, deviennent si fréquents et si puissants. A ce point de vue là, les acheteurs *éliminés*, qui, dans la théorie autrichienne, ne jouent aucun rôle, peuvent avoir exercé sur le marché une influence importante par leur résistance à la hausse.

La *superposition* des estimations des acheteurs est une idée vraiment un peu simple ; il faudrait plutôt parler *d'interdépen-*

---

(1) Une clientèle est un *public*, car c'est une foule éparse qui n'est reliée que par l'habitude d'un même fournisseur. Voir la distinction du public et de la foule dans Tarde. (*L'Opinion et la foule*).

dance, d'influence réciproque. Le groupe des acheteurs n'est pas toujours composé de gens à prétentions distinctes ; parfois, une croyance subite donne une grande cohésion momentanée à ces prétentions diverses, et les acheteurs se dressent en face des vendeurs, comme un groupe uni, fondu dans une seule opinion. Parfois, au contraire, particulièrement dans le cas de marchandises limitées ou de qualités diverses, ils se sentent adversaires les uns des autres, et cet antagonisme les mène, dans le feu de la surenchère, plus loin qu'ils ne voulaient (c'est-à-dire au-delà de la limite qu'ils pouvaient s'être assignée antérieurement au marché). Dans les deux cas, d'ailleurs, il y a influence ou suggestion d'acheteur à acheteur.

2° *Influence des vendeurs les uns sur les autres.* — On peut répéter, à leur propos, ce que nous venons de dire sur les acheteurs ; ils ne sont pas moins sujets aux contagions et aux paniques que ceux-ci. Toutefois, le groupe des vendeurs, étant mieux défini que celui des acheteurs, offre souvent une plus grande cohésion naturelle ; les ententes entre eux sont plus fréquentes. Mais les ententes, étant dirigées contre les acheteurs, rentrent déjà dans le troisième groupe.

3° *Influences des acheteurs sur les vendeurs et des vendeurs sur les acheteurs.* — Ici, le rôle prépondérant est à l'entente entre membres d'un même groupe, en vue de résister aux prétentions adverses, — et aux manœuvres d'intimidation, aux fausses nouvelles, employées par l'un des groupes, le plus souvent celui des vendeurs, en vue de forcer les résistances de l'autre. Ainsi, c'est une lutte inégale entre ces deux groupes, et c'est toujours le mieux uni et le plus habile qui rançonne l'autre.

Une volonté nette peut influencer fortement et même déterminer le marché. Ainsi, un échangiste arrive au marché, certain du prix qu'il ne dépassera pas ; c'est par exemple, un marchand qui a reçu l'ordre de son syndicat d'acheter à *tel prix*. Par sa volonté forte, il se place en *dehors et au-dessus du marché* — et parfois, il finit par l'emporter et se soumettre des volontés plus faibles ou incertaines. De même, l'entente entre quelques gros acheteurs soumis à la volonté d'un directeur de syndicat, peut devenir l'élément le plus important de la détermination du prix. Nous revenons ici, par un détour, à la psychologie individuelle; c'est que celle-ci est à la racine de l'interpsychologie. Il s'agit en effet, ici, d'une lutte de désirs entre acheteurs et vendeurs; le plus intense ou le plus arrêté peut se soumettre les autres, à supposer, dans l'exemple précédent, que les désirs très arrêtés des vendeurs de ne pas céder au-dessous de tel prix, ne leur tiennent tête efficacement.

Le marché peut donc parfois dépendre d'une idée individuelle (ou d'une entente, ce qui revient au même); il peut dépendre aussi d'un premier *accord* entre acheteur et vendeur, accord timide et incertain, mais qui entraîne petit à petit à sa suite tous les autres; et le couple total, abstrait, des vendeurs et des acheteurs du marché, répète ce couple initial.

Toutes ces influences diverses mettent plus ou moins directement en relief le rôle de *l'ignorance* en économie politique, et par suite, le rôle parallèle des suppositions, de la *croyance*. Les économistes qui tranchent les difficultés des problèmes en *pleine connaissance des faits*, et qui tablent toujours sur cette pleine connaissance par les intéressés (1) sont constamment éloignés de la réalité des faits. Les intéressés ignorent l'exacte situation du marché, et comme ils l'ignorent, ils l'imaginent; par suite, ils sont prêts à croire ce qui leur sera affirmé le plus fort, ou ce qui leur sera affirmé par le plus grand nombre. Tout l'art des marchands tend vers cette ignorance de leurs adversaires; ils leur cachent les conditions réelles du marché, ils font croire à des conditions fictives. C'est pourquoi, dans les foires de campagnes, où les ruses sont multiples, l'homme de marché se méfie, comme une bête entourée d'ombres. L'ignorance, les suppositions, la confiance, la peur, et autres états d'esprit éminemment contagieux, ce sont là des faits dont

(1) Voir le début de la note de la page 110, où une citation de Böhm-Bawerk montre nettement que l'hypothèse théorique de la pleine connaissance du marché par les échangistes est à la base de ses raisonnements.

la science économique pourra peut-être ne pas tenir compte un jour, — dont on peut penser (un peu imprudemment toutefois) que les statistiques perfectionnées de l'avenir sont sujettes à nous débarrasser, — mais qu'on ne peut, en tout cas, pour le moment, omettre dans les calculs scientifiques, sans s'exposer à de graves erreurs (1).

En résumé, il semble que l'école psychologique qui a renouvelé l'ancienne école classique par l'introduction d'une méthode féconde, autrefois entrevue, puis oubliée par celle-ci, la psychologie, il semble que cette école ait péché par timidité. Il ne suffisait pas, en effet, de relier directement la valeur à la psychologie individuelle, il fallait encore la rattacher à la psychologie collective. Le domaine propre de la psychologie collective, ici, c'est la formation de la *valeur sociale*, prolongement distinct et phase intermédiaire de la valeur individuelle, à laquelle elle remonte et en qui elle aboutit. La psychologie collective est celle qui résulte du fait que chaque homme fait partie d'un groupe d'autres hommes ayant des désirs ou des croyances semblables aux siens, *et le sait* : un acheteur, par exemple, qui connaît l'existence de transactions semblables à la sienne dans son voisinage, agira sous l'influence des lois de la psychologie collective. Il suffit, pour que ces lois interviennent, de cette connaissance ou d'une croyance équivalente.

Par cette défaillance, l'école psychologique a versé dans le défaut, tant de fois reproché à l'école classique : l'ontologie. Seulement l'ontologie de l'école classique était à la base, dans

---

(1) Stanley Jevons (*The theory of political Economy*, p. 85 et suiv.) reconnaît l'influence de l'ignorance sur les marchés, puisqu'il considère précisément la connaissance parfaite des conditions du marché comme nécessaire pour l'application de la théorie pure. — Au moyen âge, la publicité des transactions était rendue obligatoire dans les foires; les transactions avaient lieu suivant un ordre prescrit (*Imana-Sternegg, Deutsche Wirthschaftgeschichte*, vol. III, 2ᵉ partie, p. 248 et s.). Encore aujourd'hui, dans les Bourses, la publicité est exigée. — De même le premier soin des cartells et des trusts est de créer des offices centralisant les indications sur les cours du produit, ou les conditions de la production, venues des points les plus éloignés.

la conception même qu'elle se faisait de l'homme, et des sentiments qui le font agir (*homo œconomicus*), — tandis que l'ontologie de l'école autrichienne est à la cime, dans la conception de la valeur sociale, qu'elle crée à l'image de la valeur individuelle, et non point par l'opération des lois distinctes de la psychologie sociale ou interpsychologie.

VI

Cette intime pénétration de la psychologie et de l'économie politique qui caractérise l'école anglaise-autrichienne, coïncide avec un mouvement général de rénovation des sciences sociales par le secours de la psychologie, mouvement particulièrement marqué en Allemagne (1). A. Wagner, dans ses *Fondements de l'Economie politique* (*Grundlegung der politischen Œconomie, 1892-1894*) sent le besoin d'édifier cette science sur une large étude préalable de psychologie, et, de même que Menger avait donné un *tableau précis des besoins* par degré d'urgence décroissante, il étudie et classe en cinq groupes distincts les motifs déterminants qui poussent l'homme à agir. Aucun de ces penseurs, d'ailleurs, ne vise à fonder une « économie politique de l'éternité ». Ces formules laborieuses ne donnent, en effet, qu'une image bien pâle du cœur *moyen*, image susceptible, en outre, d'être à chaque instant bouleversée par l'apparition d'une invention nouvelle, qui créera des formes de penser et de vivre inconnues jusque là. Dietzel, Bücher.... suivent cette orientation (2). Il semble cependant, encore ici, que la psychologie est conçue comme trop exclusivement individuelle. Les intérêts sociaux que Wagner oppose souvent aux intérêts égoïstes, le concept d'une vie sociale qu'il substitue à l'atomistique de l'école libérale, ne semblent pas reposer sur une étude définie des liens qui relient la conscience individuelle aux

---

(1) V. la savante étude de M. Bouglé : *Les sciences sociales en Allemagne* (1896).

(2) Bouglé, loc. cit., p. 71 et suiv., et conclusion.

manifestations collectives (1). C'est là le grand problème des sciences sociales de nos jours. L'évolution psychologique de l'économie politique nous paraît arrêtée au seuil de ce problème. D'une part, en effet, les anciennes méthodes de psychologie individuelle sont impuissantes à expliquer toute la réalité; elles mènent du fait individuel jusqu'à moitié seulement du fait social. D'autre part, les méthodes objectives prennent le fait social à moitié constitué, et ne peuvent nullement expliquer ses racines profondes. Chaque méthode a son versant propre, qu'elle éclaire, et l'autre, qu'elle laisse dans l'ombre. Il faut compléter et renouveler l'ancienne psychologie par la psychologie sociale. Tandis que la première prend pour objet d'étude l'homme ne puisant qu'en lui-même ses motifs d'agir, la psychologie sociale considère l'homme recevant d'autrui ces mêmes motifs, sous l'action de certains courants ou de certaines forces qui sont toutes résolubles en une foule de petites influences ou suggestions semblables d'homme à homme. Ces courants ou forces agissent avec une telle impériosité parfois, qu'on a pu caractériser le fait social par la *contrainte* (Durkheim); mais il ne peut être question d'une contrainte absolue, puisque ces forces sont incessamment créées et modifiées par les individus eux-mêmes.

De cet effort psychologique en tout cas, efficace jusqu'à mi-chemin, ce qui reste acquis pour la science économique, c'est le fait reconnu de l'origine individuelle et subjective de la valeur. Cette origine est confirmée, d'ailleurs, par les études des philosophes allemands et autrichiens sur ce sujet. Il est à remarquer que peu de philosophes français ont attribué à ce problème de la nature de la valeur l'importance qu'il mérite. M. Th. Ribot, après avoir analysé les diverses définitions données par Kreisig, Meinong, Eisler, Ehrenfels, Cohn, etc, conclut : « La notion de valeur est subjective essentiellement (2) ». Witaseck, Ehrenfels, comme Tarde, rattachent la

---

(1) Bouglé, notamment p. 94 et 95.

(2) Th. Ribot, *Logique des sentiments*, Revue philosophique, 1904.

valeur intimement au désir qui la détermine et la mesure. C'est incontestablement dans cette voie que s'achemine la psychologie moderne. Si l'on nous opposait que cela est indépendant de la science économique, nous répondrions : Il est utile et nécessaire de connaître la nature exacte d'une notion, dont le domaine, d'ailleurs, dépasse l'Economique, pour embrasser la Morale, l'Esthétique et toute la vie sociale, mais dont l'Economique met particulièrement en relief l'importance, puisqu'elle est tout entière édifiée, en somme, sur la valeur, dont le prix est l'expression la plus frappante.

D'ailleurs, qu'entend-on au juste en disant que l'essence de la valeur est subjective ? Veut-on dire que tout jugement de valeur ne peut s'opérer que par l'intermédiaire d'un esprit ? Cela serait une tautologie. Non, on entend dire que la valeur d'un objet, qualité qu'on est tenté d'attribuer à cet objet lui-même, n'est qu'un reflet de notre âme, n'est qu'une objectivation apparente de notre désir. Par là, on ne nie pas qu'il puisse y avoir des conditions extérieures qui suscitent le plus généralement notre désir, et, comme telles, soient des *qualités habituelles* de la valeur. Ce sont ce que les économistes appellent, à tort, les fondements de la valeur : utilité, rareté, etc...... Ces éléments *accompagnent* souvent la valeur, en effet ; c'est pourquoi tant de bons esprits s'y sont trompés, Stuart Mill en particulier, mais ils ne la *fondent* aucunement. Les véritables fondements que nous recherchons sont dans les *conditions de notre esprit*, et non dans les conditions de l'objet, et le désir est l'une de ces conditions originelles. Si l'on veut établir une théorie scientifique de la valeur économique, il est nécessaire de reconnaître cette origine.

Pour Ricardo, Marx et les objectivistes, la valeur est une qualité constitutive des choses ; pour nous, elle ne peut être qu'un jugement. Elle est un jugement de rapport entre notre désir et une chose, c'est-à-dire un jugement sur l'aptitude d'une chose à satisfaire notre désir. Ricardo et Marx veulent bien que la valeur d'échange exprime un rapport, mais ce rapport ne serait autre que celui de la quantité de travail respectivement

contenue dans les deux marchandises qui s'échangent. Ce serait
là, comme dit Marx, le véritable rapport « caché sous l'enveloppe des choses » (1). Pour nous, au contraire, la valeur
d'échange exprime le rapport des *quantités de désir* respectivement satisfaites par les deux marchandises qui s'échangent (car on peut quantifier le désir, le désir étant de cette
espèce de sentiments qui s'exprime quantitativement par ses
effets). Seulement, il s'agit ici du *désir social*, comme il s'agit
pour Marx du travail moyen, du travail social. Et le désir
social, c'est un désir individuel généralisé, de sorte que
l'origine dernière de la valeur est individuelle.

---

(1) *Capital*, tome I, p. 29. — *Critique de l'Economie politique* (trad. Rémy),
p. 140.

CHAPITRE V.

—

LA VALEUR-TRAVAIL.

—

Revenons en arrière pour saisir à ses origines le courant d'où dérive la théorie de la valeur fondée sur le travail. On peut remonter au XVIIᵉ siècle, jusqu'à Willam Petty (1623-1687) et à Locke (1632-1704) (1). PETTY accorde expressément au travail le rôle de principe actif de la valeur; il ne voit dans celle-ci que la mesure de la somme de travail contenue dans les choses. Ses tendances sont nettement objectives. L'unité de la valeur, dit-il, c'est la quantité moyenne de nourriture nécessaire à la subsistance journalière d'un homme. D'ailleurs, il n'oublie pas la terre ou le sol, second élément de toute doctrine objective logique. Karl Marx lui attribue le mérite d'avoir posé les premières bases de la doctrine véritable de l' « analyse de la marchandise », c'est-à-dire de la valeur-travail (2). LOCKE dit, dans un esprit semblable : « Certainement, c'est le travail qui met de différents prix aux choses (3), » et ce sont les effets du travail qui produisent les 99/100 de la valeur des choses, notamment des productions d'une terre cultivée. Cependant, il insiste surtout sur la loi des prix, ou *loi des marchés*, qui n'est autre que la loi de l'offre et de la demande; Bodin l'avait entrevue avant lui.

---

(1) Voir sur Petty, Locke, Cantillon, le savant ouvrage de M. Espinas : *Histoire des doctrines économiques*, p. 167 et s. — Voir aussi Ingram : *Histoire de l'Econ. pol.* (traduction), p. 75.

(2) *Critique de l'Econ. pol.* p. 46 et s. (traduction Rémy, 1899).

(3) *Traité sur le Gouvernement civil*, chap. SUR LA PROPRIÉTÉ DES CHOSES.

C'est Cantillon surtout (mort en 1733), contemporain et ami
de Law, qui paraît avoir formulé avec le plus de clarté, avant
Smith et les économistes classiques, la thèse de la valeur
objective. Son unique ouvrage, *Essai sur la nature du
commerce* (1), comprend l'étude des effets qui sont dus aux
deux principes de toute richesse : la terre et le travail. Il
définit le prix, ou « valeur intrinsèque d'une chose, *la mesure
de la quantité de terre et de travail qui entre dans sa
production*, eu égard à la bonté des produits de la terre, et à la
qualité du travail ». Cette dernière restriction est assez obscure ;
elle emporte une contradiction : que la qualité de la terre ou du
travail puisse légitimer une prime au prix du produit. Ces deux
facteurs, quantité de travail et qualité, ne peuvent coexister, —
à moins qu'on ne résolve tout travail qualifié à être, comme dit
Marx, une puissance de travail simple.

En revanche, Cantillon cherche le rapport de la valeur de la
terre à celle du travail. Il fixe également la valeur *intrinsèque*
de la monnaie en prix de terre et de travail qu'a coûtés son
extraction ; nous verrons que Ricardo et Marx adoptent cette
opinion, conséquence logique d'un système objectif (2).

C'est plus habituellement Smith et Ricardo que l'on considère comme les représentants premiers de la conception
matérialiste de la valeur, — Ricardo surtout, dont les développements logiques, les déductions étroites donnèrent à la thèse
une cohésion inconnue jusqu'à lui. Les économistes qui
suivirent, adoptèrent en majorité les raisonnements de Smith et

---

(1) Composé sans doute vers 1725, mais qui parut seulement en 1755, à
Paris, sans nom d'auteur. Voir Espinas, p. 180-181. Cantillon est souvent
cité par les Physiocrates, qu'il a inspirés abondamment dans la partie de
leur doctrine relative au rôle primordial de la terre dans la formation des
valeurs.

(2) Dans sa *Critique de l'Économie politique* (traduction Rémy, pp.
46-64), K. Marx se reconnaît comme prédécesseurs dans la doctrine de la
valeur-travail, — Petty en Angleterre, et Boisguillebert en France, au
xviie siècle, — puis Benjamin Franklin (1729), au xviiie siècle, lequel
affirme que « par le travail, la valeur de l'argent peut être aussi bien
mesurée que celle des autres objets », — puis Steuart (1767), — enfin,
Smith, Ricardo et Sismondi.

de Ricardo. Stuart Mill, en particulier, fonda sur eux son économie pessimiste. L'école classique tout entière suivit cette tendance théorique. Mais, en même temps que cette théorie, plus ou moins explicitement formulée, de la valeur-travail, l'Ecole classique développait la théorie de la concurrence illimitée. Rattachées d'abord l'une à l'autre par un lien logique, et fondues dans l'idée de prix naturel, de valeur naturelle (Physiocrates), elles se séparèrent ensuite, et la seconde finit par étouffer l'autre dans l'école libérale. A vrai dire, ces deux thèses, parallèlement développées, sont tout à fait hétérogènes; chacune d'elles repose sur une conception différente de la justice, et entraîne ou implique une théorie indépendante du juste prix.

La théorie de la valeur-travail mène logiquement au droit du produit intégral de travail, — tandis que la théorie de la concurrence, fondée sur une idée de justice fataliste, consacre le droit du plus fort ou du plus habile. Il est facile de montrer que les économistes classiques sont en garde contre les conclusions de la thèse de la valeur-travail, tandis qu'ils n'opposent aucune objection aux conséquences de la liberté illimitée, qui, assurent-ils, trouve son correctif en elle-même. Nous détacherons l'une de l'autre ces deux idées doctrinales de la valeur-travail et de la concurrence, et nous suivrons leur développement parallèle dans l'école classique.

I

Adam Smith ne reconnaît formellement d'autre élément constitutif de la valeur que le travail. Seulement il est bien embarrassé pour accorder cette théorie *a priori*, qu'il n'a pas vérifiée, qui lui paraît simplement l'expression du bon sens, avec l'économie capitaliste, que cette théorie condamne sans qu'il paraisse s'en douter. Comme il n'y parvient qu'imparfaitement, mais qu'au surplus les fondements théoriques ne sont pas ce qui le préoccupe le plus, il maintient la vérité générale de cette thèse, et rejette cependant aux origines des sociétés, aux époques qui précèdent la formation du capital, le cas où c'est le travail seul qui bénéficie de l'entière valeur et qui la crée (1).

Dans l'économie capitaliste, en effet, le profit et la rente concourent avec le travail à fixer le prix du produit. Or, pour la rente et le profit, Adam Smith ne peut, avec son point de départ, en donner une explication équitable (2). Il admet donc, sans plus creuser, que le profit, la rente et le salaire sont les trois catégories fondamentales entre lesquelles se répartit le prix de produit, mais il ne cherche pas à prouver qu'elles ont toutes trois contribué à créer la valeur. — De cela, Marx lui fait de justes reproches. Avec la logique étroite, mais profonde, qui le caractérise, il développe les principes premiers de Smith, et l'oppose ensuite à lui-même. Il dit en substance (3) : Smith a vu dans la valeur des marchandises trois parties constituantes (component parts) : salaire, — profit (capital), — et rente foncière. Il a développé cette proposition que, s'il peut y avoir quelque valeur où n'entrent ni profit ni rente (comme le prix du poisson de mer), il n'y en a pas où il puisse entrer autre chose que ces trois éléments, qui absorbent toute la valeur des marchandises. Et cela est vrai non seulement d'un produit isolé, mais aussi de la production d'ensemble annuelle, dont la valeur totale doit se résoudre en trois parties, et se distribuer entre les trois classes des salariés, des entrepreneurs capitalistes et des propriétaires fonciers. Marx, qui critique ardemment l'illogisme subséquent de Smith, le félicite de ce

---

(1) Voir *Richesse des nations*, chap. VI (édition Guillaumin), p. 59 et s. Ce chapitre débute ainsi : « *Dans ce premier état informe des sociétés, qui précède l'accumulation des capitaux et l'appropriation du sol*, la seule circonstance qui puisse fournir quelque règle pour les échanges, c'est, *à ce qu'il semble*, la quantité de travail nécessaire pour acquérir les différents objets d'échange..... *il est naturel* que ce qui est ordinairement le produit de deux jours ou de deux heures de travail, vaille le double de ce qui est ordinairement le produit d'un jour ou d'une heure de travail... »

(2) Ainsi, pour la rente, il dira : « Ceux qui possèdent les terres, *aimant, comme tous les hommes à récolter où ils n'ont point semé*, exigent une rente pour les productions spontanées du sol. » (Livre I, chap. VI.)

(3) Voyez tout le chapitre XIX du tome II du *Capital* (traduction Giard et Brière).

point de départ exact, et le traduit ainsi : la valeur des marchandises est égale à V + PL, c'est-à-dire à la valeur du capital variable (V), employé à payer les salaires et entretenir l'outillage, plus la plus-value (PL), expression unique à laquelle peuvent se ramener la rente foncière et le profit. Cette théorie de la valeur d'échange *met donc en relief le fait d'une source de revenus qui ne coûte rien au capitaliste* vendeur de l'objet — V étant l'équivalent de son capital variable et PL un excédent qu'il s'approprie. — Cependant, après cette analyse exacte des parties constituantes de la valeur des marchandises et de la somme de valeur qu'elles représentent, Smith « renverse toute la théorie et traite les revenus non plus comme *parties constituantes*, mais comme *sources primitives* de toute valeur échangeable » (1). Ainsi la valeur des marchandises est représentée comme l'addition de plusieurs autres valeurs, dont une seule, le salaire, repose sur un fait matériel, la force-de-travail, — et dont les deux autres ne reposent sur rien, et sont entièrement inexpliquées dans l'œuvre de Smith : ce sont des *revenus sans travail*. Or, toutes ces classes différentes de revenus, légitimes ou non, ne peuvent expliquer la valeur, puisque c'est sur la valeur qu'elles sont retenues, c'est la valeur elle-même qui est leur source. Par suite, le seul résultat de l'analyse de Smith est de montrer comment les différentes parties de la valeur des marchandises échoient, en régime capitaliste, à trois catégories différentes de gens, sous forme de revenus, et non pas de déterminer quelle est la substance de cette valeur; il concerne la *distribution* de la valeur en revenus, et non sa *formation*, son origine. C'est là une confusion, dit Marx, qui est encore à la base de « l'économie vulgaire » (2).

---

(1) *Capital*, tome II, p. 416 de l'édition Giard et Brière.

(2) Cette critique est reprise par M. Andler (*Les Origines du socialisme d'État en Allemagne*, p. 320). « Après avoir composé, à l'aide du salaire, du bénéfice et de la rente, la valeur du produit, ils (les économistes) repartaient de la valeur du produit pour en déduire la rente, le bénéfice et le salaire. L'inconséquence fut alors à son comble, et le cercle vicieux complet. » Cette critique et celle de Marx sont fort exactes. La valeur est

Le reproche de Marx s'adresse plus directement encore aux
continuateurs de Smith qu'à Smith lui-même. Il est très vrai
que la théorie de la valeur-travail est tout à fait en désaccord
avec l'économie observée et décrite par Smith, mais cette contradiction n'a pas chez ce dernier la même importance que chez
ses continuateurs, car il n'a pas été tourmenté, comme
Ricardo par exemple, par le problème de la valeur. On ne
trouve pas, dans son œuvre, une véritable théorie à ce sujet,
développée d'une façon logique ; on trouve seulement un
aperçu un peu imprudent, et qu'il croit de simple bon sens :
toute valeur se fonde sur du travail. Il est bien plus occupé
d'observer l'état économique de son époque, que d'en éprouver
les assises profondes. Le problème philosophique de la valeur
ne se posera vraiment chez les économistes, qu'après lui, et
c'est alors que se constitueront deux systèmes un peu
parallèles, tous deux dérivant de lui, mais avec une logique
inégale : celui de la théorie classique, et celui des écoles
socialistes. Dans la théorie classique, les *frais de production*
deviennent une formule commode pour faire rentrer indistinctement le travail, le profit et la rente, c'est-à-dire les
éléments co-partageurs analysés par Smith, dans la création
même de la valeur d'échange. Cette théorie, nous venons de le
dire, confond la distribution du prix et la constitution de la
valeur ; elle n'a aucune portée explicative. Elle développe et
met à nu l'illogisme un peu inconscient de Smith, parce qu'elle
érige en théorie ce qui n'était qu'une analyse relative ; elle
donne prise ainsi aux critiques profondes de Marx. En face
d'elle, la théorie socialiste se construit tout entière avec une
logique absolue sur l'idée esquissée par Smith : la valeur dérive
du travail. Ainsi, cette affirmation un peu imprudente devient
le point de départ d'une doctrine qui résout la contradiction

---

inexpliquée par ces premiers économistes, elle est simplement décomposée,
dans l'état économique actuel, en ses éléments; mais ces éléments
composants n'ont, d'ailleurs, rien de *naturel*, puisqu'ils ne sont que le
résultat de l'observation. Au point de vue théorique, ces éléments ne
reposent sur rien, car ils sont déduits de la valeur, qui, elle-même, est
déduite d'eux.

inaperçue par Smith, mais qui la résout en se soumettant toute l'organisation économique et en niant les bases, mêmes du capitalisme.

C'est Ricardo, le premier, qui développe le germe déposé dans l'œuvre de Smith ; il cherche à démontrer que le travail est la cause d'explication générale des valeurs, et la quantité de de travail leur mesure précise. Il est considéré généralement comme l'un des fondateurs de l'économie classique, et c'est, sans doute, parce que jusqu'ici l'on a divisé les économistes en classiques et socialistes, suivant le degré de confiance qu'ils témoignent en la liberté individuelle. Mais c'est là un point de vue un peu trop général et lâche : si l'on considère, au contraire, le cheminement de l'idée principale, dont le socialisme est le développement dernier, c'est-à-dire celle de la valeur travail, on rencontre Ricardo aux origines mêmes (1).

La théorie de la valeur, clef de voûte de son œuvre, a préoccupé Ricardo jusqu'à la fin : sa dernière lettre à son disciple Mac Culloch en traite encore (21 août 1823) (2). Les éditions successives des *Principes* témoignent de changements importants sur ce sujet ; la 1re et la 3me édition (1817 et 1821) affrontées (3) marquent le travail constant de sa pensée, en

___

(1) Il s'est fait, ces dernières années, un mouvement en Angleterre en faveur de ce qu'on a appelé la *réhabilitation* de Ricardo : on a essayé de montrer que le soi-disant appui prêté par sa doctrine aux écoles socialistes, est fondé sur un malentendu. Quand Ricardo parle du travail comme fondement de la valeur, dit M. Gonner (INTRODUCTORY ESSAY, p. 58), il n'entend pas dire que c'est le travail qui *crée* la valeur, mais que la la concurrence détermine à la longue une sorte de liaison entre la valeur et le travail, parce qu'elle fait osciller celle-ci autour du coût de production. — Voir également Marshall (PRINCIPLES OF ECONOMIC, I, p. 619, 529 et s...) Or, M. Hector Denis a très bien montré, en s'appuyant notamment sur les lettres de Ricardo à Malthus et à Mac-Culloch, que le fond de la pensée de Ricardo est bien celui-ci : En tout cas et toujours, le travail est la mesure *principale* et la cause *essentielle* de la valeur. (Voir le savant article sur *David Ricardo et la Dynamique économique* dans la REVUE D'ECONOMIE POLITIQUE de 1902, avril et mai.)

(2) Ces lettres ont été publiées par les *Annales de l'Association économique américaine* (1895).

(3) Cette confrontation des éditions successives des *Principes* a été faite et publiée par Ashley, en 1895.

même temps qu'une certaine indécision, sinon sur le principe, au moins sur les conditions de son application absolue. Adam Smith, en admettant que le rapport entre les quantités de travail nécessaires, règle l'échange des marchandises, déclare cependant que ce ne peut être là que la loi des sociétés primitives, c'est-à-dire de celles qui ne connaissent ni l'accumulation des capitaux, ni la propriété des terres (1). Or, Ricardo reprend le raisonnement où Smith l'a laissé, et il prétend prouver que le principe du temps de travail subsiste à l'âge capitaliste ; pour lui, l'accumulation des capitaux et le payement des rentes et profits ne peuvent influer que dans une mesure accessoire sur cette loi primitive de la valeur, — ou plus exactement, ils ne peuvent influer sur la valeur d'échange des marchandises qu'en mettant en relief encore une fois le rôle de cette loi.

Par exemple, la théorie de la rente à laquelle Ricardo a attaché son nom, loin de contredire le principe, le confirme. En effet, il semble au premier abord que la rente payée par les acheteurs aux vendeurs dont les conditions de production sont les meilleures, c'est-à-dire la différence entre le prix d'achat et le prix de revient pour les vendeurs les plus avantagés, contredit la loi d'après laquelle ce sont les quantités relatives de travail qui mesurent la valeur. Cependant cette différence entre le prix de revient des différents producteurs, qui est la conséquence d'un état social donné (2) et qui, par suite de la nécessité d'un prix unique de marché, et aussi de l'exigence d'une quantité définie de production, donne à certains producteurs une *rente* plus élevée qu'à leurs concurrents, cette différence montre évidemment que c'est

---

(1) *Richesse des nations*, chap. VI. — Voir aussi Œuvres complètes de Ricardo (édit. Guillaumin) p. 7.

(2) Pour les socialistes, elle est la conséquence d'un état social arbitraire, où le capital, l'outillage, la propriété ne sont pas également répartis entre tous. On peut concevoir que la propriété et les avantages de tout genre, qui favorisent un producteur, par rapport à son concurrent, deviennent le bénéfice de la collectivité. Mais les avantages résultant d'une supériorité intellectuelle, d'aptitudes spéciales, d'un esprit inventif, n'établissent-ils pas des différences *naturelles*, donc des rentes *naturelles* ?

toujours la *plus grande quantité de travail nécessaire* à la production d'un objet qui détermine son prix. Le prix de revient exceptionnel des producteurs privilégiés n'entre pas en ligne de compte, mais seulement le prix de revient des producteurs dont les facilités sont les moins grandes. Ainsi, ce ne sont point les privilèges, résultat d'un ordre social arbitraire, qui fixent le prix, c'est toujours et nécessairement la quantité de travail la plus haute. Le dernier producteur requis, le moins avantagé, impose sa valeur, et c'est elle qui domine désormais; — or, elle est la mesure exacte du travail incorporé. La rente n'est donc qu'un phénomène accessoire, qui dérive lui-même, en partie, de la loi dominante de la valeur-travail (1).

Il y a donc enfin un principe permanent et général de la valeur, et c'est celui-là que Ricardo cherche à dégager. Assurément ce principe comporte des exceptions, notamment en ce qui concerne les objets rares et précieux, statues, tableaux, médailles.... etc., pour qui la valeur ne dépend pas uniquement de la quantité de travail. Mais ce sont là, dit Ricardo, des anomalies de peu d'importance; et il ne les explique pas. Il présume que les cas extrêmes ne peuvent rentrer dans une loi *scientifique*; il ne s'occupe que des causes générales et permanentes. Or, cette exception, qui, loin d'être une exception à nos yeux, est simplement l'exagération d'un fait ordinaire, *où par suite le principe même de la loi ordinaire est mis en valeur fortement,* cette exception a gêné tous les économistes à prétentions scientifiques, qui fondent la valeur sur une qualité objective des choses. Une loi avec une exception pareille n'est cependant pas une loi. Nous croirions plutôt que c'est par l'analyse de semblables cas extrêmes, que l'on a le plus de chance de toucher du doigt la cause véritable de la valeur.

Ricardo reconnaît encore que des causes modificatrices plus ou moins profondes agissent parallèlement au principe du travail (2); mais leur action lui paraît, tout compte fait, ne pas

---

(1) Voir l'article cité de M. Hector Denis, notamment p. 302 et s.

(2) Voir l'intitulé de la section IV du chap. I : COMMENT CE PRINCIPE (du temps de travail) EST CONSIDÉRABLEMENT MODIFIÉ PAR L'EMPLOI DE MACHINES ET AUTRES CAPITAUX FIXES.

infirmer la loi générale de la valeur. Ainsi, l'apparition du
capital fixe dans les sociétés civilisées n'affecte pas autant que
l'on pourrait croire la valeur d'échange ; son accroissement
même tend, en effet, à égaliser les profits, et, par suite, les
variations de la valeur d'échange qui relèvent de ce chef sont
de plus en plus réduites ; au contraire, les variations infiniment
plus considérables qui affectent la valeur d'échange, par suite
de l'accroissement ou de la diminution du travail incorporé au
produit, n'ont, dans le cours de la civilisation, aucune tendance
à se réduire (1).

La quantité de travail reste donc la cause prépondérante de
la valeur. C'est là la conviction que Ricardo sent grandir en
lui jusqu'à la fin de sa vie, comme en témoignent ses lettres à
Malthus et à Mac-Culloch. Dans l'organisation capitaliste, aussi
bien que dans les sociétés primitives, la loi générale reste
celle-ci : la valeur est mesurée par la quantité d'énergie
physique et mentale appliquée à la production d'un bien. Or,
pour que cette mesure soit efficace, il faut pouvoir découvrir
l'unité théorique des différents travaux. La théorie suppose
essentiellement qu'on ne reconnaît entre les travaux qu'une différence quantitative, par conséquent, que tout travail d'abord se
peut réduire à la notion de *travail humain abstrait*, et ensuite
doit être rapporté à une unité de temps quelconque. C'est là le
dernier mot nécessaire de cette doctrine objective : il faut

---

(1) Ricardo, *Lettre à Malthus* (4 sept. 1820) : « A quelles causes, j'entends
à quelles causes *permanentes*, ces variations (de la valeur relative) peuvent-
elles être attribuées ? A deux, et à deux seulement : l'une, *insignifiante*
dans ses effets, la hausse ou la baisse des salaires, ou, ce que je considère
comme la même chose, la hausse ou la baisse des profits ; — l'autre, d'une
importance immense, la plus ou moins grande quantité de travail qui peut
être nécessaire pour produire les marchandises. De la première cause, il
ne peut résulter de grands effets, parce que les profits eux-mêmes ne
constituent qu'une petite portion du prix, et aucune grande addition ou
déduction ne peut être faite à leur égard ; à l'autre cause, aucune limite
vraiment définie ne peut être assignée, car la quantité de travail
nécessaire pour produire les marchandises peut varier du simple au double
ou au triple. » (*Letters of Ricardo to Malthus*, publiées par Bonar ; lettre
73. — Cité d'après H. Denis, *loc. cit.* p. 305.)

qu'elle repose sur une abstraction fixe, prise comme unité de mesure générale de tout travail.

Bien avant Thompson et Marx, Ricardo a senti cette nécessité, et s'il n'a pas nettement développé la notion d'unité abstraite de travail, celle-ci est au fond de sa pensée ; elle en fait la puissance et l'étroitesse. Voici un passage où il considère le travail comme la mesure de la monnaie elle-même, donc la mesure définitive et unique des valeurs (1). Il vient d'approuver Destutt de Tracy de dire : mesurer une chose, c'est la comparer avec une quantité donnée d'une autre chose qui lui sert de terme de comparaison, par exemple rechercher combien elle contient de mètres, de francs, de grammes, en un mot d'unités de même nature. Or, ajoute Ricardo, le franc lui-même et l'objet qu'il sert à mesurer, ne peuvent-ils pas être rapportés à une autre mesure commune à eux deux ? « Je crois, dit-il, qu'on peut trouver effectivement un autre terme de comparaison, car le franc et la marchandise déterminée, étant le *résultat de la même somme de travail*, le travail peut être considéré comme la mesure commune servant à déterminer leur valeur réelle et relative ». — Remarquons, en passant, l'erreur fondamentale de ce point de vue, et l'inintelligence qu'il révèle de la nature véritable de la monnaie. Le franc, étalon des valeurs, est une mesure *idéale*, qui, pour certaines raisons accessoires, est incorporée à une quantité déterminée de métal argent et de travail (15 grammes d'argent au titre de 9/10 de fin). L'essence de cette mesure est tout idéale, et la preuve, c'est que cent francs, mille francs peuvent être représentés par un simple papier de banque, qui ne correspond ordinairement à une encaisse métallique que pour une partie seulement de sa valeur, (l'encaisse d'une banque d'émission étant normalement inférieure à la circulation de son papier). Pour le papier-monnaie proprement dit, doté par le gouvernement de la puissance libératoire, le cas est encore plus évident. Le pouvoir d'achat de ces monnaies de papier tantôt est plus considérable que

---

(1) Ricardo, *Principes*, chap. XX (édition Guillaumin), p. 230.

l'encaisse qu'elles représentent, tantôt ne répond à aucune encaisse effective, et par conséquent, dans aucuns cas, ce pouvoir ne repose essentiellement sur une quantité matérielle de travail et de métal existant en un endroit donné.

Le fondement essentiel de la monnaie, la singularité qui constitue sa puissance, c'est la certitude où est celui qui l'accepte de pouvoir, à son tour, l'échanger pour une semblable valeur. La condition *matérielle* de la monnaie n'est pas indispensable à son fonctionnement : elle répond en partie aux exigences qui naissent de la différence des systèmes monétaires des États dans le troc international. Mais Cournot a montré profondément, contre tous les économistes, qu'on peut admettre sans contradiction l'existence d'une monnaie de compte purement idéale qui servirait aux transactions internationales (1). La condition *idéale* de la monnaie, en effet, c'est-à-dire la certitude, la foi (Tarde), lui est essentielle, tandis que le travail et la matière précieuse ne sont que des exigences accessoires répondant à un état politique donné. L'exigence d'un soutien matériel quelconque notamment, est le reste d'une conception sensualiste et grossière à laquelle se sont imprudemment ralliés les économistes, lorsqu'ils déclarent que toute monnaie doit avoir une valeur intrinsèque rigoureusement égale à sa valeur nominale. Si cette conception est exacte en théorie, il est impossible d'objecter quoi que ce soit à la thèse ricardienne, qui recherche une mesure dernière de la mesure habituelle des échanges, ou monnaie; si la monnaie ne vaut, comme intermédiaire des échanges, que parce qu'elle s'incarne en des objets matériels ayant eux-mêmes une valeur précise, il faut remonter plus haut, jusqu'à la mesure commune de ces objets matériels eux-mêmes, jusqu'au travail, et voir en lui la mesure définitive et générale des valeurs et des échanges. A cette conception nous opposons notre théorie psychologique, qui, arrêtant à l'esprit, mesure dernière des choses, cette chaîne de causes qui menace d'être indéfinie, voit dans la *confiance*

---

(1) Cournot. *Théorie des Richesses*, chap. I du livre II : L'ÉTALON DES VALEURS, p. 141 et suiv.

l'élément propre de la monnaie, sans lequel elle ne serait rien.

L'abstraction à laquelle aboutit Ricardo est donc celle-ci : l'étalon des valeurs est l'unité de travail, en laquelle se résolvent toutes les innombrables différenciations qualitatives des travaux. Rodbertus et Marx ajouteront plus tard quelque précision ; ils affirmeront que cette unité ne peut être qu'une unité de temps : *le temps de travail*. Ricardo y avait songé aussi : « Dois-je choisir l'année, le mois, la semaine ou la journée de travail? Je suis indéterminé », écrit-il à Mac Culloch. Mais il n'avait pas poussé plus loin son analyse. Telle quelle, elle ouvrait largement la voie aux théoriciens socialistes Thompson, Rodbertus et Marx, et à leurs commentateurs, qui raffineront sur ces abstractions et parleront de travail moyen, de travail socialement nécessaire, de travail simple.....

Ainsi l'école classique, dont Smith et Ricardo sont considérés comme les fondateurs, se préparait une lignée de disciples ennemis. Faute d'avoir analysé l'idée de valeur, Smith s'en référait simplement au travail comme source primitive des richesses ; Ricardo, avec beaucoup de science et de logique, développait cet aperçu, le confrontait avec les faits et avec l'organisation capitaliste, et le déclarait conforme à la réalité. L'un et l'autre, d'ailleurs, restaient étrangers aux revendications qui naissaient naturellement de leurs théories ; ils étaient de fervents disciples de la liberté, ils ne prétendaient nullement changer la nature, mais décrire et analyser les faits. Cependant, un droit nouveau levait vite des germes déposés par eux dans les esprits, et W. Thompson (1824) (1) s'en faisait le premier apôtre ; il réclamait pour le travailleur ce qu'il appelait le *principe de sécurité*, c'est-à-dire la jouissance du produit intégral de son travail.

Il ne semble pas que les économistes classiques, en présence

---

(1) W. Thompson. *Recherches sur les principes de la distribution des richesses les plus propres à conduire au bonheur* (AN INQUIRY INTO THE PRINCIPLES OF DISTRIBUTION OF WEALTH MOST CONDUCIVE TO HUMAN HAPPINESS), 1824.

de ces dangereux disciples, aient fait de sérieux efforts en vue
de réviser les bases premières de leur doctrine. — Bastiat nous
est apparu comme l'un de ceux qui sentirent cependant la
nécessité de remonter aux sources spirituelles de la valeur,
mais il s'arrêta à mi-chemin, fasciné par un mot. L'école
continuait à parler du coût de production comme mesure et
fondement de la valeur normale, et s'inspirait donc surtout de
Smith et de la valeur-travail. Stuart Mill, en particulier, le chef
de l'économie classique anglaise, lia très étroitement la valeur
et les frais de production. Sa doctrine, qui s'affirmait en 1848
comme l'expression de la vérité définitive (1), est encore, en
très grande partie, celle des économistes libéraux. Résumons-la.

Il y a deux cas à distinguer, dit Stuart Mill : celui des choses
dont la quantité ne peut être augmentée (soit naturellement par
suite de la rareté, soit artificiellement par suite du monopole),
c'est le cas exceptionnel : la valeur de ces choses dépend de
l'équation de l'offre et de la demande ; — et le cas bien plus
général des choses dont la quantité peut être multipliée indéfiniment et à volonté : pour celles-ci, l'offre et la demande
n'exercent d'influence sur leur valeur que pendant le temps
nécessaire pour que la production s'équilibre, pour que s'opèrent
les changements nécessaires dans l'offre, mais ensuite cette
valeur se règle sur le coût de production. Il importe d'ailleurs
de bien montrer que, dans ce dernier cas, lorsque l'offre et la
demande agissent, elles obéissent cependant dans leurs oscillations à une force supérieure qui les dirige, les fait graviter
autour d'un point central, et les fixerait à ce point, si de
nouvelles causes de perturbation ne les faisaient incessamment
dévier. Ce point central, c'est le *prix de production*. Et la même
remarque s'applique également au premier cas, lorsque les objets
qui ne peuvent être reproduits indéfiniment sont cependant des
produits de l'industrie : alors le coût de production agit comme
force attractive sur l'offre et la demande. De sorte qu'en somme,

(1) « Heureusement, il n'y a plus dans les lois de la valeur rien à éclaircir
actuellement ni plus tard ; cette théorie est complète. » Stuart Mill,
Principes d'Economie politique, I, p. 502 (trad. Guillaumin).

sauf pour certains cas spéciaux d'articles rares ou monopolisés, dont la quantité est limitée d'une façon absolue, c'est le coût de production qui agit avec le plus d'évidence et le plus de force sur la valeur. Voilà la cause de beaucoup la plus générale que révèle l'observation, parmi les causes objectives qui agissent sur l'échange. Quant à l'offre et la demande, ce ne sont pas elles qui fixent, en dernier lieu, la valeur, puisqu'au contraire elles dépendent de celle-ci, c'est-à-dire du coût (1).

Le coût de production, voilà donc la clef du problème. C'est en raison du coût de production que s'échangent ou tendent à s'échanger la plus grande partie des marchandises. C'est donc la valeur de fait la plus générale; mais c'est aussi, ajoutent Smith, Ricardo et Stuart Mill, la valeur *naturelle* ou *normale*. Nous verrons bientôt si cette expression ne cache pas un autre sens particulier, et ne se réfère pas à une théorie antérieure d'une nature étrangère à l'observation. Retenons seulement pour l'instant que la valeur qu'ils qualifient de normale ou naturelle, est celle qui coïncide exactement avec les frais de production, qu'elle est, par suite, purement abstraite, car les différentes parties de l'organisme économique sont dans une telle mobilité que la valeur naturelle, centre et cause des valeurs d'échange successives, ne trouve jamais en fait son expression exacte dans les prix réels, comme le niveau de la mer qui s'impose à la surface liquide de l'Océan, ne se réalise cependant dans aucune des vagues qui le rident perpétuellement (2).

Or, quels sont les éléments du coût de production ou de la valeur coûtante (*cost value*)? Stuart Mill, avec raison, les réduit presque tous à du travail (3). Ce que chaque production coûte à tous ceux qui y ont successivement contribué, c'est principalement du travail, — du travail sous mille formes, y

(1) Cette analyse de la valeur est tirée du livre III, notamment chap. 2 et chap. 3 (page 527 et page 553 et s., tome I des *Principes*, traduction publiée par Guillaumin en 1873).

(2) Stuart Mill. *Principes*, tome I, p. 523.

(3) Id., p. 528 et suiv. — Voir, également, p. 32 et suiv.

compris le travail mental ou d'invention (1) et le travail de ceux qui ont fabriqué les outils, extrait la matière et constitué le capital, et cela en remontant indéfiniment et en calculant l'exacte part de chacun, s'il est possible (2), dans cette production particulière. C'est là l'élément tellement dominant qu'unique pour ainsi dire : le travail (3). — Assurément, les taux des salaires et ceux des profits, en tant qu'ils diffèrent dans chaque industrie, peuvent exercer une influence sur le coût de production. Mais il est évident que lorsque les salaires montent ou baissent à la fois dans toutes les classes d'industrie, et que les prix des marchandises montent ou baissent en conséquence, la valeur relative de chacune n'en est nullement affectée, — et de même, lorsque les profits entrent tous pour la même mesure croissante ou décroissante dans le coût des marchandises, et, par

---

(1) Mill entrevoit l'importance du travail mental et de l'invention, mais sans la creuser assez. Voir pages 45-46, tome I des *Principes*.

(2) Et nous posons en principe qu'une telle analyse est impossible à pousser jusqu'au bout. Qu'on essaye, par exemple, de calculer *précisément* la part de travail qui doit être incorporée à chaque production de la terre par le fait de la charrue ou des outils agricoles si lentement usés qui y sont engagés. Chacun d'eux, en effet, représente une somme de travail qui doit se diviser entre les productions auxquelles il participe. Au fond, la question est celle-ci : est-il possible de connaître le coût de production exact ou la quantité exacte de travail incorporée dans chaque production? Cela est d'une difficulté extrême et, sans doute, insurmontable. Comment affirmer, dès lors, que ces difficultés énormes sont résolues tous les jours dans la pratique et que les prix sont déterminés par le coût? Cela est incompréhensible. Aucun industriel ne connaît exactement le coût de ses productions, les plus sincères l'avouent; ils ne le connaissent vraiment *qu'après coup*, en considérant une longue période de temps et en prenant une moyenne. De même les économistes ne peuvent connaître la valeur normale qu'après coup, en cherchant les moyennes des oscillations de prix pour chaque marchandise. Dès lors, le coût de production, sur lequel repose la valeur normale, c'est ou bien une pure idéologie, ou bien une simple moyenne de la valeur réelle des marchandises. Ce n'est nullement en tout cas une explication ni une théorie de la valeur.

(3) Il y aurait aussi, en se plaçant au point de vue de Mill lui-même et des théoriciens objectivistes, un autre élément parallèle au travail et aussi irréductible que lui : *le sol;* mais, pour son insignifiance morale, cet élément a été presque généralement oublié, et cela est un illogisme évident.

suite, font augmenter ou diminuer leur prix, cependant la valeur relative d'aucune de celles-ci en particulier n'en peut être affectée. Ce n'est donc que lorsque les salaires et les profits sont *inégaux* dans les différentes branches d'industrie, que la valeur relative ou coût de production peut être influencée par eux. En tout cas, cette influence est secondaire, modique, et va diminuant avec le cours de la civilisation ; les profits, en effet, ont tendance à s'égaliser ; et quant au taux relatif des salaires, il peut lui-même exprimer et mesurer la différence qui sépare le travail simple du travail complexe, et se référer à cette unité abstraite de travail recherchée par Ricardo et qui serait alors inconsciemment fixée dans l'opinion (1). Nous sommes finalement amenés à conclure : l'élément de beaucoup le plus important de coût de production, c'est la quantité de travail (2).

Nous pouvons donc, sans trop de hardiesse, confondre coût de production et travail comme nous confondions tout à l'heure valeur normale et coût de production. Et nous arrivons logiquement à cette conclusion qui est semblable à celle de Ricardo : *la valeur, ou valeur normale, se mesure d'une façon générale à la quantité de travail employée directement et indirectement à la production d'un bien.* De 1817 à 1848, la théorie de la valeur-travail s'est donc étendue et approfondie chez les économistes anglais.

Il nous reste à savoir pour quelle raison profonde les économistes de l'école classique furent ainsi constamment attirés, et presque nécessairement, vers cette doctrine objective de la valeur-travail que leurs adversaires retournèrent contre eux. C'est, croyons-nous, par suite d'un vice de méthode commun à tous ces penseurs, et auquel nous avons fait allusion dans

(1) Voici donc pour les salaires et les profits. Quant à la rente, elle ne fait, à son tour, que mettre en relief l'action prépondérante du coût de production sur la valeur, car elle exige que la valeur se mesure au coût de production le plus fort, c'est-à-dire à celui de l'objet qui a coûté le plus à produire. Nous reconnaissons là le raisonnement de Ricardo, conciliant l'existence de la rente avec le principe de la valeur-travail.

(2) Stuart Mill. *Principes*, I. chap. IV : DERNIÈRE ANALYSE DU COÛT DE PRODUCTION. — Voir aussi page 555 : PROPOSITIONS 13, 14 et 15.

notre discussion de la théorie de Bastiat : Les économistes n'ont étudié la valeur *qu'à partir de l'échange;* l'échange est à leurs yeux le point d'origine de la valeur. Pour l'homme isolé, il n'y aurait que des *utilités,* mais pas de valeur, pas de richesse. C'était déjà la doctrine physiocratique : Le Trosne dit que « les productions acquièrent dans l'état social une *qualité nouvelle qui naît de la communication des hommes entre eux* et qui fait que les productions deviennent richesses » (1). Bastiat dit de même : « Les services comparés *dans l'échange* ont fait naître la notion de valeur... La première *création* de l'échange, c'est la notion de valeur » (2). Smith, Ricardo (3), Say partent également d'emblée de la valeur d'échange. Ils laissent de côté la valeur d'usage, qu'ils entrevoient, mais n'approfondissent pas. L'utilité, en effet, est impuissante à créer la valeur. C'est seulement le jour où l'homme, produisant un excédent de travail, se mettra en rapport avec ses semblables et échangera avec eux ces utilités surabondantes, que naîtra la valeur, comme par un coup de baguette magique.

Ainsi donc, avant que l'homme ne disposât de cet excédent échangeable, rien de ce qu'il produit n'aurait pour lui de valeur ! Cependant, vis à vis du résultat de son travail, l'homme, même en le supposant isolé, n'est pas indifférent ; il établit des différences, une échelle d'importance entre ces biens. Nier toute valeur avant l'échange, c'est méconnaître la racine psychologique de l'idée de valeur, c'est-à-dire la comparaison entre le désir d'un objet et le désir d'un autre objet dans le cœur d'un même homme. Cette comparaison, cette hiérarchie préexistent à l'échange ; elles naissent dès que coexistent deux désirs dans le cœur, c'est-à-dire qu'elles naissent avec l'homme même. L'idée de valeur est *contemporaine de la pensée.* Et cette comparaison est le modèle et la source de toutes les valeurs,

---

(1) *De l'Intérêt social,* liv. V, chap. V. — Voir Andler, *Les Origines du socialisme d'Etat,* page 199.

(2) *Harmonies,* chap. V.

(3) La valeur d'une marchandise, dit Ricardo, « ou *quantité de toute autre marchandise contre laquelle elle s'échange* » (chap. I).

car toute valeur, même sociale, est réductible par analyse à
cette comparaison de deux désirs dans le cœur d'un même
homme.

C'est pour n'avoir voulu considérer que l'échange et pour
avoir tronqué ainsi la valeur, que les économistes classiques
ont été conduits dans une voie aussi manifestement étroite et
fausse. Car ils ne s'avisaient pas que les fondements de
l'échange étaient dans l'esprit des échangistes, et en partie
antérieurs à l'échange; ils recherchaient quelle était la qualité
commune aux choses échangées elles-mêmes, qui pouvait
expliquer la transaction. Ce sera là, d'ailleurs, le point de
départ de Karl Marx, qui considère à son tour l'échange comme
le lieu d'origine de la valeur. Ainsi, la valeur en usage est de
plus en plus méconnue et oubliée, reléguée parmi les notions
métaphysiques d'une contestable utilité. La théorie classique,
une fois distinguées les deux espèces de valeur, ne songe pas à
les relier l'une à l'autre. Le seul rapport qu'elle suppose exister
entre elles deux est celui-ci : La valeur en usage est *l'extrême
limite* de la valeur en échange; on ne peut concevoir que
celle-ci soit supérieure à celle-là, car il faudrait pour cela que
l'acheteur acceptât de payer la chose au-delà de l'extrême valeur
que lui reconnaît son besoin (1). Cela est exact d'ailleurs ; mais,
si la valeur d'échange ne peut être supérieure à la valeur d'usage
de l'acheteur, c'est précisément parce que cette valeur d'usage
est la valeur *pleine*, totale et définitive, dont l'autre n'est qu'une
dérivation. C'est la valeur finale ou téléologique (de Quincey).
Dans le cas où la valeur d'échange est extravagante (l'achat d'un
tableau de Millet pour 700.000 francs, dit-on), c'est une valeur
d'usage personnelle qui s'exprime directement, à nu (ce tableau
représentait 700.000 francs de vanité, ou de sensualité artistique
peut-être, pour l'acheteur). Dans la plupart des cas, la valeur
d'usage personnelle de l'acheteur ne s'exprime pas directement ;
l'acheteur ne paye dans l'échange que la valeur d'usage *réputée*

---

(1) Voir Leroy-Beaulieu, *Traité d'économie politique*, t. III, pp. 45-46, et
Stuart Mill, *Principes* (traduction Guillaumin) I, livre III, chap. 3,
paragraphe 2.

moyenne, et non point celle qu'il lui attribue personnellement et qu'il cache avec soin.

L'inattention des économistes pour la valeur d'usage (1) entraîne de graves conséquences théoriques. De nos jours encore, Marshall dit nettement : « Le mot valeur en lui-même, signifie toujours valeur d'échange (2). » Il est pourtant tout à fait injuste d'affirmer que la signification de ce mot est tout entière comprise dans la signification particulière et restreinte de valeur d'échange. Celle-ci n'est qu'un cas de la valeur d'usage : c'est faire usage d'une chose que de l'échanger. Et pourquoi n'y aurait-il pas, puisqu'on parle de valeur d'*échange,* une valeur *de donation,* une valeur *de vol* (3), etc. ? Tous ces aspects divers d'une même chose rentrent dans la valeur d'usage, prise au sens large de valeur individuelle, qui seule a droit à s'appeler valeur tout court, et sur laquelle seule il faut se reposer du soin de nous expliquer toutes les valeurs possibles, y compris la valeur d'échange.

En effet, la valeur d'usage, c'est beaucoup plus des trois quarts des valeurs existantes. L'échange n'est qu'une modalité de la vie sociale. La valeur d'usage, c'est, peut-on dire, la valeur *avant* l'échange, et la valeur *après* l'échange ; quant à la valeur *pendant* l'échange, elle se détermine d'après des lois propres, mais passagères, et qui n'affectent que par accident la valeur permanente de l'objet, laquelle vient du désir. Chez les innombrables peuplades non civilisées du globe, la valeur d'usage est presque la seule connue, — et parmi les peuples civilisés eux-mêmes, elle tient une grande place dans la vie rurale, où la plus grande partie des denrées n'a pas été l'objet d'un trafic, n'a pas joui d'une valeur d'échange (alors n'avaient-

---

(1) List seul restaure l'idée de valeur d'usage, et combat cette prétention des économistes de fonder leurs raisonnements sur la seule valeur d'échange.

(2) *Principles of economics,* I, 8.

(3) La *valeur* d'un cadeau est plus souvent dans l'attention affectueuse dont il est la preuve, que dans l'objet donné lui-même. Un objet facile à voler et à dissimuler a une grande *valeur* de vol.

elles donc aucune valeur ?), a été produite et consommée sur place. On nous dira sans doute que, même consommées sur place, ces denrées avaient une valeur d'échange *possible*, et que c'est de cette possibilité qu'elles tenaient leur valeur. Ce serait expliquer la valeur d'usage par la valeur d'échange, l'essentiel par l'accidentel. Le premier mot et le dernier sont à la valeur d'usage. Voici le cycle habituellement suivi : *valeur d'usage, — valeur d'échange, — et de nouveau valeur d'usage* (consommation). Le terme intermédiaire n'est pas nécessaire ; l'économie domestique et rurale l'ignore le plus souvent, au moins dans l'organisation intérieure du groupe ou de la famille. Dans certains de nos villages encore, les échanges sont rares ; il n'est besoin d'argent que pour acheter des bestiaux, pour des opérations capitalistiques. Au contraire, dans l'organisation moderne de la grande industrie, c'est le premier terme qui devient inutile, l'objet étant directement produit pour l'échange et n'ayant pour le producteur aucune valeur individuelle directe. Mais, dans tous les cas, le dernier terme, valeur de consommation, est absolument et rigoureusement nécessaire, et c'est lui qui détermine et domine tout le cycle, qui fixe la valeur. C'est la valeur d'usage *finale*, en effet, qui donne à la marchandise sa valeur, et c'est elle que s'efforce de prévoir le producteur.

On pourrait nous reprocher ceci : la valeur d'usage, ainsi conçue comme la condition et l'aboutissement dernier de la valeur d'échange, ne signifie plus rien de proprement économique ; elle s'étend à tout rapport des objets avec notre esprit et nos désirs individuels ; et elle comprend par exemple telle chose qui n'a aucune valeur d'échange, mais possède une grande autorité sur nos cœurs, comme une vérité morale ou scientifique, ou un sentiment d'art. Mais cela prouve au contraire le bien-fondé de notre théorie. La valeur d'échange n'est qu'un aspect de la valeur individuelle à laquelle elle se rattache psychologiquement. Il faut partir soit de la valeur individuelle, soit de la valeur d'échange. Or, la seconde ne nous apprend rien de son origine mystérieuse ; la première seule peut être acceptée comme se suffisant à elle-même, *non pas en tant qu'elle reflète, pour une très grande part, les opinions ambiantes,* — toute conscience individuelle étant pénétrée largement d'éléments sociaux, de coutumes, de préjugés, de modes, etc., et, par conséquent, ne s'expliquant tout entière que grâce à ces faits, et aux lois de l'interpsychologie dont ils sont le résultat, — *mais en tant qu'elle est,* pour une petite partie d'elle-même, *une conscience originale* destinée à être imitée et à propager ses désirs et ses croyances. C'est là l'origine profonde de la valeur d'échange, et du prix : une valeur individuelle qui s'est socialisée.

APPENDICE.

—

M. Bourguin (REVUE D'ECONOMIE POLITIQUE 1895 : *La mesure de la valeur*), constatant que de récents économistes se refusent à dédoubler la valeur en valeur d'échange et valeur d'usage, et considèrent la valeur d'usage, la valeur subjective, comme l'élément explicatif de la valeur, se refuse à admettre cette thèse. Et voici sur quoi il se fonde : L'utilité ne peut être une cause *constituante* de la valeur d'échange; tout au plus est-elle une cause *impulsive*. Assurément les hommes, en société, reconnaissent des degrés d'utilité finale différents aux différentes marchandises, et ce peut être là une cause d'explication des prix différents; mais cette utilité « n'agit pas comme substance composant une valeur d'échange intrinsèque. » Nous reconnaissons là, chez un économiste cependant très averti des doctrines subjectives, et très psychologue lui-même par moments, nous retrouvons cet éternel besoin d'objectivité qui trouve son épanouissement en Marx. Il faut donc une *substance composant la valeur intrinsèque*. Quelle métaphysique inexplicable! Personne n'est plus ontologiste qu'un savant épris de réalités objectives. Quand M. Bourguin dit : « Comment passer de l'utilité à la valeur d'échange et au prix ? Comment franchir l'abîme entre ces deux idées ? » (page 229), il voit un saut là où il n'y en a pas; car la valeur d'échange est de même nature profonde que la valeur d'usage; elle n'est pas plus objective qu'elle; elle a un *degré plus grand de généralité;* et c'est le seul sens du mot objectif que l'on puisse raisonnablement accepter ici. Mais M. Bourguin et Marx, et les autres objectivistes, ne voient pas que le seul saut réellement considérable est celui de notre esprit à la réalité objective. Si l'on se résignait une fois pour toutes à ne reconnaître d'autre réalité indiscutable que celle de notre esprit, les objectivités s'expliqueraient toutes facilement et logiquement. Le prix ne paraîtrait pas une réalité nouvelle, mystérieuse, extérieure à nous, divine en quelque sorte, il paraîtrait être simplement un *jugement de valeur parvenu à un degré de généralité très grand*, un jugement de valeur répété dans les esprits individuels à de multiples exemplaires, sans doute par suite d'une propagation imitative.

M. Bourguin exprime nettement sa pensée lorsqu'il dit (page 230) : Quand même on aurait établi les variations de la valeur d'usage, de l'utilité, sur un marché, on ne pourrait toujours pas faire le calcul mathématique du prix, parce qu'il manquerait à ce calcul une donnée première. « Il faudrait, en effet, traduire en chiffres l'utilité telle qu'elle est appréciée par les échangistes. Or, l'utilité n'est pas une grandeur susceptible d'une mesure mathématique. Est-on plus heureux si l'on se retourne du côté subjectif ? Peut-on davantage peser, jauger, exprimer par des nombres l'intensité d'un besoin ou d'un désir ? Croit-on possible de mesurer un état d'âme ? Poser la question, c'est la résoudre. » Mais la prétendue question n'existe pas ! Est-ce que l'utilité finale ou le désir et leur intensité ne se mesurent pas d'eux-mêmes dans le prix consenti par les échangistes ? Il ne s'agit pas d'aller cueillir dans l'âme obscure un sentiment irréel, et de le porter sur des balances. Il s'agit de savoir si tous nos actes ne sont pas l'expression d'un sentiment intime, si le prix, tel que nous le consentons, n'est pas le résultat d'une *pesée intérieure* de désirs, d'un conflit de jugements. Or, ces prémisses spirituelles nous paraissent assurées. A chaque minute, à propos de chaque chose, nos sentiments les plus individuels se mesurent entre eux et se mesurent avec ceux d'autrui, et le résultat de ces mesures, c'est la valeur et aussi bien le prix. Le problème n'existe pas, disons-nous, car la réalité le résout cent fois par jour pour chacun de nous. Assurément, si les états d'âme n'étaient pas mesurables par leurs effets, si les désirs et les croyances n'étaient pas susceptibles d'une mesure précise, il faudrait chercher ailleurs que dans l'esprit la base du prix et des autres réalités sociales. G. Tarde, qui a senti toute l'importance de la question, a débuté dans la philosophie par cette démonstration, sur laquelle il a établi solidement sa doctrine (*La croyance et le désir*, REVUE PHILOSOPHIQUE, 1880). Ce qu'il y a d'étonnant, c'est que M. Bourguin cite, quelques lignes plus loin, à son appui, une phrase de Jevons qui lui donne tort : « Une unité de plaisir ou de peine, dit celui-ci, est difficile même à concevoir ; mais ces sentiments, plus ou moins intenses, nous poussent constamment à acheter et à vendre, à emprunter et à prêter, à travailler et à nous reposer, à produire et à consommer ; et c'est au moyen de ces effets quantitatifs des sentiments, que nous devons apprécier leur montant respectif » (THEORY OF POLITICAL ECONOMY, 3me édition, p. 11). Ce qui veut dire : Le problème de la mesure de nos états intimes est résolu dans la pratique par leurs effets, et ce n'est que théoriquement qu'il nous est difficile de concevoir leur élément commun. Mais que nous importe ici l'explication psychologique dernière de ce fait, qui se présente à nous comme indiscutable ?

M. Bourguin dit encore : « Il faut considérer que la valeur d'échange d'une chose est un phénomène social émanant d'une collectivité, tandis que le désir est individuel. » Nous ne croyons pas, quant à nous, qu'on puisse détacher la valeur d'échange du phénomène individuel de désir. Il est vrai qu'elle en est différente, mais comme le courant d'un fleuve diffère des courants des petits ruisseaux qui viennent se confondre en lui, et qui l'ont créé; on ne peut expliquer la formation du fleuve sans connaître l'existence des ruisseaux; on ne peut surtout *expliquer les ruisseaux par le fleuve*, sans commettre une étrange faute logique, et précisément celle où a tendance de verser l'école sociologique, qui débute par l'analyse du phénomène social, détaché de ses antécédents, pris comme une réalité *ex abrupto*, d'où elle fait tout découler ensuite. C'est pourquoi il ne nous paraît pas vrai que la théorie de la valeur sociale, fondée sur le jugement individuel, « reste en l'air, privée de toute base et de toute preuve ». La base, c'est le prix individuel tel qu'il résulte en fait de la pesée intérieure de désirs et de jugements, qui s'établit dans chaque âme d'échangiste. Ce n'est que le *calcul anticipé* de ces prix individuels et de leur moyenne, qui détermine le producteur à produire, ou à ne pas produire (s'il ne peut le faire dans certaines conditions rémunératrices, si le prix des clients virtuels est escompté trop faible, ou leur nombre prévu insuffisant, c'est-à-dire, si le désir de l'objet n'est pas supposé assez intense chez quelques-uns, ou assez répandu chez tous, pour payer les frais de l'entreprise). La fixation du prix par le producteur suppose ainsi toute une série de calculs psychologiques variés.

M. Bourguin a été amené par son système à une critique inexacte de la théorie psychologique. Il ne peut résulter de cette théorie, dit-il, aucun élément destiné à *critiquer* le prix, à constituer un prix raisonnable. En effet, si un tableau de Millet est vendu 500.000 francs, c'est donc que son utilité était de 500.000 francs; et cependant, tout le monde reconnaît que c'est là un prix exagéré. Rien n'explique *pourquoi*, dans la théorie de la valeur fondée sur un jugement. Si l'on invoquait, par exemple, le prix que le tableau avait atteint dans une précédente enchère, ou le prix de quelque autre toile de maître, ce serait arbitraire, car, « ce sont là des valeurs qui n'ont, par elles-mêmes, rien de plus intrinsèque que celles dont il est question. Pour déterminer la *juste valeur intrinsèque*, il faudrait calculer le prix correspondant exactement à la dose de mérite et d'utilité du tableau, comparée à l'utilité d'une certaine quantité d'argent et d'autres marchandises. Or, c'est ce qu'on ne saurait faire » (p. 233-234). On reproche donc à la théorie qu'elle ne donne ni ne peut donner aucune mesure de justice de la valeur, qu'elle ne se fonde pas sur une valeur en soi, dont on pourrait mesurer les écarts avec la valeur réelle. — Or, il est bien vrai, on ne peut admettre à la fois que le jugement est la base de la valeur, et qu'il y ait une qualité *extérieure* des choses capable de mesurer précisément la juste valeur, cela est indiscutable; mais il faut bien faire attention que le jugement de valeur côtoie, dans l'esprit où il est né, des jugements éthiques qui influent sur lui, — que c'est seulement dans l'esprit que la notion d'une *juste valeur* peut naître, — et que, enfin, née dans des cerveaux individuels, cette notion peut se généraliser et créer ces courants d'opinion, sur lesquels reposent solidement toutes les conceptions de juste prix qui sont l'objet de notre étude. Une doctrine de justice généralisée, mais nécessairement issue de l'esprit, voilà la seule mesure et le seul soutien du juste prix.

II

L'explication de la valeur par le coût de production est susceptible de bien des critiques graves. Nous n'en signalons rapidement que deux, afin de passer à une question plus importante à notre point de vue.

1º L'explication de la valeur par le coût est *artificielle*, car elle pourrait à la rigueur faire comprendre les rapports de valeur des marchandises entre elles, c'est-à-dire les valeurs relatives dont la monnaie est la mesure, qu'elle n'expliquerait pas du tout la naissance de la valeur. Elle suppose, en effet, la valeur elle-même des éléments constituants du prix, et par suite, elle est une simple décomposition du prix. Comme dit très bien M. Bourguin (1) : « Rechercher si le prix du produit trouve sa mesure dans le coût de production, c'est évidemment et avant tout se demander si le produit et la somme des facteurs qui ont concouru à sa formation, sont exactement équivalents ». Le problème n'est donc que reculé ; on peut faire à cette théorie le même reproche que Marx faisait à Smith, de prendre les parties constituantes de la valeur pour ses sources primitives. Si même, comme les classiques anglais, on résout en quantité de travail tous les frais de production, c'est encore la valeur elle-même du travail qu'il reste à expliquer. C'est là le cercle vicieux de l'économie classique sur la valeur. Il provient de ce que l'école classique ne s'est guère intéressée qu'aux valeurs relatives d'échange, aux rapports de la monnaie et des valeurs, et qu'elle a laissé dans l'ombre la valeur individuelle.

2º Et d'ailleurs, sa faute a été de ne pas la laisser dans l'ombre plus complètement encore. Car, en tant qu'elle a accordé quelque importance à l'utilité dans la formation de la valeur, c'est-à-dire en tant qu'elle a entrevu l'origine individuelle de celle-ci, l'école classique s'en référait à une théorie subjective

---

(1) REVUE D'ECONOMIE POLITIQUE, 1895 : *La mesure de la valeur*, p. 883.

qu'elle ne pouvait en aucune façon concilier avec sa loi du coût de production. C'est là une contradiction intime qu'elle a soigneusement conservée. Il est impossible de comprendre la collaboration de deux éléments aussi hétérogènes que l'utilité et les frais de production.

Mais passons sur ces critiques, et essayons de préciser la signification du concept de valeur *normale* ou *naturelle* dans l'économie classique. Entend-il être le résultat de l'observation, ou bien se réclame-t-il au contraire d'une doctrine éthique dissimulée ? N'est-il qu'une analyse du prix réel, ou bien se présente-t-il comme une exigence de la justice ? A notre avis, il faut distinguer deux groupes d'économistes : celui des économistes anglais et celui des économistes libéraux français.

Le premier, avec Ricardo, Stuart Mill, reste certainement étranger à toute pensée de justice ; non pas le second. Ricardo cherche à déterminer seulement quel est l'élément de fait dont la présence constante dans les échanges semble indiquer l'action principale sur le prix et sur la valeur, et il conclut que le travail ou les frais de production remplissent seuls ces conditions de permanence. La quantité de travail nécessaire à la production des biens constitue donc leur prix primitif et naturel *(their primary and natural price)*. Il dit « naturel », car si le travail n'est pas l'unique élément des marchandises, *il est l'élément prépondérant* dont l'influence finit toujours par dominer celle des éléments accessoires (utilité, rente, etc.,) : la loi de la valeur naturelle est donc conçue par lui comme l'image de la nécessité des choses, mais, d'ailleurs, il n'y joint aucune préoccupation morale, et ne l'institue pas en règle de justice.

Bien au contraire, cette nécessité des choses, il l'envisage avec pessimisme. Le prix naturel de Ricardo est basé sur une conception désolante de l'ordre naturel. Car le coût de production, par suite de la concurrence, tend à baisser jusqu'au minimum possible ; il exige, par suite, de la classe productrice les plus extrêmes concessions. Le travail est assimilé à une marchandise quelconque, dont la valeur naturelle repose sur le coût minimum. Or le coût minimum du travail, c'est ce qui suffit à l'entretien de l'ouvrier, à la satisfaction la plus étroite de ses besoins les plus essentiels. Et c'est ce plus bas niveau du salaire qui est dit salaire naturel (1). — Une cause parallèle à la concurrence des patrons renforce d'ailleurs cette action, et tend vers le même but : c'est la concurrence des ouvriers entre eux. « Dans la marche *naturelle* des sociétés, les salaires tendent à baisser, en tant qu'ils sont réglés par la demande, car le nombre des ouvriers continuera à s'accroître dans une progression plus rapide que celle de la demande » (2). Le prix naturel du travail est inflexiblement dominé par le principe de population de Malthus. — Stuart Mill adopte toutes ces thèses, et il y ajoute même sa sombre théorie du *fonds des salaires*, d'une si étrange et si fausse rigueur (3). Il n'y a, d'ailleurs, chez ces penseurs prudents et sincères, aucune tentative de revanche idéaliste contre les choses. Ils se contentent d'édifier les bases pessimistes sur lesquelles bâtira la terrible logique d'un Marx. La loi d'airain de Lassalle est la pure doctrine classique anglaise du salaire, qu'il manquait de baptiser seulement d'un nom violent et déclamatoire.

La valeur normale est donc, chez les classiques anglais, une notion d'observation dégagée de toute théorie éthique. Stuart Mill l'appelle surtout la valeur coûtante *(cost value);* et si Ricardo

---

(1) Ricardo ne manque pas de reconnaître cependant que le prix naturel du travail n'est pas une quantité absolument fixe, mais qu'elle est forcément en rapport avec les habitudes et les mœurs d'un peuple. Cette considération, qui est commune à tous les économistes, même les plus pessimistes, ne leur a pas ouvert les yeux sur le vice essentiel de leur doctrine du salaire nécessaire. C'est pourtant là, dans les habitudes, les coutumes et l'opinion, que se trouve la force la plus puissante qui agit sur le taux des salaires.

(2) Ricardo, *Principes*, chap. V.

(3) Cette théorie, par laquelle le salaire est le résultat d'une simple opération mathématique, de la division du capital circulant d'un pays, ou fonds des salaires (*Wage-fund*), par le nombre des travailleurs de ce pays, aggrave la *loi d'airain*, en ce que, des deux termes dont dépend le quotient, le dernier a une tendance à s'accroître toujours, suivant la loi de Malthus, et que, par suite, le salaire ne peut guère que décroître inversement. La seule chance de salut possible pour l'ouvrier serait dans l'abstinence volontaire, dans la restriction des progrès de la population.

la nomme naturelle, c'est par pure tradition économique, sans y ajouter nullement de sens éthique; il tient l'expression de Smith, qui l'avait sans doute créée lui-même à l'imitation du *prix naturel* des Physiocrates. Cette attitude est bien différente de celle des économistes libéraux français, qui prétendent voir dans la valeur naturelle l'une des harmonies nécessaires et providentielles d'un régime de liberté. Il faut remonter aux Physiocrates pour comprendre le sens exact de cette expression et voir à quelle doctrine générale elle est intimement reliée.

Smith avait une grande vénération pour les philosophes de l'école de Quesnay; il avait songé à leur dédier son livre sur la *Richesse des Nations*. Le lien profond qui le rattache à eux, c'est son point de départ, c'est-à-dire la liberté naturelle, et la loi de l'intérêt qui pousse l'homme et les sociétés vers leur meilleur bien. Il ne s'attarde pas, d'ailleurs, à approfondir ces bases premières; il les accepte de ses maîtres, et passe tout de suite aux faits, à l'explication du mécanisme économique. Les réalités l'attachent plus que les théories. Aussi, le prix naturel est-il pour lui plutôt une question d'observation que de doctrine. S'il accepte des Physiocrates la notion d'un ordre naturel des sociétés, il ne s'attache pas à en retrouver la trace dans chaque cas particulier. Le prix naturel n'est pas chez lui ce qu'il sera chez ses successeurs français, les économistes libéraux, plus proches en cela de la tradition physiocratique, il n'est pas ce prix idéal qui s'établit de lui-même dans un régime de liberté économique absolue.

Nous disons que Smith considère le prix naturel comme une simple question d'observation, sans mélange de théorie. Précisons un peu ce point, et nous verrons en même temps par quelles transitions cette notion est redevenue, chez les économistes libéraux, une notion toute théorique, laquelle prend son point d'appui sur la croyance en la justice profonde de la concurrence. Smith dit : le prix naturel d'une marchandise est celui qui paye la rente, le fermage et le salaire, les trois éléments constituants du prix, à leur taux naturel. La question est donc de savoir quel est ce taux naturel. C'est tout simplement le *taux de coutume*, le taux habituellement payé à une époque et en un lieu déterminés. Le chapitre sur le prix naturel (chap. vii du livre I) débute ainsi : « Dans chaque société, dans chaque localité, il y a un taux moyen ou ordinaire pour les profits, dans chaque emploi différent du travail ou des capitaux. Ce taux se règle naturellement......... en partie par les circonstances générales dans lesquelles se trouve la société, c'est-à-dire sa richesse ou sa pauvreté........, et en partie par la nature particulière de chaque emploi........ Il y a aussi dans chaque société ou canton un taux moyen ou ordinaire pour les fermages........ *On peut appeler ce taux moyen ou ordinaire le taux naturel* du salaire, du profit et du fermage, pour le temps et le lieu pour lesquels ce taux domine communément » (1).

Smith fait donc dépendre le taux naturel de l'ensemble des conditions sociales générales. Voici, par exemple, les conditions qui influent sur les salaires, et par suite déterminent leur taux de coutume ou naturel : les coalitions des ouvriers, leurs habitudes, la situation qui leur est reconnue suivant les pays, l'accroissement de la population, l'abondance ou la disette des vivres (ceci est l'analyse du chapitre 8 du livre 1). Smith fait de semblables remarques à propos des profits et des fermages (chap. ix et xi). — Assurément, l'identification du prix naturel au prix moyen ou de coutume est une doctrine vague et peu satisfaisante. D'abord, il est bien difficile de connaître exactement quel est le taux moyen d'une marchandise (2); et puis, surtout, cela ne résout nullement le problème du prix, car la question est de savoir sur quels éléments s'appuie la coutume. Il y a un cercle, en effet, dans l'explication que Smith donne du prix naturel, ou moyen. Tantôt il fait de celui-ci la base sur laquelle opère la loi de l'offre et de la demande, le centre autour duquel gravite le prix de marché, et tantôt il le présente comme le résultat, la moyenne, pendant un temps et pour un lieu donnés des différents prix de marché. Tantôt le prix naturel est cause du prix de marché, tantôt il est

---

(1) Smith, *Richesse des nations* (édition Guillaumin), p. 68.

(2) Smith le dit lui-même, *ibid.* p. 112.

effet. Il est donc inexpliqué. — Mais, toutefois, cette doctrine est prudente ; elle s'arrête à un stade déterminé de la formation du prix, et déclare ignorer son origine profonde. Smith est peu curieux des choses philosophiques, mais il est bon observateur ; il ne peut manquer de reconnaître l'influence dominante de la coutume sur les marchés.

La pensée de Smith est donc bien de confondre le prix naturel tout simplement avec le prix moyen et habituel. Or, pour l'école libérale française, c'est tout à fait autre chose : le prix naturel, c'est le prix *équivalent au coût de production*. Et, quoique cette notion paraisse plus rigoureuse en apparence, et plus indépendante encore d'une doctrine morale, elle est reliée directement à toute une théorie générale de la liberté et de la justice : le prix-coût de production n'est le prix naturel *que parce qu'il est le libre résultat de la concurrence*. Il exprime par suite la meilleure justice possible. La liaison du coût de production et de la valeur est une harmonie naturelle, qui se manifeste dans un régime de liberté absolue.

Il y a certainement entre cette dernière conception d'une part, et les conceptions diverses de Ricardo, Mill et Smith d'autre part, une déviation profonde de sens, quoique les expressions demeurent semblables. Le centre de l'idée ne s'appuie plus sur une simple observation optimiste ou pessimiste des faits, mais sur une théorie de la justice naturelle. Théorie implicite, et non reconnue de ceux qu'elle guide profondément. Nous voyons, en effet, avec quel soin, dans les notes à l'édition de Smith, Joseph Garnier, Blanqui.... évitent l'expression de prix naturel. Ils la remplacent et la traduisent par l'expression : Frais de production ou prix de revient (1). Traduction tout à fait inexacte et arbitraire. Car si

---

(1) Ainsi, p. 68 (édit. Guillaumin citée), après la définition du prix naturel par Smith, Joseph Garnier ajoute laconiquement en note : « Prix naturel, *ou les frais de production, ou le prix de revient.* » De même, dans le résumé qui précède l'introduction et qui est du même auteur, il est dit : « Chap. 7 : Smith traite du *prix de revient* et du prix courant. » Le mot, prix naturel employé par Smith, est entièrement confisqué et remplacé par un contre sens.

Adam Smith avait voulu confondre le prix naturel avec le prix de revient, il aurait identifié, par exemple, le taux naturel des salaires au minimum de subsistance nécessaire à l'ouvrier. Or il dit formellement, au contraire, que le taux moyen du salaire est, en maints endroits, supérieur à ce minimum indispensable (1), qu'il est relié aux habitudes des salariés, à leur condition légale....... etc. Le prix naturel du salaire, fondé sur la coutume, n'est pas du tout équivalent au coût de production de la marchandise-travail. C'est au moyen d'un contre sens que Garnier explique la pensée de Smith.

Ce contre-sens montre le chemin parcouru et la divergence d'inspiration. Un principe, en effet, domine les autres dans l'école française, c'est que la concurrence est le meilleur principe de justice possible. La liberté établit spontanément entre les hommes l'ordre le plus conforme à la justice et au bonheur. Assurément, elle comporte ses maux inévitables, ses froissements; mais le total de ceux-ci est inférieur au total de ses avantages. Plus exactement, les mauvais effets qui proviennent de la liberté, une plus grande liberté les corrige. L'antagonisme qui naît de la concurrence se résout toujours en une harmonie supérieure. Le but du législateur est donc simplement de se reposer sur la liberté humaine, la plus largement assurée, du soin de conduire la société vers ses fins naturelles. Tout ce qui naît de la liberté et de la concurrence est naturel, c'est-à-dire conforme aux fins et à la justice profonde de l'univers. C'est, depuis Quesnay, en passant par Bastiat, Rossi......., la doctrine de l'école libérale française (de Molinari, Leroy-Beaulieu).

On conçoit facilement que, chez des penseurs dirigés profondément par ces prémisses, le prix issu de la concurrence ait pu être considéré non comme un simple fait d'observation, mais comme un principe de justice. Déjà Montesquieu disait : « C'est la concurrence qui met leur juste prix aux marchandises ». Les Physiocrates, nous l'avons montré, ne pensaient

(1) Par exemple en Grande-Bretagne (op. cit., p. 93).

pas différemment. Lorsque les analyses de Smith et Ricardo démontrèrent que la concurrence tendait à rapprocher le prix du coût de production, l'école française adopta ces conclusions, mais avec sa nuance philosophique propre, l'optimisme. Puisqu'en l'état de liberté absolue, le prix ne s'éloigne jamais du coût de production et que, sitôt qu'il s'en est écarté, des forces vigilantes l'y ramènent, la valeur fondée sur le coût est conforme à la justice naturelle.

Ces conclusions optimistes s'expliquent, d'ailleurs, par une autre théorie de l'école. Les économistes anglais pensaient surtout au salaire de l'ouvrier, comprimé par cette loi fatale de la valeur normale, et par les conséquences inflexibles du principe de population. Les économistes français, eux, avaient des préoccupations moins rapprochées, plus idéales. Ils envisageaient la société en général, et le meilleur bien de celle-ci. C'était leur doctrine traditionnelle que ce qui importait avant tout, c'était le développement le plus large possible de la production. La richesse était la condition et le but de toute civilisation. Le sort de l'humanité était lié au *produit net* pour les Physiocrates, à la production abondante, créatrice de débouchés abondants, pour J. B. Say. On peut comprendre la portée d'une telle philosophie, si on l'oppose à telle autre des âges précédents, comme la doctrine de l'ascétisme chrétien dans le haut moyen âge, ou celle un peu semblable de l'épicuréisme antique. Or, la concurrence stimule le développement de la production ; elle étend la consommation, en abaissant le prix du produit. La valeur naturelle, c'est donc tout simplement le prix au meilleur marché possible (1). C'est pourquoi aussi, c'est la valeur *la plus satisfaisante pour la société*. Les économistes libéraux sont obsédés du point de vue social ; et la réaction socialiste, envisagée d'un certain côté, semble vouloir défendre contre eux les droits de l'individu.

Il résulte de toutes ces considérations, que la valeur naturelle ou normale enferme, chez les économistes libéraux français,

(1) L'expression courante : *le plus juste prix*, signifie ordinairement encore le plus bas prix possible qui résulte de la concurrence.

une conception du juste prix, non point précisément parce qu'elle se base sur la rémunération exacte des frais dépensés pour la production, mais *parce qu'elle résulte de la concurrence*. Et elle est bien nommée *naturelle*. En effet, la morale issue de l'offre et de la demande, ou de la concurrence, n'est qu'une morale naturaliste. C'est la loi du plus fort, du plus offrant, ou du mieux adapté, aspects différents d'une même chose. Darwin et Spencer apportèrent aux économistes une consécration inattendue. De même que la doctrine darwinienne mena logiquement Spencer à réprouver les institutions charitables, le libéralisme aboutit à condamner ces sortes d'institutions d'*orthopédie économique*, les lois ouvrières par exemple, qui entravent le libre jeu des activités.

Mais, de ce qu'elle est naturelle, cette morale ne peut être tenue pour juste que si l'on identifie la justice à la nature. C'est bien là la pensée profonde sur laquelle vécut le libéralisme, que Cournot appelait avec vérité « le fatalisme économique » (1). Il reste à savoir si une telle philosophie optimiste de la nature domine encore dans les consciences modernes. Cela est bien douteux. Le prix juste des Physiocrates et des libéraux est devenu le prix injuste, parce que la racine de l'idée de justice a changé de terrain. Ce n'est plus la concurrence qui est la justice, c'est la protection des faibles. Et j'en vois la preuve nettement exprimée dans les *Fragments sur le socialisme*, de Stuart Mill (1869). Il combat l'excuse célèbre fournie par les théoriciens de la concurrence en faveur de cette concurrence elle-même : qu'elle assure le triomphe des forts sur les faibles. « Affirmer, comme pour atténuer le mal, dit-il, que ceux qui souffrent de la misère sont les membres les plus faibles de la société au moral comme au physique, c'est ajouter l'insulte au malheur. Est-ce que la faiblesse justifie la souffrance ? N'est-elle pas au contraire, aux yeux de tous, un titre irrécusable à la protection contre la souffrance ? » Le prix obtenu par l'écrasement des faibles n'est donc plus le juste prix. Ajoutons

(1) Cournot, *Théorie des richesses*, livre IV.

d'ailleurs que, ceci posé, Mill répond par une double critique aux accusateurs de la concurrence : 1º Ils oublient, dit-il, que, la concurrence existant aussi bien entre acheteurs qu'entre vendeurs, le résultat est sensiblement le même, l'une faisant hausser, l'autre baisser le prix. 2º Si les prix baissent, la classe pauvre en profitera. Ces arguments sont bien critiquables, mais ce n'est pas ici le lieu de les discuter. Remarquons simplement que Stuart Mill rejette les conséquences de la concurrence-lutte pour la vie comme odieuses, *si elles étaient réelles*. Autrement dit, il n'accepte la concurrence que sous réserve, parce qu'il voit en elle un stimulant supérieur, mais non comme une loi de justice, nécessairement la meilleure possible.

Les premiers socialistes furent ceux-là qui eurent le pressentiment de ce divorce entre l'idée moderne de justice et l'idée de liberté naturelle ou concurrence. Tandis que l'école française s'attarde à cette confiance dans les forces naturelles, qui est l'idée des premiers économistes, et se complaît au mysticisme des harmonies providentielles (1), — tandis qu'elle accepte tout ce que nous dicte la nature comme l'expression d'une justice profonde, et nomme juste prix celui qui résulte de l'arrangement libre des intérêts personnels, — d'autres penseurs, Charles Hall, Sismondi, Thompson, n'ont nul goût pour ce fatalisme. Ils voient dans cet ordre naturel prétendu le produit de certaines circonstances historiques, et ne croient guère à cette concordance inexpliquée de l'intérêt personnel et de l'intérêt social. Ils n'ont guère confiance dans le jeu des forces naturelles ; ils revendiquent les droits de la raison. Ils sont directement inspirés par un idéal de souffrances moindres, de misères diminuées. Plus tard, cette inspiration se recouvrira d'un vêtement scientifique, notamment chez Rodbertus et Marx. Mais, chez leurs prédécesseurs, le lien qui rattache l'idée

---

(1) Adam Smith lui-même n'est pas exempt dans certaines pages de ce mysticisme : « L'homme, dit-il, n'a pas ordinairement en vue l'intérêt général, ni ne sait combien il y contribue ; il n'a en vue que son propre avantage, et il est, dans ce cas comme dans beaucoup d'autres, *conduit par une main invisible*, qui lui fait atteindre un but qui n'était pas dans ses intentions. » *(Richesse des nations.)*

socialiste à une ardente croyance en la justice humaine, ne se dissimule pas encore.

Ces deux courants (dont nous saisissons déjà les vagues principales), qui agitèrent tout le siècle, et troublent particulièrement l'heure présente, en quoi consiste leur antagonisme? Est-ce par la négation ou l'affirmation de la justice qu'ils diffèrent? Non, l'un et l'autre ont reconnu et proclamé l'existence d'un droit idéal, d'une justice absolue. L'inspiration directe des Physiocrates, c'est l'amour de ce qu'ils appelèrent le droit naturel, comme l'inspiration des socialistes modernes, c'est le pressentiment enthousiaste d'un droit humain idéal. Seulement la justice des économistes est placée au-dessus de l'homme, en Dieu ou dans la nature; celle des socialistes est dans le cœur de l'homme, qui dicte ses lois au monde et n'en reçoit pas de lui. L'une est plus éloignée, impersonnelle et supérieure; l'autre est tangible, immédiate et intérieure.

Quoi qu'il en soit, dans l'une et l'autre école, malgré les apparences, c'est la question de justice, objet de nos recherches, qui soutient l'édifice des théories les plus opposées. Il y a un juste prix à la base de la valeur classique, et il y en a un autre à la base de la valeur socialiste. C'est ce dernier qu'il nous reste à étudier maintenant.

CHAPITRE VI.

—

LA VALEUR SOCIALISTE.

—⬦◉⬦—

I

Le Droit au produit intégral du travail.

Le principe de Ricardo sur l'origine de la valeur ne concernait que la production ; il s'adaptait à une théorie de la répartition fondée sur des principes différents, sur la division du revenu entre les trois classes traditionnelles des capitalistes, des entrepreneurs et des travailleurs. Thompson *(Recherches sur les principes de la distribution des richesses les plus propres à conduire au bonheur, 1824)* (1), rétablit l'unité dans le système, en soumettant la répartition elle-même au principe de la valeur-travail. Puisque toute valeur vient du travail, il est logique que l'entière valeur paye le travail (2). Cette conséquence morale imminente de son principe, Ricardo ne l'avait pas envisagée ; il n'était occupé que de théorie pure et d'abstraction. Cependant, il posait, sans s'en douter, les premières assises d'une forme juridique nouvelle, dont Thompson fut le véritable logicien. Elle consiste essentiellement à relier le produit au travailleur. Alors que jusque-là, et chez

_____

(1) William Thompson, *An inquiry into the principles of distribution of Wealth most conducive to human Happiness.*

(2) C'est ce que disait déjà imprudemment Smith, sans y attacher d'importance. Son chapitre sur le salaire du travail (chap. 8, livre II, *Richesse des nations*), débute ainsi : « Ce qui constitue la *récompense naturelle*, ou le salaire du travail, c'est le produit du travail. »

Ricardo lui-même, le produit et le travail sont deux entités distinctes, et que l'ouvrier se désintéresse du produit en louant au capitaliste ses services, chez Thompson, l'ouvrier recouvre son droit sur ce qu'il a créé, sur le résultat entier de son travail. C'est là ce que Thompson appelle le *principe de sécurité*. Si le seul effort de l'ouvrier a créé la valeur, il est injuste, en effet, qu'une part de celle-ci alimente le capital et le profit, qui font vivre les oisifs.

L'idée d'égaler le salaire au produit du travail repose donc sur cette hypothèse : la spoliation d'une partie du travail de l'ouvrier par le chef d'atelier. Celui-ci ne laisse au travailleur que le strict nécessaire pour maintenir son existence et celle de sa famille, et il accapare le surplus. Or, l'analyse destinée à mettre en relief ce surplus injuste, avait été faite avant Thompson par Charles Hall (1805) (1) et surtout par Sismondi. « La société moderne, dit celui-ci très nettement, vit aux dépens du prolétaire, de la part qu'elle lui retranche sur la récompense de son travail » (2). Seulement, s'il dégage cette notion de la « mieux-value », Sismondi n'en tire cependant pas la conclusion directe. Il ne réclame pas pour l'ouvrier le droit au produit intégral de son travail, il se borne à désirer quelques réformes, dont l'une, celle de la « garantie professionnelle », contient remarquablement en germe tout le développement moderne des lois d'assurance ouvrière (3).

---

(1) *On the effects of civilisation on the people in European States.* — Sur les premiers théoriciens du droit au produit intégral, voir Anton Menger. (*Le droit au produit intégral du travail*).

(2) *Etudes sur l'économie politique*, 1, 35 — *Les Nouveaux Principes*, où la même idée est exprimée souvent, sont de 1819.

(3) Voir sur Sismondi : Aftalion, *Sismondi de Sismondi*, l'article de FOURNIER DE FLAIX, dans le *Nouveau Dictionnaire d'Economie politique* (1892); — *Sismondi*, par HITIER (*Revue d'Economie politique*, janvier 1899); — *Thèse* de POLIER, citée pages 225 et s. — Sur les origines du droit au produit intégral du travail et les sources auxquelles puisèrent ensemble Marx et Rodbertus, lire Anton Menger, *Le Droit au produit intégral du travail*, particulièrement chapitres III, IV et V. Il omet l'influence de Sismondi, et Andler le critique très justement à ce sujet, dans sa *Préface* à l'édition française (pages 31 à 36).

L'école saint-simonienne a certainement connu Sismondi (1); en tout cas, on retrouve chez elle, au moins chez Bazard et Enfantin (2), la même analyse de l'exploitation de la classe qui travaille par la classe oisive; et si la revendication du droit au produit intégral lui est étrangère, cependant sa fameuse formule « *que chacun soit employé suivant ses capacités et rémunéré selon ses œuvres* », est l'expression d'un désir de justice analogue. Mais il faut marquer combien le point de départ est différent chez les intellectualistes saint-simoniens et chez les matérialistes anglais; ceux-ci voient dans le travail la source de toute richesse, les Saint-Simoniens la voient surtout dans l'intelligence. Le bénéfice de l'entrepreneur paraît à Saint-Simon très légitime (3).

C'est Proud'hon qui proclame le premier en France le droit rigoureux de l'ouvrier à l'entier produit de son travail. Il estime que le travailleur conserve jusqu'au bout son pouvoir sur la chose qu'il a produite. Et ce principe découle chez lui, avec une étroite logique, de la loi de la valeur-travail, qu'il formule ainsi : Les richesses se proportionnent suivant le temps de travail que coûte leur production (4).

Arrêtons-nous un instant à cette théorie de la valeur, telle que Proud'hon l'a développée; la logique puissante de ce penseur n'est pas inférieure à celle de Marx; elle n'est pas moins

---

(1) Enfantin analyse Sismondi dans *Le Producteur* (pp. 94-98).

(2) Conférences faites en 1828-1829 par Bazard, *Doctrine de Saint-Simon :* exposition.

(3) Dans *Le Globe* du 9 février 1830, on lit une déclaration de principes très nette de l'école saint-simonienne, dont nous détachons ce passage : «...... Nous voulons qu'il n'y ait considération, honneur et abondance, que pour les hommes qui nourrissent les nations, qui les éclairent, qui les animent de leur inspiration, c'est-à-dire, *pour les industriels, les savants et les artistes......* » (Voir Menger, *op. cit.*, p. 96).

(4) *Qu'est-ce que la propriété?* ou *Recherches sur le principe du Droit et du Gouvernement* (1840), p. 110. — Voir aussi : *Contradictions économiques* (édition Flammarion), p. 73 et s., tome I.

obscure d'ailleurs, ni moins embarrassée d'hégélianisme (1). —
La valeur, dit Proud'hon, est *constituée* dans le produit par le
temps de travail qu'il coûte; et toute unité de temps de travail a
nécessairement la même valeur pour n'importe quelle tâche et
n'importe quel ouvrier. *Il faut, en effet, que la valeur soit fixe*
et ne dépende pas des individus, comme dans le régime de
mobilité universelle décrit par l'école classique. La loi des
échanges ne peut pas être l'humeur des échangistes, ni le caprice
de l'industrie, ni l'arbitraire de la concurrence. Il faut qu'elle
leur soit supérieure : c'est là une exigence de l'esprit. C'est
aussi une exigence des choses ; l'échange serait une absurdité,
une incohérence, s'il n'y avait pas une loi fixe des valeurs (2).
La proportionnalité des valeurs que l'échange révèle repose
nécessairement sur une mesure certaine extérieure, et cette
mesure est celle du travail : c'est la *valeur constituée*. — Il y a
dans ce raisonnement un sophisme. Le point de départ, c'est-
à-dire la nécessité d'une mesure générale et certaine des valeurs,
est indiscutable, mais c'est la conséquence qu'en tire Proudhon
qui est sophistique : de cette nécessité, il passe sans transition
à l'exigence d'une mesure *objective, indépendante des individus*.
Qui dit cependant que la valeur ne puisse être fixée par le désir
et l'opinion plutôt que par le travail ? et que l'arbitraire prétendu
de l'échange libre ne dissimule pas le jeu rigoureux d'une loi
psychologique ?

Proud'hon sent d'ailleurs lui-même combien sa loi des
échanges s'éloigne de la réalité, et il est obligé de reconnaître

---

(1) Il ne faut pas oublier, toutefois, les incertitudes et les changements
successifs de cette pensée féconde. Le premier mémoire sur *La propriété*,
le plus célèbre, auquel nous nous référons, est de 1840; *Les Contradictions*
sont de 1846. Mais les idées de Proud'hon sur la propriété sont bien
modifiées en 1862 ou 1863. L'histoire de cette évolution est exposée dans
l'ouvrage d'Arthur Desjardins (*Proud'hon*, 2 volumes, Perrin, 1896). —
Sur le parallèle entre Marx et Proud'hon, voir M. Bourguin (*Marx et
Proud'hon*, brochure, 1892). M. Bourguin s'attache, peut-être trop, à notre
sens, à voir les antithèses que présentent ces deux esprits : ils offrent
cependant avant tout cette profonde ressemblance, d'être d'intraitables
logiciens, épris d'idées plus que de réalités.

(2) *Contradictions économiques*, p. 72.

que la valeur n'est pas absolument indépendante d'un jugement d'utilité. Il va même très loin ; il déclare, une fois pour toutes, et pour s'en débarrasser, que l'utilité est la base commune de toutes les valeurs, et qu'il est entendu que les richesses ne se proportionnent suivant leur temps de production qu'autant qu'elles sont, avant toutes choses, des utilités. L'utilité n'est pas la mesure, mais le soutien indispensable de la valeur (1). Or, ceci est inquiétant. Le travail n'est donc pas la seule cause de la valeur; il y en a une autre : l'utilité. Et celle-ci est même antérieure à celle-là, en ce sens que le travail sans utilité n'a aucune valeur, et que l'utilité sans travail peut en avoir une. Voici des masses de choses toutes utiles; elles sont entre elles, dit Proud'hon, comme le temps de travail qu'elles représentent. Par hypothèse, il faut donc que leur *degré d'utilité soit indifférent dans l'échange*. L'utilité est la condition d'admission des produits dans la masse échangeable, elle est la condition même du *produit*. Et les échanges, à l'intérieur de cette masse, ne doivent se faire que sur le rapport du temps de travail, c'est-à-dire « produit contre produit ». C'est là une singulière contradiction avec la réalité. — Admettons, cependant, ce point de départ, et la théorie proud'honienne tout entière suit. En effet, dans le cercle des échanges qui s'opèrent à l'intérieur de la masse, l'intervention du revenu sans travail ne peut être qu'une cause de perturbation ; ce revenu sans travail est le résultat d'un échange dans lequel l'un des échangistes retire de la masse un produit sans donner en retour son équivalent en travail. Un propriétaire vendant son produit par exemple, échange une masse de travail contre quoi ? Contre aucun travail, exactement pour rien, dit Proud'hon (2). C'est là un trouble grave dans le cercle des

(1) *Contradictions*, p. 82 : « L'utilité fonde la valeur ; le travail en fixe le rapport ; le prix est l'expression qui, sauf les aberrations que nous aurons à étudier, fixe ce rapport. »

(2) *Qu'est-ce que la propriété ?* p, 133. Voir l'analyse de M. Polier, *thèse citée*, p. 247 et s.

échanges. C'est pourquoi, scientifiquement, la propriété est inexplicable autrement que par un vol à la masse sociale.

Cependant la première objection qui se présente est celle-ci : les capitalistes, les entrepreneurs qui, à chaque instant, retirent de la masse des produits, y apportent quelque chose en échange : de l'utilité. Proud'hon a reconnu que l'utilité est la qualité indispensable de toute valeur ; les produits utiles apportés par les rentiers et entrepreneurs ont donc une certaine valeur ; ceux-ci ne volent donc pas tout à fait la masse. Mais les utilités, répondrait sans doute Proud'hon, n'ont aucun pouvoir d'échange par elles-mêmes ; si elles en acquièrent un, cela est dû précisément aux vices de l'organisation actuelle. Elles devraient être gratuites, c'est-à-dire socialisées, et ainsi elles n'opéreraient, en entrant dans la masse, nulle retenue sur le travail des autres. L'équilibre des échanges serait parfait ; la même masse de travail subsisterait et s'accroîtrait avec la productivité nationale. La loi de la valeur-travail serait réalisée intégralement.

Donc, l'élément utilité, si nous avons bien compris, est essentiel à la valeur de la masse sociale, on ne le nie point, — mais il est injuste que l'utilité profite aux individus, car elle ne dépend pas d'eux ; elle ne peut profiter justement qu'à tous, c'est-à-dire à la collectivité. C'est là un raisonnement dont les prémisses sont morales. Le principe de la valeur-travail n'est invoqué que pour mettre en relief cette intervention de l'utilité, coûteuse à la société, profitable seulement à quelques individus. Ce principe n'est nullement prouvé par les abstractions et les raisonnements de Proud'hon ; au contraire, *celles-ci reposent sur lui*. L'ordre logique de sa pensée n'est donc pas celui-ci : si l'échange fondé sur l'utilité est injuste, c'est parce que toute valeur vient du travail, — mais celui-ci : si toute valeur vient du travail, c'est parce que l'échange fondé sur l'utilité est injuste.

Il reste à savoir jusqu'à quel point ce principe de la valeur fondé sur des exigences éthiques peut se soumettre des faits, et à quelles conditions. Proud'hon sent très bien l'objection redoutable : en régime socialiste, où les utilités sans travail s'ajoutent gratuitement à la masse, où les valeurs se proportionnent suivant le temps de travail, cependant qui empêchera l'utilité de reparaître, dans le cas, de beaucoup le plus général, où il n'y aura pas pour tout le monde de chaque espèce des produits ? C'est là une grave question; nous la retrouverons maintes fois. Qui retiendra les choses plus utiles et moins coûteuses de se vendre plus cher que d'autres moins utiles et plus coûteuses (et nous prenons le mot utilité ici dans le sens large de *ce qui est désiré*) ? Proud'hon n'a pas répondu, ou il a répondu plutôt par un postulat insoutenable : il existerait un rapport inverse entre le degré d'utilité et le coût de production des objets, de telle sorte que les plus désirés seraient les moins coûteux et inversement, et que les besoins les plus urgents seraient ceux-là mêmes qui sont le plus facilement contentés (1). En réalité, la seule réponse, vraiment logique, c'est *la contrainte* : l'Etat collectiviste répartira d'autorité les produits entre les demandeurs. Le principe de la valeur-travail ne peut régir la vie économique sans s'aider de la tyrannie centrale.

La formule à laquelle aboutit Proud'hon, en ce qui concerne le salaire de l'ouvrier, c'est l'égalité absolue des salaires. En effet, puisque les produits s'échangent suivant le travail en eux constitué, si un travail est plus payé qu'un autre, il y aura trouble dans l'échange, ce surplus ne pourra se payer que sur le travail d'autrui. C'est toujours la question de l'utilité. Si un travail est plus utile, cette chance naturelle ne peut profiter au travailleur sans léser autrui. La société n'échange que des produits égaux et reste indifférente au talent, à la supériorité naturelle qui créent des utilités plus grandes (2). La valeur-travail exige que toutes tâches soient considérées comme *semblables* et que les travailleurs soient payés sur le pied de l'égalité. — Cette conséquence, d'une logique extrême, n'est nullement acceptée par Ricardo, Marx, Rodbertus, qui distinguent le travail simple abstrait et les travaux complexes, et font rentrer de nouveau dans leur système, sans qu'ils s'en

---

(1) *Contradictions*, I, pp. 78-79. Voir aussi l'analyse de Polier, thèse citée, p. 264 et s.

(2) *Qu'est-ce que la propriété ?* p. 100 et s.

aperçoivent, tous les éléments qu'ils s'attachent à décrier dans
le régime capitaliste. La rente naturelle des mieux doués, fondée
sur l'utilité plus grande de certains travaux, remplace la rente
capitaliste. C'est toujours, pour une part, un revenu sans
travail et un revenu naturel, — plus haï, parce que plus
blessant, et plus impossible à espérer si on naît médiocre. Aussi
Proud'hon est-il logique en le réprouvant et en se laissant conduire à une séparation complète du domaine économique et
du domaine intellectuel. L'économie, dit-il, est indifférente à
l'égard du talent, du génie et des diversités naturelles qui
existent entre les hommes. L'échange des produits ne peut
s'effectuer que sous la raison d'une économie étrangère à ces
considérations, « et dont les lois se déduisent non d'une vague
et insignifiante admiration, mais d'une juste *balance entre le
doit et l'avoir*, en un mot, de l'arithmétique commerciale » (1).
Reste à savoir si une balance vraiment profonde du doit et de
l'avoir ne ferait pas ressortir une dette considérable de la
société envers les talents et les génies, s'il est vrai, selon la
parole d'un poète, que le monde soit « le don magnifique d'une
élite à la multitude » (d'Annunzio). Déclarer que le problème
de la valeur est un problème d'arithmétique, ce n'est pas le résoudre, car la valeur est un jugement de rapport dont le terme
de comparaison, le dénominateur, est arbitrairement choisi
par l'esprit selon ses tendances profondes, ses doctrines
propres. Les poids qui servent à peser sont des jugements
a priori, des croyances irréfléchies, auxquelles l'esprit mesure
toutes les choses sociales. Dire que la valeur est une simple
balance, c'est laisser la question intacte, car le problème est de

(1) *Qu'est-ce que la propriété ?* p. 112. — Ailleurs : « Comment des
écrivains, à qui la langue économique est familière, oublient-ils que
supériorité de talent est synonyme de supériorité de besoins, que, bien
loin d'attendre des personnalités vigoureuses quelque chose de plus que
du vulgaire, la société doit veiller constamment à ce qu'elles ne reçoivent
plus qu'elles ne rendent ? » (*Contradictions*, I, 246.) D'ailleurs, cette
supériorité est toute fictive, pense Proud'hon ; il existe entre les hommes
non pas des inégalités, mais des *diversités* d'aptitudes, lesquelles sont la
condition de l'égalité des fortunes. (*Qu'est-ce que la propriété ?*)

savoir *à l'aide de quels poids* précisément sera faite cette balance. C'est pourquoi, lorsque Proud'hon dit : La valeur de l'Iliade, sa valeur relative ou d'échange (non pas sa valeur intrinsèque), est simplement celle du temps de travail que l'œuvre représente, — on peut lui répondre : C'est là justement le problème; peut-on mesurer à l'aide du temps de travail la valeur d'une œuvre de l'esprit ? — Et on peut encore lui répondre plus brièvement : Et la valeur d'une invention, sa valeur *marchande*, se mesure-t-elle de même ?

Quant à cette conception assurément inattendue du salaire égal pour tous, calculé sans tenir aucun compte des capacités ou talents, elle exprime que le juste prix du travail, c'est le salaire donné également à tous par la société, en retour d'une contribution à la tâche sociale matériellement égale pour tous. Et ainsi encore une fois, la valeur juste s'affirme comme la valeur dépouillée de toute considération d'utilité moindre ou majeure, ne pouvant légitimer par suite aucune rente, ni consacrer aucune inégalité. Observons simplement qu'il faut que l'inégalité se retrouve en quelque endroit; si elle n'est plus dans l'*effet* du travail, dans le salaire, elle est dans l'*effort* qu'il représente, puisque, par le salaire égal, sont rémunérés semblablement des efforts dissemblables.

Proud'hon est obsédé de l'idée d'une valeur immuable et d'échanges mathématiquement égaux. C'est l'exaspération du désir d'une valeur objective. Rodbertus, lui, apporte dans la même recherche un esprit plus souple, plus nuancé; et il a le mérite d'avoir construit le premier une organisation détaillée, fondée, sur le droit de l'ouvrier au produit de son travail.

Il ne s'agit nullement, d'ailleurs, de droit au produit *intégral*. Très rapidement, les théoriciens de ce droit nouveau affirment l'impossibilité d'une restitution entière du produit de son travail à l'ouvrier. Rodbertus, dans l'organisation juridique nouvelle qu'il décrit, pose des atténuations nécessaires et graves :

1) D'abord, il ne s'agit pas de payer l'ouvrier par le produit matériel de son travail; ce n'est pas du droit au produit qu'il

s'agit, mais du droit à la valeur du produit. Il faut donc mesurer le travail individuel représenté dans le produit à une unité convenue et fixe. Cette unité choisie est une abstraction ; c'est le travail normalement effectué avec une application moyenne par un ouvrier moyen, dans une journée de durée moyenne (Normalarbeistag). La journée normale de travail sera donc fixée pour chaque profession (6, 8, 10 ou 12 heures), et l'ouvrage normal de cette journée, également pour chaque profession. Cette quantité ou durée de travail abstrait, ce *temps de travail moyen*, servira d'unité de valeur et de monnaie (1).

2) De plus, le temps de travail normal de chaque métier devra être affecté d'un coefficient variable, selon l'effort plus ou moins grand qu'exigent tels ou tels métiers. Ainsi, l'heure de mécanicien, par exemple, vaudrait trois heures de cordonnier ; la valeur de l'une serait trois fois celle de l'autre, ou plutôt, la journée normale de travail des mécaniciens serait trois fois moins longue que celle des cordonniers. Si l'on suppose l'établissement d'une série de coefficients semblables, résultat d'analyses et de statistiques délicates, tout travail normal de chaque métier serait donc réductible à un dénominateur commun, à la mesure abstraite, définitive de tous les travaux et des efforts individuels les plus hétérogènes : au temps de travail social.

Visiblement, remarquons-le en passant, c'est la manufacture, c'est la grande industrie qui a servi de base aux spéculations des socialistes sur la valeur. Leur attention a toujours été détournée des champs, des travaux incertains et variables de l'agriculture, soumise aux intempéries des saisons, pour ne se reporter que sur les travaux continus et mathématiques en quelque sorte, des industries mécaniques. Cette remarque trouve cent fois son emploi dans la lecture des socialistes. Rodbertus, en décrétant que le temps de travail normal de chaque métier sera

---

(1) *Ueber den Normalarbeistag*, publié par Rodbertus en 1871, dans la Berliner Revue. Cependant la monnaie métallique subsiste, d'après ce dernier opuscule de Rodbertus, concurremment avec l'autre (V. Menger, *op. cit.* pp. 122-123).

doté d'un coefficient fixe par rapport au temps de travail social pris comme unité, oublie que, pour être juste, il faudrait chaque année, dans les métiers agricoles, changer ce coefficient, car dans telle année de sécheresse, la difficulté de l'effort pour un produit égal aura été double de celle qu'exigerait une année prospère. Or, les métiers agricoles sont encore la base la plus considérable de la production. L'on voit à quels énormes calculs indéfiniment répétés entraînerait ce système. Le coefficient ne pourrait être fixe, mais annuel. — Il en est de même lorsque, pour adapter la production au besoin, Rodbertus arrive à reconnaître que l'intervention de l'autorité est nécessaire, car il oublie encore ce fait essentiel, particulier à l'agriculture, que, malgré la direction donnée par l'autorité à la production, il peut y avoir déficit par rapport au besoin, au cas d'une mauvaise récolte. Et alors comment satisfaire les uns et non les autres? Ce sera là une source d'injustices nécessaires.

3) Nous sommes déjà fort loin du droit au produit *intégral* du travail. Mais voici qui est plus grave : le produit quotidien normal, sur lequel se mesure le travail individuel, n'est pas restitué en entier au travailleur. Il faut, en effet, que l'Etat collectiviste, ayant pris à sa charge la production, opère sur le revenu total de la nation, ou produit du travail national, un certain nombre de prélèvements très importants : d'abord afin de payer les frais d'entretien des institutions d'utilité publique, de l'instruction, de la justice, de l'administration, de l'armée, etc., — puis les frais de l'outillage ou capital national, — les frais d'adaptation de la production à la consommation, c'est-à-dire l'ensemble des services de communication et de transport, — les frais encore de luxe collectif : musées, bibliothèques, fêtes et jeux... — tout autant de budgets immenses, dont les budgets contemporains ne peuvent donner qu'une faible idée. Kautsky lui-même, dans une petite esquisse de la société socialiste au lendemain du triomphe du prolétariat, conclut que la confiscation du capital n'amènera presque aucune augmentation des salaires, car les fonctions aujourd'hui remplies par le capital devront être remplies par l'Etat. Il faudra,

dit-il, « pour que les salaires augmentent, que s'augmente la production » (1).

L'ouvrier ne peut donc pas recevoir l'équivalent intégral de son travail. Rodbertus ne trouve aucun sens à une pareille revendication. La collectivité *a*, par son effort d'ensemble, créé des résultats qui ne peuvent revenir en entier à des travailleurs isolés. Ceux-ci ne peuvent partager le prix du produit, car chacun n'a pas créé autant qu'il lui reviendrait. La collectivité est donc elle-même co-partageante et pour une grosse part (2). C'est une personne; elle a droit à vivre, c'est-à-dire qu'il lui faut accorder de quoi maintenir l'outillage commun et l'organisation sociale. Il y a une *plus-value* : elle dérive du caractère *social* du produit. C'est donc à la société qu'elle doit revenir, à la collectivité et non pas au capitaliste.

Lorsque les socialistes, abandonnant les formules trop vagues d'un juste salaire fondé sur un niveau de vie moyen, se sont ralliés autour de la formule du droit au produit intégral, ils se sont leurrés. Les socialistes contemporains le reconnaissent. — Le salaire en argent, disaient les théoriciens premiers du droit au produit intégral, masque le fait de l'exploitation du travailleur ; en effet, grâce à lui, la rémunération du travailleur n'est pas calculée sur l'équivalent de son travail, mais simplement sur ce qui lui est nécessaire pour vivre ; seul, le système des bons de travail, calculés sur la durée du travail, restituera à l'ouvrier la valeur intégrale de son produit. Mais les considéra-

---

(1) Kautsky, Am tage nach der Revolution (*Au lendemain de la Révolution*). Voir traduction dans *Le mouvement socialiste* (février et mars 1903). Les socialistes, et particulièrement les marxistes, se défendent beaucoup de tracer d'avance les plans de la société future. Cela est une raison pour attribuer plus d'importance à ces spéculations du représentant le plus célèbre du marxisme en Allemagne, — spéculations d'ailleurs remplies de sincérité.

(2) *Das Kapital*, p. 86 et s. Les fonctions publiques méritent rétribution ; de nos jours, ce sont les propriétaires qui les remplissent, et ils se rémunèrent par la rente ; dans l'Etat socialiste, cette rente n'existera pas, mais l'effort intellectuel aura toujours droit à une rémunération, affirme Rodbertus en opposition avec les marxistes. (*Normalarbeistag*, p. 559 et s. cité par Andler, *Le socialisme d'Etat en Allemagne*, p. 335, 458......)

tions précédentes nous ont amenés au contraire, avec Rodbertus, à cette conclusion, qu'ils recevront seulement *une fraction* de cette valeur.

Il n'en reste pas moins un point essentiel, c'est que cette fraction restituée sera proportionnelle au travail, que la rémunération, par suite, est liée au produit. Le droit au produit intégral, même ainsi rectifié, suppose donc un *lien réel* entre le salaire et le produit. Mais ce lien, qui semble au premier abord clair et précis, est-il réellement moins obscur que le lien sur lequel se fondait l'ancien socialisme entre le travail et le droit à une existence décente ? En d'autres termes, le droit au produit intégral est-il un principe juridique de répartition beaucoup plus net que le droit à l'existence ? On sait, en effet, que le socialisme traditionnel a oscillé entre ces deux formes juridiques, dont la seconde est plus spécialement le communisme, et dont la première est la plus récente et la mieux étudiée (1). Nous croyons, quant à nous, que le droit à l'existence est le seul principe logique du socialisme, car le droit au produit du travail se fonde sur une hypothèse douteuse, c'est qu'on puisse réellement calculer, même après déduction des frais collectifs, la valeur créée par le seul travail; et en tout cas, il est impossible qu'on relie le travail *individuel* du travailleur à son produit. Il faut, en effet, payer le produit du travail individuel, non pas d'après la quantité de travail réellement dépensée, mais d'après le temps moyen nécessaire pour confectionner ce produit. Or, celui qui travaille plus vite et mieux, jouit d'une rente sur celui qui travaille plus lentement et moins bien; dès lors, le principe

---

(1) C'est la classification profonde du juriste Anton Menger; on ne voit pas trop pourquoi cependant il élève au rang de troisième forme du socialisme le *droit au travail*, qui n'est qu'une tentative mitigée de socialisme, d'un succès éphémère, sans aucune portée juridique, et ne contenant aucun principe nouveau de répartition. — Les deux grandes revendications distinctes du socialisme sont : le droit à l'existence et le droit au produit du travail. L'une et l'autre impliquent une réorganisation de la répartition que n'entraîne nullement le droit au travail, lequel peut s'accommoder du régime moderne. Or, le socialisme est profondément un vœu de répartition nouvelle, fondé sur une nouvelle

de justice individuelle est brisé, et le droit au produit du travail
n'est que la consécration d'injustices plus blessantes que celles
qui sont propres au capitalisme, car, encore une fois, le revenu
sans travail y est donné à l'intelligence et aux aptitudes. — Au
contraire, le droit à l'existence, en proportionnant les rémuné-
rations aux besoins (tout besoin crée un droit, et la hiérarchie
de ces droits, c'est la plus ou moins grande urgence de ces
besoins), est entièrement logique et bien plus conforme à
l'esprit profond du socialisme que le droit au produit, mesure
intermédiaire et d'un socialisme à moitié développé. C'est par
l'étude critique de la valeur-travail en régime collectiviste,
que l'on se convainct de cette nécessité du socialisme moderne
d'aboutir au communisme, pour éviter lui-même les reproches
qu'il adresse au régime capitaliste.

En tant que forme intermédiaire du socialisme cependant, le
droit au produit (intégral ou non) du travail a une grande
signification, et c'est une signification particulièrement morale.
En effet, Rodbertus dit : Chaque travailleur est solidaire d'un
grand nombre d'autres pour la fabrication d'un même produit ;
dans la valeur totale de celui-ci, à quelle part a-t-il droit ?
Seulement à la valeur nouvelle qu'il a conférée au produit, à son
passage entre ses mains. Chaque travailleur a droit, en d'autres
termes, à *la valeur qu'il crée*, et à celle-là seulement. — Or, un
principe de justice est irréprochable qui lie le salaire à la
valeur créée ; mais, précisément, il ne suppose par lui-même
aucune théorie relativement à cette valeur, à son fondement, à
sa mesure. Pour Rodbertus, il n'est pas douteux qu'il s'agisse,

conception de la valeur. — La valeur, qu'est-elle dans le droit à l'existence
et dans le droit au produit du travail ? Elle affecte deux formes bien
différentes : dans le premier cas, c'est-à-dire dans le régime communiste,
elle serait proportionnée au besoin individuel, à l'urgence individuelle :
à égalité de besoin, égalité de rémunération ; c'est la construction juridique
des besoins. Dans le second cas, elle s'appuierait sur l'effort ou le
travail individuel moyen ; c'est là la formule de la valeur socialiste
moderne. C'est à elle que se réduit le droit au soi-disant produit intégral,
dont les socialistes récents disent qu'il faut conserver *l'esprit*, mais abandonner les termes (Andler, *Préface à Menger*, p. 31).

quand il parle de valeur, de la *quantité de travail matériel*
ajoutée à l'objet. Mais le raisonnement précédent pourrait
s'appliquer aussi bien, quel que soit le fondement de la valeur
que l'on adoptât, — et la rémunération du travailleur dépendrait
de ce fondement. Par exemple, puisqu'on veut que chacun soit
propriétaire de la valeur qu'il crée, il faudra une rémunération
infinie à l'inventeur, si l'on admet qu'une invention crée de la
valeur.

Nous ne disons cela que pour montrer combien, chez
Rodbertus, de même que chez Proud'hon, tout dépend absolument de cette proposition majeure : le travail seul crée
de la valeur, — et rien ne la prouve. Une telle proposition
aurait besoin d'un certain étai philosophique. Or, Rodbertus se
contente de la développer sous toutes ses faces ; dans un grand
effort d'abstraction, il l'isole de la société actuelle et reconstruit
sur elle seule la société future. Tout s'enchaîne logiquement,
mais il ne faut pas se faire illusion et prendre pour un solide
amas de preuves ce qui n'est qu'une puissante construction
idéale. Le premier chaînon, dont tout dépend, n'est scellé à
rien ; c'est une formule improuvée, c'est un sentiment. En effet,
pour aboutir de ce principe de justice : chacun est propriétaire de
la valeur qu'il crée, — à cette formule : donc, le salaire doit être
proportionné au temps de travail dépensé, — il faut sauter un
intermédiaire nécessaire, majeure du syllogisme : or, la valeur
ne peut être créée que par le travail (conception de la valeur
qu'il faudrait discuter), et encore cet autre corollaire : la valeur
créée est proportionnelle au temps de travail dépensé. Ce sont
là les deux bases de la doctrine rodbertienne et socialiste : 1º le
travail est le seul créateur de la valeur ; 2º la valeur est proportionnelle au temps de travail dépensé normalement. Ces deux
bases s'appuient sur un sentiment de justice antérieur qui les
a suscitées : *la jouissance doit être distribuée selon l'effort*. Il
est injuste de voir ceux qui ne travaillent pas jouir plus que
ceux-là qui prennent l'effort. Voilà, en dernière analyse, où s'alimente le juste prix socialiste.

Nous pouvons considérer comme un système particulier,
plus savamment élaboré, de droit au produit intégral du travail,

celui d'Otto Effertz (1). Celui-ci veut qu'on tienne compte de la vieille distinction des économistes : que tout produit est un résultat combiné de la terre et du travail. Ainsi, le travail n'est pas le seul élément commun des marchandises ; il y a encore la terre. Celle-ci a été complètement oubliée par les socialistes. Cependant, deux produits qui contiennent une égale quantité de travail ne contiennent pas, par cela même, une égale quantité de terre. Or, l'élément terre est en quantité limitée ; on ne pourra pas en avoir à volonté ; il faut donc le répartir entre les membres de la société, sous peine de le voir se distribuer arbitrairement, le prix des produits n'en tenant nul compte, et sous peine de se voir, par suite, en face d'une disette absolue de cet élément. Seulement, d'après quel principe le répartir ? Faudra-t-il donner à tous un droit semblable sur la terre, patrimoine originaire commun ? Mais cela permettrait au paresseux de réclamer, sans rien faire, la quantité de terre qui revient de droit à chaque homme. Il vaudrait mieux répartir la terre entre les travailleurs selon la quantité de travail dépensée par eux, de sorte que, par exemple, tout individu travaillant huit heures ait droit à des produits contenant : 1) huit heures de *travail;* 2) une quantité de *terre* proportionnelle, qui serait ainsi calculée : on diviserait la quantité totale de terre disponible par la quantité d'heures de travail dépensées par la société, et chaque heure de travail donnerait droit à une *unité* qui serait l'unité de terre absolue (2).

Ce système, plus rigoureux et plus logique que ceux de Thompson, de Proud'hon et de Rodbertus, mais qui entraîne (il est inutile de le dire) des difficultés doubles et insurmontables, est une variété de droit au produit du travail, car il considère le travail comme la base de répartition des produits, même en tant qu'ils renferment de la terre.

---

(1) ARBEIT UND BODEN : *System der politischen Œconomie* (Berlin 1897). Une édition française partielle avait paru en 1893 et 1894 : *Travail et Terre*, nouveau système d'Econ. pol. (Marchall et Billard).

(2) Voir Polier, *op. cit.*, p. 329-339.

II

Nous avons exposé brièvement l'essentiel de la doctrine du droit au produit intégral du travail, et montré que, issue historiquement de l'économie classique de Ricardo et de Smith, elle est fondée logiquement sur une exigence morale qui n'est autre que la conception du juste prix propre à la doctrine socialiste. Les critiques que l'on pourrait adresser à un tel système de répartition, nous les renvoyons plus loin, à la discussion de l'organisation politique socialiste (1). Nous voudrions suivre tout de suite chez Marx et ses disciples, les formes nouvelles dont s'est revêtu le raisonnement moral, fondement du socialisme, et tâcher, s'il est possible, de dégager de l'épais fourré métaphysique où elle est enfouie, la pensée de justice étroite qui est la raison d'être de tout le système.

Marx construit ainsi sa théorie de la valeur (2). Mettons en présence deux marchandises en certaine quantité, du froment et du fer par exemple, et posons l'équation :

$$\text{1 quarteron froment} = \text{a kilogramme fer.}$$

Que signifie cette équation ? C'est que, dans ces deux objets différents, il existe *quelque chose de commun et de même grandeur* (EIN GEMEINSAMES VON DERSELBEN GROESSE).

Le problème est de trouver cet élément commun. Or, Marx élimine, pour une raison significative, toutes les propriétés

---

(1) Au paragraphe intitulé : *Besoin et Travail.*

(2) *Das Kapital* (1867), tome I, sect. I, chap. I. — Voir aussi un très clair exposé de sa doctrine, par Marx lui-même, dès 1865 : Lettre au Conseil général de l'Association internationale des travailleurs, publiée par le DEVENIR SOCIAL en 1898, sous le titre : *Salaires, prix et profits.*

naturelles quelconques, géométriques, physiques et chimiques, des marchandises. « Leurs qualités naturelles, dit-il, n'entrent en considération qu'autant qu'elles leur donnent une utilité qui en fait des valeurs d'usage. Mais d'un autre côté, *il est évident que l'on fait abstraction de la valeur d'usage des marchandises quand on les échange*, et que tout rapport d'échange est même caractérisé par cette abstraction. Dans l'échange, une valeur d'utilité vaut précisément autant qu'une autre, pourvu qu'elle soit en proportion convenable (1). » La valeur échangeable, qui intéresse seule la science économique, c'est la fonction sociale des marchandises et non point leur fonction individuelle. Il s'agit donc de rechercher quelle est la commune substance *sociale* des marchandises, et il faut éliminer toutes leurs qualités individuelles (2). Remarquons combien entièrement Marx adopte la méthode de ses maîtres, les économistes classiques, qui est de prendre l'échange pour point de départ de la valeur, et d'oublier la valeur d'usage ; il porte même ce procédé à sa suprême expression, et opère une distinction plus radicale encore, s'il est possible, entre les deux valeurs ennemies. C'est pourquoi, la valeur d'usage mise de côté, il ne reste plus qu'une qualité commune à toutes les choses qui s'échangent, celle *d'être des produits de travail*. Le travail, conclut Marx, est le principe commun des marchandises.

Böhm-Bawerk critique fortement l'un après l'autre ces deux « moments de la pensée de Marx » dans la recherche du principe commun des valeurs ; 1) exclusion de toutes les propriétés naturelles, lesquelles n'accroissent que l'utilité de la marchandise ; 2) reconnaissance d'une seule qualité objective commune : le travail (3).

Quant au premier point, toute critique serait une redite pour nous. Nous avons déjà démontré, à propos de l'école classique, pourquoi une telle élimination de la valeur d'usage est à nos

(1) *Capital*, p. 14, col. 1.
(2) Voir *Lettre au Conseil général de l'Association internationale*.
(3) Böhm-Bawerk, *Capital und Capitalzins*, tome II (2ᵉ édit.), p. 517-520.

yeux inexplicable. Cependant, Marx donne une raison intéressante de cette élimination. « Comme valeurs d'usage, dit-il, les
marchandises sont avant tout de *qualité différente ;* comme
valeur d'échange, elles ne peuvent être que de *différente quantité* (1). » Les utilités n'étant pas des quantités, mais des qualités,
ne sont que le « soutien matériel indispensable » (2), mais non pas
la mesure des échanges. Marx ne comprend pas la transformation de l'utilité subjective en prix et monnaie, parce que le prix
et la monnaie sont des quantités. Nous nous heurtons ici à un
problème qui ne nous est pas inconnu. Il semblait certain à
Marx que l'utilité ne fût d'aucun secours dans le rapport
d'échange, dans l'équation des échanges, *puisqu'elle ne pouvait
se mesurer.* Reste à savoir si l'utilité ou, plus exactement, le
désir, qui est ce qu'il y a de plus profond dans l'utilité, est une
chose non *mesurable.* Nous avons déjà fait remarquer que ce
problème, d'une importance capitale, peut être résolu. Il s'opère
en nous-mêmes, à chaque instant, des luttes d'utilité, des luttes
de désirs, et ces luttes se terminent par la victoire du désir le
plus intense, qui, par conséquent, est *mesuré* à chaque instant,
non plus seulement dans nos âmes, mais entre des âmes diverses. Les désirs étant ainsi mesurables, les qualités entre elles le
sont également par cet intermédiaire.

Quant au second point du raisonnement de Marx, on peut
aussi sévèrement le critiquer avec Böhm-Bawerk : est-il bien
vrai, en effet, qu'après l'exclusion des propriétés naturelles
des marchandises, il ne leur reste, comme qualité commune,
que le fait d'être des produits du travail ? Toutes les marchandises
ne sont-elles pas, avec la même rigueur, des produits du sol ?
Otto Effertz (3) a protesté contre l'oubli injuste de cette qualité
commune de tous les objets, qu'ils renferment une part de
terre. Cet oubli est bien significatif ; si la logique réclame contre
lui, aucune force morale ne la soutient dans cette réclamation,

---

(1) *Capital,* p. 14, col. 2.

(2) *Capital,* p. 14, col. 1.

(3) Otto Effertz, *Arbeit und Boden.*

et c'est pourquoi, sans doute, le travail prend une place colossale, aux dépens de son corollaire indispensable et méprisé : la terre, c'est-à-dire la matière (1). C'est là une seconde qualité objective au moins, commune à tous les objets ; est-ce que ceux-ci s'échangent aussi selon la proportion de sol qu'ils contiennent ? Dans quelle mesure intervient alors l'élément-travail parallèle ? — Böhm-Bawerk cite encore bien d'autres qualités communes : le fait pour les marchandises d'être en petite quantité, le fait d'être appropriées, etc....... A notre avis, la seule qualité véritablement commune à toutes les marchandises, c'est qu'elles sont des objets de désir : il n'y a de marchandise qui vaille quoi que ce soit que *désirée*. Seulement, c'est une différence complète de point de vue ; cet élément commun est *extérieur* et non intrinsèque aux marchandises, il n'est qu'un reflet de l'esprit. Et, à dire vrai, cela explique sa généralité même ; il serait étonnant que pour les millions de marchandises diverses que comporte la vie économique moderne, un élément matériel fût constant dans leur production. Le travail est peut-être l'élément objectif le plus général, mais il n'existe pas dans maints objets naturels qui ont la plus haute valeur, et d'ailleurs, il n'est nullement proportionné à cette valeur elle-même, et enfin, il n'explique aucune des variations de valeur que subit un même objet. C'est dans l'esprit que nous avons les plus grandes chances de trouver le principe constant de la valeur. — Marx, en somme, n'apporte aucun argument en faveur du choix exclusif qu'il fait de cette qualité commune des marchandises, d'être des produits du travail humain. C'est ailleurs que dans la logique que ce choix puise ses raisons.

Donc, le fondement de la valeur des marchandises, pour Marx, c'est la quantité de travail qu'elles contiennent, et la mesure de la valeur, c'est l'unité de travail, — c'est-à-dire

---

(1) Cet oubli s'étend non pas seulement au sol, mais à toute la nature organique et non humaine : la cire des abeilles, les fourrures, etc., ne renferment aucune part de sol, et la plus grande part de leurs qualités n'est pas due au travail.

l'heure de travail simple moyen. L'argent ou la monnaie n'est
qu'une mesure *relative*. Par exemple, si un hectolitre de blé
vaut 20 francs, cela veut dire que le travail représenté par un
hectolitre de blé est égal à celui qui est représenté par 100
grammes d'argent ou 20 francs (pour un système monétaire où
le franc égale 5 grammes d'argent, à 9/10 d'argent et 1/10
d'alliage). Au contraire, la quantité de travail est la mesure
absolue de la valeur; la valeur existe dans l'objet en raison de
cette quantité de travail, de la même façon, dit-il, que le poids
existe dans les objets en raison de l'intensité de l'attraction
exercée sur eux par le corps terrestre. La valeur est une
cristallisation, une gelée de travail humain (Arbeitsgal-
lerte).

Il faut bien remarquer — ceci est un point essentiel — que la
mesure par la quantité de travail est la mesure absolue et
dernière de la valeur, et que, par suite, on ne peut parler
d'une *valeur du travail* lui-même. L'on pourrait objecter à
Marx, en effet : Mais le travail a une valeur, qui obéit à la loi
de toutes les valeurs; il faut donc remonter plus haut pour
trouver le principe de celle-ci. Pour que la mesure par la
quantité de travail ne soit pas une mesure relative, comme la
monnaie, il est de toute nécessité que le travail ne puisse avoir
de valeur lui-même. C'est ce que Marx a senti très nettement,
et c'est pourquoi il insiste à plusieurs reprises sur cette idée.
La valeur du travail, dit-il, est une notion incompréhensible,
car le travail *est* la valeur elle-même. L'expression « valeur de
travail » « est une expression irrationnelle, telle, par exemple,
que valeur de la terre » (1). Le fait pour le travail de créer de
la valeur, « le distingue de toutes les marchandises, et l'exclut,
comme élément formateur de la valeur, de la possibilité d'en
avoir aucun (2) ». Ricardo, plus naïvement, reconnaissait la
difficulté, et « il ne parvenait pas à sortir de ce cercle : si le

---

(1) *Capital*, I, p. 232, col. 1. — Ibid. « Le travail est la substance et la
mesure inhérente des valeurs, mais il n'a lui-même aucune valeur. »

(2) *Ibid.*, p. 234, col. 1.

travail a une valeur, comment déterminer et mesurer sa valeur à lui-même, sinon par lui-même ? » (1).

Mais cependant, qu'est-ce qui se vend dans le contrat de salaire, si ce n'est pas le travail ? C'est la *force de travail*. Celle-ci a une valeur, comme toute marchandise ; elle est vendue par l'ouvrier au capitaliste, moyennant un prix qui est le salaire. Et lorsque l'économie vulgaire parle de la valeur du travail, c'est la valeur de cette force de travail qu'elle désigne. — Voici une première abstraction qui nous apparaît dans l'œuvre de Marx, abstraction d'une valeur douteuse. Comment entendre, en effet, cette distinction subtile du travail et de la force de travail ? (2). Celle-ci est une marchandise, celui-là est une pure abstraction. Cependant Marx définit le travail « une dépense de la force simple que tout homme ordinaire, sans développement spécial, possède dans l'organisme de son corps » (3). Donc l'heure de travail moyen, unité de valeur, c'est une quantité déterminée de cette force de travail moyenne qui est l'objet du contrat de salaire. Par conséquent, le *travail-abstraction est une quantité moyenne déterminée de travail-marchandise*, c'est une quantité déterminée de force-de-travail moyenne. La distinction que Marx veut établir nous échappe. Son concept de valeur ne repose sur rien que sur une simple pensée, une idée obscure et insaisissable. Et par suite, malgré ce grand effort de subtilité, le cercle vicieux demeure :

---

(1) Bourguin, — *De la mesure de la valeur* (REVUE D'ECON. POL. 1895, p. 214). Il semble que Smith eût été plus loin que Ricardo, et eût donné raison à Marx. Ce dernier cite de Smith ce passage (p. 234 du *Capital*) : « Quelle que soit la quantité de denrées que l'ouvrier reçoive en récompense de son travail, le prix qu'il paye est toujours le même. Ce prix, à la vérité, peut acheter tantôt une plus grande, tantôt une plus petite quantité de denrées, *mais c'est la valeur de celles-ci qui varie, et non celle du travail qui les achète*...... Des quantités égales de travail ont toujours une valeur égale. » Smith traitait la journée de travail comme une grandeur constante.

(2) *Capital*, I, p. 74, col. 1 : « Qui dit puissance de travail ne dit pas travail, pas plus que puissance de digérer ne signifie digestion. »

(3) *Capital*, p. 17, col. 1.

le principe d'explication de la valeur, c'est une qualité des choses dont la valeur elle-même reste à expliquer.

Cependant, poussons plus loin' cette analyse. Quel est le prix de cette marchandise, la force-de-travail? N'a-t-elle pas un juste prix? Marx n'examine pas la question. Il ne se rattache nullement aux écoles socialistes antérieures qui, après avoir dégagé, comme lui, le fait de la plus-value, ou du travail impayé, aboutissaient à cette conclusion : l'ouvrier a droit à la valeur intégrale du produit qu'il crée. L'attitude de Marx est toute différente. Il ne se préoccupe que de valeur nécessaire. Or, la valeur particulière de la force-de-travail obéit à la loi de toutes les valeurs : elle repose sur la quantité de travail social qu'exige sa production. Elle n'est autre, par conséquent, que la somme des dépenses qu'exige l'entretien de la vie pour le travailleur et pour sa famille. C'est là l'échange : équivalent contre équivalent; c'est la loi inéluctable. Donc la valeur naturelle de la force-de-travail, c'est simplement le coût de la vie du travailleur.

Il n'y a là *nulle spoliation*, remarquons-le. Il n'y a aucun droit pour l'ouvrier à réclamer autre chose que la valeur de la force-de-travail qu'il a vendue. Marx est très net à ce sujet : « La valeur d'usage de la force-de-travail, c'est-à-dire le travail, n'appartient pas plus au vendeur que n'appartient à l'épicier la valeur d'usage de l'huile vendue. L'homme aux écus (le capitaliste) a payé la valeur journalière de la force-de-travail, son usage pendant le jour; le travail d'une journée entière lui appartient donc. Que l'entretien journalier de cette force ne coûte qu'une demi-journée de travail, bien qu'elle puisse opérer ou travailler pendant la journée entière, c'est-à-dire que la valeur, créée par son usage pendant un jour, soit le double de sa propre valeur journalière, c'est là une chance particulièrement heureuse pour l'acheteur (1), *mais qui ne lèse en rien le*

---

(1) C'est là l'analogue du fameux *produit net* qui, pour les Physiocrates, était la condition de la civilisation. Cette plus-value de la force-de-travail, qui coûte moins qu'elle ne produit, est aussi une chance heureuse, source de tout progrès. C'est un produit net, non plus de la terre, mais de l'homme. Il paraît doublement injuste, par suite, qu'elle soit appropriée par quelques hommes seulement, et non par la collectivité.

droit du vendeur » (1). Ce point de vue est important à bien comprendre, car il cache, sous l'apparence d'une impérieuse logique, un sophisme considérable.

L'ouvrier cède sa marchandise, la force-de-travail, à sa valeur naturelle, à son équivalent : le prix de production de cette force. Le salaire est le prix de la force-de-travail. Il n'y a donc pas de juste salaire. Il y a un salaire *naturel*, résultant des lois de l'échange, et c'est d'ailleurs le salaire qui est payé à l'ouvrier dans l'économie capitaliste. Tout au plus, y a-t-il un salaire minimum, au-dessous duquel la force-de-travail n'est pas payée à sa valeur, et ne fait que végéter ; mais, ce prix n'étant pas naturel, une dégradation de la force-de-travail s'ensuit, ce salaire trop bas ne peut persister. « La valeur de toute marchandise est déterminée par le temps de travail nécessaire pour qu'elle puisse être livrée *en qualité normale* » (2). Donc, le salaire naturel est déterminé par la quantité de travail ou la dépense nécessaire pour que la force-de-travail puisse être livrée en bon état de santé et de vigueur.

C'est extrêmement lucide. Où est le sophisme ? Il est dans cette application de la loi des échanges au cas particulier de la force-de-travail. Admettons cette entité un peu déconcertante : la force-de-travail. Qu'est-ce que c'est au juste ? Nous verrons ensuite quel est son équivalent. La force-de-travail, est-ce une force inintelligente et mécanique, mesurable en chevaux-vapeur, en ampères ou en volts ? Si oui, il s'ensuit que son équivalent, c'est le strict indispensable à l'entretien de cette force — et *pas autre chose*. Encore faudrait-il connaître exactement les lois de la vie, pour déterminer le minimum indispensable à cet entretien ; il faudrait ensuite calculer la seule dépense musculaire de l'organisme, indépendamment de toute autre dépense de luxe qui ne doit pas regarder le capitaliste, comme le fait de parler, de chanter, d'aller et venir, etc., chez l'ouvrier. Ajoutons qu'il n'y aurait pas besoin de calculer l'usure journalière et l'amor-

---

(1) *Capital*, I, p. 83.

(2) *Capital*, I, p. 74.

tissement, car cette machine vraiment unique ne coûte rien au capitaliste, et il la renouvelle à volonté, sans frais ; tout au plus, pour être prévoyant, devrait-il calculer dans le prix de la force-de-travail la dépense d'entretien d'un nombre déterminé d'enfants chez les ouvriers, car ce sont là de petites machines neuves futures, qui remplaceront l'outillage ancien, — et le plus vite possible sera le mieux. Ce que nous disons n'est pas carica- tural. Ou bien il faut raisonner mathématiquement et, comme dit Marx : « ne pas faire de la sentimentalité mal à propos et à très bon marché », et alors nos déductions sont nécessaires, ou bien alors, il faut reconnaître l'existence d'éléments particuliers, capables de troubler la belle rigidité du calcul et du raisonne- ment. C'est un dilemme dont nous ne voulons pas sortir.

Est-ce que vraiment la force-de-travail est, comme dit Marx, une marchandise dont l'équivalent en travail est rigoureusement calculable ? Non, elle est une abstraction imprécise. Nous comprenons ce que c'est que le travail ; c'est un acte limité, c'est l'application de l'homme à un but. Mais la force de travail, qu'est-ce ? C'est *la vie* tout simplement, ou bien c'est un élément qu'on ne peut isoler de la vie, laquelle n'est pas une force seulement économique, mais encore juridique, morale, esthé- tique, etc...... Si nous formulions tout à l'heure des raisonne- ments inacceptables, c'est que, précisément, nous poursuivions jusqu'au bout l'hypothèse de cet isolement, de cette séparation de la vie et de la force de travail. La force de travail n'est pas une marchandise, — au risque de paraître sentimental, il faut le répéter, — ce n'est pas une catégorie économique, c'est un acte de volonté, un acte vital. C'est le résultat d'une transfor- mation de forces, il est vrai ; mais cette transformation de forces est obscure, indécomposable, irréductible par l'analyse (du moins dans l'état actuel de la science) à ses éléments composants. Et nous ajoutons : Serait-elle réductible à ses éléments composants, on retrouverait parmi eux, précisément ces facteurs que Marx voulait exclure : des facteurs psychiques et moraux. La gaieté, certaines tendances intellectuelles, esthé- tiques ou morales, influent, avec les excitants physiques, sur la force nerveuse ou musculaire. Ainsi de bonnes conditions familiales et morales, dans la vie de l'ouvrier, sont des facteurs de la force de travail, de sa régularité, de son intensité. Le découragement entraîne la plus grande déperdition de forces; la joie, au contraire, est un tonique puissant, et l'aide véritable du travail, comme Ruskin l'a senti. Dans tous les cas, l'abstraction de Marx est injustifiable, son raisonnement est d'un logicien qui a le plus profond mépris pour la psychologie.

Donc impossible de déterminer *a priori* l'équivalent de la force de travail, contre quoi celle-ci doit s'échanger. Aucun raisonnement logique et mathématique ne peut nous donner la loi de ce rapport. Il faut *nécessairement* — et le but de notre travail est de montrer qu'il n'en est jamais autrement — qu'un raisonnement éthique vienne s'interposer entre ces deux termes et les réconcilie. L'ouvrier loue *son travail, sa vie*. L'équivalent de cette prestation ne peut être calculé mathématiquement, il dépend du *prix de la vie, non plus au sens économique (le coût de la vie) mais au sens moral (la valeur de la vie)*. Or, ce n'est pas un hasard si nous rencontrons ces deux idées si différentes sous un même vocable ; dans l'un et l'autre cas, il s'agit, en effet, d'équivalent. La loi de justice des échanges est bien : *équivalent contre équivalent*, Aristote l'avait déjà dit. Mais ce n'est là qu'une formule, vide absolument de tout sens, l'examen de la doctrine canonique nous l'a montré. Il faut savoir quelle est la matière, le soutien de cette équivalence. Or le choix de ce soutien dépend des doctrines morales adoptées. Et Marx lui - même ressent et exprime une doctrine nouvelle, dans toute son œuvre, âprement indignée de la tristesse des résultats qu'elle dévoile.

Il faut aller plus loin. Pourquoi Marx a-t-il jugé nécessaire de rompre ainsi avec ses prédécesseurs, et de proclamer, avec l'appui d'une fallacieuse et subtile logique, que nul droit pour l'ouvrier, soit à une existence meilleure, soit au produit intégral de son travail, ne découlait, ni ne pouvait découler de sa doctrine ? Quelle est la raison de son attitude ironique (et de celle d'Engels), à l'égard d'un droit quelconque des travailleurs ? C'est qu'il était lié intellectuellement par toute une théorie philosophique, sur laquelle il prétendit étayer son œuvre économique : le matérialisme historique. Or, cette théorie lui interdisait de tenir compte de ce qu'il appelait dédaigneusement l'« idéologie », dans les transformations sociales, — et elle lui interdisait aussi d'espérer dans le pouvoir sentimental d'une formule juridique pour renouveler l'économie. Nulle revendication de justice, nul sentiment d'un droit, n'a jamais eu d'influence profonde, pensait-il. Le levain des révolutions n'est pas là, il est dans la *pression matérielle des faits*. Ceci, par parenthèse, n'est qu'un mot, car pourquoi les faits s'enchaînent-ils ? Qu'est-ce que cette nouvelle logique inexpliquée ? Elle risque de rester fort obscure, tant qu'elle ne s'appuiera pas sur la logique individuelle, sur un ensemble de jugements, de raisonnements simples et communs à tous les hommes d'une époque. Cette logique *extérieure aux cerveaux*, cette logique des faits, qu'implique le matérialisme économique, est bien quelque chose de tout à fait inexplicable.

Il n'y a donc pas trace de l'idée de *justice* dans l'interprétation que donne Marx de la société économique, et dans l'espoir de transformations futures qu'il révèle. La justice est tout à fait étrangère à l'ordre social. Elle est une niaiserie, rien de plus. Elle est aussi inutile que tous autres soi-disants facteurs esthétiques, car il faut bien remarquer que toute exclusion de la justice entraîne exclusion de l'art. Elle est quelque chose dans les nuages. Ce qui est juste, c'est ce qui est, et ce qui ne peut pas ne pas être. (1).

(1) Engels, Labriola défendent jalousement cette manière de voir contre quelques disciples dissidents, comme Loria, comme Bernstein. Le sens du matérialisme historique n'est pas de nier l'action de principes idéologiques, comme la justice, l'art...... etc., mais de subordonner ceux-ci rigoureusement à la présence de certains faits matériels, de certaines conditions économiques. Or, dit Bernstein (*Socialisme théorique et social-démocratie pratique*, p. 10), la société présente est plus riche que les sociétés du passé en idéologies non déterminées par l'économie et par la nature, et agissant comme facteurs économiques. Le rôle de la civilisation serait-il donc de dépouiller de plus en plus la vie spirituelle de l'homme des influences matérielles, d'affranchir la vie sociale du servage des faits, pour la réduire à de purs rapports mentaux et *intermentaux* ? (Voir la

Ainsi, pense l'école du matérialisme historique, la société future se constituera *d'elle-même* naturellement et nécessairement. Elle lève des germes épars déposés dans la vieille société; la tâche de la science est d'isoler ces germes, de saisir, par les contradictions et les antithèses qui existent dans la société moderne, le sens des développements futurs. Sa tâche n'est nullement d'exposer un principe de justice et d'en déduire de rigoureuses conséquences. Nous ne savons pas exactement ce qui sortira de la société moderne et de sa lente désagrégation, et rien n'autorise à prévoir le succès de telle ou telle théorie.

Illusion vraiment étonnante! Il circule, dans toute l'œuvre de Marx, un âpre sentiment de réprobation contre l'économie capitaliste, une haine qui ne fait jamais trève contre les économistes! Si Marx joue l'impartialité en affirmant que le capitaliste n'est pas responsable, qu'il subit les nécessités sociales où il est placé, il n'en reste pas moins que les conditions sociales du travail, telles qu'il les décrit dans la société actuelle, ne sont *significatives* que si on les compare mentalement à un type idéal de société où elles ne se réaliseraient pas. Cela est tellement vrai que nous défions d'expliquer le prodigieux succès du livre de Marx autrement que par cette comparaison qu'il a forcé d'établir dans l'esprit de ses lecteurs, entre d'une part la condition misérable du travail telle qu'il la dépeint dans l'économie capitaliste, et d'autre part une économie idéale et sous-entendue, qui satisferait mieux au vague sentiment de justice répandu dans les foules. Sans ce sentiment de justice, latent et

---

fantaisie de G. Tarde : *Fragments d'histoire future.*) Bernstein constate que ces facteurs idéologiques (arts, sciences) se développent de plus en plus indépendamment des facteurs matériels, et excluent de plus en plus l'idée de connexité causale qui est au fond de la conception économique du marxisme. Il faut ajouter que ces facteurs idéologiques, qui tendent à devenir autonomes, *réagissent* sur le monde économique. Au nombre de ceux-ci, l'idée de juste prix. Schmoller, dans sa *Justice en Économie politique*, remarque l'importance du facteur idéal de justice dans les discussions et l'évolution économiques. Dans le problème de la répartition des biens, les préoccupations ne sont nullement *utilitaires*, mais juridiques avant tout; le problème de droit tend à dominer, envelopper la question économique.

informulé, que l'exposé des analyses glacées de Marx froissait violemment, — c'est-à-dire sans l'existence antérieure d'une idée de justice, son livre eût été sans doute peu goûté ; ses abstractions difficiles et rugueuses n'ont pris de sens que par la blessure profonde qu'elles imprimèrent à cette idée ; elles n'ont pris de sens que par les revendications passionnées qu'elles alimentèrent. Et Marx ne pouvait l'ignorer. Il était conduit négativement, antithétiquement si l'on veut, par une doctrine morale exigeante et dissimulée. Le succès nominal de ce livre extrêmement aride, mal composé et très peu lu, *Le Capital,* est l'une des preuves les plus éclatantes de l'existence et de la force des idées éthiques.

<h2 style="text-align:center">III</h2>

Le temps de travail social.

Poursuivons l'analyse de Marx et les conséquences de sa thèse fondamentale de la valeur. Nous aurons encore une fois l'occasion de constater que l'idéologie dont il a horreur, et qu'il réprouve si violemment dans le sentimentalisme douceâtre des premiers socialistes français, il en est lui-même la victime, par une singulière ironie de son tempérament. Les faits l'impressionnent certainement moins que ce qu'il attache à eux d'idées générales et ambitieuses ; et sa logique, issue de quelques principes *a priori*, exige de faire rentrer les faits dans la gaine étroite de quelques abstractions hardies. Nous avons déjà rencontré l'une de ces abstractions, l'idée de *travail en soi,* détachée de toute valeur, indépendante de toute appréciation individuelle, et distincte de la force de travail, laquelle seule est sujette à des variations, à un marché, et possède une valeur. Le travail est une *substance,* comme la valeur avec laquelle il s'identifie ; c'est une réalité extérieure à l'esprit. Toute la doctrine s'étaye à cette insupportable assertion ontologique.

Or, il est évident que la valeur des marchandises ne peut

cependant être mesurée au travail effectivement cristallisé en
elles ; car un objet ne peut valoir deux fois plus qu'un autre
objet exactement semblable, s'il a été fabriqué en deux fois
plus de temps par un inhabile et un maladroit. Comment
expliquer cette première antinomie : la valeur se mesure au
travail, et la valeur ne peut pas se mesurer au travail ? Par une
nouvelle abstraction. La valeur n'est pas fondée sur le travail
effectivement dépensé, mais sur le *travail social nécessaire* à la
confection de l'objet, c'est-à-dire « le temps de travail moyen
qu'il faut pour produire cet objet, en de certaines conditions
sociales moyennes, avec une moyenne sociale donnée d'intensité, et une moyenne d'habileté de travail employé » (1). Marx
choisit donc des *moyennes* (moyenne de conditions sociales
et d'outillage, moyenne d'habileté, moyenne d'intensité.....),
et, par une mystérieuse opération, il les unit et leur donne
le souffle, semblable au sorcier d'autrefois, qui, d'un coup de
baguette, suscitait des vies nouvelles. Il faut, en effet, que ces
moyennes, que ce *temps socialement nécessaire*, pour mesurer
vraiment la valeur, possèdent une réalité quelconque, fût-ce une
réalité spirituelle seulement. Or, Marx repousse toute mesure
spirituelle, et n'a confiance, pour mesurer la valeur, qu'en un
mètre objectif ; et cependant, voici que, pour lui donner un
sens acceptable, il a recours immédiatement au secours de
l'esprit. N'est-ce point un indice significatif ?

Cette critique peut paraître subtile inutilement, — mais
voici pourtant sa conséquence. L'incertitude que Marx voulait éviter en répudiant la détermination de la valeur par
l'esprit, reparait tout de suite. En effet, Marx recherchait
quel est l'élément constant en rapport avec la valeur dans
l'échange, et il fixait son choix sur le travail, un peu arbitrairement d'ailleurs, nous l'avons vu. Or, s'il s'agit maintenant du
travail social nécessaire, il n'y a plus aucune garantie que la
valeur suive le rapport exact du travail réel. En sacrifiant le
travail effectif au travail social moyen, on consacre l'inégalité

---

(1) Marx, *Lettre à l'Association générale des travailleurs.*

des aptitudes entre les travailleurs. Tel ouvrier habile sera payé davantage pour un même effort qu'un ouvrier inhabile. Ainsi l'arbitraire des estimations individuelles est écarté à la naissance de la valeur, mais c'est pour reparaître à la répartition de cette valeur.

Arrêtons-nous un instant à cette notion du temps de travail socialement nécessaire; elle est le pivot de la doctrine collectiviste. Les abstractions qu'elle comporte visent : 1) l'outillage moyen ou les ressources moyennes de l'industrie dans un état donné de cette industrie; 2) l'intensité moyenne du travail; 3) l'habileté moyenne du travailleur. Si l'on suppose toutes ces moyennes laborieusement construites pour chaque type de marchandises, et soigneusement révisées à chaque progrès de l'industrie, il faut encore recourir à une abstraction plus générale, qui est leur commune mesure à toutes. En effet, chaque travail a sa nature propre et sa difficulté. Comment mesurer ces travaux entre eux? Par le temps, simplement, dit Marx. Mais le travail d'un professeur est-il assimilable à celui d'un manœuvre? Le travail d'un inventeur se peut-il comparer à celui d'un imitateur quelconque? De suprêmes injustices sont encore à prévoir; si les tâches sociales sont toutes payées sur le pied de l'heure, les plus aisées seront favorisées, et les plus délicates ou les plus fatigantes seront bien injustement lésées. D'autres socialistes parent à ce reproche : il est une autre mesure objective que le temps, disent-ils, c'est la quantité de substance nerveuse ou musculaire dépensée. On pourrait mesurer cette dépense de forces d'une façon scientifique, par un *ergographe* ou compteur mécanique de l'effort. Si ce compteur est individuel, attaché à chaque travailleur, la juste mesure des efforts individuels est irréprochablement assurée. Encore faudrait-il être sûr qu'une telle mesure précise soit possible, et puis ensuite établir un rapport entre les deux substances nerveuse et musculaire, dont l'une ou l'autre domine alternativement dans certaines tâches, — et entre les infinies modalités elles-mêmes de ces substances. Mais le vrai problème n'est pas là; même en supposant un compteur individuel parfait, il reste toujours que les travaux, étant mesurés entre eux soit par le temps, soit par la déperdition des forces, sont considérés comme ne pouvant différer que par la quantité. Tous les travaux sont donc réductibles au *travail simple;* tout travail qualifié est une puissance de travail simple (Arbeit von hoeherem specifischer Gewicht) (1). La qualité, catégorie éminemment subjective dont les socialistes ont horreur, est encore une fois écartée (2).

Or, cette abstraction dernière est singulièrement peu solide. Comment concevoir et soutenir dans la réalité cette notion du *temps de travail simple,* indépendante de tout travail déterminé et fondée uniquement sur le temps, ou sur la dépense de force? C'est là, on le sent, une conséquence artificielle déduite d'une idée abstraite *a priori,* et non pas du tout un résultat de l'observation. Pour répondre au reproche d'abstraction, auquel prête sa théorie, Marx a d'avance compris la nécessité d'une explication. Il admet dans une certaine mesure l'existence de plusieurs natures différentes de travaux, et reconnaît l'importance d'une distinction entre eux, mais il affirme que, dans la constitution de la valeur abstraite, il s'opère de soi-même une réduction du *travail complexe en travail simple* (unskilled labour, disent les économistes anglais), chaque travail plus difficile ou plus compliqué équivalant à une durée plus grande

---

(1) *Capital,* I, p. 17. — Rodbertus de même veut que toute heure de travail soit affectée d'un coefficient qui exprime sa complexité.

(2) « Pour mesurer des valeurs d'échange des marchandises par le temps de travail qui y est contenu, les différents travaux doivent être ramenés à un travail *simple, homogène, de même forme, en un mot, à un travail qui, le même en qualité, ne se distingue qu'en quantité* » (Marx, CRITIQUE DE L'ECONO-MIE POLITIQUE, p. 7). Pour opérer ce passage de la qualité à la quantité, M. Georges Renard (*Le Régime socialiste,* 1898) veut que l'on attribue un coefficient de valeur à l'heure de travail de chaque métier. M. Renard croit avoir trouvé un moyen d'éviter toute discussion sur la fixation de cette échelle de pénibilité ou de difficulté entre les professions, c'est de faire varier le taux de l'heure de travail, d'après la somme de travail qui est offerte. C'est donc le choix des intéressés qui fixe ce coefficient (p. 166 et s.). Il y a ici un essai de reconnaissance de la différenciation des travaux, mais il faut toujours concevoir une unité de travail moyen à laquelle tous les autres travaux sont rapportés grâce aux *coefficients professionnels;* c'est toujours reconnaître l'*unité profonde de tout travail.*

de travail simple. Kautsky ajoute (1) : L'expérience prouve que cette opération de réduction se produit de façon constante, et que « les proportions dans lesquelles différentes sortes de travail sont réduites en travail simple (ou abstrait) *pris comme unité de mesure,* sont déterminées socialement, *à l'insu des producteurs,* à qui elles paraissent être le résultat de la tradition ». Marx disait aussi que cette réduction s'opérait quotidiennement dans le procès de production de la société (2). D'ailleurs Kautsky reconnaît que Marx a négligé de s'expliquer complètement sur ce point.

Voilà donc une mystérieuse opération qu'accomplit l'organisation sociale, opération terriblement complexe, et cela à l'insu des producteurs ! Assurément Marx et ses disciples montrent ici un amour de l'idée et de la logique bien supérieurs au souci de l'expérience. Ce travail simple ne nous est nullement donné par l'observation. Il n'est même pas facilement concevable. Le vendeur et l'acheteur ignorent ces moyennes, ces abstractions, ces réductions à l'unité, d'où naît mystérieusement la valeur. Si ces élaborations compliquées ont lieu, elles ont lieu certainement en dehors de leur esprit ; elles sont souvent la conséquence d'une pression inexpliquée des circonstances. Mais alors il y a donc des choses qui s'élaborent, qui se fusionnent et se transforment en dehors des cerveaux individuels, et qui, une fois formées, s'imposent à eux ! Cela tout au moins n'est pas clair ; on ne peut s'en faire en aucune façon une idée nette, ni concevoir quelle réalité précise serait le lieu de ces chimériques calculs sociaux. De telles théories ne peuvent nullement valoir comme *explication* de la valeur. C'est pour ce mépris du fait que Bernstein, logicien lui-même d'une grande vigueur, a attaqué son ancien maître, en traitant les conceptions maîtresses de son œuvre de « formules purement idéologiques » (3).

---

(1) Kautsky, *Le marxisme,* p. 79.

.(2) Marx, *Critique de l'Economie politique* p. 7 et s.

(3) *Socialisme théorique et socialdémocratie pratique.* Voir un curieux article de Ch. Cornelissen sur la *Dialectique hégélienne dans l'œuvre de Marx* (février 1901, *Revue Socialiste*). Il y découvre et précise les traces de la

Enfin, nous le répétons, toutes ces abstractions, fussent-elles légitimes, ne remplissent pas leur but. Supposons, en effet, que le prix des denrées en organisation socialiste soit fixé d'après ces principes. Ce prix sera calculé d'après les frais moyens de production, qui comprennent : 1° le temps de travail socialement nécessaire pour la production de l'objet ; 2° une quotité destinée à la conservation et au renouvellement de l'outillage collectif, en y comprenant la rémunération des services non directement productifs et cependant utiles à la société, ainsi que nous l'avons vu plus haut (1). Laissons de côté maintenant ce second élément, dont l'importance croîtrait ou décroîtrait en proportion du prix lui-même, c'est-à-dire du premier élément, le temps de travail social. Ne parlons que de cet élément : c'est sur lui, en fin de compte, que s'édifie le prix. Or, ce prix ne peut être fixé que d'une façon uniforme, en vertu de la loi du prix unique de marché, loi toujours agissante en système socialiste. Le prix uniforme reposera donc sur une abstraction sociale, ou plus exactement *nationale*, car la moyenne des frais de production d'un objet varie évidemment suivant chaque

---

pensée et de la méthode d'Hegel dans l'œuvre de son disciple. A vrai dire, la pensée de Marx est, comme il le dit lui-même, la pensée *retournée* d'Hegel, puisque Hegel ne voit dans la réalité que la forme phénoménale de l'Idée, et dans la dialectique que la science du mouvement de l'Idée, tandis que pour Marx le mouvement de la pensée n'est que la réflexion du mouvement réel (*Capital*, p. 350, col. 2). Mais la façon dont Marx développe une idée logiquement en lui soumettant tous les faits, sans souci de la réalité, est bien issue de la méthode d'Hegel. Ainsi, une fois la notion de la valeur-travail dégagée, il lui faut considérer tout travail qualifié comme une puissance de travail simple. Ainsi encore, la notion de la plus-value dégagée, il faut que les trois groupes de revenus sans travail, rente, intérêt et profit industriel, proviennent tous également de cette source et rien que de cette source : d'où les théories obscures des tomes II et III du *Capital*. Marx réduit ainsi à des termes simples la complexité du fonctionnement économique. Ses théories historiques sont pauvres, ses théories philosophiques sont médiocres ; il a surtout cela : une logique coupante.

(1) Nous nous en référons au clair exposé de Schœffle dans son ouvrage déjà ancien, mais toujours exact dans ses grandes lignes : *La Quintessence du Socialisme* (1874, trad. en 1880 par Benoît Malon, et réédité en 1904 par la *Bibliothèque socialiste*).

pays et ses ressources naturelles, le blé, par exemple, étant plus cher à faire venir en Norwège qu'aux Etats-Unis. (Et par parenthèse, c'est là une des nécessités inéluctables du système collectiviste, ou bien de resserrer la vie nationale en un groupe impénétrable aux voisins, en un système unitaire et clos, ou bien de briser tout cadre national pour englober le monde entier.) Voilà donc le prix fondé sur une moyenne qu'on peut espérer mesurable scientifiquement, — voilà la valeur dépouillée en apparence de tout ce qui fait sa complication et son incertitude : de son caractère individuel, — voilà un système complet et cohérent de valeur collective. Mais quelle est la valeur de l'objet *pour celui qui l'a fabriqué ?* Ce n'est et ne peut être, si l'on répudie tout élément de désir et si l'on adopte la thèse de la valeur socialiste, que l'exacte quantité de travail qu'il a dépensée pour le produire. Si, en vertu de la nécessité du prix calculé sur le temps de travail social, le travailleur paye plus ou moins que cette valeur exacte, il est injustement lésé ou favorisé : l'agriculteur du Morvan, qui, ayant dépensé quinze jours de travail par exemple pour faire venir un hectolitre de blé, ne paiera cet hectolitre que dix journées de travail (prix moyen calculé sur le temps de travail social), sera favorisé, — et celui de la Beauce, qui n'a dépensé que cinq jours pour faire venir le même hectolitre de blé, et le paiera pourtant sur le pied de dix journées, sera lésé (1).

La notion du temps de travail social consacre donc des injustices. Cependant, pourrait-on nous répondre, ces injustices n'ont lieu qu'en vue d'une justice plus grande. En effet, il semble bien, par cet exemple qu'il serait facile de généraliser, que deux conceptions de justice, ou de juste prix, s'opposent ici : la conception individualiste, qui est encore la seule vivante au

---

(1) Voyez les calculs de Schœffle (pp. 72-73 de l'édit. de la *Bibliothèque socialiste*) sur la fixation du temps de travail socialement nécessaire. Il est obtenu par la division des heures totales de travail employées à la production du stock d'ensemble de chaque type de marchandises, par le nombre des unités de marchandises produites (nombre qui est hypothétiquement en rapport avec le besoin, puisque c'est le rôle de l'autorité centrale d'assurer cette adaptation).

fond du cœur humain, d'après laquelle le blé devrait être payé le temps de travail exact qu'il a coûté, — et la conception socialiste, d'après laquelle l'individu, n'existant que pour la société, doit faire le sacrifice du surplus de ce qu'il a créé facilement à ceux qui ont créé difficilement. L'une fixe la valeur sur le travail individuel, l'autre sur le travail social.

C'est là, en dernière instance, la notion du juste prix socialiste. Puisqu'il ne s'agit plus de proportionner la valeur à l'effort individuel, mais à l'effort social, c'est-à-dire à l'effort moyen nécessaire à un moment donné, selon les ressources naturelles et l'avancement industriel du pays, et selon les qualités physiques et intellectuelles de ses habitants, c'est un juste prix *de solidarité*, qui fait payer les plus forts et les plus intelligents pour les plus faibles et les moins bien doués. Les socialistes se déclarent satisfaits de ce fonctionnement de la valeur, qui, reposant désormais sur une estimation sociale certaine, mesurable, égale pour tous, n'offre plus aucun arbitraire individuel, ne consacre plus aucun privilège, si ce n'est pourtant le privilège des faibles et des malhabiles, qui reçoivent de la société la compensation des avantages que leur a refusés la nature.

Il s'agit donc d'égalité; l'égalité est le *substratum* de toutes les conceptions socialistes (1). Mais ce n'est plus l'égalité telle

---

(1) Remarquons qu'*en régime individualiste* aussi, il s'agit toujours d'égalité. Le prix exprime une équivalence. Or, cette équivalence ne serait autre, d'après l'école classique, que celle des coûts de production; les prix des objets seraient entre eux comme leurs coûts. Pour nous, qui avons contesté l'exactitude de fait de cette doctrine, l'équivalence individualiste est plutôt une *équivalence de désir* entre les échangistes. Il s'agit, toutefois, d'un désir moyen des acheteurs supposé par les vendeurs, et d'un désir moyen des vendeurs supposé par les acheteurs; par suite, il peut y avoir des inégalités individuelles. Par exemple, lorsque deux désirs individuels très inégaux achètent au même prix un même objet, l'un souffre une injustice, et l'autre jouit d'un privilège par rapport au désir moyen qui est la base du prix. C'est là ce que certains auteurs (Colson) ont appelé « la rente individuelle des acheteurs ». Néanmoins, s'il nous faut, comme Marx, recourir à des moyennes, c'est-à-dire à des abstractions, et invoquer le *désir moyen*, comme il invoquait le travail moyen, ces moyennes ont une

que le socialisme la concevait au début, comme donnant à chaque homme le pouvoir de racheter l'entière valeur et la seule valeur qu'il a créée (droit au produit du travail), — c'est l'égalité suivant le temps de travail ou la quantité d'effort fourni, étant bien entendu qu'il n'y aura qu'un prix, et que, par suite, ce prix profitera aux moins bien doués, au détriment des autres. Le résultat du travail n'intéresse que la société, qui se charge de diriger chaque effort vers l'endroit où il sera le plus utile ; ce qui est exigé de chacun et de tous, c'est seulement de concourir à la tâche commune, suivant ses aptitudes, et avec bonne volonté. Pour le reste, la société y pourvoiera.

IV

PARTIE SPÉCIALEMENT CRITIQUE. — TRAVAIL MENTAL ET TRAVAIL PHYSIQUE.

Nous avons le dessein d'envisager maintenant plus à fond quelques graves difficultés théoriques et pratiques qui découlent de la théorie de la valeur marxiste, difficultés que nous avons déjà signalées au passage Les objections que nous formulerons s'adressent en général au système collectiviste, puisqu'elles tendent à ébranler sa base certaine, la doctrine de la valeur, sur laquelle il est, pour ainsi dire, tout entier édifié. Nous nous en tiendrons à trois ordres de considérations : 1) sur la réduction de tous travaux à une unité de travail simple (travail mental et travail physique), — 2) sur les rapports de l'utilité et du travail dans l'organisation socialiste (utilité et travail), — 3) sur la méconnaissance du rôle

---

réalité qui n'est pas douteuse : elles agissent dans l'esprit des acheteurs et des vendeurs ; elles forment la base d'un calcul antérieur à l'échange, tandis que les abstractions compliquées de Marx (temps de travail social, travail simple......), n'ont aucun support concevable, aucune réalité connue. De plus, ce désir moyen ou désir social n'est pas seulement le résultat d'un calcul opéré par certains esprits, il est lui-même une réalité, si l'on admet, comme nous, que tout désir social est un désir individuel ancien qui s'est généralisé.

économique de l'invention (invention et travail). Nous étudierons enfin quelles sont les rectifications qu'a subies la doctrine marxiste, particulièrement à la suite de la publication des tomes II et III du *Capital* de Marx, par Engels.

Voyons d'abord quelles sont les conséquences de cette notion de travail abstrait, ou travail simple, que nous venons de retrouver comme une déduction nécessaire, une exigence inéluctable, à la base de la valeur marxiste. A ceux qui nous reprocheraient d'attacher trop d'importance à ces abstractions, nous répondrions par la phrase même de Marx, à savoir que sa notion du travail comme substance et mesure de la valeur, « est la pierre angulaire de son système ».

Peut-on accepter ce principe, qu'il faut considérer tout travail comme un multiple d'un travail simple, abstrait? Est-il possible de réduire le travail mental et le travail musculaire à la même mesure? ou même tout travail mental à une mesure donnée, et tout travail musculaire à une autre ? Il y a le travail musculaire de pure répétition, qui consiste dans la répétition automatique d'un geste, pour ainsi dire gravé dans la moëlle épinière (un homme qui fait tourner une roue, un déchargeur de navire); c'est le moins général, celui que les machines tendent de plus en plus à remplacer. Il y a le travail musculaire qui exige un élément mental d'attention (un mécanicien); presque tout travail musculaire est mêlé d'un travail mental. Il y a le travail mental de pure répétition (un copiste), — et il y a le travail mental d'un professeur, d'un inventeur.

Quelle est la commune mesure de tous ces travaux? Comment passer de leur différenciation qualitative à leur différenciation quantitative? Sera-ce par l'intermédiaire de la mécanique physiologique? Mesurera-t-on tous ces travaux par la dépense de principes alimentaires qu'ils entraînent? Admettons-le. Il faudrait d'abord distinguer entre les trois groupes de principes alimentaires, graisses, albuminoïdes et hydrates de carbone, et ramener ces trois groupes, d'après un cœfficient donné, à une unité commune : par exemple, on les classerait d'après leur pouvoir en calories. Mais cela ne donnerait qu'une mesure moyenne, qui serait inexacte dans les cas particuliers, car chaque organisme individuel a évidemment sa mesure propre, consomme plus ou moins d'albuminoïdes ou de graisses, etc., pour produire un même nombre de calories (1).

Mais, d'ailleurs, cette moyenne fût-elle acceptable, elle ne nous donnerait en aucune façon la mesure sociale du travail. Si tout travail, en effet, est réductible en biologie à la dépense d'un certain nombre de calories produites par des substances nutritives, selon une moyenne connue, tout travail diffère essentiellement d'un autre au point de vue social. Si les travaux sont mesurés par leur dépense physiologique, le travail de Papin, découvrant dans la marmite l'action d'une loi nouvelle qui devait être si féconde, pèse moins que le travail de celui qui a fabriqué la marmite. Sans compter que le travail de l'inventeur est souvent un travail facile, aisé, une joie : comme il vaudrait moins par suite que l'effort d'un manœuvre quelconque buté contre son ouvrage !

Kautsky confond le travail mental et le musculaire pour la raison que l'un et l'autre consomment mêmes éléments, et il admet, selon la logique de Marx, une unité-type de travail. Or, il est bien vrai que ces deux genres de travaux sont l'un et l'autre le résultat d'une transformation de forces, facile ou pénible suivant les individus, que l'un et l'autre ont donc, si l'on veut, un prix de revient. Il est vrai encore que l'énergie qu'ils consomment tous les deux est de même nature; il n'y a pas une énergie spéciale affectée au travail mental et une autre au travail musculaire. Marx a parlé d'une force de travail unique, et cela est admissible. Il y a bien deux sortes de dépenses physiologiques, l'une nerveuse, l'autre musculaire, mais encore ces deux dépenses affectent-elles la même réserve; entre les deux, il s'opère à chaque instant des *virements* dans le corps humain. On peut donc concevoir à la rigueur que tout effort mental ou musculaire puisse être ramené à une dépense d'énergie, à une production de calories, calculée sur le prix de revient pour un organisme sain et moyen.

---

(1) Armand Gautier, *Chimie biologique*, 70° leçon. Voir l'ouvrage de M. André Liesse, *Le Travail*, où cette question est longuement traitée.

Mais nous prétendons que ce calcul est fondé sur une méconnaissance grossière de ce qu'est le travail, de ce qui constitue sa nature profonde. Kautsky et Marx considèrent le travail simplement comme le *fonctionnement naturel de la machine humaine*, et ils étudient les frais et le rendement de cette machine. Or, le travail est essentiellement *l'application de la force humaine à un but*, et ce but, résultat escompté du travail, est le promoteur et le soutien de cette dépense de force : il est ce qui spécifie le travail. Tout fonctionnement de la machine humaine, sans distinction, est-il un travail? Il faudrait que Marx se soit expliqué là-dessus. S'il n'en est pas ainsi, qu'est-ce qui différencie le travail de tout autre mode de la vie, sinon la poursuite d'un but, la direction volontaire de l'activité? Si le travail est le mode d'activité de la machine humaine, abstraction faite de toute direction volontaire, l'organisme travaille donc comme une locomotive, et il s'agit seulement de savoir ce que cette locomotive dépense de charbon et d'huile, c'est-à-dire ce que le corps humain exige d'oxygène, carbone, azote, phosphore..... Mais la locomotive elle-même, si elle n'était l'instrument d'une volonté extérieure qui la guide, ne serait rien qu'une cause inutile et aveugle de transformation de forces; elle ne ferait aucun travail proprement dit. Or, la machine humaine porte en elle-même son pouvoir de direction. C'est opérer une simplification illégitime que de supprimer l'un de ces deux éléments du travail, la *direction* et la *dépense de forces*. L'élément direction, que l'on passe sous silence, est de beaucoup plus important que l'autre. Il est la condition d'un résultat utile. C'est l'élément mental ou la part mentale, inséparable de tout travail, même musculaire.

L'importance relative de cette part mentale n'est pas douteuse. On concevrait mieux une société entretenue par du travail mental presque pur, c'est-à-dire associé au minimum physiologique indispensable, qu'on ne concevrait une société entretenue par du travail musculaire pur, associé seulement à cette dose de travail mental inséparable du travail musculaire le plus inférieur. Cette dernière hypothèse, en l'absence de tout travail spirituel ancien, est tout à fait inconcevable;

on peut supposer, au contraire, que la civilisation tende à réaliser la première. Sismondi a imaginé la civilisation future accomplissant tout son travail matériel avec une seule machine, cristallisation merveilleuse d'un travail mental, antérieur et colossal. La société ne vivrait alors que du travail mental de ses pères, et elle serait elle-même livrée tout entière à la pure intelligence, sans mélange de fatigue musculaire. Comme le dit M. Liesse (1) : « Le travail mental s'étend indéfiniment; il arrive à vaincre et utiliser chaque jour davantage, à l'aide de merveilleuses inventions, les forces de la nature; le travail musculaire est étroitement borné comme développement de puissance chez les individus. » L'un est infiniment perfectible, l'autre est étroitement limité. Comment, dans ces conditions, vouloir les réduire l'un à l'autre ?

On voit donc que, dans le travail, ce qui doit être pris en considération, c'est son but, son résultat utile. Il y a toujours une commune mesure des travaux en régime capitaliste : c'est leur prix en argent. Et cette mesure, quelque imparfaite qu'elle soit, s'appuie précisément sur cette utilité comparative des résultats. Le salaire classe jusqu'à un certain point les travaux suivant leur degré d'importance sociale, suivant le prestige que leur attribue l'opinion. Le travail, en effet, obéit aux lois de toute valeur : sa valeur individuelle est fondée sur l'importance que notre esprit lui attribue, d'après ses désirs et ses croyances; sa valeur d'échange est l'expression de sa valeur individuelle moyenne, comparée à la valeur moyenne des objets contre lesquels il s'échange. Notion extrêmement nuancée, la valeur du travail reflète une foule de sentiments arbitraires, notamment le sentiment de justice, plus impérieux ici qu'ailleurs, puisqu'il s'agit de l'usage de la personne elle-même. C'est pourquoi Marx la répudie. Il n'y a pas de valeur de travail, dit-il ; le terme est un non-sens. Seule, la force de travail a une valeur, et celle-ci est rigoureusement mesurable, puisqu'elle ne change pas d'un

(1) *Le Travail*, p. 83.

individu à un autre. Il s'agit toujours d'éviter l'arbitraire à l'origine de la valeur.

Mais cet arbitraire, ici encore, reparaît de deux côtés à la fois. En effet, la réduction de tout travail à l'unité de travail simple entraîne de doubles inégalités : d'abord, à cause des différences organiques individuelles, le rapport *moyen* des substances alimentaires nécessaires à la production de cette unité ne correspond jamais exactement avec la réalité de chaque cas particulier : les uns consomment davantage, les autres moins pour un même effort, suivant l'âge et la santé, et, par suite, les uns jouissent d'un privilège, les autres souffrent d'une injustice. Secondement, et ceci est plus grave, l'inégalité de puissance mentale est infiniment plus grande entre les hommes que l'inégalité de puissance musculaire. Il est facile de calculer les limites et les moyennes de celle-ci, mais non de celle-là. Helvétius, il est vrai, a soutenu le paradoxe que tous les hommes naissaient égaux spirituellement et que leurs inégalités étaient imputables à l'état social. Mais cette assertion, qui ne visait qu'à accuser la société de l'inculture et de l'ignorance de la plupart de ses membres, n'est pas soutenable au point de vue psychologique, et Helvétius n'y songeait pas sans doute. Il est inutile d'insister d'ailleurs sur cette diversité et inégale puissance des esprits individuels. Cependant Marx suppose que tout travail, même mental, devrait être soumis à la mesure de la dépense physique. Or, pour un même travail mental, les dépenses physiques sont prodigieusement inégales, si l'on suppose même (ce qui est inadmissible) que toute opération mentale pourrait être accomplie par tous cerveaux avec plus ou moins d'effort. Le rapport du travail musculaire à la dépense physique est variable selon chaque individu, mais il apparaît comme constant à côté du rapport du travail mental à cette même dépense physique, lequel est tout à fait irrégulier. Ce qu'un homme de génie concevra et réalisera en une heure, combien de temps faudra-t-il à un cerveau moyen pour le penser et l'agir, s'il est même possible d'admettre qu'il y arrive jamais ? Et cependant cette réduction du travail mental à sa dépense physique est postulée avec la même force par la thèse de Marx que la réduction parallèle du travail musculaire. Seulement, ainsi que nous l'avons déjà constaté pour l'agriculture, le socialisme est sujet à d'étranges oublis : il serait facile de montrer qu'il n'a guère pensé qu'au travail musculaire, au détriment du travail mental. En résumé, le travail de l'esprit n'est pas productif dans la mesure rigoureuse où il coûte de peine physique. Il y a donc là toujours en conflit deux conceptions différentes de la justice : l'une qui exige la rémunération du travail mental selon l'utilité, l'autre selon la peine physique. Et si la première choque la conception socialiste, qui veut que les mieux doués, en se pliant à la règle commune, se sacrifient pour leurs frères moins intelligents, la seconde choque la conception individualiste, qui souhaite que chacun soit payé suivant l'importance de son apport à la société. Seulement la conception individualiste offre un avantage, c'est qu'elle donne une prime à l'utilité, et stimule le zèle profitable des plus intelligents.

Il semble que nous aboutissions, en effet, à cette impasse où plusieurs fois nous nous retrouverons après des chemins différents, dans l'étude de la valeur socialiste : ou bien la société se condamne, en garantissant un système de justice plus rigoureux et plus précis (c'est-à-dire la rémunération selon l'effort), à dépérir, ou rester dans la plus stricte immobilité, — ou bien le fonctionnement de la loi psychologique de la valeur consacrera un système plus souple (la rémunération selon l'importance du travail), moins satisfaisant peut-être moralement, mais plus favorable au progrès. En termes généraux : ou la justice sociale dominera, ou l'utilité sociale sera maîtresse. C'est la beauté et la hardiesse imprudente du socialisme, d'affirmer que l'utilité sociale cèdera nécessairement le pas à la justice sociale. Cette antinomie : ou iniquité ou barbarie sociale, serait foncièrement décourageante, car elle nous interdirait d'espérer la réconciliation future du progrès et de la justice. Cependant, telle qu'elle est posée ci-dessus, elle renferme un *a priori*, c'est que la loi de justice, c'est, nécessairement, la *rémunération selon l'effort physique*. Ce sentiment, croyons-nous, n'est pas encore le fond du sentiment de justice moderne, qui comporte plus d'idéalisme ; la pensée populaire mesure très bien la juste rémunération à la *grandeur du service rendu* ou au *mérite* de l'acte. Car il y a le mérite physique ; mais c'est très loin d'être le seul, comme l'affirme la théorie socialiste ; il y a aussi le mérite moral, qui est de cent natures diverses (beauté esthétique, sacrifice, prestige social.....). Le sentiment populaire reconnaît à l'inventeur le droit d'exploiter son invention, d'en tirer parti, non plus selon le temps et l'effort qu'il a consacrés à sa découverte, mais selon la grandeur du service qu'il a rendu à la société. Le cœur des hommes n'est pas aussi matérialiste que cette formule : rémunération proportionnée à l'effort physique. Celui qui a augmenté mon bonheur a droit à ma reconnaissance, non pas seulement dans la mesure où cet acte lui a coûté de peine, mais dans une autre mesure plus idéaliste : si quelqu'un m'a sauvé la vie en se jetant à l'eau, ne lui devrai-je pas plus de reconnaissance que s'il s'est jeté à l'eau pour rattraper ma montre ? Dans les deux cas, la peine prise est la même, mais l'intention est différente, le service est différent.

En résumé, la doctrine socialiste considère le travail en tant qu'il *coûte* (de l'effort) et non pas en tant qu'il *produit* (des effets utiles). Ce sont deux points de vue opposés. Le choix entre eux dépend d'une doctrine de justice arrêtée. Seulement le point de vue socialiste, trop artificiellement déduit d'une notion idéaliste de la justice, nous paraît comporter des conséquences dangereuses pour l'avenir de la société. C'est ce que les considérations suivantes vont encore confirmer.

V

Désir et travail en régime socialiste.

Tous les théoriciens socialistes ont reconnu l'impossibilité de rendre compte de la valeur, ou des hausses et des baisses qu'elle subit à chaque instant, sans faire appel à un facteur autre que le travail, à l'utilité. Nous avons déjà cité Marx : « Aucun objet ne peut être une valeur, s'il n'est une chose utile. S'il est inutile, le travail qu'il renferme est dépensé inutilement, et conséquemment ne crée pas de valeur » (1). C'est également l'aveu de Proud'hon ; l'utilité n'est pas le fondement, mais elle est la matière indispensable de toute valeur. Or, ceci nous paraît absolument inconciliable en logique avec la thèse que toute valeur est *créée* par le travail, car si l'on admet cette restriction, « pourvu qu'il soit utile », qu'est-ce qui expliquera la non-valeur des objets inutiles qui cependant renferment du travail, et aussi la valeur des choses utiles qui ne renferment aucun travail ? C'est donc qu'il y a, par delà le travail, un principe supérieur en qui réside l'explication dernière.

Constatons en passant la double tendance inverse qui se réalise chez les économistes à propos de la valeur ; les uns, les objectivistes, sont inévitablement entraînés vers des facteurs psychologiques, comme Marx et Rodbertus vers l'utilité ; — les autres, les psychologues, ne peuvent s'en tenir à leur attitude première, et, dans l'explication de la valeur d'échange, ils oublient les prémisses spirituelles d'où ils sont partis, pour invoquer des principes matériels, comme le coût de production.

Ainsi, les uns et les autres sont amenés à faire concourir ensemble, dans une part presque égale, deux facteurs de nature opposée, et à expliquer la valeur par un mystérieux alliage de forces contradictoires. — Mais l'explication de la valeur est une, ou elle n'est pas. Un tel éclectisme est insoutenable. Le problème est, au fond, de trouver l'élément commun de la valeur individuelle et de la valeur sociale ; les objectivistes sont partis de celle-ci, les psychologues de celle-là.

Les psychologues étaient, croyons-nous, dans le vrai chemin ; s'ils échouaient presque constamment à expliquer la valeur d'échange ou valeur sociale, c'est que leur ignorance de la psychologie sociale leur interdisait de connaître les liens non pas immédiats, mais certains, qui relient l'une à l'autre la valeur individuelle et la valeur sociale, et de comprendre

(1) *Capital*, 1, p. 16, col. 1.

comment, en partant de la première, la seconde se forme naturellement dans un état de société donné.

Quant aux objectivistes, comme Marx, partis de la valeur
sociale, ils ne peuvent retourner à la valeur individuelle avec
l'appui des principes relatifs qu'ils ont découvert dans l'échange.
Bernstein dit très bien que la doctrine de Marx n'est unitaire
qu'en apparence; fondée sur le seul point de vue du travail et
oublieuse de l'utilité, elle suppose donc que cette dernière
question est résolue par une égalisation moyenne de l'offre et
de la demande au cours de certaines périodes (1). Et c'est bien
là, sans doute, l'hypothèse de Marx : si la valeur vient tout
entière du travail, cependant l'utilité, l'offre et la demande,
peuvent masquer pour un moment cette valeur et troubler la
loi. Il n'en résulte pas moins qu'au bout d'un temps et en dernière instance, le temps de travail socialement nécessaire
« l'emporte de haute lutte comme la naturelle régulatrice » (2).
Les fluctuations de l'offre et de la demande se compensent au
bout d'une période de temps sensiblement égale pour chaque
marchandise (3). Ainsi c'est le prix *moyen* seulement qui est
fondé sur le temps de travail. Il y a donc, Marx le reconnaît
expressément, un prix moyen (un « prix naturel », dit-il), qui
est différent du prix courant. Et la loi de toute valeur ne
s'applique pas au prix courant; elle ne concerne que ce prix
abstrait, cette moyenne qui, comme toutes les moyennes, est la
seule des possibilités qui ne se réalise jamais. C'est pourquoi
Von Buch a séparé les deux valeurs, qui sont confondues chez
Marx : la valeur intrinsèque ou valeur de travail, et la valeur
relative ou d'évaluation; et Bernstein l'en loue. Mais il reste
que la valeur relative, c'est-à-dire la seule valeur réelle, effective, est, de l'aveu de Marx, de Von Buch et de Bernstein,
inexpliquée en fait dans la théorie de la valeur-travail.
L'omission de l'utilité, ou plutôt de tous les facteurs subjec-

---

(1) Bernstein, *Socialisme théorique*, Introduction, p. 25.

(2) *Capital*, p. 30, col 1.

(3) Salaires, prix et profits (*Devenir social*, 1898), p. 500 et s.

tifs brièvement groupés sous le nom d'utilité, est reconnue comme la cause de cette inadaptation de la théorie aux faits.

En d'autres endroits, Marx fait des efforts pour expliquer comment des objets où ne s'intègre aucun travail peuvent coûter autant, sur le marché, que d'autres laborieusement produits. « Une cascade, dit Marx, *n'a pas de valeur*, et, par suite, pas de prix véritable. Le prix payé n'est ici pas autre chose que *la rente capitalisée* (1). » Cela n'est guère qu'une affirmation dénuée de preuves. Rodbertus, de même, admet que les biens-fonds n'étant pas des produits du travail n'ont aucune valeur par eux-mêmes. « Seulement, dit-il, grâce à eux, grâce aux forces naturelles, le travail humain est plus productif (2). » Mais alors c'est donc que les forces naturelles créent un surplus de valeur? c'est donc que toute valeur ne vient pas de l'effort humain?

Il faut examiner un peu à fond cet argument et notre objection; nous comprendrons mieux la profonde différence qui sépare les deux écoles d'économistes. Précisément, l'argument de Rodbertus est repris par les socialistes modernes, qui, admettant une rectification à la théorie marxiste de la valeur-travail, cherchent à concilier l'utilité avec le principe essentiel de la valeur, le travail, et disent : « Si les valeurs d'échange sont impressionnées par l'utilité, c'est que les propriétés naturelles apportent au travail humain un concours qui le rend plus productif (3) ». Par exemple, si le vin de Tokaï a plus de valeur qu'un vin ordinaire, c'est parce que les vignobles de Tokaï contiennent des forces naturelles exceptionnelles qui apportent au travailleur un concours inhabituel. Voilà leur explication.

---

(1) Marx, *Capital*, III. Cité par Cornelissen, *Critique des théories de la valeur* (Revue Socialiste, novembre 1901).

(2) « L'homme peut être reconnaissant de ce que la nature a créé d'avance des biens économiques, parce que cela lui a épargné beaucoup de travail en plus; seulement l'économiste ne s'occupe d'elle que pour autant que le travail a complété l'œuvre de la nature ». (*Zur Beleuchtung der sociale Frage*, I, 69.)

(3) Voir Cornelissen, *loc. cit.* (Revue Socialiste, novembre 1901.)

Elle est inexplicative. Il s'agit de savoir, comme l'a dit Böhm-Bawerk (1), « si le vin de Tokaï a une haute valeur parce que les vignobles de Tokaï en ont une, ou si, au contraire, les vignobles possèdent une haute valeur parce que la valeur de leur produit est considérable ». Et M. Cornelissen, par exemple, répond : « Cette haute valeur dérive, *en dernière instance,* des vignobles, c'est-à-dire des forces naturelles exceptionnelles qui soutiennent à Tokaï le travail humain (2). » Or, cela est inadmissible : la valeur des vignobles vient de la valeur de leur produit, et celle-ci vient de l'appréciation particulière que le public fait de ce produit.

Si, *en dernière instance,* le désir du vin de Tokaï n'était pas répandu dans certaines classes, si le vin de Tokaï n'était pas réputé d'un goût suave et raffiné, qui est-ce qui pourrait bien expliquer la valeur des vignobles de Tokaï ? Ces forces naturelles, dont parlent les objectivistes, ne sont exceptionnelles *que parce qu'elles satisfont, d'une façon exceptionnelle, un certain goût, une certaine recherche de sensation;* sans quoi, en elle-même, une force naturelle n'est ni exceptionnelle ni médiocre : elle est, voilà tout. Il n'y a pas de doute possible : ce qui détermine la valeur en dernier lieu, ce n'est ni l'ensemble des forces naturelles à Tokaï, ni le travail humain ; c'est l'existence d'un désir spécial répandu dans certaines classes riches.

Ainsi, nous croyons que la doctrine de la valeur-travail ne peut, théoriquement, souffrir cette introduction tardive de l'élément utilité. Celle-ci apporte des germes de contradiction dans le système. Il faut que le principe d'explication de la valeur par le travail se suffise à lui-même ; et il ne peut le faire, le travail ne peut dominer entièrement la valeur, que dans un système politique tyrannique, où l'autorité centrale est maîtresse absolue des prix et de la production. C'est ce que nous allons montrer. En effet, la preuve théorique de l'artificialité

---

(1) *Kapital und Kapitalzins,* t. II, p. 200.

(2) Cornelissen, article cité, p. 549.

de cette théorie ne peut nous suffire, il faut que nous la prolongions par l'étude des conditions de la société collectiviste elle-même. Nous verrons que l'introduction de l'utilité dérange tout le système, comme tout à l'heure elle troublait la doctrine.

On peut dégager deux grands principes d'organisation socialiste : 1) le temps de travail socialement nécessaire à la production d'une marchandise mesure sa valeur : c'est là le *principe de répartition ;* 2) le besoin social, légitimement reconnu par l'autorité sociale (au moyen de statistiques précises), décide de l'emploi à faire du travail : c'est là le *principe de production.*

Ces deux principes formulés devaient, dès le début de la doctrine, rester étrangers l'un à l'autre : Rodbertus, Lassalle n'admettent pas la correction du premier par le second; ils ne souffrent pas, en d'autres termes, que le besoin social ou l'utilité puisse affecter la valeur, de telle sorte que deux produits qui contiennent un travail égal se vendent à des prix différents, suivant l'urgence plus ou moins grande du besoin auquel ils répondent. Cela est logique ; du moment que le principe des valeurs est le temps de travail incorporé, le besoin social ne peut intervenir sans troubler cet équilibre moral, fondé sur une loi stricte de justice.

D'autre part, il faut bien régler la production. Aucun travailleur n'étant intéressé à produire tel genre d'article plutôt que tel autre, l'anarchie la plus grande règnerait, si une autorité centrale minutieusement informée des besoins publics, ne dirigeait d'abord le travail vers les emplois où il est utile, et les productions ensuite vers les lieux où elles sont exigées. Un tel équilibre, même conçu théoriquement, est-il possible? L'administration aurait-elle le pouvoir d'amener la production toujours, en toute branche d'industrie, jusqu'au point où elle s'ajuste avec la demande? Cela est extrêmement douteux déjà pour les objets dont la production est illimitée, mais pour les autres, pour ceux qui n'existent qu'en quantité limitée, et qui, en régime individualiste, sont recherchés pour leurs qualités exceptionnelles, cela est impossible. L'administration n'aura qu'une petite quantité de produits pour satisfaire à une demande virtuellement générale. Comment distribuer ces produits entre les demandeurs? L'Etat est maître de la consommation; il pourra répartir à son gré, mais ce sera là une source infinie d'injustices. Et l'hypothèse doit être généralisée : le même raisonnement s'applique à tous les objets qui, pour une raison naturelle, ou par suite d'une adaptation passagèrement imparfaite de la production à la demande, sont en quantité insuffisante par rapport au besoin social(1).

En régime individualiste, le désir fixe la valeur; en régime socialiste, l'égalisation absolue de l'offre à la demande, réalisée par l'autorité centrale, supprime l'élément-désir. Les désirs n'entrent pas en conflit; tous sont satisfaits; c'est là l'hypothèse. Cependant, pour qu'une telle hypothèse soit admissible, il faudrait que la nature, le sol ne comptât pour rien. Or, celui-ci ne peut suffire à toutes les demandes ; il faut donc que leur satisfaction soit limitée. Et c'est cette limitation nécessaire qui fait revivre le désir.

Des collectivistes récents répondent à l'objection par des des artifices. M. G. Renard suppose que le désir le plus fort doit être servi le premier, et voici comment : le prix, fixé d'après le temps de travail, sera affecté d'un coefficient variable, lequel sera calculé *sur le rapport de la demande à l'offre* (2). Le prix de la bouteille de Clos-Vougeot sera dix fois plus cher s'il y a dix acheteurs pour une, c'est-à-dire si la demande est de 100.000 bouteilles, tandis que la récolte n'est que de 10.000. Admettons que cela soit possible; il en résultera une injustice, et, précisément, celle que le socialisme dénonce si vivement dans le régime capitaliste; il en résultera que celui qui achètera la bouteille de Clos-Vougeot, la paiera dix fois plus cher qu'elle ne vaut de travail, échangera dix unités de travail contre une seule, et que, par suite, le produit de son travail lui sera payé dix fois moins qu'il ne vaut. Il est vrai que son désir, qui était

_____

(1) L'Etat pourrait, il est vrai, fixer arbitrairement un type de consommation individuelle moyenne, en rapport avec les possibilités sociales et naturelles, qui serait un droit pour chaque individu et qui enlèverait toute incertitude au besoin social. Mais quelle tyrannie !

(1) *Le Régime socialiste*, G. Renard, p. 174.

très vif, sera satisfait; il ne se plaindra pas; et, sans doute, M. G. Renard nous dira : Son désir était dix fois plus vif au moins que le désir moyen. Mais allons plus au fond des choses. Tout d'abord, il y a une bizarrerie inexplicable dans ce système. Pourquoi l'acheteur d'une bouteille de Clos-Vougeot doit-il payer *dix fois* sa valeur en travail ? Parce qu'il a neuf concurrents, nous dit-on (dix demandes pour une bouteille). Mais il se peut très bien que s'il consentait à la payer seulement trois fois sa valeur, tous les autres concurrents cèderaient. M. Renard suppose ce qui est tout à fait inadmissible, que la demande décroît *en raison inverse* du prix, que s'il y a 100.000 demandes pour 10.000 bouteilles à 5 francs, il y aura juste 50.000 demandes pour les mêmes bouteilles à 10 francs, et 25.000 demandes pour les mêmes bouteilles à 20 francs; de sorte que, pour égaler la demande à l'offre, il faudra faire monter le prix à 50 francs : alors il y aura seulement 10.000 demandes. Cette régularité mathématique est illusoire, est-il besoin de le dire ? Elle est exactement aussi ridicule que l'ancienne formule de la loi de l'offre et de la demande, aujourd'hui tout à fait abandonnée, d'après laquelle le prix se fixait en raison directe de la demande et en raison inverse de l'offre. Sans doute, M. Renard veut dire simplement qu'on établira *des enchères*, où ceux qui désireront le plus feront monter le prix jusqu'à ce que s'ensuive automatiquement l'équation de la demande à l'offre. C'est la seule solution raisonnable.

Seulement M. Renard s'en méfie, sans doute. En effet, il donnait à son système une apparence rigoureuse, grâce à ce moyen puéril du coefficient fixé d'après le rapport de l'offre et de la demande; si l'on déclare tout simplement que *le prix haussera en raison de la demande*, sans fixer la limite précise de cette hausse, il semble que l'inconnu, l'imprévisible s'introduise de nouveau dans le système. Et c'est bien là, précisément, la conséquence inéluctable. Le désir de ceux qui achèteront la bouteille de Clos-Vougeot se trouvera être, non plus dix fois plus grand que le désir moyen, mais peut-être vingt fois plus grand (s'il a fallu que la bouteille montât de 5 à 100 francs pour que les 90.000 demandes qui ne peuvent être servies se désis-

tassent) ou bien seulement deux fois plus (si les 90.000 demandeurs en question se sont retirés dès que le prix a doublé de
5 à 10 francs). Il s'agit bien là — M. Renard et les objectivistes
seraient forcés d'en convenir — d'une *mesure précise des désirs*.
Quand M. Renard affirmait implicitement que la demande
décroissait en raison inverse du prix, il admettait que le désir
social d'ensemble suivait une marche mathématique descen-
dante, exactement inverse de la marche ascendante du prix, et
c'était avant tout une erreur psychologique. Si l'on veut éviter
l'arbitraire et les injustices exagérés qu'entraîne l'adoption du
coefficient de M. Renard, il faut admettre que les désirs se
mesureront tout naturellement dans les enchères.

Seulement alors, il faut en convenir, on ne voit plus du tout
quelle est la différence qui existe entre le système individualiste et
le système socialiste au point de vue du fonctionnement des
prix. Les désirs se mesurent les uns avec les autres dans l'un
comme dans l'autre cas, et c'est de cette mesure que dépend le
prix. Il n'y a plus, au résultat, aucune autre équivalence de
traitement entre les acheteurs, qu'une équivalence selon les
désirs; l'équivalence en travail est oubliée. Il ne reste même
plus cet espoir, que le prix ne puisse pas descendre au-dessous
du coût en travail, car si le prix hausse avec la demande, on
sera bien obligé, pour écouler des approvisionnements d'objets
n'ayant plus la faveur du public, d'adopter la règle inverse : que
le prix baisse jusqu'à la limite où la demande pourra absorber
l'offre entièrement. C'est le régime individualiste dans toute sa
pureté. Il ne reste plus rien de la théorie de la valeur-travail;
ou plutôt il y a ceci de changé, c'est que, pour les objets dont
la production n'est pas limitée, c'est-à-dire surtout pour les
objets industriels, on peut espérer que l'autorité centrale, mer-
veilleusement informée, saura adapter la production à la
demande. Ceci est une hypothèse; or, si l'on entre dans le
détail des faits (1), ce que nous ne saurions faire ici, elle paraît
singulièrement fragile et même inadmissible.

---

(1) Voir le savant livre de M. Bourguin : *Les systèmes socialistes et l'évolution économique* p. 41 et s. : *L'équilibre économique.*

Ainsi, l'intervention de l'offre et de la demande, ou plus généralement, d'un facteur subjectif, l'utilité, provoque un écroulement général du système marxiste. Et l'on s'explique difficilement comment le collectivisme récent paraît cependant s'accommoder de cet élément nouveau. Outre M. Renard, MM. Gronlund et Sulzer (1) admettent des atténuations semblables à la loi de l'équivalence en temps de travail. Les prix, payés en bons de travail, seront fixés, en principe, d'après la quantité de travail contenue dans le produit; seulement, afin d'établir la concordance des besoins et des produits, le prix pourra être abaissé pour les produits qui se trouveront en excès, et augmenté pour ceux qui se trouveront en déficit, de telle sorte que la société profitera de la rente de rareté. Et pour MM. Gronlund et Sulzer, cette intervention de l'offre et de la demande n'est pas restreinte aux objets en quantité limitée, elle est étendue à tous les objets (2).

On le voit, la doctrine collectiviste, si elle abandonne un moment le principe de la valeur-travail, et si elle laisse les prix se fixer spontanément dans les enchères, en arrive, dans la pratique, à consacrer les rapports de la valeur et du désir, à proportionner celle-là à l'intensité de celui-ci. Pour peu qu'elle donne de jeu et de liberté à l'organisation artificielle de la production qu'elle est forcée d'établir, elle s'écroule tout entière, et elle retourne d'elle-même à la vraie base profonde de la valeur, au désir. Ainsi ce dernier se révèle comme la mesure *naturelle* de la valeur, si on laisse les choses se diriger librement.

Il reste à expliquer pourquoi les collectivistes crurent devoir introduire plus de liberté dans l'organisation économique qu'ils avaient rêvée, et à quelles critiques prévues répondait cette

---

(1) Gronlund, *The coopérative commonwealth*. — Sulzer, *Die Zukunft der Socialismus*. — Voir Bourguin, p. 75 et s.

(2) Le socialiste Wilhelm Weitling (1808-1870) (*Garantien der Harmonie und Freiheit*, Vevey, 1842) admettait déjà qu'on dût tenir compte, dans la fixation des prix, de la rareté du produit et de l'intensité de la demande. Voir Anton Menger, *Droit au produit intégral du travail*. p. 230, — et Caillé, Thèse sur *Weitling* (1905).

évolution? Cette conciliation du principe de l'utilité avec la thèse de la valeur-travail était destinée à éviter le reproche de tyrannie excessive auquel prêtait l'organisation collectiviste de l'Etat. En effet, si l'on fonde la valeur et les prix sur le temps de travail incorporé aux produits, il n'existe plus aucun régulateur de la production. En régime individualiste, l'utilité confère aux marchandises une valeur plus ou moins grande ; il s'ensuit que les activités sont sollicitées à la production des objets les plus utiles, et inversement sont découragées de la production des objets inutiles ; ainsi, l'adaptation de la production aux désirs est réalisée tout naturellement. A ce point de vue, le fondement du libéralisme est inattaquable, quoique la réalité ne réponde pas tout à fait à la formule optimiste d'après laquelle la liberté est la condition de la meilleure satisfaction possible des désirs, car un facteur, au moins, parmi les plus essentiels, nous voulons dire la connaissance parfaite du marché, n'est pas toujours réalisé le mieux possible par la société individualiste.

Or, en régime collectiviste, un tel régulateur est inconnu ; les objets ne sont taxés que selon le temps de travail ; aucun n'a plus de raisons d'être produit qu'un autre. Il faut donc que l'Etat se charge de cette adaptation aux besoins. On peut concevoir qu'il soit parfaitement renseigné sur la situation de la demande par des statistiques, et par suite qu'il dirige le travail vers l'endroit où il aurait à s'exercer le plus favorablement. Mais il faudrait alors qu'il usât de son autorité d'une façon journalière pour assigner à chacun sa tâche. Cela donnerait à l'organisation sociale une insupportable allure autoritaire, et il faut renoncer à cette abolition totale de la liberté, inséparable de maux inouïs.

Ainsi donc, voici le cercle étroit où se débat l'organisation socialiste : ou bien la valeur se détermine *spontanément*, et alors elle ne se fonde en aucune façon sur la quantité de travail respectivement contenue dans chaque marchandise, mais elle se mesure à l'utilité, au désir, et ainsi renaissent les injustices du système individualiste, — ou bien la valeur est déterminée *d'autorité*, selon le temps de travail social incorporé aux produits, et alors la

14

justice, au sens socialiste, est bien assurée, mais il n'y a plus aucun rapport nécessaire entre le besoin et la production, et il faut, par suite, que l'Etat intervienne tyranniquement pour assurer cette adaptation. Il faut donc sacrifier : ou bien la loi de la valeur fondée sur le travail, ou bien la liberté de la production (1). C'est montrer à quel point cette théorie est *artificielle*, c'est-à-dire un produit de la raison constructive, et non l'expression spontanée de l'ordre social. Elle n'est pas un principe d'explication, mais une conception de justice qui cherche à plier les choses à elle-même.

Il pouvait sembler qu'en régime socialiste le fondement psychologique de la valeur, le désir, disparaissait devant le principe nouveau du temps de travail. Ce n'était qu'une apparence : la valeur est si fortement attirée vers le désir, qu'il faudrait accumuler les obstacles pour les dissocier. Mais nous pouvons aller plus loin ; même au cas où le régime collectiviste autoritaire serait appliqué dans toute sa rigueur, la racine profonde de la valeur resterait, croyons-nous, le désir ; car l'Etat socialiste, en prenant la responsabilité de la production, aurait soin de ne diriger le travail que vers les industries productives d'objets désirés, et seulement dans la mesure où ces objets sont désirés ; ainsi la valeur-désir serait encore un principe de répartition, mais de répartition du travail entre les

---

(1) V. *Am Tage nach der Revolution*, de Kautsky (AU LENDEMAIN DE LA RÉVOLUTION, dans LE MOUVEMENT SOCIALISTE, février et mars 1903). — Voir note de M. d'Eichtal sur cet article.

Le dessin que trace Kautsky de la société socialiste, au lendemain du triomphe du prolétariat, paraît sincère. On expropriera les expropriateurs, soit ; — mais, K. le reconnaît, « les difficultés du régime prolétarien ne sont pas du domaine de la propriété, mais *de la production.* » Qu'on s'arrête au rachat des petites propriétés, transformées en rentes inscrites sur l'Etat ; qu'on établisse ensuite de forts impôts progressifs sur ces revenus, afin de leur interdire de dépasser un certain niveau ; qu'on use de cette source énorme de richesse pour l'Etat, en vue de rendre l'instruction gratuite à tous les degrés (le budget de l'Instruction serait le plus considérable), et d'ôter ainsi aux classes riches le privilège du pouvoir, — tout cela est facile en somme, une fois réalisé le rêve de la conquête du pouvoir par le prolétariat. Mais ce n'est là que la façade de la bâtisse future ; il faut pénétrer à l'intérieur. Tout l'édifice ne se soutient que par

citoyens par l'Etat. Seule la mesure *extérieure* de la valeur aurait changé : ce ne serait plus l'intensité du désir, mais le temps de travail.

Cette remarque a son importance. On la peut opposer encore à Rodbertus, lorsqu'il recherche le fondement de la notion de valeur pour un homme isolé. Il part de cette abstraction légitime : un homme unique exploitant un domaine où il est seul maître (1). Pour cet homme, comme pour la société qu'il personnifie, que serait la valeur? Une chose, pour lui, n'aurait de valeur, dit Rodbertus, *qu'autant qu'elle lui coûte*. Les dons gratuits de la nature n'auraient nul prix à ses yeux; il n'estimerait que ce qui lui a coûté de l'effort. Et parmi ces dons de la nature, d'ailleurs, Rodbertus place l'invention, qui n'est, dit-il, qu'un emprunt gratuit aux forces de la nature. — Or, cette analyse n'est pas évidente par elle-même. Voici Robinson qui invente un nouveau procédé pour attraper à la chasse le gibier sauvage, procédé qui en remplace un autre moins avantageux. Serait-il vrai que ce procédé nouveau n'a pas plus de valeur dans son esprit que le procédé ancien qu'il remplace et qui, par hypothèse, lui coûtait le même effort à fabriquer? Si les deux procédés ne valent que leur coût de

---

la production. Il faudra donc assurer celle-ci, et c'est ici que commencent les difficultés : faudra-t-il compter sur l'habitude? sur le dévouement et l'esprit de solidarité? Tout cela est bien incertain! K. dit : « On paiera davantage les métiers difficiles où les bras manqueront. » Mais alors, voilà la *rente* qui renaît au profit des ouvriers des métiers répugnants ou difficiles, et au profit aussi des ouvriers mieux doués. Avec elle renaît aussi le spectre des socialistes, car le socialisme, c'est essentiellement la suppression de toute rente, ou bénéfice sans travail, au sens large du mot.

Ceci nous montre que la solidité ou la chimère du rêve socialiste repose, au fond, sur cette question de la valeur. Comment sera fixée, en régime socialiste, la valeur des produits? De là dépendent les chances de durée du système. Or, il faut absolument répudier la valeur fondée sur le travail seul, puisque les marxistes sont les premiers à blâmer les moyens de coercition, sans lesquels cette théorie ne se peut appliquer.

(1) Voyez Andler, *Les Origines du socialisme d'Etat en Allemagne*, p. 210.

reproduction, c'est-à-dire l'effort qu'il faudrait pour fabriquer de chacun un nouveau modèle, ils auraient tous deux une valeur égale. Et cependant, entre eux, Robinson n'hésite pas ; mentalement, il les compare, et il choisit le plus productif sans hésiter. Celui-ci a donc subjectivement une importance plus haute. Ce serait restreindre et matérialiser singulièrement la notion de valeur que de ne pas vouloir la faire remonter jusqu'au débat mental d'où procède le choix entre les deux procédés. La direction de son effort est, chez Robinson, la preuve de l'importance diverse qu'il attache aux choses, de la valeur inégale qu'il donne aux objets (1). Il faut, pour comprendre la valeur entièrement, remonter au prestige inégal dont un esprit, même isolé, revêt les choses qui l'entourent.

D'ailleurs, nous le répétons, la conception d'après laquelle la valeur serait rigoureusement mesurée, dans l'état socialiste, au temps de travail nécessaire, cette conception ne se soutiendrait, en réalité, que par l'appui d'une série de mesures tyranniques et par une violente contrainte à la nature. C'est pourquoi nous croyons à la fausseté radicale de la théorie socialiste de la valeur. Schœffle, dans un chapitre remarquable de *La Quintessence du socialisme* (2), a insisté sur l'importance capitale d'une bonne théorie de la valeur pour l'avenir du parti socialiste ; il a montré l'insuffisance de la théorie actuelle d'une façon décisive ; il a même proposé, un des premiers, de rectifier cette théorie par l'adjonction de l'utilité, sans voir les incohérences que cela entraîne. Ce qui ressort de sa critique, quoiqu'il ne le dise pas, c'est que cette insuffisance est surtout d'ordre psychologique.

---

(1) De même qu'en régime collectiviste rigoureux, la direction de l'effort social par l'autorité donnerait la preuve, nous l'avons dit, de l'inégale importance, de l'inégale valeur attribuée aux tâches. Les deux cas sont assimilables, puisqu'il s'agit soit d'une intelligence unique, soit d'une société obéissant à une direction unique.

(2) Fin chap. VI, chap. VII : *Détermination socialiste de la valeur d'échange.*

VI

Invention et Travail.

Les théoriciens socialistes négligent, dans la formation des richesses sociales, un élément dont l'importance est manifeste : l'invention. C'est une exigence de leur théorie que de le répudier ou bien de nier ce qui constitue son caractère essentiel : d'être le produit du hasard ou plutôt d'un concours de forces qu'on ne peut diriger à volonté.

C'est particulièrement dans la notion du capital et dans l'explication de sa genèse que cette omission est sensible. Le capital, disent les socialistes, c'est du travail accumulé. Rodbertus en particulier combat la théorie selon laquelle le capital-outil aurait droit à un intérêt par suite de l'accroissement de productivité qu'il entraîne. En effet, ce n'est pas à l'outil, dit-il, qu'il faut faire honneur de cette productivité, mais au travail qu'il contient et au travail qui le met en œuvre. Et puis tout capital n'est pas un outil : ce peut être une matière première. Or, il n'y a aucune cause de productivité plus grande en cette dernière ; il y a simplement du travail épargné pour la société, dont profite injustement le propriétaire (1). C'est donc que la nature du capital proprement dit est d'être du *travail préparatoire*. Le capital n'est pas différent du revenu ; la production va de l'un à l'autre, du capital qui est fourni par le travail passé, ou travail *médiat*, au revenu qui est fourni par le travail actuel,

---

(1) C'est même là la cause de la rente *absolue* découverte par Rodbertus et qui complète la rente *différentielle* de Ricardo : la rente différentielle, comme nous le verrons, vient de l'augmentation progressive du revenu des vieilles terres, par suite de la mise en culture des terres moins fertiles ; la rente absolue vient de ce que, pour les propriétaires du sol, les matières premières sont gratuites, par rapport aux industriels qui les paient séparément. Ceci est infiniment discutable.

ou travail *immédiat*. Le cycle capital-travail de la production n'est qu'un travail continué (1).

Nous répondrons : pourquoi l'outil accroît-il la productivité? Est-ce parce qu'il est du travail préparatoire, comme le dit Rodbertus? Cela serait une tautologie : l'outil n'est aussi bien du travail préparatoire que *parce qu'il* accroît la productivité. Mais tout travail épargné est-il donc capable d'accroître la productivité du travail présent? Non certes! Il y a du travail épargné qui n'apporte nulle aide à la production. Quelle est donc la cause caractéristique qui fait d'une masse de travail épargné un véritable adjuvant du travail présent, et augmente son rendement? C'est que cet outil est l'application d'un procédé, d'une invention. L'invention est le tout ici ; l'outil dépend d'elle, et il accroît la productivité du travail non pas du tout dans la mesure où il renferme du travail, mais *dans la mesure où l'invention est efficace.* Au contraire, plus l'outil est simple souvent, plus le bénéfice qu'il entraîne est grand : le levier, la roue par exemple.

Cela veut-il dire que l'inventeur puisse réclamer une rémunération équivalente à l'économie de travail qu'entraîne son invention? Non, sans doute, car la société n'aurait, dans ce cas, rien à gagner à cette invention. Il a droit à une rémunération lui-même, mais non point son outil. Et une fois l'invention entrée dans le domaine courant, ce n'est pas sans injustice que le propriétaire de l'outil merveilleux peut en tirer un revenu; en cela Rodbertus paraît avoir raison. Mais la question en fait est plus complexe, car il y a la rémunération due aux lumières exigées pour le fonctionnement de l'outil (ingénieur dans une usine), et pour la direction donnée à l'entreprise (directeurs, gérants). Ce ne sont point là proprement des revenus sans travail; mais il n'en ressort pas moins avec évidence la fausseté radicale du principe socialiste : que tout revenu est nécessairement prélevé sur le produit du travail de l'ouvrier, est un vol fait à celui-ci. Il est prouvé, au contraire, que sans

---

(1) Rodbertus, *Das Kapital,* pp. 237 et suiv., 250, 264 et suiv. — Voir Policr, *L'Idée du juste salaire,* pp. 283 et suiv.

les inventions devenues courantes et dont bénéficie le travail ouvrier, celui-ci par lui-même serait d'une productivité nulle. Le socialisme est l'apothéose de la force musculaire, au détriment de l'esprit, l'élément premier de tout progrès.

Ce point de vue est bien servi par d'autres considérations majeures de Rodbertus et de Marx. Ce qui fit naître le capital, dit le premier, c'est la division du travail, cause d'accroissement de la productivité, et dont tout le profit a été accaparé par quelques individus (1). Et Marx dit : Le capital, c'est de la plus-value qui a été appropriée par quelques hommes (2). Ces explications se ressemblent et se complètent; l'une et l'autre s'appuient sur le fait d'une plus-value due à des causes matérielles. M. Andler insiste souvent sur ce hasard qui seul a rendu la civilisation possible : que le travail une fois rémunéré laisse un excédent. « Il se pourrait qu'aucun travail ne produisît plus qu'il ne faut pour nourrir immédiatement le travailleur. Aucun capital alors ne se formerait jamais, ni aucune rente (3) ». Et Rodbertus, notamment, a défini ce hasard avec précision : Il consiste en ce que le travail en commun est plus productif que le travail isolé (4).

L'origine du capital, pour les socialistes, c'est donc la plus-value qui est due au travail individuel ou au travail social organisé. Ce phénomène prodigieux, dont dépend la civilisation, doit nous arrêter un instant. Les causes qu'on nous en fournit sont bien obscures. La plus-value vient du travail, nous dit-on, mais le travail, qu'est-ce ? C'est ou bien un effort stérile, ou bien l'application de méthodes inventées qui facilitent l'obtention d'un but. Ainsi le primitif, en face de la nature, risque de mourir de faim, même en travaillant beaucoup, si son travail ne comporte pas des ingéniosités nouvelles ou imitées

(1) Rodbertus, *Zur Beleuchtung der Sozialen Frage*, I, 51 et s., 118, 151.

(2) Marx, *Capital*, l, chap. XXIV, p. 254 et s.

(3) Andler, *Origines du Soc. d'Etat en Allem.*, p. 322.

(4) Andler, *ibid.*, p. 331.

de ses pères, des outils simplificateurs (armes, outils de labour...). Si l'on comprenait bien la nature du travail, qui consiste essentiellement dans la reproduction, l'imitation d'actes, de méthodes, de buts empruntés à autrui (1), on ne pourrait dire que *par lui-même*, le travail est créateur d'une plus-value. Les causes de la plus-value, le hasard qui a rendu la civilisation possible, ce sont les inventions primitives, la série des grands et des petits procédés, qui épargnent la peine de l'homme en multipliant sa puissance.

Ainsi, la naissance de la plus-value, de mystérieuse nous devient claire. Assurément, elle tient au travail, mais au travail dirigé vers un certain but par de certains moyens ; et ce sont ces moyens qui sont le tout. Un travailleur démuni d'outils, qui transporte avec lui ses secrets de fabrication, ses méthodes simplificatrices, emporte avec lui sa vraie puissance ; car il est capable de créer de la plus-value, ce que ne saurait faire un sauvage qui trouverait une machine électrique, et ne pourrait aucunement s'en servir. La plus-value suit la connaissance de l'invention ; elle ne réside nullement dans le travail, même celui qui a créé l'outil, mais dans la *technique*, c'est-à-dire dans les méthodes, outils et machines, fruits de l'invention, qui accroissent les effets utiles du travail humain. Et si la division du travail social est une cause indiscutable de puissance, c'est qu'elle est elle-même une méthode, une idée d'organisation des forces, de coordination et de division, qui a été inventée un jour. Elle est un cas remarquable de la puissance de l'esprit. Rodbertus, ni Smith d'ailleurs, n'ont vu cela.

L'explication que donne Rodbertus de la rente absolue de la terre, est sujette aux mêmes objections. On sait que la théorie de la rente ricardienne parut à Rodbertus incomplète ; elle se fondait, en effet, sur cette hypothèse, que l'homme est obligé d'employer des terres de moins en moins fertiles, et que, par suite, le revenu des terres anciennes croît toujours relativement

---

(1) Tarde, *Psych. économique*, 1 p. 224 et s.

aux nouvelles. Ce n'est là, dit Rodbertus, que la théorie de la rente *différentielle*. Il y a une rente *absolue* qui existe même dans l'hypothèse de terres toutes également fertiles ; cette rente est un revenu propre du sol, distinct du revenu des capitaux engagés (y compris le capital circulant, lequel paye le travail), et qui tient à ce que la matière première est gratuite pour le propriétaire, tandis que l'industriel la paie à part, différence qui se solde au profit du propriétaire foncier. La gratuité n'existe, d'ailleurs, qu'au regard de ce propriétaire, car lui-même se fait payer la matière, et il la représente dans le calcul des frais ; c'est une erreur de comptabilité dont il bénéficie. — Cette théorie est bien artificielle. D'abord, Rodbertus le reconnaît, elle ne s'explique plus dans la civilisation actuelle, où les rentes ont été capitalisées depuis longtemps, où l'acheteur d'une terre a fait toujours entrer cette rente dans le calcul de l'intérêt que lui rapportera son argent ; ainsi, la rente du sol se confond maintenant avec le revenu capitaliste. Quant à rapporter cette erreur de comptabilité à l'origine, c'est également impossible, car comment faire à cette époque une distinction entre le propriétaire agriculteur et l'industriel, qui sont des catégories modernes essentiellement ? Mais nous voulons aller plus loin : la plus-value du sol, celle que Rodbertus appelle la rente absolue, tient essentiellement à la productivité croissante de la terre ; or, les causes de cette productivité croissante, ce sont toujours les inventions, soit la mise en œuvre de nouveaux procédés de culture, soit ces petites découvertes successives, souvent anonymes, dites perfectionnement.

Quant au phénomène *proprement dit* de la rente du sol, c'est-à-dire à l'accroissement du revenu de certaines terres relativement à d'autres, disons-le en passant, ce phénomène est essentiellement psychologique. Il est d'application générale en économie politique, où la théorie de la rente n'a pas encore été, croyons-nous, énoncée dans les seuls termes qui lui conviennent. En deux mots, le phénomène de la rente tient à la *nécessité d'un prix uniforme* pour une même nature de produits (grande loi d'ordre essentiellement psychologique), par rapport à la variété des conditions particulières qui fondent le prix de revient pour chaque producteur, comme l'inégalité de fertilité des terres, l'inégalité des conditions extérieures (moyens de communication, difficultés d'extraction...), l'inégalité mentale des directeurs et entrepreneurs, l'inégalité des conditions morales et intellectuelles des travailleurs (leurs exigences, leurs habitudes, suivant les pays), etc... etc... Cette nécessité d'un prix uniforme est d'abord étendue à un groupe social restreint, mais petit à petit ce groupe s'élargit ; aujourd'hui il est national et tend à devenir mondial (trusts).

Nous avons constaté que le rôle de l'invention est tout à fait laisssé de côté dans les théories socialistes, et qu'en cela d'ailleurs, comme en tant d'autres points, elles n'ont fait qu'exagérer les tendances de l'école classique (1). Voyons maintenant comment l'apparition d'une invention ne peut manquer d'apporter un trouble grave dans l'organisation socialiste.

Supposons une organisation collectiviste autoritaire, où l'Etat a pris la direction de la production. Les objets seront vendus proportionnellement au temps de travail normal qu'ils incorporent ; la valeur est assurée de n'être liée qu'au travail, et nullement au besoin, à l'utilité, aux désirs, aux appréciations individuelles en un mot. Or, voici un magasin social rempli d'objets manufacturés qui sont vendus au prix de 80 heures de travail ; survient une invention qui économise dans la fabrication de ces objets la moitié du temps employé antérieurement, soit 40 heures. Du jour où l'on connaîtra l'existence de cette invention, et où l'on saura que le coût de ces objets va être abaissé de 80 à 40 heures, *quelle sera la valeur du stock qui se trouve encore non vendu en magasin social ?* Il ne peut y avoir deux prix pour des objets semblables. Dès que les objets, manufacturés suivant la nouvelle méthode, entreront dans le magasin social à côté des anciens, quelle sera la valeur de ces derniers ?

---

(1) Adam Smith parle rarement des inventions. Dans sa fameuse analyse des avantages de la division du travail, il fait venir, en tout dernier lieu, les inventions et perfectionnements qui sont suscités par le travail en commun. Stuart Mill a mieux reconnu le rôle de l'invention (*Principes*, livre I, section I : TRAVAIL D'INVENTION).

L'Etat ne pourra, sans injustice, vendre l'ancien stock au prix de 80 heures de travail, jusqu'à ce qu'il soit épuisé, puis le nouveau stock au prix de 40 heures de travail, car les derniers acheteurs seront favorisés et les premiers seront lésés sans aucune raison. Et d'ailleurs, il faudra encore tenir l'invention secrète, sans quoi le stock ancien, au prix ancien, ne se vendra pas. En réalité, on sera obligé de vendre le stock entier *tout de suite* au même prix, au prix du nouveau. Mais alors, il y aura injustice encore, puisque les travailleurs, qui ont confectionné anciennement ces objets en 80 heures de travail, pourront les acquérir en payant seulement la moitié; ils seront favorisés sans raison. Injustice dans tous les cas; après tant d'efforts, faits en vue d'assurer une stricte équité dans l'organisation sociale, voici crouler le système devant une petite invention. Impossible de faire concorder la justice rigoureuse avec le système adopté; il faudra toujours prendre des moyens termes arbitraires et inéquitables.

Cette analyse montre qu'il faudrait : 1° Ou bien repousser toute invention comme un danger social, comme une menace d'injustice. Manifestement, en effet, toute invention serait impopulaire dans ce système; elle entraînerait des causes d'inégalités passagères, mais irritantes, et elle ne profiterait *immédiatement* à personne ; — 2° Ou bien reconnaître encore une fois que la valeur a un fondement autre que le temps de travail incorporé. Il est évident que les objets manufacturés anciens qui renferment 80 heures de travail et les nouveaux qui n'en contiennent que 40, ont *exactement la même valeur devant l'opinion* (1). Or, comment expliquer cela? C'est une radicale objection à la doctrine socialiste, comme aussi bien c'est un trouble insupportable dans l'organisation qui n'est qu'un développement logique de cette doctrine (2).

---

(1) Et depuis la diffusion de l'invention nouvelle, cette valeur n'est plus la même : elle a baissé.

(2) Marx croit résoudre cette contradiction : « Mettons, dit-il, qu'un article représente 6 heures de travail; s'il survient une invention qui permette de le produire désormais en 3 heures, l'article *déjà produit*, déjà circulant sur le marché, n'aura plus que la moitié de sa valeur primitive. Il ne

En résumé, on pourrait croire qu'en régime socialiste la valeur des choses, fixée par le temps de travail incorporé en elles, ne change point, une fois les choses créées; l'on voit, au contraire, que cette valeur est à la merci d'une invention, et que, dans le cas normal où la production est en avance sur la consommation, les choses déjà produites subissent, du fait d'un progrès technique, une dépréciation, cause d'injustices nombreuses. Rodbertus pressentait cela lorsqu'il déclarait nécessaire de procéder à une révision périodique du temps de travail normal de chaque marchandise, ainsi que de la journée de travail normale de chaque industrie. On se souvient, en effet, qu'il avait institué des coefficients de *pénibilité* qui affectaient l'heure de travail de chaque profession, et augmentaient ou réduisaient en conséquence la longueur de la journée normale de cette profession. Or, les moyennes qui servent à établir la journée normale professionnelle et le temps normal de travail de chaque objet correspondent à un état social donné, à une productivité déterminée. Comme les conditions techniques de l'industrie ou de l'agriculture changent, les moyennes

---

représentera plus que 3 heures de travail, quoiqu'il y en ait 6 de *réalisées* en lui. Cette forme de travail *réalisée* n'ajoute donc rien à la valeur, dont la grandeur reste au contraire déterminée par le quantum de travail *actuel* et *socialement nécessaire* qu'exige la production d'une marchandise. » (*Capital*, p. 232, col. 1.)

Cela est clair; la valeur n'est plus du tout déterminée par le travail que *réalise effectivement* la marchandise, mais simplement par une idée, l'idée abstraite du travail que contient actuellement le type de marchandise auquel elle appartient. C'est là une abstraction qui n'a plus de rapport avec la réalité; et où le dissentiment éclate entre elles, c'est, précisément, dans cet exemple de l'invention qui *change la valeur* des marchandises. La valeur des marchandises n'est donc pas déterminée par le fait concret du travail, puisqu'elle est à la merci d'une invention ou de la *divulgation* d'une invention, de sa connaissance par le public. Marx est forcé de reconnaître l'action dominante d'un élément qui est principalement spirituel. Dès que l'invention paraît, admet-il, les valeurs sont radicalement changées, et elles sont changées, même pour les objets fabriqués antérieurement à l'invention et non encore vendus. Il avoue, par là, que la valeur est un reflet de la conscience sur les choses, et qu'elle n'émane nullement de ces choses elles-mêmes, de leur constitution intrinsèque. La vie économique naît d'un jeu de reflets et de rayons, dont les foyers ne sont nullement les marchandises elles-mêmes, mais les actions spirituelles, les inventions et les désirs.

devraient changer aussi, disait Rodbertus, sinon il s'en suivrait des injustices : à une productivité plus rapide correspondrait un paiement de salaire exagéré, calculé sur une moyenne ancienne trop forte. Ainsi, les travailleurs de certaines industries favorisées par des progrès techniques, jouiraient, par rapport aux autres travailleurs, d'un surplus de paiement, d'une rente. Ici, Rodbertus rencontrait l'influence de l'invention, des perfectionnements techniques, et, logiquement, il eût dû la déclarer malfaisante. En effet, pour remplir les conditions d'une stricte justice, une révision totale du système devrait suivre chaque perfectionnement dans chaque industrie. On soumettrait donc toute l'organisation à un état de mobilité permanente, fâcheuse pour la société. Le système socialiste, ici encore, nous paraît ne pouvoir s'adapter qu'à un état social cristallisé ; c'est là, sans doute, son rêve implicite, comme c'était aussi le vœu des hommes du moyen âge (1).

Enfin, l'invention serait impopulaire. Outre les incessants remaniements qu'elle provoquerait dans l'organisation économique et le montant des salaires, elle aurait l'inconvénient de n'entraîner que des avantages très lointains pour chaque travailleur. Dès qu'une invention surgirait, son avantage pour les membres de cette industrie devrait être compensé par une révision du tarif général des salaires. L'avantage final serait pour la société tout entière ; mais divisé par le nombre des travailleurs, il serait réduit à bien peu de choses. Qui ne serait découragé par avance de le poursuivre? Au lieu de se traduire par une diminution immédiate d'effort, le progrès technique n'entraînerait que l'avantage incertain d'une réduction du temps de travail moyen nécessaire à la nation. Nous disons incertain, parce qu'il faut tenir compte du développement légitime de désirs qui suit une invention, et par suite de l'accroissement forcé de la production. Il serait même possible qu'en

---

(1) Peut-être le socialisme entrevoit-il qu'une phase stationnaire succèdera aux époques progressives actuelles, — s'il est vrai qu'il y a des alternatives semblables de révolution et de sommeil dans la vie des sociétés.

régime socialiste, l'invention, tout en abaissant le temps de travail normal, mais moins qu'elle ne développerait et n'exciterait la consommation, fût un mal pour chaque travailleur ; elle serait encore, au regard de certaines théories, un bien pour la société, mais pour la société seulement.

A moins que celle-ci, pour éviter la stagnation économique qu'entraînerait ce découragement de l'invention, ne confie la mission d'inventer à un groupe de spécialistes, chargés de poursuivre les progrès industriels. Mais c'est nier la part de hasard qui préside aux inventions. Les inventions vraiment grandes sont inattendues ; le reste, qui n'est que perfectionnements, peut être stimulé dans une certaine mesure, mais n'est d'ailleurs jamais nécessaire. Et précisément, cette négation de l'élément caractéristique de l'invention, qui est dans la logique absolue du système, se retrouve chez quelques auteurs. Chez M. Georges Sorel, par exemple, nous trouvons de curieuses pages sur la nature et le rôle de l'invention, et plus généralement du talent, dans la cité socialiste (1).

---

(1) G. Sorel, *Ruine du monde antique*, pp. 146-158 — et note finale, p. 234 (*Travail et talent*). « La bourgeoisie, dit-il, conçoit l'ordre économique comme l'expression des inégalités naturelles qui existent entre les hommes ; la hiérarchie sociale est la récompense de la volonté bien dirigée et de l'activité bien employée ». C'est là la théorie du talent, du mérite « et autres puissances occultes, qu'il serait plus simple d'appeler tout simplement *la grâce*, en donnant à ce mot un sens un peu plus large que celui qu'on lui attribue en théologie ». Ainsi, elle déclare trouver dans l'atelier un facteur décisif, c'est la volonté du directeur de l'œuvre ; à lui revient le profit, c'est-à-dire une « rémunération mystérieuse ».

Et M. Sorel sent fort bien qu'il lui faut aller jusqu'au bout, et *nier l'invention*. Il cite Reuleaux, qui a été frappé de ce que, même aux époques anciennes, où les inventions étaient rares et mystérieuses, et attribuées aux dieux, « elles étaient le résultat d'un procédé de la pensée, qui avait parcouru certains degrés de développement ». (*Cinématique*, trad. Debize, 1877, p. 32-38.) La technique des sciences se développe *comme une plante*, par un concours de forces anonymes inconscientes, sans aucune ingérence de « l'invention divine ». Donc, les penseurs sont « des auxiliaires que la société devra expulser avec d'autant plus d'énergie qu'elle aura une plus claire conscience de la nature du travail. » Car rien ne saurait être réclamé comme un droit qui ne corresponde à un travail.

Proud'hon avait eu de semblables anathèmes pour l'homme de talent et pour les prétendues supériorités naturelles. Il est évident que la pensée,

Il nous reste à conclure rapidement des trois ordres de critiques que nous avons adressées à la doctrine socialiste, en tant qu'elle est fondée sur l'idée de la valeur-travail. Par ses abstractions relatives au travail simple, élément commun du travail mental et du travail musculaire, — par sa répudiation de l'utilité dans le système des prix, — par sa condamnation et sa méconnaissance de l'invention, — trois exigences qui découlent inévitablement de sa théorie de la valeur ; la doctrine socialiste assume un caractère nettement *artificiel*. Nous sommes donc fortement induits à penser qu'elle a été construite tout entière déductivement sur un principe *a priori*, sur une notion de justice idéale. Notion de justice idéale, c'est-à-dire que ne donnait point l'étude de la réalité. Rappelons, en effet, à quelles conditions cette notion de justice peut être introduite dans les faits, et dominer la société : elle exige rigoureusement, sous peine de se sacrifier elle-même, l'établissement d'une autorité centrale tyrannique imposant les prix, répartissant les tâches, distribuant les produits..., une absorption totale des individualités dans le gouvernement,

---

qui était incluse dès le début dans la thèse de la valeur-travail, c'est la négation de la puissance mentale, et, par suite, de l'invention, en tant du moins que résultat du génie individuel. Mais peu de socialistes avaient été assez logiques pour la développer jusqu'au bout. Nous ferons observer, sans entrer dans la controverse plus à fond, que d'abord la conception nouvelle des progrès de la technique, par laquelle M. Sorel remplace l'autre, n'est guère moins mystérieuse ; elle l'est même davantage. Assimiler les progrès de la science aux progrès d'une plante, c'est ne rien dire de précis ; ce n'est même rien objecter contre la thèse des « inventions divines » (c'est-à-dire tout simplement des inventions individuelles et imprévisibles à un certain degré), car on ne connaît pas du tout la cause intime des progrès vitaux de la plante, et on ne peut affirmer qu'elle n'est pas cachée dans l'individualité de la cellule. « Rien ne ressemble mieux à une machine inventée par nous, qu'un nouvel organe créé par la vie ». (Tarde, *Logique sociale*, p. 166.) En revanche, on connaît fort bien les conditions de l'invention, qui transforme en union féconde le croisement, jusque là stérile, de deux idées antérieures ; et l'on comprend fort nettement *l'insertion* de cette invention nouvelle sur l'arbre de la technique, qu'elle transforme et dirige dans une voie nouvelle, comme une greffe fait d'une plante. De plus, la prétendue objection de Reuleaux n'existe pas. Qui peut nier qu'il y ait un *ordre des inventions*, que par exemple, l'invention du téléphone ne puisse venir logiquement qu'après la découverte de l'électricité, et même qu'il y ait une série irréversible des inventions. L'invention est un possible qui se

promu dangereusement au rôle de cerveau et de conscience unique ; — et au résultat de cet effort considérable, d'abord une série d'injustices particulières et irritantes, et en outre le découragement des inventions, l'assoupissement de la société, sa ruine probable. Quant aux essais de conciliation de cette justice idéale avec la liberté individuelle, ils nous ont paru s'écrouler nécessairement ; cette justice nouvelle cède, si la production est libre. Le socialisme est une doctrine de rénovation générale de la société, fondée sur un principe de justice *a priori*, qui se dissimule dans sa définition de la valeur ; il n'est aucunement, comme Marx et les socialistes s'efforcent de le prouver, une sorte de nécessité historique, déduite de l'étude des conditions économiques.

L'analyse brillante de l'existence et de la formation des revenus sans travail dans la société moderne, ne pouvait être faite que grâce au principe nouveau de la valeur-travail ; elle ne le prouve nullement, elle en découle. Marx tout entier tient dans une formule, et tous ses livres dans un syllogisme.

Faisons une réserve finale. Marx et la majorité des socialistes, ralliés à une philosophie matérialiste de l'histoire, considèrent les idées comme des facteurs *dérivés*, secondaires, de l'évolution sociale ; elles ne sont elles-mêmes, en effet, que des conséquences des faits. Ils ne sauraient donc admettre qu'une doctrine de justice puisse déterminer une évolution. Le germe

---

réalise ; l'ordre des possibles est conditionné par l'ordre des réalités, et par suite, les inventions futures dépendent en partie des inventions présentes ; mais le fait même de l'invention, c'est-à-dire le passage de sa possibilité à son existence, reste toujours le secret de l'esprit individuel. (Voir Tarde, *Logique sociale*, 3ᵐᵉ édit. p. 159, 172 et s.) — Quant à la rémunération mystérieuse du directeur d'atelier, faisons remarquer que toute rémunération, si l'on veut, est mystérieuse, car elle est le résultat d'un jugement de valeur, qui, par certains côtés, est arbitraire. Si j'estime que l'utilité est la base de la rémunération, celle du directeur d'atelier n'est pas mystérieuse du tout. Dans le cas contraire, si j'estime que la base de la rémunération est le travail, il est évident que les profits de l'entrepreneur et du directeur sont inexpliqués. Il s'agit donc de savoir simplement quel est le point de départ adopté, la *conception de justice choisie* ; le reste en découle nécessairement. La seule chose vraiment mystérieuse, c'est-à-dire individuelle, c'est ce choix que fait l'esprit entre toutes les conceptions de justice possibles.

des évolutions n'est pas dans l'esprit ; il est dans la réalité des choses, dans les antithèses des faits qui cherchent à se résoudre d'elles-mêmes. Pour nous, au contraire, qui donnons le pas à l'idéologie sur les faits matériels, et qui croyons que le monde est mû avant tout par les idées, nous pouvons reconnaître, comme facteur d'évolution, le fait hypothétique d'une adhésion unanime des esprits à cette nouvelle conception de justice, d'où la doctrine socialiste tout entière découle. Si celle-ci, en effet, se généralise, elle entraînera avec elle la vérité et la possibilité partielles du socialisme. La question principale dont dépend son avènement, ce n'est pas celle de l'accumulation des capitaux entre les mains de quelques potentats, c'est celle de la conquête des esprits et des cœurs par sa formule nouvelle de la justice. Une telle conquête n'empêcherait cependant pas les individus de souffrir des conséquences désastreuses que comporterait le nouveau régime au point de vue de la liberté, s'il était réalisé tel qu'il est conçu aujourd'hui ; et, par suite, il nous semble qu'une inévitable réaction se produirait, un refus des esprits habitués à une longue pratique de l'individualisme.

VII

Le troisième volume du CAPITAL *de Marx et la loi
de la valeur-travail.*

Une dernière preuve peut être apportée du caractère artificiel de la doctrine qui sert de fondement au socialisme : c'est l'incertitude présente des socialistes eux-mêmes sur le sens véritable de la thèse marxiste de la valeur-travail. Le point de départ de cette incertitude, ce fut l'apparition du troisième volume du *Capital* de Marx (publié par Engels en 1894), qui suscita de nombreuses déceptions. En effet, la loi de la valeur, exposée dans le premier livre, au début même du *Capital*, au lieu d'être renforcée dans cette dernière partie de l'ouvrage, y perdait toute signification précise. Marx donnait de cette loi, ou plutôt de sa

15

portée pratique, une nouvelle formule en contradiction manifeste avec l'ancienne (1). Il reconnaissait que les marchandises
ne sont jamais, dans la société capitaliste moderne, vendues à
leur valeur vraie, qui est celle du travail contenu en elles, — et
cela à cause d'une nouvelle loi dont l'établissement et l'explication ont coûté au grand logicien socialiste beaucoup de labeur :
la loi du taux de profit moyen.

En effet, la plus-value du travail fonde, nous le savons, le
profit industriel, et elle fonde aussi le profit commercial, l'intérêt, la rente, tous les revenus sans travail, qui ne sauraient être
tirés d'une autre source que du travail-surplus (2). Or, tous ces
profits ont des taux variables, mais qui tendent à s'égaliser suivant la loi du taux de profit moyen et sous la poussée de la
concurrence. Il arrive donc que les prix des marchandises,
produits des capitaux industriels, commerciaux et agricoles, sont affectés différemment par l'existence de ce profit
moyen, suivant que celles-ci mettent en œuvre plus ou moins
de capital ; par suite, les prix des marchandises s'écartent
sensiblement et arbitrairement, semble-t-il, de leur valeur
de travail. Cependant, ils s'en écartent, dit Marx, suivant une
loi générale, de telle sorte que les variations de la valeur du
travail et les variations de la plus-value s'annulent récipro-
quement pour l'*ensemble* des produits. En effet, pour telle ou
telle marchandise particulière, la loi de la valeur idéale de Marx
est contredite par les faits, chaque capitaliste, suivant l'importance des capitaux employés, vendant le produit plus haut ou
plus bas que sa valeur idéale ; mais ces excédents et ces déchets
se compensent pour la classe entière des capitalistes ; et le
produit total de la plus-value est alors le même que si tous
les prix étaient réellement *proportionnels* aux valeurs idéales
des marchandises.

---

(1) Voyez, en sens contraire, Engels (*Devenir social*, novembre 1895). Il
attaque violemment Loria, coupable d'avoir proclamé la banqueroute de la
théorie marxiste.

(2) Voir Conrad Schmidt (*Devenir social*, 1895, p. 191), et Engels, Préface
du tome III du *Capital*, pages 9 et 10.

Il y a là, croyons-nous, un sophisme colossal que nous allons dévoiler. Mais, par avance, remarquons que Marx change de batteries : en effet, il nous affirme maintenant que la loi de la valeur-travail est inapte à expliquer les échanges particuliers, c'est-à-dire l'échange tout court ; or, cela est formellement en contradiction avec ce qu'il nous disait de cette loi au début du *Capital* : qu'elle était non seulement la loi réelle, mais encore *la seule loi possible* des échanges, le travail étant le seul élément commun qui puisse servir à mesurer les marchandises (1). Il y a là un changement manifeste de position, qui annule absolument la première moitié du *Capital*.

La loi ne concerne donc plus que *l'ensemble* des marchandises produites. « Si chaque produit en détail, dit Marx, n'est pas vendu à sa valeur vraie, en revanche le *prix total* de tous les produits se proportionne à la vraie *valeur totale*. » Nous appelons cette explication un subterfuge. Nous voyons très bien le trajet de la pensée de Marx : il part d'une loi exposée sans la moindre preuve sérieuse dès les premières pages de son œuvre ; plus tard, devant l'étude développée qu'il entreprend du régime économique moderne, sa théorie ne se soutient plus. Il ne doute pourtant pas de celle-ci, à laquelle l'attache une certitude irraisonnée ; il affirme seulement qu'impuissante à expliquer le détail des faits, elle gouverne néanmoins l'ensemble du *processus* économique. Il aboutit alors à un cercle vicieux. Voyons, en effet, ce que signifie le *prix total* des marchandises : c'est la valeur de l'ensemble des marchandises, par rapport à quoi ? au stock de monnaie qui les achète. Or, la valeur de ce stock n'est connue que par la valeur des marchandises qu'il sert à acheter. Le *prix total* des marchandises n'est donc pas différent de leur *valeur totale*. Et cette valeur totale, à son tour, c'est la valeur de l'ensemble des marchandises, par rapport à quoi ? à la société. Il s'agit donc, en fin de compte, de la valeur du stock entier des choses au regard de la société ; ce n'est rien moins qu'un problème de valeur absolue. Marx nous dit que la valeur

---

(1) *Capital*, livre 1, chapitre I.

absolue du stock, c'est le travail qu'il contient. Théorie métaphysique que nous connaissions déjà, mais que rien ne nous prouve. Nous gravitons toujours autour de cette exigence subjective de son esprit : la valeur ne peut être conçue que comme un rapport de travail.

Bernstein est venu dire alors : La loi de la valeur de Marx n'est qu'un *procédé d'analyse*, une méthode destinée à mettre en valeur l'existence de la plus-value (1). Ce procédé est très justifiable, mais ce n'est qu'un procédé (2). Il ne concerne pas la valeur comme facteur déterminant des prix. Comme la théorie des atomes en physique par exemple, c'est une clé, destinée à montrer le mouvement de l'économie capitaliste ; et, par suite, c'est une idéologie, comme il y en a tant d'autres chez Marx.

Le professeur Sombart (Breslau) avait déclaré, dès 1894 (3), qu'avant de critiquer les conclusions de Marx, il faut comprendre sa pensée, et dégager les éléments essentiels des éléments accidentels. Or, on doit abandonner l'idée que la loi de la valeur veuille être une loi *réelle* des faits économiques. Dans le régime capitaliste, elle n'est pas un fait empirique; elle est seulement un *fait de la pensée* (eine gedankliche Tatsache). En effet, la valeur *n'apparaît pas* dans l'échange capitaliste. Cependant cette loi a une signification; il s'agit de préciser laquelle. Elle exprime la force productive du travail social. Elle est l'achèvement logique d'un système dans lequel cette force productive est la base de l'ordre économique, c'est-à-dire du système moderne. De plus en plus, en effet, le travail pénètre et gouverne les phénomènes économiques. La loi de la valeur-travail n'est que l'expression théorique de cette tendance. Si on veut la conserver comme vérité historique, on ne peut le faire

---

(1) Bernstein, *Socialisme théorique et socialdémocratie pratique* (trad. 1900), p. 64-76.

(2) Kautsky (*Le Marxisme*) répond à Bernstein : « Si c'est un simple procédé, il n'est pas justifiable. »

(3) Werner Sombart, *Archiv sociale gesetzgelung* de Brann, VII, 4.

que sous cette forme (1). — A son tour, Conrad Schmidt appelle
la loi de la valeur « une hypothèse scientifique », imaginée pour
expliquer le processus de l'échange dans la réalité.

Engels reconnaît que Sombart, tout en étant un peu large,
reste dans le sens de la doctrine marxiste (2). Seulement il lui
répond — et il répond à Schmidt — : Il s'agit moins ici d'un
phénomène *logique* (encore que l'expression, entourée d'une
vague signification métaphysique, ne lui déplaise pas) que d'un
phénomène *historique.* En lisant Sombart et Schmidt, on perd,
en effet, la notion de ce que peut être la *réalité* de cette loi de la
valeur. Engels insiste pour qu'on lui reconnaisse au moins une
existence réelle dans le passé. Nous retombons alors dans cette
partie historique de l'œuvre de Marx à laquelle se cramponnent
ses disciples. Si les marchandises, dit Engels, s'échangent
moins aujourd'hui comme marchandises idéales, que comme
produits de capitaux, c'est-à-dire comme résultats d'un ordre
social purement historique, fondé sur le capitalisme, cependant,
à un degré d'évolution bien inférieur à l'échange capitaliste, la
loi de la valeur fonctionnait sans entrave, et les marchandises
s'échangeaient alors suivant leur valeur vraie : par exemple,
pendant le moyen âge, où la fabrication des objets et le temps
dépensé à cette fabrication étaient suffisamment connus des
acheteurs, pour qu'ils ne songeassent pas à payer le double du
travail qu'incorporait l'objet. Et il en a été ainsi, la valeur a été
déterminée par le temps de travail, « depuis le commencement
de l'échange transformant les produits en marchandises,
jusqu'au xve siècle de notre ère ». Cela comprend au moins
7.000 ans, car nous savons que l'échange était connu depuis
une époque très ancienne (Egypte, Babylone......) — Mais si
cette loi, qui a régné 7.000 ans, est aujourd'hui perdue, quelle
est la loi de la valeur *actuelle ?* Engels laisse le vrai problème
entièrement obscur.

---

(1) Sombart, *Le Socialisme et le mouvement social au XIXe siècle* (trad.
1898), p. 93.

(2) Engels, *Devenir social,* 1895.

Voyons d'autres interprètes de Marx. Labriola dit à peu près comme les précédents : La loi de la valeur marxiste est une simple position logique, une prémisse typique sans laquelle tout le reste est inintelligible (1). — Mais Benedetto Croce n'accepte qu'en partie cette thèse (2). Assurément, dit-il, la théorie de Marx est un fait logique, un fait de pensée, comme dit Sombart, mais elle est aussi un *fait concret :* elle a une réalité certaine. D'une part, en tant qu'elle est un fait logique, *elle sert de comparaison et de mesure à l'égard de la société capitaliste,* et, par suite, l'étude de cette société capitaliste, pour Marx, n'a d'autre but que de mettre en relief comment les prix des marchandises s'écartent de la loi théorique, comment cette loi *se réfracte* dans un milieu donné. Mais, d'autre part, en tant qu'elle est un fait concret, cette loi est *l'expression économique de la société productrice fondée sur le travail;* en termes plus précis, elle est la loi qui gouverne la société productrice, si on l'isole de la société tout entière, qui comprend la société religieuse, militaire, esthétique, etc... Tant qu'il y aura une société qui produira des biens au moyen du travail, il y aura aussi *quelque correspondance* entre le travail et la valeur, et, d'ailleurs, cette correspondance sera plus ou moins masquée, défigurée, contrariée par les autres aspects de la vie sociale ; ce sera un fait au milieu d'autres faits.

Prodigieuses abstractions qui servent à expliquer d'autres abstractions ! Si nous avons bien compris la pensée de Croce, nous lui pouvons faire une objection : la loi de la valeur étant une conception *logique,* elle est un choix entre mille autres conceptions possibles ; elle est un point de vue *a priori.* Qui peut avoir déterminé Marx à choisir cette optique spéciale pour juger des choses économiques ? Est-ce bien cette considération que la correspondance entre la valeur et le travail est l'expression de la société productrice ? N'est-il pas plus simple d'admettre que c'est une conviction intime et informulée, le sentiment

---

(1) *Discorrendo di socialismo e di filosofia.*

(2) Benedetto Croce, *Matérialisme historique et Economie marxiste* (trad. 1901). — Voir *Devenir social,* février 1898.

que cette correspondance répond à quelque réalité psychologique en nous ? Car on ne voit pas qu'il soit légitime d'instituer
une loi de la valeur qui ne s'applique qu'à la société productrice,
considérée isolément, et non aux autres aspects de la société, et
de faire ainsi de la valeur économique une catégorie indépendante ; on voit bien, en revanche, comment une telle loi de la
valeur-travail s'accommode à certains côtés de notre nature psychologique et contente obscurément certaines exigences de
notre raison et de notre sensibilité. — Les raffinements de
Sombart et de Croce tendent à séparer la pensée de Marx de
tout *a priori* sentimental. Or, cela ne se peut qu'à force de
confusion et d'obscurité. Si la loi de la valeur est vraiment un
procédé logique, elle serait plutôt un moyen prudent et choisi,
grâce auquel Marx tâte le monde économique pour savoir s'il
peut, jusqu'à quel point et à quelles conditions, se plier à cette
discipline nouvelle qui contente la justice. Alors, voir chan-
celer le vieux monde par l'infiltration de la loi nouvelle, c'est
un plaisir délicat d'analyste, c'est aussi une expérience logique.
Marx cherche comment substituer, dans la construction sociale,
à une base ancienne, une base nouvelle qui lui est chère
pour des raisons profondes. Nous ne défendons point cette
nouvelle interprétation, mais nous ne comprenons pas comment MM. Sombart et Croce ne concluent pas, tout simplement, de l'interprétation qu'ils donnent de la pensée de Marx,
que sa méthode est avant tout dominée par une éthique dissimulée et peut-être inconsciente.

D'ailleurs, ou bien cette méthode abstraite (l'introduction
d'une loi-type idéale dans la société moderne) n'est qu'un vain
jeu d'esprit, ou bien elle a un but déterminé, celui de réformer
la société sur le modèle de cette loi, et de voir comment cette
transplantation s'adapterait au terrain ancien. Nous ne croyons
pas, pour notre part, qu'il soit nécessaire de tant raffiner sur la
véritable pensée de Marx pour l'expliquer tout entière. Mais
nous objectons aux interprètes et glossateurs du maître qu'ils
ne peuvent, *une fois reconnue l'infériorité explicative de la loi
de la valeur-travail, conserver celle-ci en tout ou en partie, sans
recourir à des postulats sentimentaux.*

Il est bien clair maintenant, en effet, que Marx n'a nullement *prouvé* cette proposition hypothétique : que la valeur des biens produits est égale à la quantité de travail socialement nécessaire pour les produire. Cette loi n'explique pas la réalité, Marx lui-même en fait l'aveu. Dans ces conditions, elle ne peut être considérée que comme un idéal moral. Sombart et Croce le nient, parce que la loi, disent-ils, a une réalité ; et cette réalité, c'est, au fond, la place fondamentale qu'occupe le travail dans la société productrice moderne. Mais qu'est-ce que reconnaître cette place fondamentale, sinon attacher au travail une importance supérieure, sinon classer le travail au sommet de l'échelle des valeurs sociales, sinon commettre un jugement moral implicite, un jugement de valeur enfin ? Il faut toujours en revenir là : nous voulons bien que le fait objectif du travail géant des époques modernes, serve d'appui à ce jugement ; il n'en reste pas moins que ce jugement lui-même n'est pas nécessaire, et que certaines sociétés, fondées sur de semblables dépenses de travail, comme les sociétés antiques, plaçaient cependant le travail à un degré inférieur dans la hiérarchie des valeurs sociales.

Nous croyons donc que, si cette soi-disant loi de la valeur-travail offre, en dehors de son application improbable dans l'échange, une réalité quelconque, celle-ci ne repose pas du tout sur ce fait objectif : la part considérable assumée par le travail dans la société économique moderne, — mais seulement sur ce fait psychologique : *la valeur morale du travail dans les consciences modernes*. A un fait matériel, obscur et ambigu, à savoir la place tenue par le travail dans la société productrice, nous opposons un fait clair et précis, mais d'une nature subjective. Nous ne prétendons nullement, d'ailleurs, que ce fait psychologique soit vraiment dominant à l'époque moderne, mais seulement qu'il puisse être la seule réalité hypothétique, sur laquelle fonder à l'occasion la loi socialiste de la valeur-travail. Il se peut que l'importance attribuée au travail soit en conflit, dans les consciences présentes, avec l'importance attribuée à l'intelligence, au talent, au génie inventif. Quand Sombart parle de la force productive du travail, comme caractéristique de l'économie moderne, il oublie la force productive des inventions. Cet oubli est significatif : il exprime que la conscience du professeur Sombart est plus sensible au prestige du travail qu'au prestige de l'intelligence.

De toute cette floraison de dialectiques, de ce tournoi scolastique entre métaphysiciens de la valeur, on peut conclure : d'abord, que la loi de la valeur-travail nous apparaît une dernière fois comme artificielle, ne pouvant offrir aucune réalité, et construite de toutes pièces par l'esprit, et secondement, si l'on veut, que son exactitude dépend en un sens de l'avenir. Par là, nous ne disons pas, avec Kautsky, que chaque jour nous amène plus près de sa réalisation, mais que le socialisme est fondé sur un syllogisme sentimental, dont la majeure est une croyance en une forme de justice déterminée, et que, par suite, ses chances de réalisation dépendent, avant tout, du succès ou de l'insuccès de cette croyance, de sa propagation ou non dans le cœur des hommes. Nous renouvelons cependant nos réserves, touchant les difficultés qu'entraînerait l'application pratique d'une telle formule de justice, difficultés qui tiennent principalement au rôle tyrannique que l'État serait forcé de jouer pour maintenir le fonctionnement exact de cette justice nouvelle. Ainsi donc, l'adversaire principal que rencontrera dans le cœur humain cette forme socialiste de la justice, c'est l'idée antagoniste de liberté (1). C'est du conflit de ces deux idées que dépend, en dernier ressort, l'avènement du socialisme. Peut-être ce conflit s'arrêtera-t-il à des moyens-termes, peut-être des accommodements spontanés surgiront-ils entre ces deux croyances également profondes, et alors naîtront des formes de socialisme atténué, encore imprévues de nous ; — mais ce qui est à peu près certain, c'est que la forme du marxisme sera caduque avant peu : elle n'aura été qu'une forme passagère.

---

(1) Ce n'est que par un sophisme et une définition inexacte de la liberté que Engels a pu dire : « Le socialisme est le saut du régime de la nécessité dans le régime de la liberté. » Il concevait la liberté comme la certitude pour tous d'un égal traitement ; ce n'est là qu'une forme de l'égalité.

VIII

Le syllogisme sentimental de la loi de la valeur-travail.

Le philosophe Lange tenait la théorie de la valeur-travail pour un accouchement forcé, un enfant de la douleur. Nous sommes en mesure de comprendre en quoi ce jugement est exact : la loi de la valeur marxiste, que Marx et les socialistes présentent comme une loi scientifique, déduite de l'analyse des faits, n'est autre chose, en son fond, qu'un postulat moral. Assurément, elle a été recouverte par ses auteurs d'un imposant appareil historique, scientifique et logique. Nous avons montré que tout cet appareil enveloppe un seul principe, que toute la théorie est, si l'on peut dire, accrochée à un clou unique, à une hypothèse. Impuissante à expliquer la réalité, cette hypothèse est tout à fait en contradiction avec elle sur plusieurs points essentiels ; elle ne pourrait la plier à ses exigences que par de suprêmes efforts, par exemple en attribuant à l'Etat un insupportable pouvoir arbitraire de fixer et répartir les valeurs. Il s'agit de dégager en quelques mots, plus précisément encore s'il est possible, la nature de cette hypothèse.

Nous avons dit qu'elle est un syllogisme d'ordre moral ; en voici l'esquisse :

Majeure : Les uns travaillent et vivent mal ; d'autres ne font rien et vivent mieux ; il faut que la rémunération soit proportionnelle au travail, et au seul travail ;

Mineure : Or, cette rémunération doit être considérée comme la valeur tout entière, puisque le seul travail doit être payé ;

Conclusion : Donc il faut décider que la valeur sera proportionnelle au travail, ou, plus rigoureusement, que la valeur n'est autre chose que le travail incorporé.

(Il faut remarquer que, par travail incorporé, les socialistes entendent le seul travail physique ; ils postulent que le travail mental peut se ramener à la même mesure que le travail physique, et par là, font cesser toute indétermination dans l'application du principe de justice.)

Cette conclusion, ainsi déduite d'une exigence morale, est ensuite introduite par Marx avec brutalité en pleine vie économique moderne, et toute la puissance subtile de ce penseur n'est pas de trop pour essayer de résoudre les conflits qu'elle provoque avec la réalité. Marx et ses commentateurs finissent par dire qu'elle régit la vie économique *dans l'ensemble*, ce qui est une affirmation improuvable et une simple définition de la valeur absolue, comme nous l'avons montré. Partie d'un sentiment, conscient ou non, de justice froissée, cette loi échoue dans la métaphysique la plus obscure et la plus contradictoire. C'est que, création hardie de la pensée en révolte contre les faits, elle essaie cependant de se poser en loi scientifique, expression de la réalité. C'est là le désaccord profond qu'elle porte en elle.

Ce désaccord peut s'exprimer d'une autre manière. La loi de la valeur marxiste suppose deux parties : d'abord un postulat de justice : la rémunération doit aller de pair avec l'effort ; — et secondement, une analyse des faits : en régime capitaliste, une partie de l'effort des uns entretient l'oisiveté des autres. La première affirmation n'a pas à s'expliquer ni à se justifier ; c'est une formule de justice qui est inscrite ou non dans le cœur des hommes ; si elle est réelle ou non, c'est là un fait qui relève de l'observation. Et par suite, quelque paradoxal que cela paraisse, c'est la seule part de l'œuvre de Marx qui soit solide ou puisse le devenir à l'occasion, c'est la seule part susceptible de fonder légitimement le socialisme : Il suffit pour cela que le sentiment qu'elle exprime acquière un degré de généralité et de force suffisant. Au contraire, la partie de cette loi qui prétend être une analyse des faits, nous voulons dire celle qui met en relief le parasitisme de la classe capitaliste et son vol à la classe ouvrière, n'est pas justifiable, car les faits tout nus ne nous montrent rien de tel, la simple observation ne suffit pas à nous faire découvrir que le loisir des uns est pris sur le travail des autres, qu'il existe, en d'autres termes, un travail-surplus impayé. Cette analyse du travail-surplus ne peut être faite, en effet, que grâce à la loi de la valeur en question, grâce au postulat de justice qu'on a omis de prouver. Elle n'est donc nullement vérifiable, elle suit tout simplement le sort du postulat de justice, auquel elle est attachée comme la conséquence au principe. Nous pouvons conclure que le centre du socialisme, c'est cette formule de justice, si ardemment niée par Marx et si évidemment enfermée pourtant dans sa loi de la valeur, — et que le sort du socialisme, c'est le sort même de cette formule (1).

Le fondement hypothétique du socialisme n'est donc pas dans les faits, ni dans leur enchaînement nécessaire, il est dans l'état des consciences individuelles. Il est un problème de juste prix. Deux types de société différents s'opposent l'un à l'autre : la société capitaliste et une société idéale, où chacun serait payé selon son effort physique, où nul ne vivrait de *l'exploitation* (terme socialiste qui signifie, au fond, qu'un homme profite des hasards favorables, des utilités ou des désirs qu'il n'a pas créés),

---

(1) M. Polier, dans la conclusion à son étude sur *L'Idée du juste salaire*, constate : d'une part, que la théorie socialiste du droit au produit intégral du travail, a été d'abord liée à la doctrine ricardienne de la valeur, et que c'était là pour elle une position dangereuse, puisque cette doctrine peut être facilement convaincue d'erreur, — et d'autre part, qu'elle s'en est ensuite détachée peu à peu, pour se fonder « *sur les résultats d'une analyse scientifique*, dont le mérite lui revient » (p. 365). Cette analyse serait double : elle concernerait : 1) l'existence de revenus sans travail dans la société moderne ; — 2) la nécessité de répartir les produits en fonction du travail. — Observons simplement que cette prétendue analyse scientifique n'est qu'un développement du postulat moral de justice que nous avons dégagé à la base du socialisme, et sans lequel elle n'était pas possible. L'existence de ces revenus sans travail ne pouvait être prouvée que grâce au postulat en question. De plus, cette nécessité de répartir les produits en fonction du travail, c'est précisément le postulat lui-même. En d'autres termes, si la théorie du droit au produit intégral du travail a été se détachant de plus en plus de la thèse ricardienne de la valeur, ça a été pour remonter à *leur source commune* : la conception socialiste de la justice. C'est toujours à celle-ci que l'on aboutit par mille chemins ; et, plus les systèmes socialistes s'épurent, plus ils mettent en évidence cette inspiration première.

où la rémunération de chacun enfin ne dépendrait que de lui-
même, de sa volonté de travailler, et non point des circonstances
extérieures, de l'état des opinions, des désirs et des besoins
sociaux (1). Or, deux formules différentes de la valeur correspondent à ces deux types de société : la valeur capitaliste, c'est
la valeur fondée sur le désir ; la valeur socialiste, c'est la valeur
fondée sur le travail. Chacune de ces formules, d'ailleurs,
contient sa justice propre, son juste prix particulier. Entre ces
deux sociétés, entre ces deux conceptions de la valeur et de la
justice, nul principe *scientifique* ne peut définitivement entraîner
notre choix. Celui-ci se passe en dehors de toute science, dans
le cœur, où des conceptions arbitraires et de force inégale
luttent entre elles. Nous avons montré quel conflit suppose le
vœu de justice socialiste avec le désir de liberté individualiste ;
de ce duel psychologique dépend, en dernier ressort, le socialisme.

---

(1) Andler, *Origines du socialisme d'Etat en Allemagne*, p. 205 : Le
producteur « ne peut être rémunéré selon le besoin auquel il satisfait. Car
ce besoin, il ne le crée point. Ce serait la formule même de l'exploitation
que ce droit d'un homme à profiter d'une chose où il n'est pour rien. » Il
est des paroles de saint Thomas qui rendent le même son (*Summa*,
quæstio 77, art. 1). Voir notre page 35.

CHAPITRE VII

—

CONCLUSION DE LA PARTIE THÉORIQUE.

———

Nous avons, dans cette rapide histoire des théories de la valeur, discerné parmi les économistes deux courants bien distincts, et formé entre eux deux groupes opposés. Le premier, de beaucoup le plus important, fonde la valeur sur le travail ou sur les frais de production qui se résolvent en travail. Ce groupe, qui paraît avoir pris son origine et élu son foyer principal en Angleterre, comprend la filiation suivante : Locke, Petty, Cantillon (1), Smith, Ricardo, Mac Culloch, Thompson, Stuart Mill et Marx. Il n'y a guère que Proudhon, chez nous, qui représente cette thèse de la valeur-travail d'une façon rigoureuse; mais toute l'école classique française, sauf Bastiat, doit être rattachée à ce groupe, en ce que, insoucieuse du fondement philosophique de la valeur, elle a tâché de résoudre celle-ci en éléments objectifs extérieurs à la conscience ; la valeur normale dont se rapproche incessamment la valeur courante, n'est autre que celle qui paie les frais de production au plus juste prix, c'est-à-dire au prix de concurrence.

A cette doctrine, nous avons opposé la doctrine psychologique, qui trouve dans l'esprit la source et la mesure des valeurs. Entrevue nettement par la philosophie française du xviiie siècle, l'abbé Galiani, Condillac et Turgot; adoptée par

———

(1) Cantillon, d'origine irlandaise, avait longtemps vécu à Londres avant de venir en France.

Bastiat, mais avec quelque ambiguïté, cette doctrine n'a été, cependant, développée avec quelque succès, que vers la fin du siècle dernier par des étrangers, Stanley Jevons, Walras, Menger, Böhm-Bawerk, etc.... — Encore a-t-elle été restreinte, par ces auteurs, à la psychologie individuelle, et, par suite, offre-t-elle des lacunes; il lui manque, en effet, de pouvoir expliquer la formation de la valeur sociale, faute de lois appropriées de psychologie sociale.

Vis-à-vis de ces deux groupes de doctrines, nous allons voir comment se pose la question du juste prix.

Il semblerait d'abord que le premier groupe, celui que nous pourrions appeler des doctrines objectives de la valeur, soit prémuni d'avance, par son attitude dans le problème, contre une intervention possible de la question de justice dans la valeur; il semblerait que ces doctrines, qui prétendent expliquer la valeur sans l'action des idées, pussent avec quelque raison nier toute conception de juste prix, ou nier toute influence de celle-ci sur les prix réels. Or, nous croyons avoir montré, au contraire, qu'elles accusent d'une façon flagrante la nécessité pour l'esprit, dans la constitution de la valeur, de s'appuyer sur des *a priori* sentimentaux, sur des conceptions de justice implicites. L'histoire des théories de la valeur, en effet, du point de vue où nous l'avons envisagée, c'est la recherche continue d'un fondement objectif de la valeur, ou, ce qui revient au même, l'obsession d'un mètre fixe et irréprochable de la justice dans le prix. Toutes les théories objectives de la valeur sont nécessairement et rigoureusement déduites d'une formule de justice plus ou moins voilée. Le choix que chacune d'elles fait de l'élément déterminant de la valeur révèle et exprime l'influence plus ou moins consciente d'une opinion ou d'une croyance morale dominante. Ces théories objectives, en un mot, ne sont que des doctrines de juste prix dissimulées.

Rappelons brièvement nos conclusions à cet égard. La doctrine canonique, la première, réalise un singulier effort pour réduire la valeur à une opération d'arithmétique; mais sa thèse est liée profondément à une certaine conception de la hiérarchie

sociale et des devoirs que la justice assigne à chaque classe.
Les doctrines classiques, l'école anglaise de Smith et de
Ricardo, et l'école libérale française de Say et de Bastiat, issue
elle-même des Physiocrates, nient, les unes et les autres, l'influence de la justice dans la détermination de la valeur, et
cependant elles obéissent à une conception fataliste du juste
prix, fondé sur la loi divine de la concurrence, Enfin, les
écoles socialistes modernes, non moins soucieuses de répudier
toute inspiration éthique, sont cependant dominées très directement par certains postulats de justice, dont toute leur doctrine
n'est qu'un développement artificiel et forcé.

Ainsi toute tentative de réduire la valeur à des termes purement objectifs échoue. L'attitude impartiale prise par ces
théories est un leurre, car elles méconnaissent la source intime de la valeur. Fonder celle-ci sur une qualité constitutive
des choses, comme le travail, c'est accuser précisément, sans le
vouloir, par un syllogisme inconscient et implicite, le lien instinctif que notre esprit établit entre l'idée de valeur et l'idée
d'une certaine justice. En d'autres termes, les doctrines objectives de la valeur sont constituées en leur fond sur des exigences
d'ordre moral; et si, pour elles, le juste prix est une conception
inutile, c'est d'abord que l'illusion objectiviste est infiniment
tenace, c'est ensuite que tout leur système tend précisément
à réaliser ce juste prix, et, par suite, n'a besoin d'en appeler à
aucune notion étrangère de justice, car il contient et construit
théoriquement toute la justice par un jeu déterminé de
concepts. La valeur reposant sur la concurrence, c'est tout un
système social qui enferme et réalise une idée de justice; la
valeur reposant sur l'effort, c'est un autre système social, et c'est
une autre justice.

Si donc le groupe des théories objectives de la valeur se
fonde, à son insu, sur des prémisses de justice données par la
conscience, quelle est l'attitude, en revanche, de la doctrine psychologique, vis-à-vis du juste prix ?

Elle ne peut, sans contradiction, cesser d'être descriptive et
impartiale, ni se faire l'apôtre d'aucune doctrine de justice
déterminée. Loin de se fonder sur une qualité constitutive

des choses, choisie arbitrairement comme cause et mesure de la valeur, elle constate simplement la liaison nécessaire des deux idées de justice et de valeur dans la conscience, et elle tire de cette liaison des conséquences certaines sur la nature de la valeur. Elle ne se fonde sur aucune justice déterminée, mais elle reconnaît l'influence nécessaire de l'idée de justice. *La question du juste prix se résoud donc pour elle en une question d'observation.* La méthode descriptive, qui est la sienne, lui impose de tenir compte des facteurs moraux qui influent en fait sur les appréciations subjectives des hommes, racines profondes de l'idée de valeur. Elle ne peut les ignorer ni les passer sous silence. Si son analyse est exacte et prolongée, elle retrouve toujours, au fond des théories économiques les plus diverses, l'arbitraire de certaines conceptions sentimentales. — C'est bien là notre point de vue et notre méthode. *Le juste prix n'est pas pour nous un problème à résoudre ; il est toujours résolu plus ou moins consciemment par l'esprit,* et cette solution se dissimule dans le jugement même de valeur. Nous entendons donc par juste prix : cette *notion d'ordre éthique qui forme la base profonde, et souvent inconsciente, de tout jugement de valeur.*

Mais ceci se rattache à toute une théorie sur la nature et l'origine de la valeur, qui demande à être précisée. Que l'idée de valeur soit inséparable de l'idée de justice, qu'elle soit en un certain sens la formule même d'une justice déterminée, c'est ce qui ressortira de l'étude des trois points suivants, qui forment les conclusions théoriques de notre étude : 1) La valeur est un jugement et un jugement de rapport. 2) Dans ce rapport l'idée de justice, inséparable de la conscience, intervient et sert de fondement plus ou moins caché. 3) Cette idée de justice prend sa forme particulière d'une conception déterminée et variable de la justice.

I

La valeur est d'abord un jugement. Elle est une opération de l'esprit, une projection de nous-même sur les choses. Elle est plus précisément un mélange de foi et de désir, la foi en l'ap-

16

titude d'une chose à satisfaire notre désir; et cette foi ou croyance et ce désir comportent d'infinis degrés. Par suite, la valeur n'est que le reflet d'un état de conscience où les croyances et les désirs se combinent et s'ajoutent suivant des gradations innombrables. Nous ne prétendons point par là qu'il ne puisse y avoir des qualités capables, en raison de la similitude partielle des consciences, de susciter et satisfaire certains désirs très généralement répandus, et que, par suite, certaines qualités ne puissent être considérées comme des qualités habituelles de la valeur, mais ces qualités, comme telles, ne peuvent en aucune façon *fonder* la valeur; elles l'accompagnent souvent, voilà tout. Et il est d'un intérêt scientifique et pratique que l'on ne méconnaîtra pas, de constater que les éléments de la valeur sont, non pas dans les qualités des choses, mais dans les conditions de notre esprit.

Il ne suffit pas d'ailleurs de s'en tenir à cette abstraction. Le jugement de valeur, tel que nous venons de le définir, est la conséquence immédiate d'un état de conscience; il ne concerne qu'une chose isolée: il n'emporte aucun élément comparatif. Or, la valeur est une mesure entre deux choses; elle n'implique pas seulement le rapprochement d'une chose et d'une conscience, elle implique aussi le rapprochement, la comparaison de deux choses entre elles. Par suite, ce n'est pas seulement un jugement sur le rapport d'une chose à notre croyance et à notre désir, c'est aussi un jugement sur les rapports comparés de deux choses à deux croyances et deux désirs différents qui nous sont propres, — ou, ce qui revient au même, c'est une comparaison interne entre deux croyances et deux désirs. Or, quel sera le terme de comparaison le plus naturel entre ces états intimes? Ce sera leur intensité respective, intensité que nous ne chercherons pas à expliquer, et que nous prendrons comme point de départ, comme prémisse et donnée première. L'intensité comparée de deux désirs et de deux croyances fonde donc la valeur relative de deux choses, et tout simplement la valeur, puisque celle-ci n'est conçue que comme relative.

Il nous est impossible de comprendre comment la valeur pourrait être fondée sur les qualités constitutives des choses.

La valeur est une comparaison ; mais quel est le terme commun de cette comparaison ? Il est choisi par l'esprit, ou, du moins, il lui est donné profondément dans la conscience. Une comparaison suppose un sujet qui compare, et elle dépend de lui. Pour tout dire, ce terme commun n'est autre que l'esprit lui-même, avec ses désirs variés, ses opinions propres, ses goûts. Que telle chose vaille plus pour un individu que telle autre, cela signifie qu'elle est mieux que cette autre adaptée à sa nature. Si la valeur est une mesure des choses, son mètre, c'est la conscience individuelle toute entière avec son échelle de désirs et de croyances d'intensité croissante ou décroissante. Cette échelle de désirs et de croyances, virtuellement présente en chacun de nous, ne se dessine nettement qu'au contact de la nature extérieure, des objets de nos désirs. Elle peut varier constamment d'ailleurs ; il y a des désirs périodiquement renaissants, comme la faim et la soif ; il y en a d'autres qui ne font que traverser le cœur, mais en conquérants : ce sont les désirs qui naissent des passions. On accorde généralement que les préférences en fait de couleur, de saveur, etc., sont, pour chaque sujet, l'expression de son tempérament propre, et, par suite, qu'elles ne peuvent donner lieu à discussion. Essentiellement, sauf la restriction que nous allons voir, il n'en va pas autrement ici : le terme profond de la valeur est choisi par chaque sujet, suivant son tempérament propre, comme le terme de comparaison des couleurs et des goûts.

Le jugement de valeur est donc un jugement de hiérarchie ; la valeur repose profondément sur l'*importance* (1), ou plus exactement sur le *prestige*. C'est ainsi que certains objets atteignent dans certains cas, dans les enchères par exemple, des prix extraordinaires : c'est qu'alors la valeur sociale de ces objets, qui n'est que le reflet de leur valeur moyenne, cède le pas à l'une des valeurs individuelles, la plus élevée sans doute, qui s'exprime alors directement et comme à nu. Qu'on ne nous objecte pas le caractère accidentel de ces enchères, car la valeur, soi-

---

(1) Thomas, cité par Böhm-Bawerk, *Revue d'Economie politique*, année 1894, p. 509.

disant exceptionnelle, d'un tableau vendu 400.000 francs par exemple, constitue au contraire *la plus réelle* des valeurs que ce tableau puisse avoir, car, au lieu d'exprimer la moyenne abstraite de désirs et de croyances à laquelle ce tableau répond dans la conscience générale, elle exprime et mesure l'intensité réelle de ce désir et de cette croyance dans une conscience déterminée ; au lieu de se fonder sur une moyenne pâle et inexistante, ce prix se fonde sur un cas individuel de valeur ; il est la révélation directe d'une conscience.

Mais le plus souvent, ainsi que nous venons de le laisser entendre, le prix est déterminé non par le jugement de valeur individuel que nous avons défini, mais par un jugement de valeur individuel moyen, présumé chez l'acheteur. En effet, le débat entre échangistes, qui précède théoriquement le prix, ne peut éclairer entièrement chacune des parties sur la conscience de l'autre ; les jugements individuels de valeur de chaque contractant restent, pour leur plus grande part, inconnus de son adversaire. Sur quoi donc baser ce calcul d'opinions et de désirs, cette balance psychologique, d'où résultera le prix ? Cela est bien facile à imaginer, si l'on suppose que certains jugements de valeur individuels, par suite du fonctionnement des lois sociales, se sont propagés d'individu à individu, se sont généralisés jusqu'à devenir des jugements collectifs, et qu'ainsi les consciences de tous les acheteurs dans un même marché offrent des points d'identité nombreux, qui ne peuvent être ignorés des vendeurs, de même que les consciences des vendeurs offrent des points d'identité qui sont connus des acheteurs. Ces appréciations communes, cette similitude de certaines croyances et de certains désirs, ces jugements collectifs en un mot, qui résultent du frottement social, c'est là le point d'appui solide de la valeur sociale, — c'est la valeur sociale elle-même. C'est sur cette connaissance plus ou moins parfaite de la conscience des acheteurs, c'est sur cette prévision plus ou moins exacte de la valeur individuelle moyenne, que le vendeur édifie son prix ; et c'est aussi sur cette connaissance de la conscience de ses vendeurs, que l'acheteur mesure le degré de sa résistance à leurs prétentions.

Il y a donc une valeur sociale : c'est le point d'appui solide, et fixe dans une certaine mesure, du prix. Ce point d'appui est objectif, si l'on veut, en ce qu'il est un fait donné par l'observation du marché; mais il est *psychologique* surtout, en ce qu'il résulte, non pas des conditions extérieures de ce marché, mais bien des conditions subjectives des échangistes, qui relèvent de la psychologie individuelle et de la psychologie sociale. La valeur sociale, c'est une valeur individuelle généralisée (1).

Nous voici maintenant en état de répondre à ceux qui nous opposeront : Fonder la valeur sur les opinions, sur les désirs individuels, cela offre une impossibilité absolue; il faut, en effet, que les valeurs soient mesurables. — Nous le reconnaissons volontiers : pour que la justice soit possible, il est indispensable qu'il existe une mesure précise de la valeur. Mais nous affirmons que cette mesure ne peut être que psycholgique. Toutes les doctrines que nous avons étudiées ont cru que, pour mesurer avec quelque certitude la valeur, il fallait nécessairement avoir recours à une qualité *extérieure* des marchandises qui leur fût commune à toutes, et fût susceptible d'être graduée avec précision dans chacune d'elles. Identifiée ensuite à cette qualité extérieure, la valeur bénéficiait d'une mesure fixe et certaine. La valeur possèderait donc son mètre matériel; il n'est que de le découvrir parmi les éléments extérieurs de la marchandise. Or, cela nous est apparu comme une illusion.

Les théories objectives en question, dans le choix même qu'elles ont fait de l'élément déterminant de la valeur, se sont laissées guider par des préférences morales, inconscientes ou non ; elles se sont fondées sur des conceptions de justice qu'elles

---

(1) Rien ne nous semble mieux remplir les conditions d'un fait constatable que ceci : une opinion qui a acquis un certain degré de généralité dans un certain milieu, — et c'est de ce *fait* que l'on peut partir, si l'on veut, pour l'étude sociale, si toutefois l'on reconnaît, pour éviter de fâcheuses confusions futures, que cette opinion généralisée n'est qu'un ensemble de phénomènes psychologiques individuels. Considérer ce fait comme un fait objectif, ce peut être un artifice légitime de méthode, mais ce ne peut être que cela. La réalité de ce fait n'est pas de même nature que la configuration du sol par exemple, ou le climat.

n'ont pas toujours avouées, et non sur l'étude des faits. Il n'est pas, en effet, de qualité extérieure que l'observation nous présente comme commune à toutes les marchandises, et proportionnée rigoureusement à leur valeur dans l'échange. Il n'est pas, en d'autres termes, de cause objective de la valeur, car la seule observation des faits ne peut nous la faire découvrir. L'élément commun, qui doit nécessairement exister entre toutes les valeurs, nous le verrons tout à l'heure, ne peut être que subjectif. Il reste donc que les tentatives de mesurer la valeur par une qualité des choses échouent complètement.

La valeur n'est mesurable que psychologiquement. Elle est une qualité attribuée par l'esprit aux choses ; mais cette qualité est propre à présenter des degrés nombreux, à croître ou à décroître dans l'esprit, sans changer de nature. Elle se révèle à nous, par suite, *comme une quantité*. Elle est un jugement dont les effets peuvent être mesurés exactement par les nombres. L'origine et la véritable nature de ce jugement pourraient nous rester inconnues, nous n'en savons pas moins que l'esprit mesure les valeurs *en lui-même* avec une précision instinctive suffisante, puisqu'il les compare, et donne le pas, à chaque fois qu'il s'exprime, à la plus intense. Il n'est d'autre mesure des valeurs, donnée par l'observation, que celle-ci : cette sorte de balance, de comparaison intime, dans la conscience individuelle. Que fait celle-ci, lorsqu'elle agit, sinon sacrifier tels désirs ou telles croyances à tels autres plus impérieux qu'elle satisfait ? Elle a donc d'abord mesuré ces croyances et ces désirs entre eux. Elle porte en elle une échelle subjective, souvent mobile, d'ailleurs, une échelle des valeurs, qui n'est, sans doute, pas autre chose que cette *table des valeurs* dont Nietzsche a dit qu'elle était le symbole complet d'une civilisation, et qui, en effet, ne peut offrir d'autre réalité psychologique que celle-là, et se confond avec cette échelle individuelle des croyances et des désirs qui déterminent d'ordinaire notre action. Notre action, même et surtout irréfléchie et déterminée rigoureusement, repose donc sur une mesure précise de nos croyances et de nos désirs entre eux, mesure précise qui est le fondement du jugement de valeur.

Cette comparaison interne de désirs et de croyances, soit libre, soit déterminée, d'où résulte la valeur individuelle, se répète par une comparaison externe entre deux consciences différentes, d'où résulte la valeur d'échange.

Entre deux échangistes, l'intensité comparative des désirs et des croyances est facilement mesurée par la résistance que chacun oppose aux prétentions de son adversaire. Deux jugements de valeur sont en présence, le jugement de valeur individuel du vendeur et le jugement de valeur individuel de l'acheteur; — mais, le plus ordinairement, ces jugements ne se manifesteront pas dans l'échange; ils se dissimuleront au contraire avec soin, car chaque échangiste voudra entretenir son adversaire dans l'ignorance de son désir, afin de traiter au meilleur taux possible. — Au contraire, les jugements de valeur, qui influeront sur l'échange, seront plus habituellement : d'une part, celui que l'acheteur *suppose chez son vendeur;* d'autre part, celui que son vendeur *suppose chez son acheteur*. Ce sont des jugements moyens de vendeurs et d'acheteurs qui sont pris en considération, c'est-à-dire des jugements basés sur des désirs moyens et des croyances moyennes. Ainsi, la valeur qui sert de fondement le plus souvent à la prétention de chaque échangiste, c'est la valeur *collective,* celle qui est commune à tout un groupe. C'est celle-là, notamment, que le vendeur prévoit et calcule avant de fixer son prix de vente, et, s'il a intérêt maintes fois à faire descendre ce prix jusqu'au minimum du coût, c'est qu'ainsi, en abaissant le jugement de valeur moyen sur lequel il table, il s'adresse à un plus grand nombre de désirs, il étend sa clientèle.

Il suit de là que le prix résulte d'une comparaison précise, soit entre deux jugements de valeur individuels, soit, plus souvent de nos jours, entre deux jugements de valeur collectifs; mais dans ce dernier cas, l'origine de la valeur n'en est pas moins individuelle; car d'abord, ces jugements de valeur collectifs sont de toute nécessité représentés dans la conscience de chaque échangiste au moment de l'échange, et en second lieu, ces jugements collectifs ne sont eux-mêmes que d'anciens jugements individuels, parvenus à un certain degré de diffusion.

Remarquons que l'échange, en se fondant sur des jugements de valeur moyens, et en s'écartant de la valeur individuelle, entraîne presque toujours une *rente* au bénéfice de l'un des échangistes et parfois des deux. Cette rente, particulière à l'échange, consiste, pour l'acheteur, à payer moins cher qu'il n'aurait consenti, et pour le vendeur, à vendre plus cher qu'il n'avait compté. Il existe une *rente totale* idéale, qui est mesurée par l'écart entre le prix le plus haut qu'aurait consenti l'acheteur, et le prix le plus bas qu'aurait accepté le vendeur. Cette rente se partage entre les deux échangistes suivant leur habileté, et, surtout, suivant les jugements présumés de valeur collectifs, qui fixent le degré de leur résistance réciproque. Ainsi, la rente habituelle de l'échange exprime précisément l'écart qui existe entre la valeur individuelle et la valeur collective. Cet écart, au point de vue d'une certaine équité individualiste, devrait être considéré comme injuste; le prix individuel qui se proportionnerait au désir de chacun, serait seul équitable. Cependant, cette rente de l'échange, n'est ni plus ni moins injuste que la rente foncière. Le socialisme ne remédie en aucune façon à ces inégalités, car sa justice à lui, plus grossière, ne se fonde pas sur le rapport entre le désir et la satisfaction, mais entre l'effort et la satisfaction.

La tendance économique, d'ailleurs, est de mesurer de moins en moins le prix au désir de l'acheteur, et de substituer au *prix individuel*, déterminé d'après les marchandages particuliers, un *prix commun* ou de marché, fixé une fois pour toutes, sans considération de chaque acheteur. Le marché lui-même, sur lequel domine un prix unique, tend à devenir de plus en plus vaste, jusqu'à être presque mondial pour certains trusts de l'Amérique. Quelle est alors la base du prix de marché ? Est-ce toujours un jugement de valeur collectif ? Ou bien est-ce un autre élément plus précis, indépendant de la psychologie, le coût de production ?

La théorie du coût se présente ici avec une certaine apparence de clarté et de précision. Mais nous avons vu que cette précision est illusoire, car le coût de production n'est qu'un faisceau d'éléments premiers, dont chacun demande à être expliqué; il comprend, notamment, les salaires dont le taux n'est sûrement pas déterminé lui-même par le coût de production, c'est-à-dire par le coût d'existence du travailleur, mais par un jugement de valeur, dont le contenu est des plus intéressants (1). Cette théorie n'explique donc rien : elle recule simplement l'explication. Dans le cas de vaste marché, comme dans le cas de petit marché, c'est toujours un jugement de valeur collectif qui sert de base déterminante au prix. Assurément ce jugement de valeur, en s'étendant, se dépouille de ses éléments particuliers, et paraît, par suite, s'appuyer sur des bases objectives; mais ce n'est là qu'une apparence. La connaissance de l'état social et moral du marché est indispensable au directeur d'un trust américain, dont le cabinet est en quelque sorte un laboratoire de psychologie. Le plus souvent, d'ailleurs, ce prix commun n'est qu'un trompe-l'œil; le trust établit des séries de prix particulières à certains groupes d'industriels, à certaines nations même, et ceci prouve bien le cas qu'il fait des jugements collectifs de valeur, propres à certaines fractions de sa clientèle.

Il est évident que, dans l'ensemble des cas, le prix s'éloigne de plus en plus de l'équivalence individuelle des désirs dans un couple isolé d'échangistes, pour se modeler sur un jugement moyen; mais c'est exactement comme en législation, où les lois sont faites en considération de la moyenne des cas, et sans souci des injustices particulières qu'elles peuvent faire naître. La loi n'en est pas moins dictée, comme le prix, par des jugements individuels plus ou moins généralisés. C'est le rôle de la jurisprudence d'adapter autant que possible la législation commune à la justice individuelle, comme le rôle du petit commerce de revente est d'adapter aux acheteurs autant que possible le prix collectif (2).

_____

(1) Voir notre chapitre VIII : *Le juste salaire.*

(2) C'est pourquoi le métier du revendeur de détail demande un flair psychologique particulier. L'étranger, perdu dans Paris, qui s'adresse à un colporteur pour lui acheter un *Guide*, que celui-ci a payé dix sous, le paiera au moins le double, et il y aura là une sorte d'adaptation du prix

Toutes les moyennes, mathématiques ou sociales, comportent ce défaut d'offrir une certaine dose d'abstraction idéaliste qui s'éloigne de la réalité ; elles expriment même de toutes les possibilités la plus abstraite, c'est-à-dire la *moins réelle*. En ce sens, le petit artisan de campagne, qui fixe ses prix d'une façon plus irrégulière et plus individuelle que le grand producteur national ou mondial, se rapproche davantage de l'idée de justice individuelle à laquelle nous faisions allusion tout à l'heure. L'uniformité du prix, qui est une des conditions du grand commerce, repose sur la divulgation de ce prix. Or, le prix de l'artisan n'a pas une grande publicité ; il peut varier en s'adaptant aux circonstances de l'échange, sans provoquer de réclamations.

Mais il est une force qui s'oppose à cette individualisation du prix, et qui tend à régulariser le marché, même dans les petites communes, c'est la *coutume*. L'homme s'est toujours méfié de la fixation individuelle du prix ; il a trouvé une garantie contre elle dans la coutume, qui régit également tout le monde. Or, la coutume tend à conserver dans la fixation du prix certaines influences morales, certaines associations d'idées qui fondent le juste prix ; très souvent même elle se confond avec celui-ci, de telle sorte que le prix de coutume est habituellement considéré *comme le prix juste*. Cela s'explique fort bien. Dans le cas où la connaissance du prix habituel fait défaut aux deux co-échangistes, ou bien dans le cas où il n'existe pas de prix courant pour une transaction exceptionnelle, comment se détermine le prix ? L'absence d'évaluation antérieure rend le débat très incertain, très oscillant, très difficile ; les échangistes cherchent instinctivement dans un cas analogue le fondement de leur décision. Cela revient à dire qu'en

---

à la justice individuelle. Les petits métiers ont ainsi développé une certaine ingéniosité, ou *roublardise*, que le grand commerce se flatte, avec raison, de faire disparaître de plus en plus. — Ce qu'est le prix pour un paysan est tout à fait différent de ce qu'il est pour un habitant des villes ; le paysan a peine à croire qu'on ne le vole pas, ou qu'on ne lui demande pas plus que son voisin, quand on lui fixe un prix ; il marchande. Il n'y a pas de prix fixe à la campagne, il n'y en a qu'à la ville. Un paysan marchande d'instinct un billet de chemin de fer.

l'absence d'un prix de coutume, qui s'impose à eux comme base de la discussion, celle-ci est absolument affolée et incohérente. Est-ce à dire que le prix est une chose sociale qui s'impose toute faite à nos volontés particulières, et qu'il faut accepter comme un bloc sans chercher à expliquer sa formation ? (1). Si le prix était invariable, peut-être serait-il vain, en effet, de chercher à l'analyser ; — mais il est mobile, et cette mobilité nous restera inexpliquée, tant que nous n'aurons pas réussi à le décomposer en ses éléments, à l'*ouvrir* pour voir tout ce qui est en lui. D'autant qu'il est illégitime de supposer une action du prix sur les échangistes, sans supposer l'action inverse et complémentaire des échangistes sur le prix : il y a là un jeu d'actions et de réactions, qui fait que le prix courant, *avant d'être cause, est effet.*

La coutume a commencé par une action individuelle et isolée ; il est impossible de l'imaginer autrement. D'ailleurs, que le prix courant soit un fait social qui s'impose à nous plus qu'il n'est notre œuvre, cela est contredit bruyamment par le fait des trusts qui, indiscutablement, peuvent fixer les prix dans certaines conditions et à certaines époques données (2).

Nous reconnaissons que la coutume est, pour une partie d'elle-même, une force de contrainte. Les hommes, en effet, luttent contre elle, cherchent à s'y soustraire lorsqu'elle les gêne ; elle leur apparaît parfois comme une ennemie, et il serait absurde de la définir : un consentement universel donné par chacun à une manière de juger ou de sentir. Mais c'est précisément parce qu'elle heurte souvent les consciences individuelles, que celles-ci, réagissant sur elle, la façonnent à la longue selon leur idéal. A l'origine, la coutume est, sans doute, un consentement passionné ; plus tard, son autorité ne tient plus qu'au prestige de ce qui est ancien et universellement

(1) Voyez dans ce sens M. Simiand, *Etude sur le prix du charbon*, ANNÉE SOCIOLOGIQUE, 1902, p. 1-2.

(2) Voyez Jenks (*Rapport préliminaire de la Commission industrielle des Etats-Unis*), notamment pour le cas du trust du sucre et celui du pétrole.

adopté dans un groupe ; mais alors, dès qu'elle est nettement *ressentie comme une contrainte*, la coutume est en danger ; elle va disparaître et céder la place à des jugements nouveaux, lesquels fonderont à leur tour des coutumes. Ainsi, la coutume, qui fixe, dans les cas ordinaires, le juste prix, se rapporte à d'anciennes estimations de justice ; lorsque ces estimations changent, lorsque l'idéal des consciences évolue, le juste prix suit ces tendances nouvelles et change avec elles.

II

Le soutien du jugement de valeur individuel, c'est donc, nous l'avons vu, l'esprit tout entier avec ses goûts, ses préférences, ses tendances, qui peuvent se grouper sous deux termes : ses croyances et ses désirs. Or, il est un de ses désirs les plus profonds qui ne peut, *a priori*, rester étranger à la formation de la valeur ; c'est le désir de justice. Le jugement de valeur établit une comparaison, un rapport entre deux croyances ou deux désirs. L'idée de justice établit de même un rapport, une proportion entre deux choses. Ces deux jugements doivent avoir des points de contact nombreux. Lorsqu'un travailleur réclame un salaire supérieur à celui qu'il gagne, il juge que son salaire actuel est inférieur à ce que vaut son travail ; il appuie ce jugement de valeur sur une comparaison avec autrui, sur le sentiment de son droit à un minimum de jouissance, à un niveau de vie convenable, etc... Ce ne sont là que des formes diverses de l'idée de justice ; le plus souvent, une telle filière psychologique lui échappe ; il suit ses camarades auxquels il sent obscurément qu'il est lié. Mais quelque ouvrier plus intelligent ou plus hardi a fait ces réflexions, a senti vivement en soi la contradiction de justice, et a cherché à la faire sentir à son groupe. Il existe ainsi une liaison entre l'idée de justice et le jugement de valeur, à l'origine même de celui-ci dans la conscience.

Nous avons montré l'insertion de semblables croyances morales dans le jugement de valeur, — en étudiant successivement les diverses théories de la valeur qui ont eu cours. Pour les canonistes, la valeur reposait nécessairement sur la division de la société en classes distinctes, et l'attribution à chacune de ces classes d'un niveau de vie convenable. Pour les Physiocrates, la valeur se fondait sur la liberté économique, conçue comme une loi naturelle et comme une loi morale à la fois. Dans l'école classique, la valeur est liée à la notion de concurrence ; c'est la concurrence, loi de justice supérieure, qui donne aux choses leur valeur absolue. Enfin, la valeur socialiste dépend plus clairement encore d'une loi de justice : la rémunération doit être proportionnée rigoureusement à l'effort physique. Chacun de ces points nous a retenu. Nous avons essayé de remonter, dans l'analyse de chaque théorie, jusqu'au point où, ne reposant plus sur l'observation, elle s'allie obscurément dans l'esprit à des exigences arbitraires, prises pour fondement objectif. Nous avons constaté, pour toutes, ce cheminement souterrain de racines, qui relie l'arbre de la théorie à l'humus profond du cœur. Cela nous paraît de conséquence importante pour la théorie de la valeur, rattachée ainsi fortement à la conscience individuelle, et conçue comme son expression directe.

Les observations recueillies dans la seconde partie de notre travail, n'ont d'autre but que de confirmer cette vue sur le rôle que joue l'idée de justice, non plus seulement dans la formation de la valeur, mais dans la vie économique. Si l'idée de justice détermine le jugement de valeur, c'est qu'elle vit dans le cœur humain ; on en doit pouvoir suivre la trace dans des faits précis. Ceci a été nié ; l'idée de justice a été généralement reléguée hors de la science, comme appartenant à une discipline distincte. A nos yeux, au contraire, elle est un facteur de la vie sociale, puisqu'elle est partie intégrante de l'esprit humain. Et c'est d'une psychologie incomplète, véritable mutilation du cœur, que partaient les premiers économistes qui supposaient l'homme mû seulement par son intérêt. Comment eux qui prétendaient se fonder sur l'observation ont-ils délibérément ignoré l'influence des passions, et comment Adam Smith, l'auteur de la *Théorie des sentiments moraux*, a-t-il pris comme point de départ de la science économique cette abstraction desséchée de l'*homo œconomicus*, qui n'éclaire de l'homme qu'un tout petit versant et laisse dans l'ombre plus de la moitié du cœur ? C'est cependant sur une psychologie ainsi atrophiée que repose encore l'édifice de cette science. Il semble que tous les économistes, après avoir ainsi façonné un homme incomplet et sans vie, aient eu le souci de couper tout lien entre l'Economie et la Psychologie, comme si celle-ci devait être dangereuse pour les prétentions objectives de celle-là. Mais ils prêtaient ainsi les mains à leur propre écroulement. C'est par les bases qu'il faut reprendre leurs théories.

C'est bien ce qui a été vivement ressenti par les économistes allemands et autrichiens contemporains. Wagner (1), Menger (2) ont fondé leur science sur une base psychologique plus large, donnée par l'observation. Il reste encore beaucoup à faire dans cette voie. — C'est une question de méthode qui met en jeu l'avenir de la science économique. La psychologie sociale et la psychologie ethnique doivent à leur tour aider la psychologie individuelle. Schmoller (3) veut qu'on raisonne, non plus d'après le seul principe de l'égoïsme, mais en prenant comme point de départ des données variables et concrètes, telles qu'elles ont été créées dans chaque nation par une longue tradition et par les mœurs. Cela paraît évident et cela est nouveau. Si la loi de l'offre et de la demande, par exemple, peut être conçue comme une tendance générale, cependant l'effet de cette tendance est très variable suivant les marchés, c'est-à-dire suivant l'état psychologique commun aux acheteurs de chaque marché. Sur celui-ci, une dépression trop brusque des prix amène un retrait, une réaction belliqueuse de l'offre ; sur tel autre, il n'amène rien du tout qu'une soumission passive ; chez tel peuple novateur, la baisse des prix d'un objet étend sa consommation ;

---

(1) *Grundlegung der politischen OEkonomie*, I (1892).

(2) *Untersuchungen über die Methode der Social-Wissenchaften.*

(3) *Economie, coutume et droit*, — dans le volume intitulé : POLITIQUE SOCIALE ET ECONOMIE POLITIQUE (Giard et Brière).

chez tel autre, elle est acceptée comme un bénéfice et ne provoque que lentement l'accroissement de la consommation. On voit combien il est hasardeux de donner une formule universelle à cette soi-disant loi, et surtout une formule mathématique, laquelle n'est et ne peut être qu'insignifiante ou fausse.

Cette illusoire rigidité, qui a été conçue par les premiers économistes, ce *mécanisme*, avait pour soutien une psychologie universaliste, qui considérait la nature humaine comme la même dans le temps et dans l'espace. Il fallait, par suite, qu'elle dépouillât l'homme de tout ce qui fait son individualité, de tout ce qui est vraiment vivant et agissant en lui. Elle se faisait un idéal d'homme abstrait, n'obéissant qu'à la réflexion et à la raison, c'est-à-dire, en économie politique, à l'intérêt bien compris. C'est ainsi que l'école classique, même en tant qu'elle se fondait sur une base psychologique, a cru pouvoir nier l'influence des idées et des croyances morales dans la formation des concepts économiques.

En face des institutions économiques, son attitude se ressentait encore de l'étroitesse de sa psychologie. Elle prétendit justifier certaines institutions par des considérations d'utilité pure; mais les considérations d'utilité ne sont pas la sève, la nourriture des institutions : c'est seulement le respect qu'elles provoquent qui est la meilleure garantie de leur stabilité, et le respect se puise d'abord dans le sentiment de leur conformité à la justice. Dès qu'une institution ne s'adapte plus aux croyances nouvelles, elle perd toute raison profonde de durer, et elle s'écroule d'un coup, au grand étonnement de ceux qui la croyaient encore vivace (1). — Il faut, avec grand soin,

---

(1) Cependant, même alors, elles possèdent encore une force redoutable, la fascination de ce qui a été : l'empire romain déchu a revécu comme modèle dans le rêve de tous les grands conquérants depuis cette époque. C'est ce qui explique que chaque mouvement de rébellion des instincts déchaînés sous le nom de justice, soit suivi d'une période de réparation de l'ancien idéal, plus ou moins ébréché. Deux forces luttent pour ou contre l'équilibre des institutions. Summer Maine les appelait les forces progressive et stationnaire des sociétés; Tarde la mode et la coutume.

surveiller le thermomètre de la justice générale, les tendances de la morale courante, si l'on veut se rendre compte de la solidité des institutions, de leurs chances d'avenir, de leurs évolutions. C'est sur de telles considérations que s'appuie la seconde partie de notre travail, qui met en relief, dans les législations modernes, quelques-uns des traits significatifs d'un sentiment nouveau de la justice.

III

Revenons à la valeur. Nous avons dit qu'elle était un jugement, que ce jugement établissait un rapport, et que ce rapport se fondait sur des désirs ou des croyances individuels, notamment sur un désir de justice. Il faut ajouter : ce désir prend sa forme particulière d'une conception déterminée de la justice, qui est déjà ou tend à devenir la conception courante. Les conceptions morales changent, lentement il est vrai, mais elles changent, et le jugement d'où résulte la valeur doit donc changer avec elles.

Si l'école classique fonde son juste prix sur la concurrence, et si l'école socialiste fonde le sien sur le rapport de la rémunération à l'effort, ce sont là deux conceptions de justice opposées qui luttent entre elles sous le masque de deux théories de la valeur. M. Gide l'a dit : le juste prix, tel que l'entendent les économistes orthodoxes, celui qui résulte de l'offre et de la demande, est devenu un prix injuste (1). Le prix qui fut débattu entre Esaü et Jacob, quoique les deux parties aient évalué librement leur apport dans l'échange et l'aient déclaré équivalent, choque aujourd'hui notre délicatesse. A l'opposé de la conception des économistes, celle de saint Thomas et celle des trade-unionistes anglais demandent le *fair wage* (salaire loyal), le *living wage* (salaire en raison des besoins de la vie). C'est de ce côté là que penche la conscience moderne. La

---

(1) Voir *Justice et Charité*, dans le volume MORALE SOCIALE (Alcan, 1899), p. 192 et s.

justice a évolué ; elle ne se fonde plus sur une équivalence arbitraire, laissée à l'appréciation des parties, mais sur une équivalence de mérite et de travail. On pourrait dire qu'elle s'est affinée en ce que l'équivalence qu'elle recherche est surtout morale ; on pourrait dire aussi qu'elle est devenue plus sensualiste, si l'on s'en tient au marxisme, qui a voulu identifier le mérite au seul effort physique, et mesurer en conséquence la valeur à la quantité de travail incorporée aux marchandises.

Chaque époque a, dit Schmoller (1), « ses normes dominantes conventionnelles », ses jugements collectifs, qui s'expriment par les coutumes. La loi de l'offre et de la demande par exemple a régné longtemps et sans conteste sur la morale économique. Elle marque un tournant singulier dans l'histoire économique. Elle se présenta d'abord comme une réaction scientifique contre la fantaisie des doctrines, et se donna pour une loi universelle et abstraite, fondée, comme les lois physiques, sur l'observation. Cependant, elle prit elle-même bientôt une allure morale, et affecta, aux environs de 1848, la forme d'un dogme. Les anciennes convictions qu'elle avait remplacées, convictions relatives à l'existence d'un juste prix, qui avaient pénétré et dirigé la vie économique du moyen âge, retrouvèrent ainsi, par un détour, leur importance. Le mysticisme qui s'empara de l'école classique, malgré ses prétentions positives, semble être la preuve de la liaison nécessaire qui s'accomplit dans la conscience entre l'idée de justice et celle de valeur. Nous avons fait l'histoire de ce mysticisme, en montrant comment, par leur croyance en un ordre naturel des sociétés, les économistes classiques se rattachèrent directement aux Physiocrates, et comment la notion de liberté ou de concurrence, sur laquelle était fondé cet ordre naturel, prit et garda à leurs yeux le caractère d'une justice relative, la meilleure possible. Ainsi, en considérant comme valeur *naturelle* celle qui est déterminée par la concurrence, les économistes ont fait renaître cette idée de juste prix qu'ils avaient cru bannir à jamais de leurs spéculations.

(1) *Politique sociale*, p. 256.

17

La base qu'ils prétendaient donner à l'Economique en fondant celle-ci sur la concurrence, offrait quelque arbitraire, et le goût qu'ils avaient pour la liberté relevait moins de l'observation scientifique que de certaines croyances morales. C'est pourquoi on ne peut s'étonner que ce fondement, sur lequel ils avaient prétendu édifier à jamais la science, ait été vite contesté ; il ne répondait plus tout à fait, après deux ou trois générations, au vœu secret des consciences. Le prix de concurrence dépendait d'une doctrine, sans doute beaucoup plus impersonnelle que celles qui l'avaient précédée, mais encore d'une doctrine particulière. Aussi des économistes novateurs, dès le début du siècle, s'opposaient-ils à elle en invoquant l'existence de ces sentiments subjectifs profonds qui sont contentés ou froissés par la marche des choses. Au fatalisme de la concurrence, ils prétendaient substituer le droit au produit intégral du travail. Ce n'était d'ailleurs pas moins arbitraire; c'était un idéal contre un autre idéal. Seulement la justice changeait de base : au lieu de s'appuyer sur la nature, elle s'appuyait désormais sur le cœur de l'homme; celui-ci dictait ses lois au monde au lieu d'en recevoir de lui. C'est sur cette croyance profonde que se sont édifiées les doctrines socialistes.

Il nous apparait donc, au résultat de cette étude, que la lutte qui s'établit entre le socialisme et l'économie classique, est avant tout une lutte de deux justices, de deux idéals. Ces idéals opposés s'expriment, d'une façon plus ou moins voilée, dans leur théorie respective de la valeur. C'est du succès de ces idéals que dépend, en dernier ressort, la validité de ces théories : c'est de la propagation de ces croyances que dépend leur réalité. — Notre étude ne s'en tient pas là d'ailleurs; elle a voulu montrer aussi combien la réalisation du socialisme, indépendamment de la diffusion des croyances morales sur lesquelles il se fonde, soulève d'objections terribles. Lié à une théorie de la valeur entièrement artificielle, il ne peut assurer le triomphe de celle-ci qu'en soumettant la société à une discipline rigoureuse, qui heurterait ses instincts les plus invétérés, son goût et ses habitudes de liberté.

Il est facile enfin de juger la portée de ces conclusions; elles valent ce que vaut notre méthode, tout entière d'observation psychologique. Nous avons cherché les bases de la valeur dans le jugement de valeur, et celui-ci nous est apparu comme une expression directe de la conscience individuelle. Nous sommes de plus en plus convaincus que les fondements de l'Economie politique ne sont pas dans les choses mêmes et les rapports extérieurs qu'elles soutiennent entre elles, mais dans la constitution mentale de l'homme et les rapports que son esprit établit entre les choses.

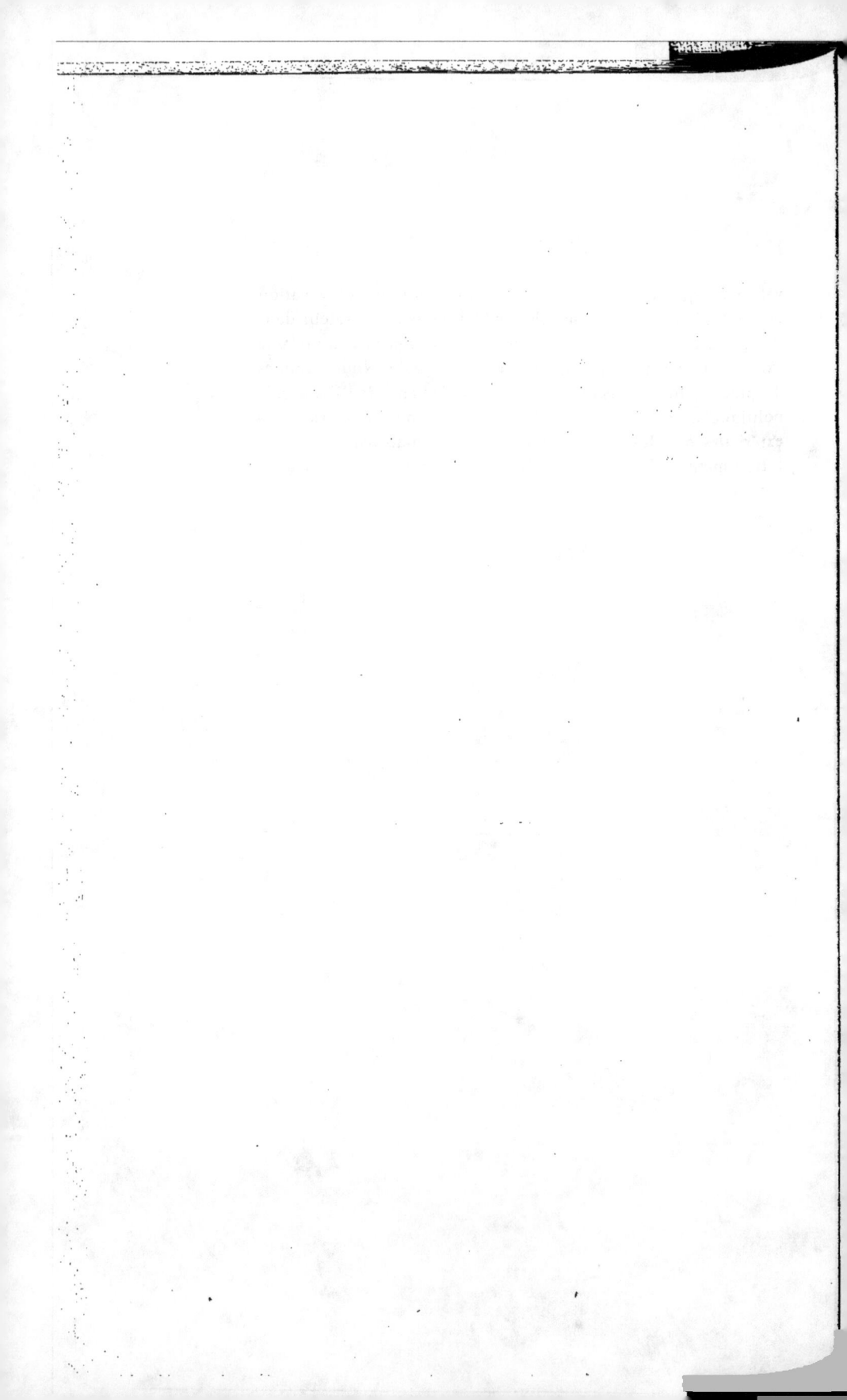

SECONDE PARTIE

L'influence de l'idée du juste prix sur les prix réels.

CHAPITRE VIII.

—

LE JUSTE SALAIRE.

———··◉··———

I

L'un des faits où se manifeste le plus nettement l'importance des idées morales, c'est certainement le prix du travail. Le prix du travail a toujours, croyons-nous, un fondement arbitraire ; il doit, en dernier lieu, s'appuyer sur une base immatérielle, et non sur une équivalence concrète. Il est, en effet, la mesure d'un élément moral, la *volonté de travail* mise au service d'autrui pendant une journée. Or, la valeur de cet élément ne peut être appréciée que par un jugement. Le salaire dépend du jugement de valeur du travail. Il s'agit de montrer, en quelques mots, comment nous l'entendons.

Les économistes, possédés du désir de découvrir la loi précise et objective qui règle l'équivalence de deux choses, ne conçoivent la valeur que comme l'expression de cette loi. C'est pourquoi ils ont recherché quel était l'*équivalent* du travail, sur lequel se réglait le taux des salaires.

Les plus célèbres d'entre eux n'ont pas hésité à le découvrir dans la quantité matérielle d'objets indispensables à la vie de l'ouvrier et de sa famille (1). Le salaire se règle sur le prix mini-

---

(1) Ce rêve d'équivalence objective dans le salaire est poursuivi par Von Ihering, qui (dans L'Evolution du Droit, trad. 1901) fonde le salaire sur l'équilibre entre la prestation et la contre-prestation, c'est-à-dire sur l'équivalence. L'équivalence réalise l'idée de justice dans le domaine du

mum de la vie chez l'ouvrier, sur la valeur des choses nécessaires au maintien de la force de travail. C'est la théorie de
Turgot ; c'est celle de Ricardo, de Rodbertus et de Mill ; c'est
aussi la théorie de Lassalle et de Marx, qui ont poussé à bout
l'idée de leurs devanciers. Or, on sait assez, aujourd'hui, ce que
cette prétendue rigueur objective cache d'obscurité et d'imprécision ; on reconnaît que le coût minimum de la vie est une
formule infiniment élastique, dont le sens et le contenu changent
avec les exigences de chaque lieu et de chaque époque ; on
admet, par suite, que la base de l'équivalence qui constitue le
salaire, se trouve dans les mœurs et dans l'opinion, en un mot,
dans des conditions psychologiques. Par exemple, Rodbertus,
l'inspirateur de Lassalle, et Ricardo, ont voulu établir que,
dans les oscillations amenées par le jeu de l'offre et de la demande, le salaire gravite en réalité vers un niveau régulateur,
qui est le *salaire nécessaire*, c'est-à-dire le salaire indispensable
à l'ouvrier pour vivre, se loger, se nourrir et se vêtir, lui et sa
famille. Le vague de cette formule est suffisamment senti par
tout esprit un peu précis ; mais le reproche le plus grave auquel
elle prête est celui-ci : à aller au fond des choses, le salaire
nécessaire, c'est le *minimum d'exigences* de l'ouvrier, et ce
minimum est calculé sur les exigences que l'on est accoutumé
de reconnaître comme justes et non exagérées pour telle classe,
en tel lieu, à telle époque. Ainsi, cette limite minimum est
purement psychologique. Un ouvrier moderne n'acceptera pas

---

commerce ; elle est le point d'indifférence entre les deux égoïsmes
antagonistes du vendeur qui veut obtenir le plus possible, et de l'acheteur
qui veut payer le moins possible. D'elle-même cette équivalence se réalise ;
d'elle-même, la justice gouverne le commerce ; et c'est la concurrence qui
est le meilleur régulateur des égoïsmes. — Il faut, toutefois, réprimer
l'*extorsion* ou l'*usure* au sens large. C'est à cet ordre d'idées qu'appartiennent les lois sur les taxes légales, sur les restrictions apportées au taux
de l'intérêt, etc. — Ce qu'il faut remarquer, c'est que Ihering veut que
le salaire soit calculé sur la *profession*, qui est la contre-prestation. Le
salaire fixé *en considération de la profession* est toujours juste, car il est
adéquat à la prestation. La profession doit donc être considérée comme
le régulateur du salaire : chaque homme a droit à un salaire en rapport
avec son poste de service social. N'est-ce pas là sensiblement la même
conception que celle qui inspirait les canonistes du moyen âge ?

un salaire qui ne lui permettrait que la vie et le luxe d'un
ouvrier de 1750; un ouvrier des villes n'acceptera pas un salaire
qui ne lui permettrait pas de manger de la viande, tandis qu'un
ouvrier de la campagne sera relativement moins exigeant. Le
salaire nécessaire, c'est le salaire minimum acceptable; il se
réfère à une appréciation morale de juste prix du travail, ou de
juste salaire; et il y a d'ailleurs un écart plus ou moins grand
entre ce juste salaire, qui est le salaire convoité, et le salaire
de fait, accepté, toléré (1). Le problème du salaire, posé en
termes objectifs, se résout donc nécessairement en termes subjectifs.

Une autre explication, plus récente, a été donnée. Elle fonde
le salaire, tout au moins en grande partie, sur la *productivité
du travail* (2). On paye le travail suivant ce qu'il rapporte, ou,

---

(1) Marx lui-même reconnaît indirectement l'influence des mœurs sur
le taux des salaires : *Capital*, p. 272, col. 1 : « La dépendance (des
ouvriers) revêt, dans certaines conditions historiques, des formes to-
lérables, et, comme dit Eden, des formes aisées et libérales...... Alors il
leur revient, sous forme de paiement, *une plus forte portion de leur propre
produit net*, en sorte qu'ils se trouvent à même d'élargir le cercle de leurs
jouissances, de se mieux nourrir, vêtir, meubler, et de se former de petites
réserves d'argent. » Donc, la force de travail n'a pas une valeur constante;
elle se vend plus ou moins cher, suivant les époques. L'équilibre de la
théorie de Marx nous paraît bien compromis par cette concession. Pour
Marx, il est vrai, ces variations du salaire tiennent aux variations de
l'accumulation du capital, lesquelles tendent, soit à absorber beaucoup de
travail et à rendre par suite l'offre de celui-ci insuffisante, soit, au contraire, à ralentir le travail, et par suite à déprimer son prix. Mais il reste
ceci : que le travail gratuit peut diminuer chez l'ouvrier, et, par conséquent, quoique Marx ne le dise pas en propres termes, que *la plus-value peut
aller en partie à l'ouvrier*. Or, cela est grave; car dès que l'ouvrier peut
s'approprier un peu de la plus-value, quelle raison y a-t-il qu'il ne s'en
approprie davantage ? (Voir G. Sorel, Journal des économistes, 1897,
p. 224.) Marx a compris l'insuffisance de la loi d'airain pour expliquer le
prix du travail; il a admis une certaine élasticité du salaire. Mais quelle
est la cause véritable de cette élasticité ? il n'a pu le dire. Elle n'est autre,
pour nous, que le changement moral de l'ouvrier, la conscience qu'il a de
sa force, d'un droit simple et décisif.

(2) Voyez notamment M. Beauregard : *Essai sur la théorie du salaire*,
ainsi que MM. Villey, Block, Chevallier et Stanley Jevons. La théorie de
la productivité a été enseignée pour la première fois, dit M. Gide, par
Walker, dans son livre : *The wage question.*

du moins, suivant le produit probable, la productivité espérée. Et ainsi, cette mesure du travail s'en réfère à l'ensemble de la vie économique, où il ne s'agit que d'équivalents matériels. Le travail est payé suivant son produit, lequel est lui-même payé suivant son équivalent en marchandises d'autre nature, etc... — A notre avis, cette théorie laisse tout à fait intact le véritable problème du salaire. Car il faudra toujours, dans ce cycle d'équivalents, rencontrer un élément qui sert de base à tous les autres. Cet élément premier ne peut être précisément que le salaire. Ce n'est pas du tout ce que produit le travail qui sert de base à l'estimation du salaire, mais c'est bien, au contraire, le salaire lui-même qui détermine le prix du produit. Par suite, les prix de toutes les marchandises sont plus ou moins dépendants du prix du travail, alors que le salaire ne dépend que *nominalement* du prix des marchandises. En d'autres termes, le salaire réel, ou pouvoir d'achat du salaire, consiste essentiellement dans un certain rapport entre la somme d'effort dépensée par l'ouvrier et les satisfactions que celui-ci peut, en compensation, retirer du prix de sa journée; seul, le salaire *nominal,* lequel ne nous intéresse pas ici, dépend du mouvement général des prix et de l'état du stock monétaire. Le salaire réel est indépendant du prix des marchandises qu'on veut lui donner pour équivalent, aussi bien du prix des vivres nécessaires à l'ouvrier que du prix des marchandises produites par le travail. Il exprime avant tout un rapport entre deux termes : quantité d'effort et quantité de satisfaction. — Or ce rapport lui-même ne peut être déterminé par des considérations matérielles; il reste même tout-à-fait indéterminé, tant qu'il ne s'appuie pas sur des idées morales. Les économistes qui revendiquaient le droit au produit intégral du travail, par exemple, reliaient l'une à l'autre la valeur du travail et la valeur de son produit; mais c'était précisément en vertu de la croyance morale que le travailleur doit rester maître des résultats de son effort; or c'était là une doctrine du juste salaire, et non une théorie scientifique du salaire.

On pourrait soutenir sans paradoxe que si la vie économique tout entière était fondée sur des équivalences matérielles et stables entre marchandises, sur des valeurs objectives en un mot, ainsi que le prétendent certains économistes, une seule marchandise cependant devrait faire exception à cette règle : c'est le travail; car toutes les équivalences précises se fonderaient plus ou moins sur l'équivalence en travail, sur la quantité de travail incorporé, comme dit Marx; mais il serait impossible de déterminer par le même moyen la valeur du travail lui-même. Si l'on veut poursuivre jusqu'au bout l'analyse du salaire, ses bases objectives restent toujours, à un moment donné, indéterminées et imprécises ; elles ne peuvent être fixées avec précision sans un appui psychologique. Il y a autre chose ici qu'un calcul mathématique d'équivalents précis et invariables ; il y a une appréciation morale, laquelle exprime toujours un certain rapport idéal de justice entre la rémunération et l'effort. La question même que pose et résout le salaire est celle-ci : dans quelle mesure le travail doit-il donner à l'ouvrier des jouissances de confortable, d'alimentation, d'habillement, de luxe, etc.? On sent bien que, pour y répondre, il faut que l'esprit s'appuie sur des données antérieures d'ordre moral, les données matérielles se manifestant ici comme rigoureusement impuissantes.

Il est important de constater que ces données morales n'ont pu être passées sous silence par les économistes qui ont étudié avec soin la théorie des salaires. Suivant M. Beauregard (1), cinq groupes de causes influent sur le salaire, et expliquent son mécanisme :

1) Le rapport du produit net *espéré* aux emplois disponibles (productivité du travail);

2) Le rapport du produit net espéré aux exigences irréductibles des capitalistes et des entrepreneurs dont le concours est nécessaire à l'industrie;

3) Le rapport de la population ouvrière qui cherche un salaire aux emplois disponibles;

---

(1) *Essai sur la théorie du salaire.*

4) Le rapport des capitaux et des entrepreneurs en quête d'emploi, aux demandes correspondantes de l'industrie ;

5) L'état économique, intellectuel et moral des classes échangistes (ouvriers, capitalistes et entrepreneurs).

Cette analyse est vraiment intéressante ; elle se tient sur le bord de la psychologie et n'ose pas en franchir le seuil. Nous allons voir, en effet, que ce qu'il y a de plus solide en elle est fondé sur l'analyse psychologique. Tout d'abord, il s'agit, pour les deux premiers groupes de causes, de l'influence, non pas du produit net effectif, mais du produit net *espéré* (1). Cela est bien différent et sensiblement plus exact. Or, ce rapport entre le produit net *espéré* et le prix réclamé par l'ouvrier, de quelle nature est-il ? Il n'est pas fixé par des termes matériels ; cette espérance n'est pas un facteur d'une rigueur absolue ; elle est susceptible de hausser ou diminuer par suite de réactions psychologiques tout-à-fait en désaccord avec les faits : l'ouvrier ou le patron peuvent espérer un produit net énorme d'une entreprise en fait désastreuse. Le mécanisme du salaire ne laisse donc pas de reposer sur des données psychologiques plus ou moins arbitraires. Mais ce n'est pas tout. Quand M. Beauregard arrive aux facteurs d'apparence purement objective, comme le rapport du nombre des ouvriers aux emplois disponibles, ou le rapport des capitaux aux industries (classés 3me et 4me), il est tenu d'avouer franchement que ces termes ne fixent rien, ne sont nullement des conditions *impulsives* du salaire, que leur rôle est seulement d'empêcher celui-ci de monter ou de descendre au-dessus ou au-dessous de certaines limites, d'ailleurs vaguement déterminées (2). En d'autres termes, elles agissent sur le salaire comme causes secondaires, mais sont incapables de *déterminer le prix du travail.* Cet aveu est grave.

Si l'offre et la demande, qui fixent le prix de toute marchan-

---

(1) *Essai sur la théorie du salaire*, p. 162 et s.

(2) Ibid. p. 200.

dise d'après la théorie classique, sont ici impuissantes dans une très large mesure, quelles sont les causes vraiment agissantes ?

Elles sont classées par M. Beauregard en dernier lieu, sous le titre : *Etat économique, intellectuel et moral des co-échangistes*. L'auteur en question le reconnaît lui-même, aucun des éléments qu'il a donnés jusque-là comme facteurs principaux des salaires n'est suffisamment explicatif sans celui-ci (1). D'ailleurs, il ne cherche pas à en préciser davantage la nature ; il s'en excuse en alléguant qu'il renferme, à son tour, trop d'éléments divers pour pouvoir être analysés. Cette réticence, en surplus, paraît se fonder implicitement sur ce qu'une pareille analyse relèverait de la Psychologie et non de l'Economie politique ; mais l'on comprend assez que nous n'admettons pas une pareille fin de non recevoir. En réalité, ces mobiles ne sont pas si divers qu'ils ne puissent être étudiés et classés sous des chefs bien déterminés. Admettre que l'état politique, intellectuel et moral des ouvriers influe profondément sur le salaire, et passer sans insister davantage, c'est laisser la porte ouverte à cent causes indéterminées ; c'est avouer, par suite, que l'on est impuissant à construire une théorie précise du salaire.

M. Levasseur énumère de même cinq facteurs du prix du travail : 1) la productivité ; — 2) le coût de la vie ; — 3) l'état général de la richesse du pays ; — 4) la concurrence des ouvriers et la concurrence des patrons ; — 5) enfin, *les coutumes, les mœurs et les institutions* (2). Mais, comme dit M. Gide spirituellement, cette dernière cause pourrait se traduire par un *et cœtera* (3). Il faut donc, ou bien se résigner à un aveu d'ignorance, ou bien se mettre résolument à l'étude de ce facteur considérable et délaissé, et résoudre par l'analyse cet amas confus d'éléments qu'on nomme l'état intellectuel et moral de

---

(1) *Essai sur la théorie du salaire*, p. 162 et s.

(2) *Le Salariat* (Extrait des comptes-rendus de l'Association française pour l'avancement des sciences, 1901). — Voir aussi *La théorie du salaire*, (JOURNAL DES ÉCONOMISTES, janvier 1888.)

(3) Gide, *Traité d'Econ. politique*, 6ᵐᵉ édition (1898), p. 456.

la classe ouvrière. Précisément, cette courte étude sur le juste salaire tend à mettre en relief l'un de ces éléments, et le plus important peut-être, le sentiment d'un droit à une juste rémunération, répandu dans la classe ouvrière. C'est sur lui que s'appuient les exigences irréductibles des ouvriers, exigences qui déterminent souvent le salaire (1). M. Beauregard le reconnaît, lorsqu'il dit, à propos du salaire minimum obtenu par les ouvriers : « On constatera que la quantité des offres relativement aux demandes n'y est pour rien. Ce minimum dépend des prétentions irréductibles de ceux qui cherchent à louer leur travail et non pas de leur nombre » (2). Autrement dit, la loi de l'offre et de la demande est tout à fait inefficace ici ; le *nombre*, l'élément objectif sur lequel aiment à s'appuyer les économistes, n'a aucune influence. Seuls, les facteurs psychologiques ont un pouvoir vraiment explicatif, car ils peuvent déterminer le taux du salaire. Ainsi la croyance en un salaire juste, et, par conséquent, le sentiment d'un droit à ce salaire, peuvent, comme nous allons le voir pour le cas des tarifs maxima édictés par la loi ou les municipalités, agir *directement* sur le prix du travail. Au contraire, les facteurs objectifs du salaire, généralement présentés comme déterminants (rapport des capitaux aux emplois, rapport des offres de travail aux emplois...), ne peuvent exercer qu'une influence d'appoint. Ils agissent, en effet, sur des données antérieures, qu'ils ne peuvent nullement expliquer eux-mêmes, et qu'ils modifient seulement dans une certaine mesure. Le rapport des capitaux aux emplois ne peut fixer aucun taux précis de salaire ; il crée seulement une tendance favorable ou défavorable à la hausse ou à la baisse du salaire habituel. Encore faut-il faire sur cette influence d'appoint une remarque extrêmement importante : c'est qu'elle ne s'exerce pas directement, mais par l'intermédiaire des consciences, qui, en reflétant la réalité, la

---

(1) C'est avec raison qu'un Américain, M. Gould, recommande aux ouvriers de son pays d'accroître leurs besoins, d'élargir leur vie habituelle, car une hausse des salaires suivra cette élévation du niveau de vie. Ce conseil est fondé sur une bonne psychologie.

(2) Ibid. p. 204.

dénaturent plus ou moins. Ainsi, le rapport *exact* des capitaux aux emplois n'est pas habituellement connu du patron ni de l'ouvrier ; ceux-ci *imaginent* la situation plus qu'ils ne la connaissent, et, par suite, c'est l'image qu'ils se font d'elle et non pas la situation elle-même qui agit sur le prix. Or, ce n'est pas là une rectification sans importance, car elle amène tout simplement à reconnaître qu'un facteur objectif est impuissant *par lui-même,* et qu'il ne commence à compter, à devenir une force efficace, que lors qu'il est reflété par des consciences individuelles. Cela transporte d'emblée dans la psychologie le terrain de nos études.

Donc, les facteurs psychologiques groupés un peu confusément par M. Beauregard sous le chef : état intellectuel et moral des co-échangistes, peuvent seuls avoir une influence déterminante ; les facteurs dits objectifs, au contraire, n'ont qu'une influence seconde ; et encore ne peuvent-ils l'exercer que dans la mesure où, par leur passage dans la conscience des échangistes, et par les déformations qu'ils y subissent, ils sont devenus à leur tour des facteurs psychologiques.

La même chose peut être dite, d'ailleurs, remarquons-le en passant, non pas seulement du salaire, mais du prix de toutes marchandises en général. Les conditions réelles du marché ne peuvent agir sur eux que dans la mesure et sous la forme où elles sont connues et imaginées par les échangistes. Aussi l'explication du prix par l'offre et la demande peut-elle être, à la lumière de cette simple réflexion, taxée d'erreur certaine. C'est seulement d'offre *supposée* et de demande *supposée* qu'il pourrait s'agir. Or, entre ces deux termes, nous rencontrons un élément commun, la supposition, la croyance, lequel s'impose à nous, dès lors, comme dominant le prix. Les éléments déterminants du prix en général, et du salaire en particulier, ne sont pas dans les faits, mais dans les idées.

Cependant, il est un fait qui exerce directement son action sur les prix, et qui, notamment, laisse une empreinte très forte sur le salaire, c'est la coutume. Ce qui fixe avant tout le débat du salaire entre les parties, ce n'est nullement la considération du service rendu, de la rareté de la main d'œuvre, ni même la

considération du niveau de vie de l'ouvrier, c'est, le plus souvent, une donnée antérieure, le *salaire courant*, tel qu'il est
fixé par la coutume dans chaque pays et pour le travail en
question (1). C'est sur cette base-là qu'opère le débat; c'est
alentour d'elle qu'il se fixe. En l'absence d'une coutume,
quelle serait l'indécision d'un employeur qui voudrait payer
le travail de son employé ? Il ne pourrait se résoudre que
d'après des éléments tout à fait arbitraires; aucune notion
de justice précise ne saurait le guider, puisque la coutume
représente pour lui la forme particulière de la justice dans
le cas donné; il agirait au hasard. De même, pour le prix
d'un objet quelconque, l'absence d'une donnée sociale antérieure, d'un prix courant, rend le débat incertain, affolé, à
moins que l'on ne recoure à l'analogie. C'est donc toujours
la coutume qui est la base fondamentale (2).

Il faut déterminer, cependant, sa nature précise. En quoi
consiste-t-elle, si ce n'est dans l'accord des consciences individuelles sur un point donné ? Et comment nier alors que
l'importance de la coutume ne marque précisément le pouvoir
dominant des idées et des jugements sur les prix ? En ce qui
concerne le salaire, la coutume a pour effet de conserver une
appréciation subjective commune de la valeur du travail; elle
perpétue une notion équitable des conditions d'existence de
l'ouvrier. Par suite, elle règle le prix du travail en dernier lieu
sur des convenances traditionnelles; elle est la conservatrice
de règles morales très anciennes. Ces convenances et ces règles,
d'ailleurs, se modifient à la longue; la coutume change, et la
loi qui la reflète change aussi. C'est que les jugements anciens
ont cédé devant des jugements nouveaux, qui, à leur tour,
expriment la justice, et croient exprimer la justice définitive.

Il peut y avoir pourtant conflit entre la coutume et l'opinion,

---

(1) Cette influence de la coutume sur le taux des salaires n'a pas
échappé à Stuart Mill notamment, qui y revient en plusieurs passages.

(2) Voir à ce sujet les idées analogues de Zwiedineck-Südenhorst (*Année sociologique,* quatrième année, p. 538).

ou mieux encore, entre la loi, qui n'est qu'une coutume fixée, et l'opinion. La détermination légale du prix, qui, dans notre pensée, exprime *par définition même* le juste prix, puisque celui-ci n'est pas à nos yeux une question dogmatique, mais une question de fait, la détermination légale n'établit pas nécessairement, au regard des partisans de l'équité pure, le juste prix. Il peut exister un conflit entre le *prix légal* et le *prix juste*. Mais ce conflit est d'une nature spéciale. Le prix légal n'est autre chose que l'expression définie, mais non définitive, du juste prix ; il est l'aboutissement des conceptions de juste prix qui l'ont précédé, et en qui il trouve sa source. L'opposition qui peut exister entre eux peut donc être une opposition *de degré*, le juste prix étant en avance sur le prix légal, ou même de *contenu*, si les conceptions nouvelles sont contraires aux anciennes, dont la loi est l'expression attardée. Mais il n'y a jamais opposition *de nature*. Et c'est pourquoi les scolastiques enseignaient que les particuliers devaient nécessairement se conformer au prix légal lorsqu'il existait.

Au premier abord, il peut sembler paradoxal de soutenir que des préoccupations d'équité soutiennent le monde économique moderne, où les seuls intérêts égoïstes paraissent lutter entre eux. Leur influence, pour être cachée et comme souterraine, n'en est pas moins réelle. C'est l'état des croyances et des mœurs qui a donné sa forme actuelle au salaire ; contre cette forme, où se conservent d'anciennes estimations morales, ne peuvent rien les industriels. Ils sont obligés de lui céder, ainsi qu'aux forces nouvelles qui rajeunissent les conceptions traditionnelles de justice, et modifient chaque jour le juste prix du travail. Si l'on observe d'ailleurs les discussions qui naissent de chaque conflit industriel, on voit qu'elles portent sur des principes, jamais sur de purs intérêts, ou du moins que les intérêts y prennent la forme de sentiments. Ce sont ces conflits d'ordre sentimental qui sont les plus irréductibles (1). Assurément la forme économique où les patrons sont engagés,

---

(1) Schmoller le dit : « J'ai constaté que dans les discussions économiques, la question de justice intervient toujours. » (*Politique sociale.*)

18

forme encore dominée toute entière par la concurrence, leur impose de lutter, souvent avec une apparence de sécheresse et de rigueur, contre les revendications ouvrières; mais cela n'est pas de leur faute; la haine dont les ouvriers s'emplissent le cœur contre leurs employeurs, serait vraiment une injustice bien inexcusable, si elle n'était la forme extérieure et un peu fruste que prend chez eux le sentiment de leur droit. Les patrons succombent toujours d'ailleurs plus ou moins tôt; rien ne prévaut contre le sentiment passionné d'un droit. La meilleure forme à souhaiter serait, assurément, la règlementation de ces forces que les circonstances ont faites antagonistes; et c'est pour remédier au silence législatif en cette matière, que de puissantes coalitions patronales se sont dressées en face de gigantesques syndicats ouvriers. Les uns et les autres nous sont représentés par les économistes comme le résultat des faits matériels, de l'évolution de l'industrie; nous croyons, pour nous, que les uns et les autres dépendent surtout du mouvement des idées morales, qui est devenu, en ce dernier demi-siècle, prépondérant.

Nous allons étudier rapidement certains faits où se manifeste l'action des idées et des sentiments sur le salaire : d'abord, la reconnaissance d'un *salaire minimum* par la loi ou les autorités administratives de certains pays, — ensuite, l'existence de certains salaires spéciaux, comme le salaire de la femme, dont la dépression ne peut être expliquée avec le secours des seules causes objectives.

APPENDICE.

—

Devons-nous préciser notre attitude en face des économistes qui, comme Thünen, ont conçu le problème du juste salaire d'une façon toute abstraite? Nous recherchons simplement quelles sont les idées courantes, et consacrées par des textes législatifs ou administratifs, sur la juste rémunération de l'ouvrier. Thünen, au contraire, a posé le problème en termes abstraits. Sa pensée, très riche et très complexe, demande à être précisée. Autant que nous l'ayons comprise (nous avons surtout puisé dans l'étude très détaillée qu'en a fait M. Polier, dans l'*Idée du juste salaire*, p. 118-218), elle reste ou prétend rester en dehors de toute règle préconçue de morale théorique. Thünen recherche simplement quel est le salaire qui assure au travailleur *le revenu le plus grand* dans notre état économique, et lui procure le maximum de rémunération dans le régime moderne de production. Or, ce maximum, à cause de la coexistence chez le travailleur de la fonction de salarié et de celle de capitaliste (car l'ouvrier touche les revenus des épargnes faites sur son salaire), ce maximum est délicat à préciser. En effet, l'intérêt du capital est en rapport inverse du salaire, dit Thünen, et par suite le revenu du capital de l'ouvrier diminue, quand son revenu-salaire augmente. Le point mathématique où, *dans ces conditions*, le salaire de l'ouvrier lui est le plus favorable, c'est quand il égale $\sqrt{ap}$ (a étant la partie du salaire nécessaire à l'entretien du travailleur, et *p*, le produit du travail). — Sans discuter les hypothèses plus ou moins fondées qui servent de base à ce calcul, on voit que Thünen n'est parti d'aucune idée philosophique ou morale, mais d'une recherche toute pratique du plus grand revenu de l'ouvrier, dans certaines conditions extérieures données. Il n'établit, par exemple, aucune liaison préalable d'ordre moral entre le salaire et le produit du travail, comme le faisaient à peu près à son époque d'autres économistes. Et cependant, il est facile de montrer que ces recherches reposent sur quelques idées éthiques. D'abord le but de Thünen est nettement d'améliorer le sort des ouvriers, même au détriment de la classe capitaliste; il lèse le revenu du capital de tout ce dont il accroît le salaire ouvrier; et s'il étudie les rapports du salaire et de l'intérêt, il recherche seulement le point où ces deux éléments se combinent de la façon *la plus favorable à la classe ouvrière seule*. Mais, de plus et surtout, le juste salaire, ainsi édifié après d'infinis et laborieux calculs, n'offre aucune rigueur objective. En effet Thünen reconnaît le premier qu'il dépend des ouvriers, en augmentant leurs besoins, de faire hausser son niveau. Et lorsqu'il recherche la formule du salaire réel, il y fait entrer des éléments singulièrement élastiques, comme les frais d'éducation d'une famille ouvrière, car, dit-il, « l'élévation générale des frais d'éducation des ouvriers produit la hausse de leur rémunération ». C'est avouer que le salaire dépend, pour une part énorme, de l'état des mœurs de la classe ouvrière, ce que Ricardo lui-même n'avait pu méconnaître. La partie calcul reste, il est vrai, indépendante de cette partie éthique ou morale, et se surajoute à elle; mais, précisément, elle ne peut être significative sans elle. La formule $\sqrt{ap}$, à laquelle viennent aboutir toutes les déductions de Thünen, n'a de réalité que par elle. Quelque abstraite qu'elle prétende rester, la formule en question est donc placée à la recherche d'un meilleur prix du travail, d'un salaire plus juste, — et, en second lieu, elle est liée nécessairement à des éléments psychologiques, habitudes et mœurs ouvrières.

II

En France, l'idée d'un juste salaire n'est consacrée par aucune loi, mais elle a trouvé en partie son expression, d'abord dans la publication des séries de prix de la ville de Paris (particulièrement de 1872 à 1882), — et ensuite, dans les décrets du 10 août

1899, et celui du 17 septembre 1900, dus à l'initiative de M. Millerand, alors ministre du Commerce. Ces derniers décrets, intervenus à la suite des difficultés soulevées par les séries de la ville de Paris, consacrent et font revivre le vieux principe d'un salaire légal, mais avec prudence, puisque l'obligation ne s'étend qu'aux administrations publiques de l'Etat, et laisse en dehors les administrations départementales, et, bien entendu, l'industrie privée. D'ailleurs, il n'est qu'un Etat, celui de Victoria, qui ait tenté de réglementer les contrats privés de salaire.

Faisons rapidement l'historique de la question en France.

En 1833, le ministère des Travaux publics et la Préfecture de la Seine créèrent un service spécial pour la vérification des dépenses des travaux accomplis sous leurs directions (1). Les vérificateurs dressèrent des tableaux de prix, qui, plus tard, furent publiés annuellement par les soins de M. Morel, d'où le nom de Série Morel.

En 1872, le Conseil municipal décida de confier la révision de ces tableaux à une commission composée par moitié d'entrepreneurs et d'ouvriers. Petit à petit, la publication de ce document en changea le caractère : il avait primitivement pour but d'aider à la vérification des dépenses, c'était un document *budgétaire;* par suite de sa publication, il devint une sorte de tableau *faisant foi des usages,* auquel il était facile de se référer. Il devint même plus que cela : par l'adhésion que lui donnèrent, depuis 1872, les deux parties intéressées, les ouvriers et les patrons, et par cette sorte de caractère législatif que prend tout document constatant une coutume, ce tableau annuel des prix du travail devint bientôt comme *la loi des parties.*

Cependant, des crises survinrent. D'abord, lors de l'Exposition de 1878, on put prévoir une augmentation du salaire. L'administration, alors, dérogeant aux règles anciennes, invita

(1) Voir *Note sur le minimum de salaire dans les travaux publics,* publiée par l'OFFICE DU TRAVAIL, 1897. — Et Mazoyer, *Les conditions du travail dans les chantiers de la ville de Paris.*

la Commission de révision à tenir compte dans la nouvelle série de prix qu'elle allait publier, non seulement des salaires déjà appliqués, *mais encore des conventions conclues entre patrons et ouvriers pour les deux années qui suivaient.* On voit ici nettement apparaître le caractère *législatif* réel de ce document. Sans doute, il consacre toujours des accords, mais des accords *pour l'avenir.*

En 1879, M. Hérold, préfet de la Seine, constatait cette déviation de l'institution, dont le but primitif, disait-il, était seulement de fixer les cours moyens des salaires en vigueur. Bientôt, ce caractère nouveau s'accentua tellement, suivant ce qu'il était à prévoir, que les patrons refusèrent de collaborer à son établissement. Les chambres syndicales patronales du bâtiment se mirent d'accord pour considérer comme nuls, quant à elles, les changements qui seraient introduits dans les séries par des révisions nouvelles. Les prétentions des ouvriers devenaient plus grandes; les grèves se succédaient; la révision de 1882 fut la dernière à laquelle collaborèrent les patrons.

C'est à ce moment que fut proposé, pour la première fois, de rendre cette série obligatoire pour les adjudications des travaux de la ville de Paris (rapport de M. Sauton, 28 novembre 1883). On inscrirait dans le cahier des charges la clause d'un salaire minimum, que l'entrepreneur devrait payer à ses ouvriers, et qui ne serait autre que celui constaté par la série des prix. En avril 1888, cette proposition est approuvée par le Conseil municipal. Après avis de M. Floquet, ministre de l'Intérieur, le Préfet donne son approbation à la délibération du Conseil. Chose imprévue! les adjudications qui suivirent, aggravées de cette charge, consentirent des rabais aussi élevés que les années précédentes. Mais certains entrepreneurs, qui furent évincés pour n'avoir pas accepté les conditions nouvelles, attaquèrent l'adjudication, et, par suite, portèrent la question devant le Conseil d'Etat.

Le 21 avril 1890, le Conseil d'Etat annula les arrêtés par lesquels le préfet de la Seine avait approuvé les adjudications de 1888. L'arrêt se fondait en droit sur ce que la nouvelle pratique était en contradiction avec l'ordonnance royale du

14 novembre 1837, qui établissait la plus large concurrence en matière d'adjudication, afin de ramener les prix au taux le plus bas possible. C'était une opposition d'esprit : l'ordonnance dé 1837 considérait l'intérêt de la ville ; le conseil municipal considérait l'intérêt des travailleurs et se méfiait de la concurrence. D'ailleurs, le conseil municipal maintint sa délibération, qui fut annulée, elle aussi, par le conseil d'Etat, pour excès de pouvoir.

Il ne restait plus, pour tenter de nouveau l'expérience, que la voie législative.

A la suite des arrêts du conseil d'Etat, plusieurs projets de loi, ayant pour but la réglementation des conditions du travail dans les marchés de travaux publics, furent déposés (proposition Vaillant et Castelin, projet de M. Pierre Baudin).

Le gouvernement résolut d'intervenir, non par une loi, mais par l'instrument plus rapide et plus souple du décret, qui permettait d'essayer la mesure sans lui donner immédiatement un caractère définitif. C'était sous le ministère Waldeck-Rousseau. Il s'agissait d'abroger une ordonnance royale ; or, un décret avait ce pouvoir. Il n'y avait nulle objection théorique à cette action gouvernementale (1); le seul inconvénient était de ne pouvoir sanctionner pénalement les dispositions projetées, un décret ne pouvant édicter de pénalités.

Les décrets du 10 août 1899 contiennent plusieurs ordres de prescriptions (repos hebdomadaire, limitation du nombre des ouvriers étrangers, durée normale de la journée de travail, interdiction du marchandage). Mais leur objet principal est la *garantie d'un salaire normal et courant dans les adjudications faites par l'Etat*. Toutes ces prescriptions sont obligatoires pour celui-ci, et facultatives seulement pour les départements et les communes.

---

(1) Cependant, on a reproché au ministre du Commerce d'avoir, par de simples décrets, modifié la loi de 1791 sur la liberté du commerce. Voir P. Beauregard, *Monde économique* (8 juillet, 9 août 1899). *Revue d'Econ. pol.* (août-septembre, 1899).

Voyons quelles sont les conditions d'établissement et de révision de ce salaire normal et courant.

I). — Une enquête est faite par l'administration pour constater le prix normal et courant du travail, et une liste des salaires est dressée, liste qui doit être aussi détaillée que possible, notamment lorsqu'il s'agit de salaire à la tâche. C'est ce document qui, joint aux pièces annexes du marché, est obligatoire pour l'entrepreneur.

L'établissement de ce bordereau des salaires met en jeu trois organisations distinctes : a) Les *Commissions administratives*. Celles-ci sont chargées de vérifier la sincérité des accords conclus entre patrons et ouvriers en vue des salaires, accords qui pourraient être faits contre les intérêts de l'administration. Elles s'assureront donc qu'aucune entente frauduleuse n'aura servi à majorer le prix du travail. Il s'agit, en effet, de *constater le salaire courant*, et point du tout de le fixer arbitrairement. Cette constatation peut soulever des difficultés. Dans le cas où il y aurait des divergences entre les sources de l'enquête, ces commissions ont encore pour but d'unifier les renseignements, car « on ne saurait vraisemblablement concevoir en un même lieu des prix courants différents pour des travaux identiques ». (1) Ce rôle de vérification et d'unification est des plus délicats. Quoique ce ne soit pas là une fixation arbitraire, les décisions de ces commissions revêtent cependant un aspect législatif, qui rend leur tâche grave. Leur composition, d'après la circulaire, doit comprendre des personnes « compétentes, indépendantes et désintéressées. »

b) Parmi les éléments dont les commissions administratives s'inspireront, figurent en premier lieu les *accords entre syndicats patronaux et ouvriers*, s'il en existe dans la région.

c) Si de pareils accords n'existent pas, les commissions administratives doivent provoquer la création de *commissions mixtes de patrons et d'ouvriers*, nommées par le Préfet. Le

---

(1) Circulaire du ministre du Commerce du 14 novembre 1899.

rôle de ces commissions mixtes est de constater en première instance le salaire courant, que les commissions administratives fixent définitivement. Seulement, la circulaire du 11 novembre 1899 insiste encore sur les limites de leur rôle, qui doit se borner à *constater* le salaire (1). Ainsi les commissions mixtes ne peuvent, par elles-mêmes, susciter une élévation des salaires. On s'est défié avec raison de l'entraînement des idées de justice et de revendication. Il paraît que ces commissions ont fonctionné sans difficulté jusqu'à présent.

II). — La *révision* des listes de salaires est également assurée par les décrets de 1899. Elle n'est d'ailleurs qu'une conséquence des principes posés. Si ces décrets ont pour but de fixer le prix courant du travail, et d'interdire aux entrepreneurs des travaux publics de payer au-dessous de ce taux courant, choisi comme minimum, il faut que celui-ci soit constamment mis en accord avec les usages. Il suffit donc que l'une des deux parties les plus intéressées, les patrons ou les ouvriers (en laissant de côté l'administration) le désire, pour que cette révision puisse avoir lieu. Toutefois, l'administration est juge de la validité de cette réclamation, et reste maîtresse d'accepter ou non la révision.

Il fallait, en effet, d'une part assurer une certaine mobilité à ce tableau des salaires, afin d'éviter qu'il prît l'aspect d'une tarification définitive, et d'autre part, empêcher que l'on pût, à chaque instant, remettre en question un tarif minutieusement et impartialement établi. Cette révision ne sera donc décidée que « lorsque des variations dans le taux des salaires ou la durée du travail journalier auront reçu une *application générale* dans l'industrie en cause. »

Remarquons ici, comme en maintes autres dispositions, le caractère prudent de ces décrets; ils ne veulent nullement brusquer les choses; ils ne prennent acte d'une hausse de salaire (car il n'y aura lieu à la révision en pratique que dans

(1) « Vous pouvez rappeler à leurs membres, mais sans intervenir autrement dans leurs délibérations, qu'ils n'ont pas, en cette occasion, à exposer de revendications, si intéressantes et si justifiées qu'elles puissent être. »

le cas de hausse, puisque les patrons n'ont aucun intérêt à réclamer la révision en cas de baisse, les prix de marché devant être établis en conséquence), que si cette hausse n'est point un fait particulier isolé, mais un fait général. Ces décrets n'ont point l'allure révolutionnaire ; ils reposent sur une conception de justice courante, qu'ils prennent pour base, qu'ils suivent dans sa lente évolution, mais qu'ils ne devancent pas ; les tableaux de salaires qu'ils édictent ne doivent point précipiter le mouvement des faits, en se présentant comme des modèles avancés de la justice future ; ils ne sont que de simples témoins de la coutume et de la morale présente.

Il nous faut insister un peu sur le sens et la portée de ces documents, dont l'importance théorique est égale à l'intérêt pratique. Ils reposent sur l'idée d'un « *salaire normal et courant* dans chaque profession et pour chaque région déterminée » (1). Or, le salaire courant, est-ce la même chose que le salaire normal ? N'y a-t-il pas entre ces deux expressions une divergence possible ? Le salaire courant, c'est celui qui est payé en fait sur le marché du travail, c'est le salaire de coutume ; le salaire normal, c'est le salaire convenable, et, dans une certaine mesure, le juste salaire. Sur le premier, il ne peut y avoir aucune discussion ; le second, au contraire, est mêlé d'éléments discutables. Nous savons que pour les derniers canonistes du moyen âge et de l'ancien régime, le juste prix devait être assimilé au prix de coutume, le juste salaire au salaire courant. Mais nous avons montré comment une telle conception se reliait à tout un ensemble d'idées relatives à la division de la société en classes distinctes, et à l'attribution à chacune de ces classes d'un idéal de vie déterminé. Pour les économistes du début du siècle, le salaire courant est normal et juste s'il est obtenu par un libre débat, s'il est, en un mot, déterminé par la

---

(1) Le § 3 de l'article Iᵉʳ s'exprime ainsi : Obligation pour l'Etat... « de payer aux ouvriers un salaire normal égal pour chaque profession, et, dans chaque profession, pour chaque catégorie d'ouvriers, au taux couramment appliqué dans la ville ou la région où le travail est exécuté. »

concurrence (1) ; mais cette idée repose à son tour sur une conception un peu mystique de la justice naturelle. Donc, certains économistes identifient le salaire normal et le salaire courant ; mais cette identification repose toujours sur une conception particulière de la justice.

D'autres groupes d'économistes, au contraire, séparent nettement l'un de l'autre, comme les économistes chrétiens. Le salaire courant est souvent un salaire injuste, tandis que « le salaire normal est celui qui est suffisant à faire subsister l'ouvrier probe et honnête » (2), ou bien encore c'est le salaire *familial*, calculé sur les besoins moyens d'une famille (3). A vrai dire, ce salaire idéal, donné comme l'expression d'une justice supérieure à la réalité, se confond toujours plus ou moins avec celle-ci ; il finit par s'appuyer sur la coutume ; la coutume, même imprécise, est un *fait* qui s'impose aux spéculations sur la justice *a priori*. En principe néanmoins, pour ces penseurs, le salaire normal est distinct du salaire courant et doit le diminuer.

Or, dans les décrets de 1899, l'expression de salaire normal s'en tient-elle exclusivement au sens de salaire courant, ou bien lui ajoute-t-elle, au contraire, une idée nouvelle ? Le salaire qu'ils édictent entend-il n'être que l'enregistrement officiel du salaire de fait, ou bien vise-t-il à contrôler en quelque manière ce salaire courant ?

Il est certain, d'abord, que le mot *salaire normal*, dans le sens de construction idéale de l'esprit, est en désaccord avec la

---

(1) Joseph Garnier, *Traité*, n° 593, p. 497 : « Tout salaire obtenu par un libre débat entre l'employeur et l'ouvrier est *naturel* et *normal.* »

(2) Léon XIII, *Encyclique* RERUM NOVARUM (15 mai 1891) : « Que le patron et l'ouvrier fassent donc telles conventions qu'il leur plaira, qu'ils tombent d'accord notamment, sur le chiffre du salaire; *au dessus de leur libre volonté, il est une loi de justice naturelle plus élevée et plus ancienne* : à savoir que le salaire ne doit pas être insuffisant à faire subsister l'ouvrier probe et honnête. »

(3) Père Fristot, *Le salaire familial*, dans *Études religieuses*, 1894. — Joly, *Le socialisme chrétien.* — An. Leroy-Beaulieu..., etc...

prétention de ces décrets, qui est d'imposer simplement un *salaire constaté* (1). Alors, pourquoi l'addition du mot normal ? Il exprime, a-t-on dit pendant la discussion, l'idée que le salaire de fait, garanti par les décrets, doit s'être établi *en dehors de l'influence perturbatrice de certains événements exceptionnels*, par exemple de certains grands travaux d'Etat qui ont pu troubler le cours des salaires. Si de grandes adjudications de travaux de terrassement ont fait monter le salaire des terrassiers, ceux-ci ne peuvent s'en prévaloir, car c'est là un taux courant, il est vrai, mais non un taux normal. Inversement, le taux courant peut être inférieur au taux normal, dans certaines industries accidentellement déprimées par des conditions mauvaises. Donc, salaire *normal* ajoute une idée à salaire *courant*. Et d'ailleurs, si l'on s'était tenu à l'idée de salaire courant, c'eût été insuffisant. « On n'eut pas fait faire, avoue-t-on, un pas à la question » (2).

L'addition du mot *normal* nous paraît une concession très nette à l'idée d'un salaire arbitrairement déterminé. En effet, si le salaire courant est jugé inférieur ou supérieur au salaire normal, c'est au nom de quoi ? Au nom de certaines circonstances accidentelles, perturbatrices, dit-on. Mais ces circonstances ne sont jugées accidentelles et perturbatrices que parce qu'elles exercent précisément sur le salaire une influence qui l'écarte du taux considéré comme normal, parce qu'elles faussent le salaire, c'est-à-dire s'éloignent du salaire convenable. C'est donc un salaire normal, selon les termes mêmes de l'article 1er, qui est édicté par les décrets de 1899. Assurément, ce salaire normal est confondu en partie avec le salaire courant ; c'est sur ce dernier qu'il s'appuie, c'est au taux de coutume qu'il s'en réfère ; mais il prétend être un *salaire de justice*. Et c'est ce qui ressort plus clairement encore d'une interprétation de ces

---

(1) C'est également la pensée maintes fois proclamée en Belgique lors de la discussion de la loi au Conseil supérieur du travail en 1894. Voir la publication de l'*Office du travail*, notamment pp. 63, 114...

(2) Voir Louvard, *La protection des salaires dans les marchés de fournitures et de travaux publics* (thèse 1901) pp. 51-54.

décrets par M. Mazoyer (1). « Le salaire normal, dit celui-ci, est déterminé, abstraction faite des salaires payés aux vieillards et aux ouvriers trop jeunes. En outre, il appartient aux commissions administratives de *se refuser à enregistrer des salaires de famine.* Il serait évidemment contraire à l'esprit des décrets d'accepter les salaires insuffisants qui existent dans certaines professions, par suite, par exemple, de l'influence du travail des prisons ou des salaires d'appoint dont se contente souvent la main d'œuvre féminine; *de tels salaires ne sauraient être considérés comme normaux.* » Ici, la tendance est manifeste. Le salaire normal est visiblement en avance sur le salaire courant; il se fonde sur le désir de la meilleure existence possible pour l'ouvrier. C'est une conception éthique.

Il ne faut pas, d'ailleurs, trop subtiliser sur l'intention des décrets de 1899 : ont-ils voulu s'en tenir à la pure et simple constatation des salaires actuels, ou bien ont-ils consacré certaines tendances vers un salaire idéal? La question est, au fond, stérile. Cette fameuse distinction, à laquelle tous les interprètes de ces décrets se sont référés, à savoir qu'il ne s'agit en aucune façon d'établir les cours du travail, mais de les enregistrer seulement, est un peu vaine. Il est évident, en effet, que l'on ne peut décréter de toutes pièces un salaire idéal, qui ne serait basé sur aucune expérience antérieure; il est évident que la coutume est le guide nécessaire du législateur, et qu'il s'agit, surtout, de codifier le système des salaires actuels (2). Mais quel est *le but* de cet enregistrement officiel? C'est avant tout de consacrer d'une manière définitive les conquêtes du salaire; — c'est donc de s'opposer à tout recul possible, et, par suite, d'entraver le jeu de la concurrence.

En effet, il ne se peut pas qu'il n'y ait rien de nouveau dans

---

(1) *Les conditions du travail sur les chantiers de la ville de Paris,* 2ᵐᵉ éd. p. 425.

(2) A l'Extrême-Gauche, on a reproché à M. Millerand de ne pas aller jusqu'au bout de sa conception du salaire normal, qui était d'obliger l'Etat à *fixer lui-même un salaire* (Séance, 4 juillet 1899). Mais, même dans ce cas, l'Etat n'aurait-il pas dû prendre pour guide le salaire courant?

ces décrets de 1899 ; leur utilité eût été nulle, et ils n'eussent pas provoqué tant de discussions s'ils n'apportaient pas une chose nouvelle. Celle-ci ne consiste pas, il est vrai, dans une taxation arbitraire des salaires, mais dans ce fait que, désormais, *l'entrepreneur n'a le droit de marchander ni de traiter à un taux inférieur au taux enregistré.* C'est là la véritable portée de cette mesure. Son résultat est de consacrer dans la classe ouvrière certaines habitudes de vie, qui ne peuvent désormais se restreindre, mais ont une tendance évidente, au contraire, à s'élargir, à comprendre plus de confort. Aussi est-elle destinée à consolider et rapprocher les étapes vers l'amélioration du sort de l'ouvrier non seulement dans les travaux publics auxquels seuls ces décrets s'appliquent, mais dans l'industrie privée sur laquelle ne peut manquer d'agir, à titre d'exemple et de modèle, cette reconnaissance de salaires officiels (1).

Des clauses semblables de *salaire minimum* sont imposées aux entrepreneurs de travaux publics, dans de nombreux pays : en Belgique, Angleterre et Hollande notamment. Nous n'en dirons que quelques mots (2).

C'est la *Belgique* qui donna l'exemple la première. Le cahier des charges de l'administration communale de Bruxelles fit l'essai du salaire minimum de 1855 à 1865. Ce fut là l'origine du courant que suivirent ensuite de nombreuses municipalités. L'idée avait fait son chemin en 1893, lorsqu'on proposa à la Chambre d'étendre cette mesure aux travaux du ministère du Commerce, de l'Agriculture et des Travaux publics. Le ministre d'alors (de Bruyn) n'y fut pas

---

(1) Le décret du 17 septembre 1900, qui crée des *Conseils du travail* attribue à ces derniers, parmi d'autres fonctions, celle d' « établir, dans chaque région, pour les professions représentées dans le Conseil, un tableau *constatant le taux normal et courant des salaires*, et la durée normale et courante de la journée de travail.

(2) Voir, pour les détails, Louvard, *La protection des salaires dans les marchés de fournitures et de travaux publics* (thèse, Paris 1901).

opposé, mais voulut consulter le Conseil supérieur du travail.
Après de mémorables discussions (1), ce fut une proposition tran-
sactionnelle qui prévalut. Le vote montra une majorité hostile
à la fixation d'un salaire minimum, que M. Verhægen (industriel)
et M. Hector Denis préconisaient avec chaleur. Le système qui
l'emporta alors fut celui-ci : le gouvernement, disait le Conseil,
devrait refuser dans les adjudications les rabais de nature à faire
baisser le salaire au-dessous du salaire usuel dans chaque
métier. Mais il ne fixera pas lui-même le salaire minimum ; il
se contentera de consulter les associations professionnelles des
différents métiers et les conseils de l'industrie et du travail, et
d'examiner soigneusement l'exactitude des opinions émises
par ces différents corps sur les prix d'ensemble de leur métier.

Cependant, le système du salaire minimum fut repris et
appliqué en 1896. Les administrations provinciales avaient
devancé l'administration centrale, puisqu'une enquête, faite
par le Conseil municipal de Bruxelles en 1896, montre qu'à cette
époque, sur neuf provinces belges, huit avaient déjà introduit
dans leur cahier des charges des clauses relatives au salaire,
et la neuvième province, celle de Limbourg (Hasselt), s'occupait
de le faire (2).

En 1896, le ministre de l'Agriculture et des Travaux publics
rendit une ordonnance d'après laquelle l'adjudicataire des
travaux de l'Etat ne devait pas donner moins d'un certain
salaire aux ouvriers, apprentis et manœuvres employés aux
travaux de pavage, de maçonnerie et de terrassement. L'année
suivante, une autre ordonnance alla plus loin : elle fixa
d'autorité le taux des salaires qui devait être accepté par les
entrepreneurs; et ce taux avait été fixé par les ingénieurs, en
comparaison avec les salaires payés ordinairement pour ce
genre de travaux; ils représentaient donc les salaires courants
de la localité pris comme base.

Depuis lors, un certain nombre d'administrations communa-

---

(1) Résumées dans la note de l'*Office du travail*, p. 55 à 67. — Voir
aussi *Le minimum de salaire en Belgique*, par Lucien Le Foyer (1898).

(2) Note de l'*Office du travail*, p. 68.

les ont suivi cet exemple du salaire minimum, qui est très généralisé en Belgique, puisque sur 87 communes ayant plus de 8.000 habitants, 57 ont adopté la clause de minimum de salaire pour leurs travaux. Liège est la seule ville importante qui l'ait repoussée.

En *Angleterre*, le salaire minimum est appliqué dans différentes administrations :

1) Dans les *districts sanitaires urbains*, qui sont chargés de l'exécution des travaux de voirie, d'adduction d'eaux et d'assainissement en général. Lorsque la Chambre des Communes, en 1893, décida de faire une enquête sur les conditions du travail adoptées par ces districts, on constata que le plus grand nombre imposaient aux entrepreneurs, dans leurs adjudications, de payer au minimum le salaire courant dans la localité.

2) Dans les *districts scolaires* de Londres. Chaque soumissionnaire de travaux, pour le compte de cette administration, signe l'engagement de payer à ses ouvriers un salaire « qui ne soit pas inférieur au taux reconnu dans chaque métier. » Usage qui s'étendit aux districts scolaires où le tarif de Londres n'est pas appliqué. Toutefois, depuis 1894, cette clause de salaire minimum est remplacée, pour le district de Londres, par l'obligation de payer le salaire qui sera arrêté de commun accord entre les syndicats ouvriers et patronaux de Londres. Cette gradation est intéressante : d'abord c'est le salaire courant de la localité qui est pris pour base; mais ensuite les esprits plus exigeants ne s'en rapportent plus qu'à l'*entente commune* pour fixer le juste salaire. C'est là le progrès naturel de l'idée de justice, qui, partant d'une donnée réelle qu'elle consacre d'abord timidement, la modifie ensuite, la plie suivant un idéal qui devance la coutume; alors, c'est le consentement des deux parties qui fixe et limite cet idéal; bientôt, on en appellera à la loi pour le faire triompher sans restriction.

3) Dans le *conseil de comté de Londres*, qui dressera lui-même le tableau des salaires minima en usage, afin de l'imposer

à ses adjudicataires. Le règlement du conseil indique que, pour dresser ce tableau, le conseil se basera sur les salaires « obtenus et acceptés en fait » (1).

4) Dans les *travaux de l'Etat* enfin. La Chambre des Lords avait ordonné, en 1890, une enquête sur les résultats du *sveating system* dans les industries privées et de l'Etat. La publication de cette enquête amena la Chambre des Communes à voter, le 13 février 1891, une résolution très importante *(fair wage's resolution)* : le gouvernement était invité à prendre des mesures pour que, dans les contrats qu'il passerait *pour son compte* à l'avenir, soit assuré « le payement de salaires égaux à ceux qui sont généralement acceptés comme courants, dans chaque métier, pour les ouvriers *compétents.* » Un modèle nouveau de cahier des charges fut adopté, auquel un tableau des salaires était annexé, avec minimum et maximum pour chaque genre de travail.

En 1896, la Chambre des Communes voulut se rendre compte de la façon dont sa résolution de 1891 avait été appliquée. Cette enquête montra un certain relèvement des salaires, que le système ancien d'adjudication au rabais tendait à maintenir très bas. En outre, plus de deux cents municipalités avaient accepté la clause du salaire minimum. Il n'en est pas du tout ainsi en France.

Il faut noter encore une fois, comme le dit la Commission d'enquête de 1896, que le but de cette législation n'est pas de préconiser un idéal, mais de constater l'état des salaires courants et de suivre leur évolution. Nous avons relevé quelque illusion dans une telle prétention; le seul fait de consacrer, dans un texte officiel, l'usage courant, confère à cet usage une importance particulière. La consécration comme minimum du salaire courant, ne peut manquer de provoquer un relèvement des salaires.

En *Hollande*, des essais infructueux ont été tentés pour

---

(1) Articles 176 et 189 du règlement du Conseil de comté de Londres. Note de l'*Office du travail*, p. 11 et s.

l'application du salaire minimum aux travaux de l'Etat; mais la clause se retrouve dans quelques provinces et quelques communes. Relevons l'expérience faite par le conseil d'Amsterdam, qui, pour éclairer son choix, demanda, pour certains devis, des soumissions en double partie, c'est-à-dire *avec* et *sans* application de la clause de salaire minimum. Or, les différences entre les moyennes de ces deux sortes de soumissions sont très peu importantes pour l'ensemble (2,17 %). Cela ne prouve-t-il pas que, même sans la clause obligatoire, le salaire courant serait payé, parce qu'il est l'expression d'une justice moyenne que l'on ne transgresse que difficilement? La différence était bien plus grande *dans chaque groupe de soumissions* (celles qui étaient faites sur la base du salaire minimum et celles qui étaient faites en dehors de lui) entre la plus forte et la plus basse, c'est-à-dire entre celle qui consentait les plus grandes réductions et celle qui consentait les moindres. C'est que l'élément le plus variable dans les soumissions n'est pas le salaire, mais l'ingéniosité et l'intelligence de l'entrepreneur.

En *Allemagne*, il n'y a, croyons-nous, aucune loi ni aucun arrêté soumettant les adjudications des communes à des règles de salaire minimum; il n'y a même pas d'Etat qui ait institué des règles protectrices du travail pour ses propres adjudications (1).

C'est dans les *colonies anglaises de l'Australie* que l'Etat a été le plus loin dans cette voie. Vers 1893, les ravages du *sweating-system* devenaient menaçants, notamment dans l'ébénisterie, où la main d'œuvre chinoise avait déprimé les prix. Une enquête fut ordonnée par le Parlement de l'Etat de Victoria (Melbourne), à la suite de laquelle fut votée la loi de 1896, qui attribue à l'Etat le droit de fixation directe du salaire minimum, même dans l'industrie privée.

1) Tout d'abord, elle édicte un *tarif minimum dans toutes les professions pour les apprentis*. Ce tarif est de 3 fr. 10 par semaine. C'est donc là le salaire abstrait minimum de l'ap-

---

(1) A Stuttgard et Leipzig, des unions évangéliques d'ouvriers ont tenté des essais de salaire minimum.

prenti. Ce salaire abstrait est très bas, à vrai dire, mais il consacre, ce qui est un grand pas, le droit de l'apprenti à être payé dès le début de son apprentissage. Il semble qu'en poursuivant la voie ainsi ouverte, on aboutirait au salaire minimum *abstrait* de l'ouvrier. L'Etat fixerait alors le prix national du travail, basé sans doute sur l'appréciation de ce que doit être la vie décente d'un ouvrier dans le pays. Aucune législation n'a été jusque là encore.

2) La loi de 1896 prévoit que les salaires de certaines industries seront momentanément placés par décret sous la protection de l'Etat. Toute profession menacée du *sveating-system* sera soumise par le Gouverneur à la direction d'un Conseil spécial (spécial board) de la profession, lequel fixera, pour un temps déterminé, le salaire à appliquer dans l'industrie. Ces spécial boards seront élus, et composés mi-partie d'ouvriers, mi-partie de patrons. Le Gouvernement consacre leurs décisions en les publiant dans la *Government Gazett*, ce qui leur donne force de loi (1). Il faut remarquer que le rôle de ces conseils spéciaux n'est pas du tout limité à la constatation des salaires courants, comme pour les conseils du travail belges ou français ; ils doivent, au contraire, réagir contre les tendances fâcheuses qui règnent dans certaines industries. Ce n'est plus, comme dans tous les exemples de taxation des salaires étudiés jusqu'ici, le salaire actuel qui sert de base, mais c'est l'entente entre les ouvriers et les patrons de la profession, qui fixe directement le salaire. C'est un pas de plus vers la conception du salaire idéal ou normal.

L'effet de cette loi victorienne de 1896 est encore douteux, car, d'une part, elle a abouti à l'exclusion des ouvriers maladroits, et d'autre part, la fixation du salaire aux pièces a rencontré bien des obstacles insurmontables (2).

---

(1) Pour plus de détails, voir *Le socialisme sans doctrines*, Albert Metin, 1901, notamment p. 137 et s., et *L'évolution sociale en Australie*, par Vigouroux, 1902, notamment p. 390 et s.

(2) Metin, *op. cit.*, p. 146. M. Vigouroux dit que l'effet de la loi a été nettement préjudiciable aux faibles (*op. cit.* p. 394).

En *Nouvelle Zélande*, l'intervention législative n'a été admise qu'indirectement. Il n'y a pas de conseils professionnels déterminant le salaire et dont les décisions aient force de loi ; mais, en cas de conflit, les deux parties sont tenues d'abord d'avoir recours aux conseils locaux de conciliation *(boards of conciliation)*, et ensuite de se soumettre à leurs décisions (loi de 1894) (1). Donc, plus de grèves ni de *lock-out*. Les conseils locaux sont élus mi-partie par les syndicats ouvriers et mi-partie par les syndicats de patrons. S'ils ne peuvent arranger l'affaire, celle-ci va devant la *Cour centrale d'arbitrage*. Le résultat de cette législation, en ce qui concerne les salaires, a été l'élévation notable de leur taux et l'établissement d'un minimum de fait.

Enfin, en *Nouvelles Galles du Sud* et en *Sud Australie*, des lois ont organisé l'arbitrage et la conciliation officiels ; mais il s'agit seulement d'arbitrage volontaire, laissé au gré des parties, et, par suite, ces lois n'ont pas le même caractère que les précédentes (2).

Ainsi, le salaire minimum obligatoire, dans l'industrie privée, a été reconnu directement ou indirectement par quelques législations avancées. A leur tour, les syndicats belges, la Fédération française des ouvriers mineurs l'ont réclamé. « Nul doute, dit M. Gide, que le salaire minimum imposé par la loi, ne soit le but visé par les organisateurs ouvriers de tous pays » (3). Il ne faudrait pas croire, en effet, que cette législation de Victoria et de Nouvelle Zélande, et ce vœu des syndicats belges et des mineurs français, offrissent un caractère exceptionnel. Les pays neufs que nous venons de citer sont intéressants par la tentative hardie qu'ils poursuivent d'un *gouvernement direct*

---

(1) Metin, *op. cit.*, p. 163 et s. — Vigouroux, p. 285 et s.

(2) Il faudrait citer, pour être complet, les cas où des juridictions d'arbitrage ont été créées par l'initiative privée. Les conseils de conciliation et d'arbitrage de Nottingham en sont le modèle. Voir rapport de M. Ch. Gide à l'Exposition de 1900, *Section d'économie sociale*, p. 112-113.

(3) Rapport de M. Ch. Gide à l'Exposition de 1900, section *Economie sociale*, p. 115.

par l'opinion; s'ils ont légiféré sur le salaire minimum, c'est qu'ils ont reconnu là un vœu de la population ouvrière. La revendication d'un salaire légal en effet a été longtemps et tend à redevenir une forme spontanée de protestation contre le salaire de concurrence. L'histoire nous apprend que cette revendication est extrêmement ancienne : en France et en Angleterre, jusqu'à la fin du xviiie siècle, les ouvriers n'ont cessé de faire appel à l'action de l'Etat aux époques de crise et de souffrances. C'étaient de semblables revendications qui expliquaient déjà, au xive siècle, le célèbre *statut of labourers* d'Elisabeth (1349) (1).

Elles reposent sur des idées très vieilles : elles témoignaient et témoignent encore d'une conception spéciale du rôle de l'Etat, — et surtout d'une vague croyance en un salaire juste que le roi ou l'Etat a pour devoir de déterminer une fois pour toutes. Dans un état de civilisation stable, ce salaire juste peut rester tel sans subir de modifications pendant long-temps ; à nos époques « progressives », et rapidement pro-gressives, il doit suivre les progrès de l'opinion ; et une loi qui le fixerait définitivement, serait exposée, au bout d'une dizaine ou d'une vingtaine d'années seulement, à n'être plus en rapport avec les mœurs, à provoquer plus de souffran-ces qu'elle n'en tarirait. A moins d'admettre un conseil spécial, chargé de modifier, chaque fois qu'il serait nécessaire, le prix du travail. Ce que peut être, ou ce que pourrait être une telle administration nationale des salaires, on le conçoit facilement : ce serait un ministère de l'Opinion.

Il semble que nous marchions rapidement vers un gouverne-ment à la fois moral, économique, administratif, intellectuel et politique, qui n'aura, dans ses multiples fonctions, pas d'autre règle et pas d'autre frein que l'opinion, à courants excessifs et tumultueux, à contagions rapides, à sursauts brusques et désordonnés ; l'opinion, de plus en plus maîtresse de la vie sociale et morale des peuples, dont il se bornera à enregistrer

---

(1) Voir dans Thorold Rogers *Interprétation économique de l'histoire* (traduction 1892), chap. II : *Lois sur le travail.*

les caprices et les folies, — en l'absence des freins anciens tout
à fait disparus : la division de la société en classes, la religion,
les coutumes et le respect des traditions. On peut croire, cependant, que des freins nouveaux, d'une nature inconnue, ne
manqueront pas de naître de ce désordre même.

III

Une des étrangetés du salaire, c'est l'écart qui existe entre le
prix moyen du travail féminin et celui du travail masculin. Si
l'on y réfléchit, en effet, quelles peuvent être les raisons
d'une dépression qui va presque toujours jusqu'à la moitié, et
parfois plus, du salaire masculin ? L'habileté de la femme
n'est pas en cause, puisqu'il est des métiers qui sont son
domaine propre, où elle est aussi experte et plus experte par
nature que l'homme, tout en étant payée d'un salaire de famine : tels sont les métiers sédentaires, dentelles, modes,
vendeuses de magasins......, ceux, en général, où la faiblesse
physique n'est pas un obstacle à une production achevée et
rapide. D'autre part, dans les postes, les télégraphes, les téléphones, la dactylographie, la typographie, la femme a remplacé
l'homme petit à petit, et l'on ne peut pas dire que ce remplacement ait institué une comparaison désavantageuse pour elle,
bien au contraire. Pourtant son salaire est resté inférieur à
celui d'un homme. Dans d'autres métiers, enfin, l'industrie des
bijoux d'acier par exemple, les femmes remplissent exactement
le même rôle que l'homme, en même temps que lui, et le
remplissent tout aussi bien; cependant leur salaire est un
peu inférieur. Et cela, dit M. Beauregard, qui cite des exemples (1), « parce que l'ouvrier n'admettrait pas qu'une femme fût
aussi payée que lui. »
Cette infériorité du salaire des femmes par rapport à celui des hommes se remarque en tous pays, aussi bien en
Angleterre et en Amérique qu'en France. Elles gagnent

(1) Beauregard, *Essai sur la théorie du salaire*, p. 341.

aux États-Unis en moyenne moitié moins que les hommes (1).
« Malgré les qualités qui font, dans certains cas, rechercher
les femmes, dit une inspectrice des manufactures à Philadel-
phie, elles reçoivent d'ordinaire un salaire moindre que les
hommes pour le même travail. C'est un fait notoire que les
femmes, placées au même comptoir que les hommes, vendant
les mêmes marchandises, faisant le même ouvrage, ont des
des salaires moindres que les hommes, souvent moitié moindres » (2).

En Angleterre, sir R. Giffen estime de même qu'en
moyenne le salaire des femmes n'est pas beaucoup plus que
moitié du salaire des hommes.

En France, cet écart entre les deux salaires, d'après la
dernière enquête sur les salaires (1893-1897), est considérable :
la moyenne des salaires pour l'ouvrier adulte est de 6 fr. 15
dans le département de la Seine, et de 3 fr. 90 en province, et,
pour l'ouvrière adulte, de 3 fr. dans le département de la Seine,
et de 2 fr. 10 en province (3). Cette statistique nous révèle deux
choses intéressantes et distinctes : l'écart des salaires entre la
province et les grands centres, dont nous parlerons tout à
l'heure, et l'écart du salaire entre l'homme et la femme, qui est
de plus de la moitié à Paris, et d'un peu moins de la moitié
(38,3/oo) en province. Il ne s'agit là toutefois que d'un salaire
masculin et d'un salaire féminin *moyens*, valant chacun, pour
l'ensemble des industries occupées soit par les hommes, soit
par les femmes ; et quoique l'écart constaté soit très significatif, il est plus important encore de relever que dans une même
industrie, où l'homme et la femme sont concurrents, et parfois pour le même travail, le gain de la femme est très inférieur. D'ailleurs, il faut noter la constance de cette moyenne,
à peu près égale à la moitié, qui se retrouve chez tous les

---

(1) Levasseur, *L'Ouvrier américain*, I, p. 397, 419.

(2) Cité par Levasseur, *L'Ouvrier américain*, I, 410, d'après le FOURTH
ANNUAL REPORT OF THE COMMISSIONNER OF LABOR, 1888.

(3) L'enquête de l'*Office du travail* en 1891 donnait des chiffres sensiblement analogues.

auteurs ; sa persistance même prouve la réalité certaine d'une dépression anormale du salaire féminin.

Il ne suffit pas de remarquer l'anomalie de cet écart, il faut encore en suivre la courbe. On peut affirmer qu'il a un peu diminué pour quelques industries dans la dernière moitié du xixe siècle. Citons, par exemple, les industries de la filature et du tissage réunis, où les femmes sont très nombreuses. En 1861-65 (statistique officielle), la moyenne du salaire dans ces industries était :

> Pour les hommes : 2 fr. 07,
> Pour les femmes : 1 fr. 04,

c'est-à-dire presque exactement la moitié. Mais, dès 1880, le rapport changeait au profit de l'ouvrière :

> Hommes : 3 fr. 13,
> Femmes : 1 fr. 80.

Le salaire des femmes est donc dans un rapport de 64/00 à celui des hommes, c'est-à-dire sensiblement supérieur à la moitié de celui-ci (1).

De plus, le rapport du salaire féminin au salaire masculin paraît n'avoir jamais été aussi fort que de nos jours. Sous l'ancien régime, vers 1750, un peu avant le grand mouvement industriel, la différence entre les deux est de plus de la moitié ; dans la draperie et les fabriques de soieries et de toiles, qui sont les plus importantes du royaume, l'homme est payé de 20 à 25 sols, la femme de 8 à 10 sols (2). Antérieurement encore, la différence, pour être moins accentuée peut-être qu'à cette époque, est toujours très considérable. Du xive siècle au xvie siècle, le rapport du salaire féminin au salaire de l'homme paraît avoir été un peu plus faible que de nos jours (3) ; mais le

---

(1) V. Beauregard, *Essai*, p. 57.

(2) Germain Martin, *La grande industrie en France*, p. 279, 280.

(3) Beauregard, *op. cit.*, p. 75 et p. 79. — Hauser, *Ouvriers du temps passé*, p. 158 et p. 159.

Voir aussi d'Avenel, *Histoire économique des prix*.

rapport baissa certainement au XVIIe et au XVIIIe siècles, époque de crise industrielle et d'augmentation du coût de la vie.

Or, si l'on veut expliquer cette hausse du salaire féminin, comparé au salaire de l'homme, depuis l'ancien régime jusqu'à nos jours, et particulièrement pendant la seconde moitié du XIXe siècle, il ne faut pas alléguer que les femmes ont aujourd'hui plus d'emplois disponibles, que plus de carrières leur sont ouvertes, et que par suite la concurrence entre elles est moins vive. Une pareille affirmation est probablement fausse : MM. Leroy-Beaulieu, Hauser, Fagniez et tous les historiens avec eux s'accordent à reconnaître que l'ouvrière et l'apprentie, qu'on croyait de formation récente, contemporaine du machinisme (J. Simon, Michelet), est au contraire très ancienne. La femme apparaît déjà dans le *Livre des métiers* sous saint Louis ; toutes les industries où l'on manie la soie et le fil d'or lui sont réservées (1). A cette époque, à Paris, 80 métiers mixtes sont ouverts aux deux sexes ; c'est dire que presque toutes les professions sont alors accessibles aux femmes (2). Aux XVe et XVIe siècles, celles-ci jouent un rôle très considérable dans l'industrie. Donc, les emplois offerts aux femmes ont toujours été très étendus ; d'autre part, le nombre des femmes qui demandent à travailler est certainement aussi grand que jamais. Le jeu et l'offre de la demande ne peut donc expliquer que le rapport entre les deux salaires ait changé dans un sens favorable au travail féminin ; il ne peut expliquer non plus pourquoi ce rapport s'est amélioré précisément pendant le dernier demi-siècle.

Prenons maintenant une à une les raisons qui ont été données de cette infériorité du salaire féminin.

On a d'abord mis en avant l'infériorité physique et intellectuelle de la femme ; les différences de capacité expliqueraient les différences de salaire. Ainsi, dans beaucoup d'industries, les travaux les plus difficiles sont réservés aux hommes, et

---

(1) Hauser, p. 142.

(2) Fagniez, *Etudes sur l'industrie à Paris aux XIIIe et XIVe siècles*, p. 7 à 19.

les travaux faciles sont confiés aux femmes. Dans l'orfèvrerie et la bijouterie, les femmes sont brunisseuses, polisseuses, guillocheuses; mais les hommes sont modeleurs, dessinateurs, ciseleurs, monteurs. De même dans l'imprimerie, les femmes sont plieuses, margeuses, et les hommes correcteurs, compositeurs, etc. (1). Mais ces distinctions d'emplois vont s'atténuant, et il nous semble, d'ailleurs, qu'elles prouvent bien moins qu'elles ne présument l'incapacité des femmes. Celles-ci ont dû conquérir petit à petit le domaine de leur travail, et c'est le mépris préalable dont on les couvre, bien plus que leur inaptitude, qui les a vouées aux tâches faciles. D'autres faits protestent contre cette opinion préalable : il est, nous l'avons dit, beaucoup d'industries et d'emplois, où la femme a remplacé l'homme avantageusement, et où pourtant son salaire est demeuré plus bas. D'autre part, l'inégalité subsiste dans les cas où les hommes et les femmes remplissent les mêmes tâches, et Stuart Mill expliquait le fait par la *coutume*.

On a dit encore : Les femmes ont moins de besoins que les hommes. Cette explication n'est pas admissible. En quoi ont-elles moins de besoins? Elles en ont probablement davantage, d'une part, à cause de la violence de leurs désirs, et, d'autre part, à cause de la fragilité de leur état physique, qui demande plus de soins. Il ne peut y avoir, d'ailleurs, de lien de cause à effet entre les besoins des femmes et leur salaire, car il est très rare que la femme vive seule et mesure sa vie sur ce qu'elle gagne; son salaire n'est le plus souvent, comme on a dit, qu'un salaire d'*appoint*.

Cela nous amène à parler d'une cause invoquée assez généralement (Stuart Mill, Leroy-Beaulieu, Beauregard, etc.....), mais à titre de cause secondaire, et qui renferme, elle, une part de vérité. Les femmes, dit-on, sont moins exigeantes que les hommes, car leur salaire n'est pas destiné à nourrir leur famille, mais simplement à lui fournir un complément d'aise et de confort; leur salaire n'est qu'accessoire, il s'ajoute à celui de

---

(1) V. Leroy-Beaulieu, *op. cit.*, p. 139.

l'homme, lequel doit suffire seul aux besoins essentiels du ménage. Cela est vrai, mais précisément dans la mesure où cette explication s'appuie sur des conditions psychologiques, sur des croyances qu'elle met en relief. Si les femmes ne demandent à leur travail qu'un gain supplémentaire, c'est qu'elles ne se considèrent pas comme les pourvoyeuses de la famille, et qu'elles se reposent sur leur mari de cette responsabilité éminente. C'est là, de leur part, une abdication traditionnelle; les idées reçues réduisent le rôle de la femme à la direction toute domestique du ménage. L'arbitraire de ces idées est particulièrement sensible dans le cas où une veuve est seule pour nourrir ses enfants, car alors cette femme est toujours ou presque toujours incapable de gagner leur vie et la sienne propre. Aujourd'hui, une femme de condition populaire ne peut pas vivre seule, sans l'appui d'un homme. Cette cause de l'infériorité du salaire féminin offre donc une réalité certaine, parce qu'elle est tirée des conditions psychologiques du salaire et se fonde sur des jugements communs à un groupe social.

Mais une dernière raison, qui a une valeur bien inférieure à nos yeux, est donnée par les auteurs comme cause principale et dominante des bas salaires féminins, c'est que l'offre de la main-d'œuvre est surabondante. Les industries ouvertes aux femmes sont encombrées, le marché est surchargé *(overstocked)*; il est donc naturel que le travail féminin soit déprécié (1). Mais d'abord, comme toujours, lorsqu'il s'agit d'offre et de demande, nous ne voyons pas là de cause vraiment explicative et directe. En effet, si les femmes n'acceptaient pas par avance les salaires dérisoires qu'on leur offre, elles ne se précipiteraient pas en foule dans ces industries. Or, si elles sont décidées à n'accepter qu'un prix infime, est-ce parce qu'elles se rendent compte de la concurrence qu'elles se font? Point du tout; et à ce point de

---

(1) P. Leroy-Beaulieu, *Le travail des femmes au XIX* siècle*, p. 134. — Stuart Mill (*Principes*, I, 462) dit aussi : « Dans les métiers où les entrepreneurs tirent tout l'avantage qu'ils peuvent de la concurrence, la médiocrité du salaire des femmes prouve que le marché est encombré. »

vue là, l'explication précédente est bien plus satisfaisante.
Quelle que soit la concurrence qui existe entre les hommes,
dans certaines industries, leur salaire ne pourra jamais descendre au-dessous d'un certain minimum ; au contraire, il peut
descendre pour la femme jusqu'à un niveau tout à fait inférieur.
Dans certaines campagnes riches (Périgord), les femmes acceptent de travailler chez elles dans les couronnes de perles, et de
gagner dans leur journée 8 à 10 sous; mais ce salaire est de luxe,
pour ainsi dire ; il ne sert pas à l'achat des choses indispensa-
bles. Encore une fois, l'offre et la demande n'expliquent que
certaines variations du taux des salaires ; encore faut-il supposer,
comme nous l'avons dit, qu'elles sont connues ou imaginées
par les échangistes; elles ne peuvent déterminer ni les *limites*
ni la *base* du salaire. Ces limites et cette base, ce sont les exigences préalables des échangistes, des femmes dans le cas
présent; et de ces exigences la concurrence n'est nullement
responsable, mais bien l'ensemble des croyances morales sur
l'organisation de la famille, sur la place secondaire qu'occupe
la femme dans la direction du ménage, en un mot, sur l'inério-
rité du sexe féminin.

Ces idées tendent à changer, et le salaire féminin tend précisément à hausser; cette relation est-elle fortuite ? En tout cas,
la hausse du salaire des femmes est inexpliquée par les théories
des économistes. Nous avons, en effet, une seconde critique à
faire à l'explication des bas salaires féminins par la surcharge
du marché, c'est qu'elle est impuissante pour l'époque moderne.
Car, s'il est bien vrai d'une part que le nombre des femmes qui
demandent du travail, est de plus en plus élevé (et cela atteste
que le rôle social de la femme est compris d'une façon de plus
en plus large), il n'est pas moins vrai d'autre part que le
nombre des emplois qui leur sont ouverts se multiplie
rapidement. Depuis quelques années, les femmes ont évincé les
hommes de beaucoup d'emplois, où ils étaient seuls admis
jusque-là, notamment de l'administration des postes et télégraphes, des téléphones, de la typographie, etc... La femme
tend même, par la conquête des diplômes, à faire concurrence
aux hommes dans les carrières libérales, comme la médecine.

Or, comment expliquer que le salaire féminin hausse, si, réellement, le rapport entre les emplois et les demandes, également accrus les uns les autres, reste sensiblement le même qu'autrefois ?

Aucune des explications données par les économistes ne peut valoir ici, ou plutôt une seule d'entre elles vaut : c'est celle que Stuart Mill notamment a relevée : la coutume (1). Il serait plus exact de dire l'opinion, car la coutume n'est qu'une opinion accréditée, généralisée ; et, d'autre part, l'opinion crée de nouvelles coutumes. Que les femmes soient employées de plus en plus dans les métiers d'où elles étaient exclues traditionnellement ; que leur salaire leur donne de plus en plus le moyen de vivre seules, en gagnant leur vie, ce sont certainement là des concessions inévitables au mouvement d'idées morales qui combat l'inégalité sociale des sexes. Le relèvement de la femme est consacré d'abord par l'aptitude à gagner sa vie. D'ailleurs, l'avenir se présente comme favorable à la hausse des salaires féminins. Il nous paraît difficile de nier que l'état de nos mœurs, qui ne se contente plus pour la jeune fille d'une éducation bornée, amène insensiblement une amélioration de la situation économique de la femme (2).

La question d'éducation est intimement liée à celle du relèvement de la femme. C'est en suivant des cours professionnels ou de luxe, en prenant une part de plus en plus grande à la vie sociale, en concurrence avec les jeunes gens, que la femme conquiert petit à petit une valeur économique égale à celle

---

(1) Voyez sur l'influence de la coutume sur le salaire des femmes, *Principes*, tome I, p. 461. — Voyez aussi les considérations de M. Leroy-Beaulieu, *Traité d'Écon. pol.*, t. II, chap. XIV, p. 349 et s.

(2) Comme cause secondaire, on peut signaler le fait de la grande industrie, qui, en rapprochant l'homme et la femme dans le même atelier, a institué une comparaison favorable à l'égalisation des salaires, tout à fait pour la même raison psychologique que le rapprochement des acheteurs sur un même marché entraîne la nécessité du prix unique. Aussi, tandis que, dans la petite industrie, le rapport du salaire féminin au salaire masculin était du simple au double, dans les filatures, la différence ne fut vite que d'un quart, et dans les tissages, la différence est devenue nulle.

de l'homme. Car la valeur la plus haute qui soit reconnue aux époques modernes, c'est celle que confère l'éducation. Aussi voit-on que dans les pays ou les régions soumis aux vieilles traditions, cette inégalité économique reste la plus accentuée. Dans le fond des campagnes, on rencontre encore des groupes importants d'ouvrières travaillant la dentelle et la broderie, et qui ne gagnent que 1 fr. par jour. Le travail à domicile, le travail de patience accroupie et minutieuse, c'est le travail traditionnel de la femme. C'est un travail sans horizon ; il est méprisé. Au contraire, les arts du bâtiment, du fer, de l'acier et du cuivre, tous métiers de force et, par là, de quelque noblesse aux yeux du peuple, sont fermés à la femme.

En Amérique, les salaires de la femme sont un peu plus forts qu'en d'autres pays, mais cependant la différence n'est pas encore considérable (1). En revanche, il semble que certains pays veuillent se prémunir déjà contre l'envahissement des carrières masculines par les femmes. Ainsi, en Australie, la différence des deux salaires est de plus du double dans certaines professions ; à Melbourne, le conseil spécial de la confection a fixé (en 1897) le salaire minimum des hommes à 9 fr. 35, et celui des femmes, à 4 fr. (2). Serait-ce une hostilité renaissante entre les deux sexes décidément concurrents ?

Toutes ces considérations sur l'inégale valeur des sexes, qui nous paraissent des plus importantes pour l'explication du salaire féminin, les économistes ne les ont pas toujours niées ; ils les ont seulement mises à un rang secondaire ; ce seraient là « de petites causes qui ne sauraient expliquer l'infériorité énorme que toutes les observations constatent » (3). Pour nous, nous retournons la théorie. Nous croyons qu'il faut faire passer au rang de causes premières celles qui se fondent sur l'état des croyances et des mœurs, et, par suite, qu'il est nécessaire de les analyser avec méthode. Nous n'avons pas la prétention de résoudre le problème, mais seulement de l'indiquer.

---

(1) Levasseur, *L'ouvrier américain.*

(2) Métin, *Socialisme sans doctrines,* p. 141.

(3) Beauregard, *op. cit.,* p. 342.

IV

Les économistes ont souvent remarqué que les salaires variaient beaucoup pour un même effort d'un métier à un autre, et pour un même métier d'une localité à une autre (1). Le prix du travail offre des inégalités déconcertantes selon la nature des industries et peut-être plus encore selon les lieux. On conçoit que l'influence des coutumes soit ici prépondérante; mais encore faut-il chercher les raisons générales, s'il y en a, qui peuvent expliquer cette inégalité des coutumes. Ainsi, dans certaines professions, particulièrement les professions ayant un côté artistique, les ouvriers sont payés très cher; les plus hauts prix sont pour la gravure, la joaillerie, l'ameublement, etc. : ceci pour la nature des industries. Quant aux lieux, les écarts sont encore plus accentués. En Russie, le taux général des salaires est modique; mais sur certains points, dans les ports de la Mer Noire, il est au contraire très élevé. En Allemagne, l'ouvrier agricole saxon est dans une situation infiniment meilleure que le paysan allemand (2). En France, les salaires de Paris et ceux de la province ont offert en tout temps des différences considérables; si l'on consulte les tableaux des salaires moyens pendant le xixe siècle, on voit que, pour l'industrie du bâtiment par exemple, le maximum atteint 5, 7 et 8 francs (en 1886) pour certaines catégories d'ouvriers, quand, pour les mêmes catégories d'ouvriers, aux mêmes époques, le maximum est, dans les départements, de 3 fr. à 3 fr. 80, et, exceptionnellement, 4 fr. 80 (3).

Pour expliquer ces étrangetés, les causes objectives sont insuffisantes. Presque tous les auteurs, d'ailleurs, après avoir épuisé la série des causes habituellement invoquées (situation

---

(1) Leroy-Beaulieu, *Traité*, II, 330. — Lavollée, *Les classes ouvrières en Europe*, II, 404. — Cauwès, *Traité*, II, 29.

(2) Beauregard, *op. cit.*, p. 327-328.

(3) Voir tableau des salaires dans Beauregard, *op. cit.*, p. 50-52.

de l'offre, de la demande, du marché des capitaux), en viennent à s'appuyer, en dernier lieu, sur certaines considérations qu'ils jugent plus vagues, et qui sont peut-être plus précises que les autres : le prestige ou le mépris qui s'attache à certains métiers ou à certains lieux (1). La théorie du salaire, en effet, paraît devoir s'affranchir un peu du dogmatisme de l'école; de l'aveu des spécialistes de la question, les théories habituelles du salaire renferment des lacunes. Elles sont incertaines et hésitantes, et se retranchent, en dernier lieu, derrière des causes générales (état des mœurs, de l'éducation ouvrière, etc...), qu'elles hésitent à approfondir, parce que de telles causes confinent à la psychologie.

Ainsi, les considérations sur l'abondance ou la rareté de la main-d'œuvre, des emplois et du capital disponible, sont vaines ici. Il est inadmissible, a priori, que ces conditions matérielles soient toujours favorables au salaire dans certains lieux, et non dans d'autres, à Paris, par exemple et non en province. Il est des lieux qui, par eux-mêmes, emportent une élévation générale des salaires : ce sont surtout les grandes villes et les centres industriels. A vrai dire, la vie de l'ouvrier est plus chère dans ces grands centres, et l'on peut dire que le salaire suit le prix de la vie, que l'inégalité, par suite, est trompeuse et n'affecte que le salaire nominal. Mais, d'abord, il faudrait définir ce que l'on entend dire par prix de la vie : est-ce seulement le coût des denrées nécessaires à l'alimentation et au loyer ? ou bien est-ce un ensemble beaucoup plus complexe, que certains auteurs ont appelé le niveau d'existence ? Dans le second cas, la théorie est admissible; elle suppose, en effet, que le salaire s'appuie sur des habitudes de vie moyenne reconnues en certaines régions à la classe ouvrière, et elle comprend, par suite, non seulement le prix des denrées alimentaires et du loyer, mais des jouissances d'ordre non matériel. Mais précisément ceci revient à constater que, dans certains lieux, notam-

---

(1) Leroy-Beaulieu, par exemple (II, 339), range cette considération dans un des cinq groupes de causes qui influent sur le taux des salaires; il aurait dû noter qu'elle est d'une nature bien différente de celle des autres.

ment dans les grands centres, le niveau de l'existence est plus relevé, comprend des satisfactions plus diverses et plus fines, et c'est là ce qui fait le prestige des grands centres. Au contraire, dans le premier cas, la théorie est étroite et fausse, car il faudrait prouver que l'écart des prix entre certains lieux est en rapport avec l'écart bien plus considérable des salaires (la vie n'est pas deux fois plus chère à Paris qu'en province, surtout dans les quartiers ouvriers), et l'on ne pourrait nullement prouver la relation constante et proportionnelle qui existerait entre ces deux faits.

De plus, il y a des métiers où le prix de la vie n'entre pas en ligne de compte ; pour les domestiques, par exemple, qui sont logés et nourris chez les maîtres, le salaire ne peut dépendre du prix des subsistances et du loyer, et cependant, l'écart des salaires pour eux entre Paris et les départements est considérable. Dans une petite ville du centre, le salaire ordinaire d'une servante est de 15 à 25 fr. par mois; à Paris, la même servante sera payée de 40 à 50 fr. Pour les hommes, l'écart sera de 35 à 70 fr. (1). Il y a donc dans les grandes villes *une coutume de hauts salaires;* elle tient certainement au prestige que les grands centres exercent, ou, ce qui revient psychologiquement au même, à l'accroissement d'exigences qu'ils provoquent immédiatement chez ceux qui y viennent. Ce prestige doit être très accentué, puisque, malgré l'exode des provinces vers les grands centres, les prix continuent d'être très élevés en ces endroits. L'ouvrier d'une grande ville se fait payer plus cher, à talent égal, que l'ouvrier d'une petite ville, moins parce que sa vie est plus chère, que parce que, entré dans un milieu plus civilisé et participant à des habitudes de vie plus luxueuses et plus raffinées, en un mot à une vie jugée supérieure, il a augmenté sa valeur à ses propres yeux. Quand un ouvrier de la ville, même pauvre, vient à la campagne, il incarne le prestige de la ville aux yeux des paysans.

Une considération psychologique analogue vaut pour

---

(1) Une maîtresse de maison emmenant ses principaux domestiques de la province à Paris, augmentera leurs gages de ce seul fait.

l'ouvrier de certaines professions, qui se fait payer plus cher
à effort égal que l'ouvrier d'autres métiers, moins parce que
les conditions de son apprentissage ont été difficiles et longues,
(car il n'y a pas toujours proportionnalité entre ces deux faits,
et l'habileté ou l'intelligence nécessaires à la profession
exercent sur le salaire une influence bien plus directe), que
parce que, appartenant à un milieu professionnel recruté
parmi des éléments sociaux jugés supérieurs, il prend plus de
valeur à ses propres yeux.

Il faut d'ailleurs noter la tendance, d'origine démocratique, à
l'égalisation générale du taux des salaires pendant la deuxième
moitié du xixᵉ siècle, tendance qui agit aussi bien pour atténuer
les différences de salaire entre les diverses professions, que
pour combler l'écart qui existe entre les salaires de la ville et
ceux de la campagne. La combinaison de ces deux effets distincts explique que, pendant la deuxième moitié du xixᵉ siècle,
les salaires aient proportionnellement plus augmenté en province qu'à Paris (1). La tendance inverse a dû exister dans
le début du siècle; il est difficile d'avoir pour cette époque
des statistiques comparatives précises, mais il est probable que
la hausse des salaires a dû se faire sentir d'abord à Paris très
nettement, alors qu'elle restait très en retard pour la province.
Le fait de l'écart sensible des prix du travail entre les grandes
villes et la campagne n'en subsiste pas moins encore comme
une anomalie curieuse et instructive (2).

(1) Beauregard, p. 56.

(2) Levasseur, *Histoire des classes ouvrières. depuis 1789 jusqu'à 1870,*
passim et II. 999. etc.

CHAPITRE IX

—

LE JUSTE INTÉRÊT.

—•◦•—

La reconnaissance par la loi d'un juste prix de l'argent est une idée très ancienne. Il est vrai que les dispositions légales contre les usuriers s'inspirèrent plutôt d'une haine intéressée contre les prêteurs d'argent que d'un sentiment de justice précis ; cependant, le résultat est, dans l'un et l'autre cas, bien semblable : le taux légal de l'intérêt est considéré, en effet, tout naturellement, comme le juste prix de l'argent. A défaut de critérium plus précis, c'est la loi qui dit la justice. Il est certain d'ailleurs que le sentiment populaire a toujours été vivement hostile aux prêteurs trop exigeants, et qu'il a pris, dans ses récriminations, une forme morale. Il nous importe peu que cette justice soit intéressée ou non ; peut-être toute justice est-elle impure en son fond ; en tous cas, le sentiment de réprobation contre les usuriers a toujours affecté la forme d'un sentiment de justice lésé.

Et cette forme n'est pas trompeuse. De ce que la loi n'a jamais fixé d'intérêt *minimum*, mais au contraire, s'est bornée à édicter un taux maximum que ne peuvent dépasser les prêteurs, il ne faudrait pas conclure cependant qu'elle n'a pas entendu résoudre une question de juste prix. Il s'agit toujours en effet de justice ; seulement cette justice protège, non les prêteurs, mais l'emprunteur, de même que le salaire minimum protège non le patron, mais le salarié. Les lois qui fixent un salaire minimum préviennent l'usure du patron qui abuse du travail de ses employés, de même que les lois qui fixent un intérêt maximum frappent l'usure du prêteur qui abuse de son emprunteur. Et dans les deux cas, c'est au plus faible que la loi vient en aide contre le plus fort.

Il ne peut pas être dans notre dessein de faire une esquisse, même rapide, de cette législation contre les usuriers. Si nous avons analysé la doctrine de l'usure en droit canonique (1), c'est qu'elle formait avec la théorie du juste prix un ensemble bien lié, guidé par les mêmes principes. Nous nous bornerons ici à une matière plus intéressante et plus nouvelle : *la forme qu'affecte, dans certaines législations contemporaines, l'idée du juste intérêt.*

On sait que, pendant la seconde moitié du xixe siècle, presque toutes les législations européennes se débarrassèrent successivement, sous l'influence de libéralisme économique, des anciennes dispositions restrictives de la liberté de l'intérêt. Le seul remède au mal redoutable de l'usure parut être la liberté elle-même. Il semblait juste, suivant les croyances profondes des économistes, que le prix de l'argent fût, comme celui de toutes choses, déterminé par la concurrence. C'est pourquoi les lois qui édictaient un taux maximum d'intérêt furent, dans l'espace de quelques années, abolies en Angleterre, en Espagne, en Hollande, dans les Pays scandinaves, en Belgique, en Italie, en Autriche et dans plusieurs cantons suisses. Or, voici que, par un retour curieux, la plupart des pays qui avaient le plus complètement adopté ce principe ont été vite désenchantés et sont revenus récemment sur leurs pas. L'Autriche ouvrit la série des lois nouvelles par la loi de 1877, qui, tout en laissant subsister la liberté, en corrige les effets par la création de délits spéciaux basés sur la notion de la fraude dans les opérations de crédit. La même année, la Hongrie rétablissait un taux d'intérêt légal. En 1880, l'Allemagne, suivant l'exemple de l'Autriche, créait un nouveau délit d'usure, conçu en des termes larges, qu'une loi de 1893 venait étendre encore. Le code allemand de 1900 consacrait ces législations antérieures

---

1. Voir paragraphe 6 de notre chapitre II.

par un très intéressant et très général article 138. Enfin l'Angleterre elle-même, considérée jusqu'ici comme le foyer du libéralisme, et qui, en 1851, avait proclamé la liberté illimitée de l'intérêt, venait, en 1900, porter atteinte de nouveau au droit du prêteur d'argent; elle était suivie à son tour par la Suède en 1901 (1).

Nous examinerons successivement la législation de l'Autriche, celle de l'Allemagne, celle de l'Angleterre. Quelques traits intéressants sont communs à ces lois nouvelles, notamment une conception de l'usure, plus compréhensive à la fois et plus approchée de la justice individuelle, et qui reflète, par bien des côtés, la forme moderne de l'idée de justice.

I. — Autriche.

La loi du 14 juin 1868 avait supprimé en Autriche le taux maximum de l'intérêt conventionnel. Cette loi fut suivie d'une recrudescence de l'usure qui causa des ravages profonds dans le pays. En Galicie surtout, le nombre des ventes forcées d'immeubles augmenta considérablement en quelques années; la propriété foncière était grevée lourdement; les prêts consentis aux petits propriétaires atteignaient des taux exagérés, parfois de 50 à 100 %. Aussi, dès 1875, le Reichsrath votait-il une proposition pour enjoindre au Gouvernement de remédier à ce mal (2).

Un projet fut déposé par le Gouvernement en 1877, qui devint la loi du 19 juillet 1877. Cette loi ne s'appliquait qu'à une partie de la monarchie : la Galicie, la Lodomérie, le grand duché de

---

(1) En France, nous avons toujours conservé un délit d'usure, mais qui ne s'applique qu'aux actes *d'habitude*. La loi de 1807 avait fixé le taux au delà duquel l'intérêt devenait usuraire, à 5 % en matière civile et 6 % en matière commerciale. Une loi de 1886 a supprimé la limitation en matière commerciale. Et la loi du 7 avril 1900 a baissé le taux légal de l'intérêt civil à 4 %.

(2) Voyez *Bulletin de la Société de législation comparée*, 1876, p. 152, — et 1877, p. 47 et s. — *Annuaire de législation étrangère*, 1875, p, 490 et 491.

Cracovie et le duché de Bakowine. Voici ses traits principaux :
Tout d'abord, elle laisse subsister le principe de liberté inscrit
dans la loi de 1868, et se borne à limiter son effet par la
création de nouveaux délits. Secondement, ces délits nouveaux
s'appliquent à certains actes malhonnêtes, à certaines fraudes
commises dans les contrats de crédit. La notion d'usure est
donc élargie. Ce n'est pas seulement l'usure proprement dite,
c'est-à-dire la perception d'un intérêt exagéré, qui est frappée,
c'est *l'abus et l'injustice flagrante* qui résultent d'une opération
quelconque de crédit (Crédit-geschäfte) (1). Enfin, ces abus et
ces injustices ne sont pas définis d'une manière rigoureuse, ni
contenus dans des limites juridiques précises ; ils ressortent des
circonstances de la cause. En d'autres termes, la loi ne fixe
aucun intérêt. aucun profit maximum au-delà duquel il y aurait
toujours fraude, et en deçà duquel la justice serait toujours
satisfaite ; elle se fonde sur ce raisonnement, qui eût paru
suspect aux premiers canonistes par exemple, que, dans une
convention déterminée, la juste proportion entre les avantages
stipulés par chacun des contractants ne saurait être fixée une
fois pour toutes, et en dehors des circonstances particulières
qui ont entouré le contrat. Le juge appréciera donc, *selon les
cas*, si cette proportion est équitable ou non, et il excusera ou
frappera en conséquence. Si le prêteur a manifestement tiré des
circonstances un parti malhonnête, le contrat sera annulé, le
coupable puni d'emprisonnement ou d'amende, et il pourra
être alloué une juste rémunération à celui qui a été sa victime.

Tels sont les traits principaux de cette loi novatrice. Elle
vise manifestement à consacrer une juste équivalence dans
les contrats de crédit, mais elle donne de celle-ci un critérium imprécis d'une grande souplesse. Elle ne conçoit pas la
justice comme une règle abstraite, mais comme un principe

(1) Les dispositions répressives du dol n'eussent pas suffi à assurer
l'accomplissement de cette règle d'équité, car, pour que ces dispositions
soient applicables, il faut que l'auteur du délit ait pris une part active aux
manœuvres dolosives; ici, il suffit qu'il ait *connu* et non provoqué
l'infériorité de son adversaire.

individuel. Il n'y a pas de juste proportion déterminée d'avance pour tous les contrats indistinctement ; le juste prix naît des circonstances subjectives de chaque convention. Il n'y a plus de taux maximum d'intérêt délimitant avec précision le juste et l'injuste, mais, d'après les circonstances, le taux équitable se révèle à la conscience du juge.

La loi exige seulement une disproportion choquante entre les parties, et ruineuse pour l'une d'elles. Voici le texte de l'article 1er : « Quiconque fait une concession de crédit, sachant que les conditions acceptées par le preneur (Credi-nehmer) doivent nécessairement, par suite de la disproportion des avantages réservés au créancier (Crédit-geber), entraîner la ruine du débiteur, alors que celui-ci ne pouvait connaître cette circonstance à raison de sa faiblesse intellectuelle, de son inexpérience ou de sa surexcitation d'esprit (1), se rend coupable d'un délit et sera puni d'un emprisonnement de un à six mois, ou d'une amende de 100 à 1000 francs » (2). Le prêteur n'est donc coupable que s'il a exploité l'inintelligence, l'inexpérience ou les passions de son emprunteur ; mais ces conditions sont très larges et peuvent comprendre tous les cas vraiment choquants d'inéquivalence, car, dans les cas exceptionnels où des avantages disproportionnés auraient été consentis librement, en connaissance de cause, et en dehors de toute passion, la justice individuelle n'a eu, sans doute, rien à souffrir.

D'ailleurs, le texte de la loi de 1877 a été remplacé par celui de la loi du 28 mai 1881, qui est plus explicite et plus large encore. La loi de 1881 concerne la monarchie tout entière, et non plus seulement la Galicie et Bakowine. Elle s'intitule : Loi pour réprimer les abus commis dans les opérations de crédit (unredliche Vorgänge bei Crédit-geschäften). Et son article 1er est d'une rédaction plus large et préférable : « Quiconque, dans une opération ayant pour but d'accorder ou de proroger un crédit, exploite sciemment *la légèreté du débiteur, sa situation*

---

(1) La loi a songé ici surtout à l'ivresse.

(2) Traduit dans l'*Annuaire de législation étrangère*, 1877, p. 215 et s. Voir aussi *Bulletin de Soc. de législ. comparée*, 1877, p. 436.

nécessiteuse, sa faiblesse d'intelligence, son inexpérience ou sa surexcitation d'esprit, en se faisant promettre ou donner, à lui ou à un tiers, des avantages pécuniaires qui, par leur exagération, sont de nature à causer ou à hâter la ruine de ce débiteur, se rend coupable d'un délit et est puni d'un emprisonnement de rigueur, etc...... » (1). La gêne du débiteur, sa pauvreté doivent donc entrer en ligne de compte dans l'appréciation que fera le juge de l'inéquivalence des prestations.

II. — Allemagne.

La loi allemande du 21 mai 1880 est conçue dans le même sens que la loi autrichienne de 1877. Comme elle, tout en conservant le principe de la liberté de l'intérêt (qui avait été consacré, en Prusse, par une loi de 1866, dans l'Allemagne du Nord par une loi de 1867, et pour tout l'Empire par le silence du Code pénal de 1870), elle crée des délits spéciaux qui atteignent tout abus de nature usuraire commis dans un contrat de crédit, et non pas seulement l'usure au sens strict du mot. Et nous verrons que la loi de 1893 et le Code de 1900 ont étendu le domaine de ces délits à toute opération qui stipule des avantages réciproques entre les parties, consacrant ainsi une notion philosophique et générale de l'usure.

La loi de 1880 procède par l'addition d'un paragraphe nouveau à l'article 302 du Code pénal. Voici la première partie : « Celui qui, en abusant des besoins, de la faiblesse d'esprit ou de l'inexpérience d'un autre auquel il consent un prêt, ou qui, au moment de l'échéance d'une créance, se fait promettre ou procurer, soit à lui, soit à un tiers, *des profits qui excèdent de telle manière le taux habituel de l'intérêt que, d'après les circonstances de la cause, ces avantages se trouvent être en disproportion choquante avec le service rendu*, sera puni...... etc. » (2). Le but poursuivi est donc, ici encore,

(1) *Bulletin*, 1880, 37, 38, 292. — *Annuaire*, 1881, 308.

(2) Voir *Annuaire de législ. étr.*, 1880, p. 77 et s., et les notes de Paul Jozon.

l'équivalence dans le contrat de crédit, mais une équivalence subjective, résultant des conditions ou circonstances individuelles du contrat. Il n'est guère qu'une condition objective requise par la loi : que le profit stipulé excède le *taux habituel* de l'intérêt; mais c'est qu'en ce cas, l'équivalence psychologique est présumée, et tirée de l'observation des cas moyens.

Il paraît que l'usure ne disparut pas des campagnes. A l'usage, la loi se révéla non pas vaine, mais à demi efficace seulement. L'on songea alors que son impuissance partielle pouvait tenir à l'étroitesse de son objet. En effet, le mal usuraire affecte mille formes. Certains contrats, tels que la vente à réméré, masquent souvent de véritables exploitations ; or, ils n'étaient pas atteints par la loi de 1880. D'autre part, des abus, des spoliations de tout genre peuvent être inscrits dans des contrats dont le crédit n'est pas l'objet. Un mouvement se forma qui tendait à réprimer l'usure non seulement dans les contrats de crédit, mais dans toute convention stipulant des profits réciproques, qui voulait atteindre, en d'autres termes, non seulement le *Geld= und Kredit= Wücher*, mais le *Güter= und Sach=Wücher*. On concevait de plus en plus l'usure comme une lésion commune à tout contrat et résultant simplement d'une inéquivalence des prestations (1).

La loi du 19 juin 1893 est née de ce mouvement. Elle consacre l'extension du système de la loi de 1880 : d'abord, à tout contrat de crédit, de quelque forme qu'il soit; et ensuite, à tout acte juridique dans lequel on stipule des avantages réciproques ; seulement, dans ce second cas, on n'atteint que le délit d'habitude (2). Enfin, la loi de 1893 entrave certaines

---

(1) Voir note de Victor Brants, précédant la traduction de la loi de 1893, dans l'*Annuaire de législ. étrang.*, 1893, p. 81 et s.

(2) Voici cet article nouveau : « Sera puni de la même peine celui qui, *par métier ou habituellement*, dans les conditions *d'un acte juridique autre que ceux prévus à l'article précédent*, et en abusant des besoins, de la légèreté ou de l'inexpérience d'un autre, se fait promettre ou procurer, soit à lui-même, soit à un tiers, des profits qui excèdent de telle manière la valeur de sa prestation que, d'après les circonstances de l'acte, ces profits se trouvent en disproportion choquante avec cette prestation. »

spéculations qui comportent le plus souvent des fraudes usuraires, et soumet l'exercice professionnel de ces spéculations à l'autorisation et au contrôle du gouvernement.

C'est donc tout un ensemble d'obligations et d'actes juridiques qui sont soumis à la règle morale *d'équivalence*. Parvenue à ce point de développement, la question dépasse le domaine de l'usure; elle se confond avec la question même du juste prix. Or, c'est bien, en effet, une théorie générale de la justice dans les contrats, que le Code civil allemand de 1900 a entendu consacrer par son article 138. Cette théorie se rattache aux lois de 1880 et de 1893, qu'elle unit et complète. La lésion qui résulte de la disproportion des avantages stipulés est nulle, comme contraire aux bonnes mœurs. Il nous reste à étudier cet article, à en marquer le caractère et l'importance pour notre sujet.

Voici d'abord son texte : « Un acte juridique qui porte atteinte aux bonnes mœurs est nul. Est nul, en particulier, un acte juridique par lequel quelqu'un, en exploitant le besoin, la légèreté d'esprit ou l'inexpérience d'un autre, tire profit de la situation, en ce que celui-ci lui promet ou lui assure de toute autre façon à lui ou à un tiers, pour une prestation par lui faite, *des avantages de valeur patrimoniale qui excèdent la valeur de la prestation fournie*, de telle sorte qu'*en tenant compte des circonstances*, les avantages qui en forment l'*équivalent* soient par rapport à cette prestation dans une disproportion choquante. »

Remarquons d'abord que la règle générale de l'équivalence des prestations paraît être interprétée *objectivement* : avantages de valeur patrimoniale *excédant* la valeur de la prestation fournie. Il s'agit d'une mesure de la valeur qui doit être facile à trouver; on suppose que la valeur est une qualité matérielle des choses. Cette affirmation pourtant est suivie d'une réserve importante : le juge, dans l'appréciation de ce rapport d'équivalence, tiendra compte des circonstances. Donc, la valeur est à la merci des circonstances, et elle ne serait mesurable d'une façon certaine que si l'on classait d'abord les diverses circonstances qui peuvent influer sur elle, et si l'on établissait ensuite l'échelle des variations de valeur d'une prestation *par rapport à ces circons-tances*. Cela serait singulièrement compliqué. Ici commen-cent à nous apparaître les inévitables difficultés qui découlent d'une définition un peu souple de la valeur, alors cependant que le désir de justice, dans sa forme moderne, c'est-à-dire de justice individuelle, commande de répudier toute détermination rigide et absolue. Ainsi s'introduit dans l'article une concep-tion tout individuelle de la valeur, qui, par suite, laisse au juge un arbitraire énorme. L'extension des pouvoirs du juge est d'ailleurs, et nous ne pouvons nous en étonner, dans l'esprit du Code allemand (1).

Analysons maintenant le contenu du texte de l'article 138 :

A. *La théorie de la cause en droit français et la théorie allemande de la déclaration de volonté.* — En droit français (2), la *théorie de la cause* domine le droit des obligations. D'après cette théorie, la cause en vertu de laquelle le débiteur s'oblige, est inséparable de l'obligation elle-même ; elle forme avec elle un acte juridique unique, de sorte que l'absence de cause, l'erreur sur la cause, ou l'immoralité de la cause rendent l'acte non pas annulable, mais nul (article 1131). La conséquence de cette théorie est de délimiter, d'une façon précise, le rôle du juge en face des parties : son pouvoir d'appréciation est restreint en effet, à ce qui constitue le contenu juridique de l'acte, c'est-à-dire à l'obligation, et à *sa cause,* qui n'est autre que la promesse faite en échange ; mais ce pouvoir ne peut aller jusqu'à rechercher *les motifs,* lesquels ne font pas partie de l'acte. Car l'obligation forme avec sa cause un tout juridique complet, et indépendant des circonstances qui l'ont provoquée.

Or, cette cause juridique de l'obligation, elle est fixée par la

---

(1) Saleilles, *Introduction à l'étude du droit civil allemand,* § X, pp. 88 et s. — *De la déclaration de volonté,* infra, pp. 252, 268......

(2) Voir les ouvrages de M. Saleilles, notamment *De la déclaration de volonté,* p. 251 et s., dont nous suivons ici le lucide exposé. — Voir aussi Jean Perrin, *De la réductibilité des obligations excessives* (thèse, Paris 1905), notamment p. 256-277, et conclusion. Cet ouvrage distingué complète en quelque sorte le nôtre au point de vue juridique.

loi en droit français. C'est, dans les conventions synallagmatiques, une prestation délimitée, dont la nature sert à classer le
contrat dans l'une des catégories instituées par la loi. En droit
allemand, au contraire, le contenu juridique d'un acte est
uniquement l'œuvre des parties; la déclaration des parties,
introduite dans l'acte, quelle qu'elle soit, fait partie de cet acte.
Tout ce qui est déclaré dans le contrat est donc cause. A vrai
dire même, le mot *cause* devient inutile; il a disparu de la terminologie du code allemand.

Il s'agit de savoir comment, dans une telle conception, l'ordre
public et les bonnes mœurs seront assurés d'être protégés.
Lorsque l'immoralité de l'obligation n'est pas révélée par le
contenu même de l'acte, par la déclaration des parties, quelle
sera la ressource du juge ? Pourra-t-il faire porter ses investiga-
tions au-delà du contenu de l'acte, ou bien sera-t-il lié par la
déclaration des parties ? Cette seconde hypothèse serait
dangereuse; elle n'assurerait pas aussi bien que la théorie
française de la cause la répression de la fraude. Cependant,
la conséquence logique du système était de borner le domaine
du juge à la déclaration libre des parties, — et le projet
primitif s'en tenait là. On dut briser par la suite cette étroite
conception. La seconde commission du projet du code allemand
a formulé le principe de la répression de la fraude d'une façon
très large : elle poursuit tous les actes qui portent atteinte aux
bonnes mœurs, sans distinguer si cette atteinte est apparente
par la déclaration des parties, ou si elle est secrète. La recherche des motifs rentrerait-elle donc dans le champ d'appréciation
du juge d'une façon absolue, sans réserve ni distinction ? Mais
alors ce serait l'arbitraire absolu, l'insécurité des transactions.
C'est pourquoi il faut admettre que la disposition n'a pas cette
portée générale; l'article rédigé par la seconde commission a
voulu frapper la promesse abstraite, qui n'aurait été détachée
de sa cause directe que pour dissimuler le but illicite. Ainsi
donc, le juge a le droit et le devoir d'entrer dans le domaine de
la psychologie individuelle; mais sa tâche y est réduite au point
de savoir si la promesse déclarée est abstraite et recouvre un but
illicite.

B. *Les bonnes mœurs et le pouvoir du juge allemand.* — Illicite, c'est-à-dire contraire aux bonnes mœurs. Il est important de savoir maintenant quelle sera la règle d'appréciation du juge allemand en matière de moralité et d'équité. Nous touchons ici au point qui intéresse directement notre thèse. Il s'agit, en effet, pour le juge, de déclarer si l'acte est conforme aux bonnes mœurs. Traduisons : si l'équivalence des prestations est assurée d'une manière conforme à la moralité publique. C'est là un problème de juste prix. Or, il est important de savoir quel est le critérium général que le code allemand donne de la moralité publique, de l'équité, des bonnes mœurs. Où le juge en puisera-t-il la notion ? Le code a voulu établir, dit M. Saleilles, « non pas un critérium abstrait, tiré de la moralité prise en soi, mais un critérium pratique, tiré de la *constatation des usages commerciaux* en matière de moralité juridique » (1).

L'idéal de moralité adopté, c'est donc un idéal pratique, la coutume. Sans doute, dans le cas présent, cette règle s'imposait, à défaut d'autres plus précises. Mais il est intéressant de remarquer : 1° que le code allemand, en répudiant la théorie toute formelle de la cause, a dû nécessairement recourir à un critérium nouveau et fonder sa théorie de l'obligation sur un type de moralité choisi ; — 2° que ce type de moralité est le type courant ou moyen. C'est aussi, par suite, un *minimum*, mais le juste prix légal ne peut être que cela.

En résumé, le juge allemand doit contrôler la déclaration de volonté par laquelle le déclarant attribue une valeur à sa prestation, et il doit la contrôler conformément à l'appréciation de la morale publique. Les garanties que le droit français cherche dans la théorie de la cause, le nouveau droit les cherche dans l'idéal pratique des bonnes mœurs. Par suite, si la limite du droit français est purement abstraite et formelle, celle du droit allemand offre plus de réalité. Elle ne s'arrête pas à une barrière théorique infranchissable ; elle peut aller aussi loin que la moralité du peuple (2).

---

(1) *De la déclaration de volonté*, p. 262.

2) Saleilles, *op. cit.*, p. 265.

C. *Critique de cette idée que le mot* bonnes mœurs *n'implique qu'une recherche expérimentale du juge.* — Il faut cependant discuter l'opinion suivant laquelle cette limite de la loi allemande, la moralité publique, serait donnée par la réalité sans mélange d'incertitude, suivant laquelle par suite le rôle du juge se bornerait à la recherche expérimentale de l'usage courant, à la constatation de la coutume. Que le juge français est lié par un système, tandis que le juge allemand ne serait lié que par les faits, c'est là une distinction qui ne nous semble pas entièrement fondée. La part d'arbitraire du juge allemand nous semble encore considérable.

En effet, les usages auxquels doit se référer le juge, ce ne sont pas tous les usages, mais seulement les *bons usages*. Il est bien vrai, d'une part, que la loi, en parlant de *bonnes mœurs* et non de *morale*, entend écarter la notion d'un vague idéal de conscience, pour lui substituer l'idée plus précise de mœurs ou de coutume ; il n'est pas moins vrai, d'autre part, que toute coutume n'est pas consacrée par la loi, mais seulement celle d'un groupe réputé honnête. Il y a des usages particuliers à certaines classes sociales d'une moralité inférieure ; le juge ne peut les sanctionner. Il prend pour type la vertu *moyenne*. Qu'est-ce à dire ? Cette moyenne sera-t-elle le résultat d'un calcul précis et complexe, fait sur des données expérimentales ? ou bien sera-t-elle, pour une part, le résultat de préjugés théoriques ? Dans le premier cas, il faudrait supposer une statistique de la vertu individuelle. Il est inutile d'insister sur l'impossibilité d'un tel dénombrement moral. Il faut remarquer surtout que, cette moyenne fût-elle calculable, elle serait encore fausse et sans portée, car le calcul sur lequel elle serait fondée, c'est-à-dire la division de la somme des vertus par le nombre, sous-entendrait la puissance du nombre en morale, c'est-à-dire ruinerait l'idée même de morale. Pour que cette moyenne eût quelque portée, il faudrait donner un coefficient plus ou moins fort à la moralité de tel ou tel groupe social, suivant qu'il serait réputé se rapprocher davantage de l'idéal du bien. Or, l'attribution de ce coefficient consacrerait une simple opinion, exprimerait une simple préférence individuelle. C'est toujours l'opinion individuelle qui fixe le rang des diverses morales les unes vis-à-vis des autres.

Le juge allemand, en recherchant les bons usages pour en faire la règle de justice des contrats, s'appuie donc en définitive sur une opinion qui peut n'être partagée que par un groupe restreint d'individus, mais qui est à ses yeux la plus sage. Le juge a le choix entre les très nombreux types de moralité, entre les diverses opinions morales qui se divisent le monde. Parmi ces types, celui qui l'emportera dans l'esprit du juge, ce n'est pas nécessairement celui qui est le plus répandu et le plus général dans le groupe social auquel se rapporte l'acte en cause (1), c'est plutôt celui qui est considéré dans le groupe en question, et peut-être par une minorité seulement, comme l'expression d'une justice plus élevée que celle des usages courants. L'opinion se juge elle-même ; parmi les opinions il y a une hiérarchie fixée au gré de l'opinion elle-même. C'est celle qui est la plus considérée, soit par le nombre imposant, soit bien plutôt par la *qualité sociale jugée supérieure* de ses adeptes, qui l'emportera. En ce sens, il y a une part théorique, une part arbitraire, une part humaine, qui est nécessairement consacrée par le juge allemand. En droit, il n'a qu'une constatation expérimentale à faire, mais en réalité, il s'en rapporte certainement à des préjugés plus ou moins conscients ; il s'appuie sur des préférences de groupe qu'il ne peut s'empêcher de partager ; il a dans l'esprit une hiérarchie des types de moralité qui gouverne profondément ses arrêts (2).

---

(1) M. Saleilles dit au contraire : « Le juge n'a pas le choix entre plusieurs types de moralité; il n'y en a qu'un qui doive le guider, celui qui constitue l'idéal commun de la collectivité à laquelle se réfère l'acte en cause » (*Déclaration de volonté*, p. 282).

(2) Quoique cela soit surtout apparent dans une législation où le pouvoir du juge est de moins en moins lié par des textes et par des règles de justice formelle, la même chose peut être dite de toute justice. C'est pourquoi les tendances éthiques du milieu où les magistrats sont recrutés d'ordinaire, modifient considérablement la jurisprudence, et par suite le droit. La psychologie juridique ne peut faire abstraction de cette influence, qui explique de nombreux caractères du droit des parlements sous l'ancien régime, comme aussi bien certains caractères opposés du droit des démocraties modernes.

Ce serait un danger, nous dit-on, que le juge suivît le sentiment populaire dans ses aspirations de moralité supérieure. Il faut distinguer la morale et le droit; or, le code allemand a voulu que le juge prît pour base ce qui est, et non ce qui devrait être. — Cependant, répondrons-nous, s'il y a pluralité d'usages contradictoires, comme c'est le cas général, le juge ne s'en réfèrera nullement au critérium du nombre, mais il usera naturellement de son pouvoir pour consacrer l'usage le plus conforme au type de moralité considéré comme supérieur par la classe à laquelle il appartient. Ayant un choix à faire entre deux idéals, il ne jugera certainement pas comme la masse; ce dernier mode est l'apanage déplorable du jury, chargé d'exprimer la conscience de la majorité, et dont l'institution repose sur la vaine métaphysique du nombre souverain et de l'humanité bonne en soi.

Le parti social-démocrate, pendant la discussion, émit le vœu que, lorsqu'un idéal de justice sociale s'était formulé dans l'esprit d'une fraction seulement de la collectivité, cela suffît pour que le juge en pût consacrer l'application. C'était hardi et vexatoire, mais cela voyait assez juste en soi. On répondit que c'était mettre la justice aux mains d'un parti, et confondre le rôle du juge avec celui du législateur. Soit; il est bien vrai que c'est une nécessité du droit d'opposer à l'arbitraire du juge des limites étroites et nombreuses; mais, *dans une certaine mesure,* dans la mesure précisément où l'on veut que le droit approche le plus possible de la justice individuelle, selon les tendances modernes, il est inévitable que la magistrature soit au service d'une opinion.

D. — *Application de ces principes aux contrats usuraires.* — Nous venons d'expliquer les principes généraux concernant les obligations, qui résultent du nouveau code allemand; ils sont contenus dans la première partie de l'article 138, reproduit plus haut.

La deuxième partie de cet article vise leur application au cas d'usure, conçue dans le sens très général que nous avons indiqué. Cette disposition fut votée à la vive approbation du parti social-démocrate et du parti catholique du centre. Elle ne fait que confirmer la législation de 1880 et celle de 1893, mais en la rattachant aux principes généraux du droit des obligations.

Les deux caractères principaux et corrélatifs de cette législation sont, nous l'avons dit : la justice individualisée, débarrassée d'une formule rigide, et la non-limitation des pouvoirs du juge. D'abord, la définition de l'usure est extrêmement souple. Il y a usure, en somme, toutes les fois que l'équivalence dans l'échange est trop onéreuse pour l'un des échangistes. Le parti social-démocrate demandait que l'article 138 consacrât sans restriction le principe d'une équivalence absolue dans les contrats. C'était grave, car tous les contrats synallagmatiques devenaient suspects, si le juge avait le droit de rechercher l'exploitation et de discuter les circonstances ; le commerce et le crédit pouvaient être menacés. C'est pourquoi l'amendement du Reichstag exige une lésion *anormale*, une « disproportion choquante » entre les équivalents. Le parti social-démocrate visait surtout l'exploitation des travailleurs dans le louage de service. Il voulait qu'en cas d'exploitation de la misère des travailleurs, le juge pût statuer en s'inspirant de la conscience générale. Cette extension au salaire montre de quelle façon générale l'usure fut conçue pendant la discussion. — Secondement, la liberté du juge est enfermée dans un cadre aussi large que possible. Dans un cas seulement, pour les lésions commises dans les contrats qui n'ont pas le crédit pour objet, un élément objectif est encore requis : il faut que l'usure soit habituelle et professionnelle ; le caractère délictueux ne pourrait résulter d'un fait isolé. Mais, dans tous les autres cas, l'appréciation du juge n'est limitée que par l'usage courant, et nous avons montré quelle part d'arbitraire se mêle à ce critérium pratique.

On voit suffisamment combien cette théorie de l'article 138 du code allemand de 1900 entraîne de conséquences juridiques nouvelles, et combien elle s'oppose aux théories anciennes, dont le brocard célèbre, *summum jus summa injuria*, exprimait toute la rigueur. Ce dicton impliquait que, tout en reconnaissant l'immoralité de son droit, on pouvait cependant abuser de

celui-ci, sans qu'il cessât d'être le droit. D'après le code allemand, le fait d'abuser de son droit classe l'acte juridique parmi
ceux que réprouvent les bonnes mœurs; par suite, cet acte ne
sera pas seulement immoral, il sera nul et incapable d'effets juridiques (1).

Cette exigence d'une juste équivalence dans les contrats,
calculée d'après les circonstances subjectives du marché, doit
être considérée comme une renaissance caractéristique de l'idée
du juste prix dans l'une des plus récentes et des plus savantes
législations du monde civilisé.

III. — **Angleterre et Suède.**

Il serait tout à fait inexact de se représenter l'esprit du
libéralisme anglais comme indifférent aux questions de justice.
L'act de 1854, qui reconnaissait la complète liberté du taux de
l'intérêt (2), laissait cependant subsister une jurisprudence très
ancienne, d'après laquelle les *cours d'équité* venaient en aide aux
emprunteurs trop manifestement exploités par leurs prêteurs,
en réduisant leurs obligations à des limites acceptables.

En Angleterre et aux Etats-Unis, on le sait, il y a deux manières de rendre la justice : en *common law* et en équité. Juger en
common law, c'est juger suivant la législation écrite et suivant
les principes traditionnels de la jurisprudence; juger en équité,
c'est juger suivant la conscience du juge et suivant les principes
traditionnels des tribunaux d'équité (3). Le mot *equity* ne doit

---

(1) La nullité qui résulte de l'article 138 n'est pas assimilable à
l'annulabilité pour vice du consentement, car la lésion de l'article 138 n'est
pas suffisante pour vicier le consentement, et le juge n'a pas à se préoccuper de savoir si celui-ci est parfait ou non; il n'a qu'à rechercher s'il y a
disproportion des équivalents d'après les circonstances.

(2) L'Eglise anglicane, comme l'Eglise romaine, avait prohibé le prêt à
intérêt, — que d'ailleurs le droit coutumier (*common law*) reconnaissait
illégal, — mais elle vint à résipiscence, comme l'Eglise romaine, et se
contenta de la limitation du taux de l'intérêt.

(3) Ces deux sortes de juridictions appartiennent à des tribunaux différents. Depuis 1873, le droit de juger en équité a été étendu à toute la
Haute-Cour de justice et à la Cour d'appel, c'est-à-dire à l'ensemble des

21

cependant pas faire illusion sur l'étendue des pouvoirs du juge d'équité, dont on assimile parfois le rôle à celui du préteur romain. Ces pouvoirs ne vont pas jusqu'à sanctionner tous les scrupules de la conscience ; ils sont le plus souvent limités par les traditions des anciennes cours d'équité ; et cela n'étonnera pas si l'on réfléchit que le droit le plus souple, le plus dégagé de l'entrave des textes, aspire à se fixer, à s'éterniser, la force de l'exemple et le prestige du passé jouant ici un rôle conservateur. Ainsi la liberté illimitée que l'act de 1854 avait instituée en matière de prêt à intérêt, était constamment tempérée par l'application des règles d'équité aux cas les plus urgents.

Cependant, cette abdication de la loi écrite parut vite dangereuse. En 1888, une loi accordait aux Cours de comté, dans la limite de leur compétence, un pouvoir discrétionnaire pour juger de la légitimité ou non des taux excessifs d'intérêt. L'opinion ne fut pas encore satisfaite. Une commission d'enquête dévoila des faits scandaleux qui provoquèrent un mouvement d'opinion, dont la loi du 8 août 1900, dite *Money lender's act* (1), fut la conséquence.

Cette loi ne fixe aucun taux maximum au-delà duquel l'intérêt serait usuraire ; elle se contente de donner au juge un pouvoir discrétionnaire, pour annuler ou réduire à des proportions raisonnables tout prêt d'argent dont les conditions lui paraîtraient abusives. Elle peut donc être rapprochée de la loi

---

juridictions les plus hautes de l'Angleterre. On peut voir, dans l'ouvrage cité de M. Jean Perrin quelques applications de ce pouvoir des juges d'équité, qui ont été fort loin. Par ces juridictions, dont les décisions sont parfois sanctionnées ensuite par des textes de loi, l'opinion est plus vite traduite dans les faits en Angleterre qu'en France, où elle attend souvent longtemps qu'un texte législatif précis ait reçu l'assentiment des deux Chambres. Ainsi, la législation anglaise est plus avancée sur bien des points que la législation continentale : législation du travail, capacité juridique et financière de la femme.... Voir l'ouvrage de A. V. Dicey : *Law and public opinion in England, during the nineteenth century*, London, 1905. « La part la meilleure de la législation anglaise, conclut M. Dicey, est faite par les juges. »

(1) 63-64 Victoria, chap. 51. — V. *Ann. de législ. étrang.*, 1900, p. 59 et s., avec les notes de M. H. Decugis.

allemande : elle rentre, comme elle, dans le courant qui entraîne les législations contemporaines vers l'accroissement des pouvoirs du juge et la reconnaissance aux tribunaux d'un pouvoir d'appréciation très large, libéré de la contrainte des textes. Ce mouvement marque très nettement les modifications de l'idée de justice dans les consciences modernes : elle tend de plus en plus à se rapprocher de la justice individuelle, et, replaçant l'acte dans son milieu, à considérer le cas individuel, et non plus le cas abstrait ; elle gagne en humanité et en profondeur ce qu'elle perd en certitude et en précision.

La loi de 1900 prend une signification plus grande encore du fait qu'elle est née dans un pays considéré traditionnellement comme le foyer conservateur du libéralisme. Son texte est fort large (1), et donne au juge toute liberté de ne s'inspirer que de l'*opinion raisonnable;* la loi emploie les expressions « au-delà des limites raisonnables, » (art. 1) — ou « ce qui est raisonnablement dû en principal et en intérêt ». Il semblerait donc que les pouvoirs du juge anglais soient plus étendus que ceux du juge allemand, si celui-ci ne devait toujours, nous l'avons montré, s'en référer en définitive à un critérium arbitraire, qui lui est donné par sa conscience.

Une loi récente de *Suède* (14 juin 1901), sur le même sujet, peut être rapprochée de toutes ces lois (2). Ici encore, aucun taux usuraire n'est fixé d'avance ; ce sont les conditions d'espèce

---

(1) « S'il est établi aux yeux du tribunal que les intérêts exigés sont excessifs, eu égard à la somme réellement prêtée, que... l'opération est onéreuse et léonine *(unconscionable)*, ou de telle nature qu'une cour d'équité refuserait de la sanctionner, le tribunal peut modifier les clauses et conditions de ladite opération, et *établir un compte* entre le prêteur et la personne poursuivie. » (art. 1.)

(2) Voici son texte : « Quiconque, en faisant des avances d'argent, ou en consentant des délais pour le paiement d'une dette, *profitera de la gêne, de l'inintelligence ou de la légèreté de quelque personne*, pour prendre ou stipuler, à son bénéfice ou à celui d'un tiers, des avantages pécuniaires notablement supérieurs à l'*intérêt qui peut être considéré comme normal*, eu égard aux circonstances, ...sera puni d'une amende de 25 à 1,000 couronnes, ou d'un emprisonnement d'un an au maximum » (art. 1). (*Ann. de législ. étrang.*, 2ᵐᵉ série, 1901, p. 421.)

qui doivent guider le juge. Et la loi ne fournit que cette règle : s'en rapporter à l'intérêt qui peut être, eu égard aux circonstances, considéré comme normal.

En résumé, ces législations récentes admettent implicitement qu'il n'y a pas de juste prix fixe de l'argent; que ce juste prix est variable suivant les circonstances, et particulièrement suivant les conditions subjectives des échangistes; que le juge doit être plus sévère si le prêteur a abusé de la légèreté, de l'inintelligence ou de la gêne de son emprunteur, et qu'il ne peut y avoir enfin que des cas d'usure individuelle.

CHAPITRE X.

LE FERMAGE USURAIRE.

L'idée de soumettre le profit du propriétaire foncier au contrôle de l'Etat n'a guère été appliquée qu'en Irlande, par les fameuses lois agraires de 1870 et 1881, complétées récemment par une importante loi de 1903. Cette idée a pu être entrevue dans d'autres pays (1); mais il y avait en Irlande des raisons particulièrement pressantes de résoudre le problème : c'étaient la misère et les menaces des tenanciers agricoles.

Le *land-act* de 1870 (2), dont l'Irlande fut redevable à Gladstone, fut d'abord présenté comme un projet destiné à parer au manque de sécurité de ces tenanciers. On sait que le grand propriétaire irlandais, véritable seigneur foncier, ne demeure pas sur sa terre; cette situation explique que l'habitude

---

(1) A la fin de 1895, le gouvernement de la Nouvelle-Zélande parlait de déposer un projet, *Fair rent bill*, instituant des cours spéciales auxquelles les fermiers pouvaient demander la réduction de leurs fermages (Pierre Leroy-Beaulieu, *Les nouvelles sociétés anglo-saxonnes,* p. 180). Mais ce contrôle des fermages n'a pas, dans un pays où la terre est presque toute entière affermée par l'Etat, le même caractère qu'en Irlande, où elle est possédée et donnée à bail par des seigneurs fonciers. — En Australie et Nouvelle-Zélande, l'Etat a eu à se préoccuper surtout de fixer le *prix de vente* des terres publiques (en général, 1 liv. sterling par acre, soit 63 fr. par hectare), mais il l'a fait en tenant compte de considérations politiques plutôt qu'économiques ; il n'en institue pas moins une sorte de juste prix de la terre. Voyez sur cette législation agraire : William Epps, *Lands systems of Australasia;* Vigouroux, *L'Evolution sociale en Australie,* chap. VIII; Pierre Leroy-Beaulieu, *op. cit.,* p. 38, 152 et s.

(1) Voir Francis de Pressenssé, *L'Irlande au XIXᵉ siècle.*

impitoyable des congés, des évictions *manu militari*, pour non payement des fermages, se fût généralisée. Les petits fermiers étaient alors obligés d'émigrer en masse d'un sol accaparé tout entier par le même propriétaire ; on les chassait d'une terre à laquelle ils avaient apporté des améliorations réelles, dont l'élévation croissante des fermages transportait tout le profit aux seuls propriétaires. Le *land-act* du 1er août 1870 instituait que le fermier serait indemnisé pour son expulsion, si du moins celle-ci avait le caractère d'un trouble apporté à sa jouissance. Et la preuve de ce trouble, qui donnait ouverture à l'action en indemnité, ressortait notamment de ce fait que le fermage exigé était *d'un taux excessif et injuste*.

Des cours arbitrales et civiles étaient créées, qui avaient pour mission de juger ces causes, non pas du seul point de vue juridique, mais aussi du point de vue des faits et de l'équité. Ces cours avaient encore le droit d'allouer des indemnités spéciales qui s'ajoutaient aux autres et se calculaient d'après la valeur des *améliorations permanentes* (définies par l'acte) apportées par le tenancier évincé au sol de la ferme. Cette grave mesure rendait donc des tribunaux civils juges de l'équité ou de l'usure du taux des fermages, juges également du droit des fermiers sur l'accroissement de valeur de la terre.

Comment résolurent-ils en fait ces graves questions économiques ? il est difficile de le savoir. Ce qui est certain, c'est qu'ils fonctionnèrent peu, et que la réforme ne porta pas les fruits qu'on attendait d'elle. L'Angleterre ignorait et les landlords méconnaissaient la situation réelle de l'Irlande. On croyait à un mouvement principalement politique, que des demi-mesures pourraient arrêter. Or, la véritable question irlandaise était, contrairement à ce que O'Connell avait cru, une question agraire. Parnell le comprit un peu plus tard, lorsqu'il affirma que les revendications agraires devaient dominer les autres, pour que le mouvement fût efficace. Elles seules, en effet, pouvaient grouper toute la nation et tout le peuple irlandais.

Les cours créées en 1870 étaient inefficaces, en outre, parce qu'elles ne protégeaient pas vraiment les tenanciers contre les fermages exagérés ; elles n'attaquaient le mal qu'en cas d'éviction et indirectement. De plus, il eut fallu tenir compte, dans le calcul de l'indemnité, non pas seulement de la valeur vénale de la terre, mais des *conditions de vie du tenancier et de sa famille sur le sol;* la question d'équité que devaient trancher les cours, se liait à une question sociale et dépendait d'elle.

La famine de 1879 fit sentir toute l'impuissance du land-act de 1870. Les landlords furent particulièrement cruels; le nombre des évictions atteignit 2667. Et le secrétaire pour l'Irlande, M. Lowther, était particulièrement inintelligent de la profondeur du mouvement.

C'est à ce moment que fut créée la *Ligue agraire.* Michel Dawitt, ancien fenian, qui avait passé huit ans au bagne pour participation au mouvement révolutionnaire, en posa les bases dans le comté de Galway, à un meeting tenu le 20 avril 1879; Parnell en prit bientôt la direction. Son programme, qu'elle avait emprunté à une ligue antérieure, fondée à Dublin, l'Association centrale de défense des tenanciers, comprenait les fameux *trois F,* c'est-à-dire :

Fixity of tenure, droit pour le fermier de n'être pas évincé tant qu'il remplit les termes de son bail;

Free sale, libre cession des intérêts du tenancier dans sa ferme ;

Fair rent, fermages équitables.

L'agitation gagna le Parlement (1880). Et c'est pendant des scènes mémorables, où les députés obstructionnistes irlandais firent preuve d'un entêtement et d'une énergie impressionnants, que furent discutées les réformes agraires que proposait le nouveau ministère libéral Gladstone. Le land bill en question, en ce qui concerne notre sujet, créait de nouvelles cours agraires, chargées de fixer avec modération le taux des fermages : c'était rendre justice au troisième vœu de la Ligue. Un tenancier qui trouvait sa *rent* (son fermage) plus forte qu'il n'était équitable, pouvait demander de lui-même à la commission agraire de fixer désormais son taux; et cette *rent* fixée judiciairement l'était pour quinze années (jusqu'en 1896); après quoi, les tenanciers avaient le droit d'en appeler de nouveau à la commission agraire pour la révision de leur taux, et la fixation d'un nouveau *fair rent* pour quinze nouvelles années. — Quant aux autres vœux de la Ligue, ils obtenaient satisfaction dans une certaine mesure par d'autres articles du bill.

Lorsque celui-ci reçut la sanction royale, le 22 août 1881, la Ligue agraire hésita sur l'attitude à prendre en face d'une loi votée par le parti libéral contre le parti nationaliste. Parnell prit un parti moyen : il conseilla de la mettre à l'épreuve. Il se défiait un peu de la composition de la commission agraire. Celle-ci ne satisfit d'ailleurs personne, dès ses premiers arrêts. Gladstone et le Parlement se crurent en devoir de sévir contre l'irréductible opposition irlandaise. Parnell fut arrêté ; et Gladstone, notifiant cette arrestation à ses collègues, n'eut pas le temps d'en achever la lecture que tout le Parlement se levait et applaudissait frénétiquement pendant plusieurs minutes.

Les haines mutuelles s'étaient accrues. L'Irlande fut prise de frénésie ; les crimes et assassinats agraires répondirent aux évictions en masse. Enfin, les lamentables évènements et l'attentat de Phœnix-Park survinrent, qui devaient reculer de quelques années encore, par le vote des bills *de coercition*, l'heure des solutions équitables. Le Parlement Gladstone fut dissous en 1885.

Mais l'agitation continuait toujours. Cette persistance donna à Gladstone des doutes sur l'efficacité de sa politique. Par une évolution totale, et dont la sincérité reste un bel exemple, il porta ses vues désormais vers le parti radical, et conçut de nouveaux projets, où le souci des véritables intérêts nationaux irlandais se faisait enfin jour. Il donna son adhésion au vœu d'un Parlement irlandais (*Home rule*), et conçut tout un plan de réformes agraires nouvelles, fondées sur l'idée plus radicale du rachat de la propriété foncière (1887) ; le nouveau plan comprenait l'acquisition des domaines pour la somme de 50 millions de livres sterling (1.250.000 fr.), et la revente par parcelles aux fermiers, qui s'acquitteraient du prix par annuités. C'était l'extension de la propriété en Irlande, la suppression du système des fermages, la libération de la terre.

Mais la majorité libérale ne suivit son ancien chef qu'en partie; elle se désagrégea tant et si bien que Gladstone dut dissoudre le Parlement pour en appeler au pays. Les nouvelles élections furent un désastre pour son parti. La scission du parti libéral fut complète, et lord Salisbury fut chargé de former un pur ministère *tory,* sous lequel furent votées des mesures d'exception. L'oppression de l'Irlande continua, malgré quelques mesures libérales, comme l'extension du bénéfice de l'acte de 1881 aux porteurs de baux écrits, qui en étaient exclus auparavant.

Cependant, comment avaient fonctionné les Cours arbitrales de Gladstone? *Elles avaient réduit presque partout de plus d'un tiers les fermages* (1), proclamant ainsi l'injustice des landlords. Plus exactement la réduction totale moyenne fut de 37 o/o. Ceci pour les rentes payées avant 1881. Quant aux rentes de second terme (fixées en 1881), elles furent encore réduites de 26 o/o en 1896, à la seconde révision. Cette mesure était donc loin d'être vaine; mais elle n'était pas une solution suffisante de la question agraire. Les landlords étaient mécontents de cette diminution de revenus. Les tenanciers, à leur tour, ne considéraient ce dégrèvement que comme un soulagement qui leur était bien dû.

Bientôt l'agriculture irlandaise subit une crise par suite de l'accroissement énorme du commerce des viandes étrangères, importées d'Amérique; les procès se multiplièrent. Et si les rentes nouvelles étaient plus régulièrement payées que les anciennes, cependant la situation était encore misérable. Le véritable moyen d'en sortir, c'était la *propriété paysanne,* l'extinction graduelle du régime des fermages; il fallait faciliter l'achat de la terre. La Commission agraire créée en 1881 pouvait bien faire des avances aux fermiers dans ce but, mais cela donnait des résultats trop lents. Les journaux nationalistes provoquèrent une agitation en faveur de l'*achat obligatoire (compulsory purchase),* et le gouvernement déposa successivement deux

---

(1) De Pressensé, *L'Irlande au XIXe siècle,* p. 498. Voir aussi la thèse documentée de M. Etienne Béchaux, *La question agraire en Irlande au début du XXe siècle,* notamment p. 185 et s.

projets de loi en 1902 et 1903 ; ce dernier devint la loi du 14 août 1903.

Elle ne s'occupe pas de la vente des *tenures* prises isolément, laquelle était règlementée par les anciennes lois, mais de la vente des *domaines* (*estate*) qui comprennent un grand nombre de *tenures*. Le but visé est donc plus élevé et plus efficace : il s'agit de supprimer la féodalité foncière en Irlande. L'organe de la loi, c'est une *Commission agraire*, composée de trois commissaires des domaines, lesquels relèvent du pouvoir exécutif, et non judiciaire.

Cette Commission est chargée d'avancer aux tenanciers tout ou partie du prix d'achat. Dans le cas de tenanciers statutaires, (c'est-à-dire payant des rentes qui ont été fixées judiciairement), la Commission doit toujours faire l'avance du prix total, s'ils le demandent. Dans le cas de tenanciers non statutaires, la Commission a la faculté de sanctionner ou non l'avance. Ceci pour le cas où la vente est faite *directement* par le propriétaire à ses tenanciers, cas évidemment le plus désirable. Mais il peut arriver que les tenanciers ne s'entendent point, et alors la vente a lieu *par l'intermédiaire* de la Commission : le landlord fait une demande à la Commission ; celle-ci fait une enquête et formule des propositions ; si le landlord les accepte, la Commission achète le domaine *pour son compte,* et le revend ensuite aux tenanciers, mais il faut que le prix estimé ait été accepté par les trois quarts au moins de ces tenanciers, et que ceux-ci s'engagent à acheter ensuite leurs *tenures* respectivement sur la base du prix d'estimation. Dans tous les cas, le landlord qui vend son domaine, peut toujours racheter la partie qu'il occupe personnellement, c'est-à-dire le château et ses dépendances (*demesne*).

Cette loi de reconstruction sociale, d'une portée par ailleurs considérable, intéresse moins directement notre sujet que les *land-acts* de 1870 et 1881, qui avaient pour but de ramener les fermages à des taux équitables. La loi de 1903 a voulu la libération de la terre, et déjà, depuis sa promulgation, plus d'un cinquième des terres d'Irlande a demandé à profiter de ses dispositions. Mais ces ventes se font dans des conditions qui ne mettent pas en jeu de nouveaux principes d'équité. Avant le dépôt de la loi, une grande conférence avait eu lieu entre les délégués des landlords (*The Irish land trust*) et les délégués des tenanciers (*United Irish leag*). Cette entrevue entre deux classes si anciennement hostiles, fut très courtoise; le principe du rachat fut admis; mais les discussions les plus vives eurent lieu à propos de la question du prix. On s'accorda enfin en ceci : que le prix serait calculé sur les rentes de second terme (rentes fixées une seconde fois par les cours agraires, en 1896), et correspondrait à la somme d'argent qui, placée à 3 % (ou 3 1/4 dans le cas des placements garantis par l'Etat), rapporterait un intérêt égal au revenu net actuel de la terre (déduction faite de 10 % pour le recouvrement des rentes). Ce prix était élevé, car la valeur de la terre sur le marché n'excédait guère *18 fois la rente*. Personne ne songea, d'ailleurs, à instituer un tribunal pour fixer les prix équitables de vente, comme on en avait créé en 1881 pour fixer les fermages équitables.

Les lois agraires de 1871, et surtout de 1881, reposent au contraire sur une idée d'équité, laissée à l'appréciation de juges spéciaux. Il est difficile de savoir quels étaient les principes qui pouvaient guider ces juges agraires, et si même ils avaient des principes précis; il est probable qu'ils s'en tenaient à la simple appréciation de ce qu'un tenancier, avec un travail moyen, dans une année moyenne, pouvait payer au landlord, une fois son sort assuré et celui de sa famille dans des conditions acceptables. Aucun critérium défini n'étant imposé, ces lois n'ont pas un grand intérêt théorique; mais elles sont une application isolée du principe de juste limitation du profit chez le propriétaire foncier (1).

---

(1) Quant au profit du patron industriel, il est soumis lui aussi indirectement au contrôle de l'Etat, dans les pays qui reconnaissent l'*arbitrage obligatoire* en cas de conflits industriels (Nouvelle-Zélande...); toutefois, même alors, il n'est pas *fixé* par l'Etat directement, comme dans le cas de l'Irlande; il est le résultat d'une discussion égale entre les deux classes opposées de l'ouvrier et du patron. Dans tous ces cas, aussi bien que dans le cas des institutions d'arbitrage et de conciliation, soit officielles, soit privées, *le juste profit est la contre-partie du juste salaire.*

II

Plus intéressante théoriquement est la question de l'indemnité due au fermier sortant pour les améliorations qu'il a réalisées sur la terre (1). Elle pose un problème précis de justice : le propriétaire peut-il profiter des accroissements de valeur que le travail du fermier a produits sur sa terre ? ou bien, au contraire, doit-on opposer à cette sorte de légitimation de l'*unearned increment* le principe, que toute valeur produite par le travail doit revenir au travailleur seul ?

A vrai dire, le problème ne se réduit pas à des termes aussi simples, car il y a dans le droit à l'indemnité du fermier sortant, non seulement une juste rétribution de son travail, mais aussi une pure et simple compensation pour les dépenses par lui faites sur le sol. Le fermier n'a pas seulement donné son labeur à la terre ; il a mis en œuvre sur elle tout un capital d'exploitation ; il a procédé à des travaux coûteux d'engrais, de marnage, d'irrigation, de plantation, etc... A ce dernier point de vue, c'est la simple restitution de son capital qu'il réclame, et une telle réclamation ne peut souffrir en justice aucune difficulté. Nous devrions même nous étonner que la législation française n'ait pas encore consacré ce droit du fermier, si nous ne savions de quelle autorité quasi religieuse jouit encore le principe de la liberté des conventions, et quelle confiance l'on a en lui pour résoudre naturellement les questions de justice. Quant au premier point de vue, au contraire, c'est-à-dire à l'indemnité qui serait la compensation de l'accroissement de valeur dû au simple travail, par exemple à une avantageuse transformation des cultures, il repose sur une idée différente, significative et nouvelle : c'est que le propriétaire ne peut jouir d'une rente prise sur le travail d'autrui. Hâtons-nous de dire que ce n'est

---

(1) V. *De l'indemnité de plus-value au fermier sortant*, par M. Bourguin (REVUE POLITIQUE ET PARLEMENTAIRE, février 1900). — Baudrillart, *Propriétaire et fermier* (JOURNAL DES ECONOMISTES, août 1889.)

pas ce point de vue hardi, mais l'autre, qui a été surtout consacré par les législations contemporaines.

C'est encore l'Angleterre, « terre classique de la liberté, » qui devance les autres nations dans cette voie. L'*Agricultural Holdings act* de 1875 (1) reconnaît le droit à l'indemnité du fermier sortant. Il n'en fait encore qu'une clause de bail facultative. Un *act* de 1883 (2), au contraire, rend cette clause *obligatoire*, en déclarant nulle toute stipulation qui lui serait contraire. Toutefois, il ne s'agit là que de la restitution des dépenses d'améliorations foncières faites par le fermier. Aussi, ces dépenses, du moins les plus importantes, devront-elles avoir été faites *du consentement du propriétaire* (3).

On voit facilement quel est l'avantage d'une pareille législation ; les fermiers, qui n'ont habituellement aucun intérêt à enrichir le sol, et qui sont portés, au contraire, à l'épuiser pendant les dernières années de leur bail, sont encouragés, en Angleterre, à faire des dépenses qui ne sont que des avances restituables. L'agriculture y trouve son profit. C'est pourquoi certains milieux agricoles français, se plaçant au même point de vue (la Société des agriculteurs du Nord, par exemple, depuis 1888), ne cessent de réclamer une semblable réforme pour notre pays. Onze propositions de lois ont été successivement déposées sans aboutir.

La législation anglaise, spéciale à l'Irlande, va beaucoup plus loin. Le land-act de 1870 reconnaît au fermier expulsé le droit à une indemnité, non seulement pour trouble d'éviction, mais aussi pour améliorations apportées à la terre qu'il quitte. Or, ces améliorations sont définies d'une façon très large : toute œuvre qui accroît la valeur du fonds et lui est appropriée. C'est là une consécration possible du premier point de vue, dont nous parlions tout à l'heure, à savoir : de l'indemnité due pour l'accroissement de valeur par le simple travail. En effet,

---

(1) *Annuaire de législation étrangère*, 1875, p. 196 et s.

(2) *Annuaire de législ. étrang.*, 1883, p. 101 et s.

(3) Sauf pourtant (depuis 1895) pour les dépenses qui seraient reconnues utiles et adaptées à la destination des terres louées.

cette loi de 1870 attribue une sorte de *droit réel* au tenancier sur le sol que son travail a façonné; ce droit peut aller jusqu'à obliger le propriétaire au remboursement de cette valeur accrue, qui résulte, par exemple, d'une direction intelligente des cultures par le tenancier. Ceci est assurément fort en avance sur ce que les législations contemporaines seraient disposées à reconnaître généralement.

En réalité, le tenancier irlandais jouit d'une sorte de droit de co-propriété sur la terre. Le land-act de 1881 lui a reconnu le *droit à la tenure (fixity of tenure),* qui était l'un des trois vœux de la Ligue. Il ne peut par suite être évincé tant qu'il remplit les termes de son bail. Cela, il est vrai, peut réduire le champ d'application de la disposition précédente, par laquelle un fermier évincé peut réclamer une indemnité pour améliorations; mais le fermier qui s'en va volontairement, ou parce qu'il est incapable de payer, peut aussi bien réclamer le bénéfice de cette disposition.

Ces diverses lois anglaises semblent donc bien admettre l'idée d'un contrôle du profit foncier par la loi. Ce contrôle va très loin en Irlande, où il peut si bien forcer les propriétaires à de graves indemnités, qu'on a parlé à ce propos « d'expropriation des propriétaires par les tenanciers ». Il serait facile de montrer que l'inspiration profonde de ces lois se rattache à une éthique nouvelle, qui a de grandes parentés avec l'éthique socialiste. En effet, le dernier terme théorique de cette législation réglementaire serait le droit à l'indemnité du fermier *restant,* c'est-à-dire, en somme, la révision *périodique* des fermages, soit administrative, soit judiciaire. On arriverait ainsi à la suppression, dans les revenus fonciers, de toute rente prélevée sur le travail d'autrui, ce qui réaliserait une part du rêve socialiste. Il ne resterait, pour accroître le revenu sans travail du propriétaire, que les causes *générales* ou *sociales* d'élévation de la rente foncière, c'est-à-dire le progrès des communications, de l'aisance générale... etc. Et cette part, dans le système socialiste, serait elle-même confisquée par la société, qui en est la source.

CHAPITRE XI.

LES MONOPOLES ET LE JUSTE PRIX [1].

I. — *L'Ecole classique et la théorie des prix de monopole.*

Depuis le dernier quart du XIX⁰ siècle, la tendance naturelle de l'industrie libre vers l'accaparement s'est réalisée sous des formes neuves et d'une puissance ignorée jusque là. Les petites entreprises isolées se sont fondues, plus ou moins complètement, en de vastes compagnies, qui ont réussi parfois à dominer tout à fait le marché d'une production : le trust américain du pétrole *(Standard Oil C⁰, 1882),* par exemple, ou celui de l'acier *(U. S. Steel Corporation,* 1901). Ces compagnies, de quelque nom qu'on les appelle, sont avant tout maîtresses des prix. La concurrence, ne jouant plus son rôle régulateur, y a-t-il des lois qui s'imposent en fait aux monopoleurs, et lesquelles ?

La théorie classique ne donne à cette question aucune réponse. Liée au phénomène de concurrence et dépendante de lui, la valeur est inexpliquée et comme suspendue dans le vide, au cas où cette concurrence fait défaut. La conclusion logique

---

[1] Nous ne voulons qu'esquisser ici les grandes lignes d'un sujet nouveau, qui peut, en quelque sorte, servir de conclusion à la partie descriptive de notre travail : l'influence de l'idée du juste prix sur les prix de monopole, ou, si l'on veut, l'existence de lois psychologiques communes aux cas de monopole et de concurrence.

de la théorie classique de la valeur, c'est que le monopoleur est libre de fixer le prix où il lui plaît, c'est-à-dire qu'il n'y a plus de loi des prix.

Ceci a été contesté, et l'on a invoqué en faveur de la théorie classique cet argument — celui de la grande majorité des économistes — : l'on ne peut concevoir de monopole absolu qui offre quelque chance de durée. Même si la concurrence effective était réduite à l'impuissance par le triomphe éclatant d'une entreprise, restée seule maîtresse du marché, il subsisterait toujours une concurrence *virtuelle*, latente ; et le jour où le monopoleur hausserait exagérément ses prix, il verrait naître spontanément autour de lui des entreprises rivales, qui le forceraient à limiter ses prétentions. Ainsi la menace de la concurrence pèse toujours sur les décisions du monopoleur, et c'est cette menace qui limite le prix. Or les faits ruinent d'emblée l'optimisme de cette supposition. Que peut la menace de rivaux éventuels contre un grand trust américain, doté d'un outillage colossal ? L'énormité des capitaux qu'il faudrait engager dans la lutte décourage d'avance tout adversaire. Et la pratique momentanée de l'*underselling*, c'est-à-dire de la vente au-dessous du prix de revient, finirait toujours par avoir raison des récalcitrants.

Donc le monopole, la domination du marché par un seul producteur, est possible ; il existe en fait. C'est pourquoi d'autres économistes, plus rares et plus soucieux de logique, acceptant cette hypothèse, ont tenté de formuler les lois du prix de monopole, tout en s'appuyant encore en partie sur les principes de l'école classique. Mais ce n'est plus naturellement le fait objectif de la concurrence qui est invoqué, c'est un moteur psychologique, l'intérêt personnel. C'est Cournot, le premier, qui a tenté cette analyse (1). Il convient d'insister un peu sur son raisonnement, parce qu'il suppose, sans toutefois

---

(1) Cournot, *Recherches sur les principes mathématiques de la théorie des richesses* (1838) ; — *Principes de la théorie des richesses* (1863). Cf. sur cette partie mathématique de l'œuvre Aupetit, l'*OEuvre économique de Cournot*, dans la REVUE DE MÉTAPHYSIQUE ET DE MORALE, de mai 1905 (numéro consacré à Cournot).

les formuler, l'existence des lois psychologiques générales qui sont les vrais principes de la détermination des prix.

La détermination des prix, dit Cournot, dépend de conditions qui peuvent être établies par le raisonnement, et aussi de données empiriques. Le raisonnement nous apprend qu'il existe une liaison nécessaire entre le prix d'une marchandise et la demande effective de cette marchandise sur le marché. L'observation, et particulièrement la statistique, nous donne la forme rigoureuse de cette liaison dans chaque cas particulier. Nous savons, par exemple, que la demande décroît généralement quand le prix augmente ; mais décroît-elle en proportion inverse du prix, en proportion inverse de son logarithme, ou dans une autre proportion encore ? c'est ce que l'observation seule peut établir. Il est probable que la demande offrira, *pour chaque marchandise, une courbe de décroissance particulière.* La *loi de la demande* se contente donc d'établir l'existence d'une liaison nécessaire entre le prix et la demande, liaison dont la forme mathématique est donnée par l'observation.

Or, cette loi de la demande régit aussi bien le cas de monopole que celui de concurrence ; elle s'exerce différemment dans ces deux cas, voilà tout. Pour le cas de monopole, voici sa forme : l'intérêt du monopoleur n'est pas toujours, contrairement à l'affirmation des économistes, d'élever son prix le plus possible. Supposons faite en effet, pour une certaine marchandise, une table statistique, dans laquelle chaque prix correspondrait, suivant les données fournies par l'observation, à un débit déterminé ; plaçons en regard la valeur d'inventaire (la valeur d'ensemble) de cette marchandise, obtenue, pour chaque prix, en multipliant le prix par le débit ; observons enfin la progression de cette valeur d'inventaire. C'est celle-ci qui intéresse seule le monopoleur, puisqu'elle fixe le chiffre de ses affaires. Or, la valeur d'inventaire en question suit une courbe déterminée ; elle part de zéro, lorsque le prix est nul et le débit infini, pour augmenter progressivement jusqu'au point où elle commence à décroître et redescendre à zéro, lorsque le débit est nul et le prix trop fort. Ainsi, l'une des valeurs que prendra la marchandise envisagée, sera *plus élevée*

22

que les autres. Et c'est le prix correspondant à cette valeur *maximum*, que choisira le monopoleur, parce que c'est celui qui lui donnera le taux de revenu le plus fort. — Cela, pour l'hypothèse où le produit net suit les variations du produit brut, c'est-à-dire où les frais généraux sont indépendants de la quantité vendue. On peut poursuivre cette analyse, en supposant, au contraire, que les frais par unité de produit varient suivant la quantité débitée, — en supposant aussi que des taxes, diversement assises, sont imposées au monopoleur. Dans toutes ces hypothèses, *le produit net passe par son maximum en un point différent de celui où le produit brut passe également par son maximum.* Il est évident que le monopoleur ne s'attachera qu'au calcul du produit net.

L'établissement de ces tables statistiques nombreuses et délicates, où le raisonnement mathématique s'appuie à chaque pas sur l'observation, est seul susceptible, d'après Cournot, de dégager la règle des prix, dans le cas qui nous occupe. Cette règle est différente pour chaque marchandise, — mais elle n'agit pas moins avec la certitude d'une règle scientifique. Et il est donc faux de croire qu'il n'y a pas de règle des prix en cas de monopole.

Cette savante et subtile théorie, adoptée et rectifiée sur quelques points par les économistes de l'école mathématique, — Walras, notamment, — nous paraît d'une utilité très grande, qui est de nous mettre en face du problème, de le poser en termes désormais rigoureux et précis, *mais non point de le résoudre,* c'est-à-dire de l'expliquer. C'est là, en général, l'avantage certain, mais limité, de l'analyse mathématique en science sociale; elle précise les données, et, dans cet effort vers la précision qu'elle impose, elle met en relief des phénomènes qu'elle n'explique point, elle amène *au bord* de la psychologie. Celle-ci seule peut la compléter. D'où vient que le progrès mathématique de l'Economie politique, loin d'être opposé à son orientation psychologique, l'entraîne le plus souvent. Dans le cas présent, ces relations empiriques, que l'observation statistique minutieuse établit entre le débit et le prix de chaque marchandise, nous mettent en face de phénomènes de nature subjective, qu'elles traduisent en langage mathématique. Car, ces relations elles-mêmes, prises comme des faits premiers, sont mystérieuses et, cependant, elles devraient être expliquées. Elles ne peuvent l'être que par la psychologie, par la connaissance des lois qui dirigent le vouloir et le désir humains. Elles sont les courbes graphiques, les dessins extérieurs de certains phénomènes de psychologie individuelle ou sociale, soumis à des lois précises que ces courbes supposent, et sur lesquelles elles s'appuient. Si, par exemple, la marchandise x, au prix de 10, se débite à 10.000 exemplaires, et au prix de 12, seulement à 8.000, c'est que l'opinion d'un certain groupe de consommateurs est réfractaire à payer un certain prix, pour des raisons multiples, que le monopoliste devrait connaître et prévoir. C'est donc, en fin de compte, comme nous le verrons, au *jugement moyen*, à *l'opinion* de sa clientèle que se soumet le monopoliste, c'est à des *résistances psychologiques* qu'il a affaire, et les courbes mathématiques ne sont que les tracés de ces phénomènes spirituels.

Donc, les lois des prix de monopole sont de même nature que les lois des prix de concurrence : elles sont psychologiques. Le régulateur général des prix doit être cherché, non pas dans les conditions du marché, comme le fait l'école classique, mais dans les conditions mentales des acheteurs.

Le raisonnement confirme cette conclusion. Il apparaît que s'il existe un principe général et régulateur des prix, — et il doit en exister un en fait, puisque, dans le cas le moins favorable, celui de monopole, les prix des trusts et des cartells n'ont manifesté de tendances ni plus incohérentes ni plus abusives que les prix de marché, — il ne peut être puisé dans les circonstances extérieures du marché, mais il doit être d'une nature supérieure, afin d'offrir un pouvoir d'explication étendu, s'exerçant en dehors et au-dessus de tout régime économique déterminé. Un régulateur, tiré de la constitution mentale de l'homme et des lois qui régissent les actions des esprits les uns sur les autres, répond bien à cette exigence. Il nous reste à le définir, si possible, avec quelque précision.

II. — *L'origine et l'idéal communs des cartells et des trusts.*

Il importe d'abord de ramener à l'unité les différentes formes modernes de monopole, en recherchant si elles ne sont point nées de conditions semblables, et animées de tendances communes. Si nous découvrons à quel même *désir* profond répondent ces tentatives vivaces et toujours plus puissantes, sorte de génération spontanée en tous pays d'une forme nouvelle de production, et quel *idéal* semblable est le leur, nous dégagerons l'essence même du phénomène de monopole.

La cause générale de la formation des cartells et des trusts, c'est la *dépression des prix* et l'*insuffisante rémunération des capitaux*, suites inévitables d'une concurrence croissante. L'opinion populaire voit généralement dans ces organisations des tentatives d'accaparement fondées sur le désir de gains illimités. Cette opinion n'est pas exacte : le but de ces ententes et fusions industrielles, à l'origine, c'est beaucoup moins le désir de bénéfices exagérés que la crainte de pertes ruineuses. Les monopoles sont fondés sur une question de *profit insuffisant*.

En effet, l'un des caractères essentiels du régime de libre production, c'est, on le sait aujourd'hui, la périodicité des crises. Celles-ci viennent le plus souvent de la surproduction, ou de l'engorgement qui résulte, au bout d'un temps plus ou moins long, du fonctionnement accéléré de l'industrie pendant les périodes prospères. Il s'ensuit un temps de dépression, pendant lequel le producteur, plutôt que de laisser péricliter son outillage souvent considérable, fonctionne, mais fonctionne à perte. De là, une menace incessante de faillite pour les industriels. Après une suffisante expérience du phénomène, ceux-ci songèrent donc naturellement à s'unir contre l'ennemi commun, l'épouvantail de la surproduction. C'est ce qu'expliquait clairement, il y a déjà quelques années, le grand industriel américain, M. Carneggie : « L'Economie politique, dit-il, enseigne que les marchandises ne peuvent être produites au-dessous du prix de revient. C'était sans doute vrai au temps d'Adam Smith ; ce ne l'est plus aujourd'hui...... Un article peut être produit pendant des mois, non seulement sans profit industriel, mais encore avec une perte continue du capital engagé...... Sur un terrain ainsi préparé, toute combinaison qui fait espérer un soulagement sera la bienvenue. On forme un trust, on nomme un comité et, par son intermédiaire, le produit en question sera distribué au public à un prix rémunérateur » (1).

Il suffit, pour se convaincre de l'exactitude de ces paroles, de considérer l'organisation même des cartells d'Allemagne, tout entière dominée par la crainte de la surproduction : les uns, en effet (ce sont les plus considérables), centralisent les commandes, et les distribuent ensuite à leurs adhérents, en proportion de la production moyenne antérieure (cartells de vente, dans la houille notamment, et les industries sidérurgiques) (2); les autres fixent à chaque adhérent un quantum invariable de production (anciens cartells houilliers), ou bien encore lui attribuent les commandes d'une zone déterminée ; parfois, enfin, ce sont de simples ententes entre grands industriels sur le prix et la production, sans aucune organisation de vente en commun (cartells textiles). Dans tous ces cas, le but de ces unions industrielles est le même : elles veulent diriger à leur gré la production, rester maîtresses de son quantum.

Maîtriser la production n'est qu'un moyen pour maîtriser le prix. La question du prix est la question centrale. Encore

---

(1) NORTH AMERICAN REVIEW, fév. 1889. — Cité par Claudio Jannet, *La spéculation et la finance au XIXe siècle*, p. 297. — A propos de la *vente au-dessous du prix coûtant*, il existe une loi de 1889 de la Caroline du Nord, qui réprime sévèrement cette pratique, dite de l'*underselling* (voir Claudio Jannet, *op. cit.*, p. 216 en note). Cette loi donne au magistrat le droit de rechercher si l'objet est vendu *au-dessous* du prix de production actuel, c'est-à-dire du prix moyen de production, sans doute dans un établissement moyennement outillé. Cette disposition législative curieuse, qui défend le producteur contre une concurrence excessive, est un premier échelon timide de la série des lois modernes qui restreignent de plus en plus le champ de la concurrence. Elle paraît *fonder le juste prix sur le prix de production*, doctrine intermédiaire, vague, et qui expose à bien des mécomptes.

(2) Et. Martin Saint-Léon, *Cartells et trusts* (1903), p. 39 et s.

s'agit-il beaucoup moins, comme nous l'avons dit, d'enfler le prix et de rançonner la clientèle, que de *régulariser* le prix, d'entraver ses oscillations, souvent pernicieuses. Il s'agit, enfin, de le soustraire aux influences variables des marchés, pour le soumettre à des règles supérieures, souvent à de simples conventions puissantes entre producteurs. C'est, en quelque sorte, *chercher à fonder rationnellement le prix* et, par suite, poursuivre son immobilisation comme idéal dernier. Or, cette tendance est commune à toutes les organisations monopolistes, de quelque degré qu'elles soient. C'est pourquoi Liefmann, l'historien des cartells, nous paraît à tort attacher de l'importance à la distinction quelque peu artificielle qu'il introduit entre deux sortes de cartells, les grandes ententes industrielles et les unions monopolistes d'artisans (1). Les premières seraient dérivées de la nécessité d'atténuer le risque important couru par le capital engagé ; celui-ci est en effet menacé, à chaque instant, d'une stagnation partielle, par le rendement irrégulier des recettes comparé à la marche relativement égale des dépenses. Les unions monopolistes d'artisans, au contraire, ne pourraient naître d'une cause semblable, mais seulement d'un désir de monopole (union des guides de Chamonix, par exemple, ou syndicats de coiffeurs dans certaines villes......) Or, cette distinction est toute de surface. Le but de ces deux sortes d'unions est le même : il s'agit de réaliser, *en dehors de toute concurrence*, un prix suffisant ou jugé tel ; il s'agit de résister à l'incohérence et à l'arbitraire de la concurrence, et de ne plus abandonner le prix au hasard des marchés. Un régime économique volontaire et organisé, voilà l'idéal nouveau qui se substitue à l'ancien idéal de liberté absolue.

Quant aux trusts, ils réalisent évidemment la forme la plus hardie et la plus directe pour arriver à ce but. Le trust, en effet, sous sa forme la plus achevée (*trust-consolidation*, c'est-à-dire la fusion simple et complète), est, non plus une alliance entre des entreprises qui restent distinctes, mais une absorption de toutes les entreprises indépendantes par une entreprise

---

(1) Liefmann, *Die Unternehmerverbände*, 1897. — Voir Revue d'Économie politique, juillet 1899.

unique, seule maîtresse du marché (1). A vrai dire, la forme
préférée, à l'heure présente, ce n'est pas la fusion, mais une
combinaison nouvelle, le *holding-trust* : c'est une association
de capitalistes, qui s'engagent à acquérir la majorité des actions,
dans les diverses sociétés propriétaires des établissements à
unifier. Mais cette forme n'a prévalu que pour des raisons politiques ; elle évite le grand jour et se dissimule facilement derrière les sociétés particulières qu'elle laisse subsister ; elle est
toute puissante cependant, puisque l'association s'est assuré la
majorité dans les assemblées générales. Ainsi se sont constitués
récemment les trusts immenses de l'acier (*U. steel corporation*)
et de la navigation (*International mercantile Company*). En
réalité, c'est une fusion, mais une fusion déguisée.

M. de Rousiers a cru pouvoir distinguer le cartell du trust
par l'esprit même qui préside à leur constitution. Tandis que le
trust est un organe de tyrannie, fondé sur le triomphe d'un seul
après la lutte, et sur l'écrasement des adversaires, le cartell est
une simple ligue entre des industriels qui se reconnaissent
d'égale force, pour la défense de leurs intérêts communs. Le
premier affecte la forme d'une monarchie absolue ; le second,
d'une association entre égaux, ou d'un être collectif qui ne tient
son pouvoir que d'une délégation passagère de ses membres.
Le trust, c'est donc l'anéantissement de la concurrence et la
domination arbitraire ; le cartell au contraire, c'est un tempérament apporté dans la lutte économique, un organe de paix. —
Mais ce sont là, à nos yeux, des différences tout extérieures,
des différences de forme qui recouvrent une similitude d'esprit.
Suivant les milieux et le tempérament de chaque nation, l'idée
a revêtu des aspects divers : association chez les Germains, con-
centration absolue chez les Américains. Mais il ne parait pas
que l'institution réponde à d'autres besoins et tende à d'autres
vœux ici ou là (2). Tant en Europe qu'en Amérique, les
organisations monopolistes ont une origine semblable et un

---

(1) Martin Saint-Léon, *op. cit.*, p. 16-17, 106-107.

(2) Voir dans le même sens l'ouvrage intéressant de M. Edouard Dolléans,
L'Accaparement (1902), p. 253-268.

idéal commun (1). D'une part, elles réagissent contre les prix insuffisants qui naissent du régime de liberté ; elles *constituent des formes de lutte réfléchie contre la concurrence,* et d'autre part, *elles tendent à instituer un prix rationnel,* soustrait à l'incohérence et à l'arbitraire des marchés. Seulement le cartell, le pool, le comptoir, sont des formes de lutte intermédiaires, encore timides, tandis que le trust et la fusion réalisent le type intégral. Il n'est entre eux qu'une différence de degré, et non pas de nature.

La concurrence *n'est plus acceptée comme la régulatrice inconsciente* du prix : voilà l'idée nouvelle et féconde sur laquelle sont fondées toutes les ententes et fusions industrielles. Que cette idée soit apparue nettement sous cette forme abstraite aux premiers organisateurs de ce mouvement, que ces organisateurs aient été poussés par le désir conscient de substituer à une conception économique anarchique, une nouvelle conception rationnelle, cela est improbable. Mais, quoi qu'il en soit, les résultats de ce mouvement comportent une grande précision ; et si, en fait, ils sont dus surtout à des préoccupations égoïstes et intéressées, parce que l'anarchie de la concurrence fut surtout combattue par ceux à qui elle était immédiatement sensible, ils dépassent cependant en importance et en étendue ce but de simple défense industrielle contre la baisse des prix et la surproduction : ils acheminent vers une organisation nouvelle de la production ; ils portent en germe un idéal nouveau.

Cet idéal est tout d'union et de discipline. « Régulariser la concurrence », disent, par palliatif, certains économistes prudents. Mais régulariser la concurrence, si l'on veut être sincère et aller au fond des choses, c'est enchaîner la liberté, c'est supprimer la concurrence tout simplement. Et l'on comprend mieux l'opposition qui existe entre cet idéal nouveau et l'idéal vieilli, si l'on réfléchit que l'arrière-fonds juridique de la doctrine économique libérale, c'était, en somme, cette opinion que

---

(1) Martin Saint-Léon, *Cartells et Trusts,* p. 16 : « L'entente industrielle est donc le résultat d'un mouvement de réaction contre les excès de la concurrence. La fusion industrielle *procède à l'origine des mêmes causes,* mais sa portée est tout autre. »

le public *a droit* en quelque façon à la concurrence, et qu'on le lèse véritablement en empêchant celle-ci de se déployer le plus largement possible ; — c'était cette croyance, qu'il existe entre les volontés libres une sorte d'harmonie préétablie, grâce à laquelle celles-ci fonctionnent toujours au mieux des intérêts généraux. Contre cette hypothèse s'élèvent les trusts et les cartells, qui veulent imposer une organisation rationnelle, une discipline de la production, fondée sur la connaissance préalable et l'accaparement du marché, et qui n'ont nulle confiance dans le fonctionnement inconscient de la liberté.

III. — *Les Monopoles et le Prix.*

Nous avons essayé de montrer que l'unité profonde des différentes formes actuelles de monopole, c'est cet élément psychologique : le désir de soustraire le prix aux hasards de la concurrence pour le soumettre à des règles rationnelles. Le vœu dernier de ces organisations économiques, c'est donc la *maîtrise du prix*. Les moyens diffèrent, d'ailleurs, suivant qu'il s'agit d'un pool ou d'un cartell d'une part, ou d'un trust d'autre part. Les premiers, moins ambitieux d'ordinaire, ne s'attaquent pas au prix directement ; ils se contentent d'agir sur les conditions extérieures du marché (surproduction, par exemple), d'après lesquelles se débattra et se décidera le prix. Le trust, au contraire, peut se croire souvent assez fort pour *créer lui-même le prix*, par un acte d'autorité. Nous verrons, d'ailleurs, ce qu'il faut entendre par créer le prix, qui n'est pas du tout le soumettre à la fantaisie du monopoleur, mais simplement le délier de toute contrainte extérieure provenant de la situation fortuite du marché, c'est-à-dire des circonstances respectives de l'offre et de la demande. Directe ou indirecte, la tentative reste la même dans les deux cas (1).

---

(1) *L'action directe sur le prix*, c'est aussi bien le vœu des associations agricoles que des associations industrielles. Le prix des denrées agricoles, qui paraît soumis plus que les autres aux circonstances accidentelles de bonne ou de mauvaise récolte, est, en certains pays d'Allemagne, la Poméranie surtout, plus ou moins régi par des associations de produc-

Dans quelle mesure et *comment cette maîtrise s'est-elle exercée en fait?* C'est ce qu'il nous faut envisager maintenant. La solution de cette question nous aidera sans doute à découvrir le mécanisme caché qui préside à la constitution des prix de monopole.

M. Jenks, dans son rapport sur la grande enquête américaine de l'*Industrial Commission,* a étudié d'une façon minutieuse, savante et impartiale, l'action des trusts sur le prix. Il n'était pas suffisant de relever les variations survenues dans les prix de vente, avant et après la constitution des trusts, il fallait plus précisément calculer les variations du *bénéfice* prélevé par les trusts à leur profit. Pour cela, M. Jenks a rapproché fort judicieusement, pour chaque période, le prix des produits bruts et le prix des produits manufacturés; et il a mis en regard la différence qui les sépare, ce qu'il appelle *la marge* (MARGIN), laquelle représente à la fois le coût du manufacturage et le montant du profit industriel (1).

---

teurs. Là, la vente du blé est organisée; des *Kornhaüser* reçoivent la récolte des membres de l'association, et passent avec eux des contrats de commission ou d'achat à prix ferme. Cette tentative, qui avait pour but hautement avoué, au début, de se rendre maîtresse de la vente et des prix, a échoué en partie; mais elle a pourtant abouti, en bien des points, à régulariser le prix. Les cartells des distillateurs et rectificateurs d'alcools ont obtenu, notamment, un résultat important pour les producteurs, en servant à ceux-ci le *prix moyen annuel* de l'alcool, pour la quantité que chacun d'eux leur a livrée. Cet avantage de sécurité plus haute est fort appréciable. Enfin, un office général, le *Bund der Landwerthe,* centralise les indications sur les cours venues de tous les points du monde; et nous savons l'importance de la *connaissance du marché* pour la stabilité des prix (voir Souchon, *Les cartells de l'agriculture en Allemagne).* — En France, un congrès réuni à Versailles (1900) a pris l'initiative de développer l'organisation de la vente du blé. Un comité permanent fut fondé pour poursuivre la *régularisation des prix à travers l'année,* et, par un service d'informations précis et étendu, renseigner les producteurs sur la situation exacte du marché. S'il est hardi d'espérer que ce comité agira un jour sur la production elle-même directement, c'est bien là, cependant, le dernier terme d'un ensemble de tendances qui se manifestent très fortement dans le monde moderne, aussi bien dans les milieux agricoles que dans les milieux industriels (Voir Dolleans, *L'Accaparement,* p. 123-130).

(1) *Industrial Commission,* tome I; et *Bulletin of the department of labour* (juillet 1900). Les conclusions de Jenks sont résumées dans Martin Saint-Léon, *op. cit.,* p. 148 à 163.

C'est l'examen de cette différence marginale qui peut vraiment décider de la question de savoir si le trust a ou n'a pas abusé de la situation qui lui était faite.

Or, la conclusion de M. Jenks est « que les trusts ont eu, dans maintes circonstances, au moins temporairement, le pouvoir de dominer le marché, et que, dans la plupart des cas, ils se sont servis de leur influence pour *accroître l'écart* entre le prix de la matière première et celui du produit achevé » (1). M. Jenks s'appuie notamment sur ce fait que, lorsque le trust se constitue, il s'ensuit généralement une augmentation de la *marge* et, par suite, du bénéfice. Ainsi prenons pour exemple l'industrie du raffinage du sucre : en octobre 1887, avant la formation du trust, la marge en question était de 0 cent 766 ; elle monta, au mois suivant, après la formation du trust, à 1.175... Inversement, lorsque surgit une concurrence sérieuse, cette marge s'abaisse : en 1898, elle était de 0 cent 800, mais, lorsque se fondèrent les raffineries indépendantes Arbuckle et Doscher, tout de suite elle tomba (en 1899) à 0.416.

Cependant ces variations par elles-mêmes ne nous impressionnent pas outre mesure. Il faut, en effet, tenir compte de ce fait que, lorsque le trust s'organise, c'est le plus souvent, ainsi que nous l'avons montré, pour parer à un abaissement désastreux du prix, pour éviter une crise prochaine, et il est bien naturel, par suite, que le prix se relève tout-à-coup. Ce relèvement est-il exagéré ? Il est bien difficile de le dire, car il est difficile de savoir d'une manière précise où est la limite du juste profit ou simplement du profit coutumier. En outre, il faut noter que, même au temps de la pleine concurrence, avant la formation du monopole, les profits réalisés par l'industrie libre atteignaient souvent ou même dépassaient le taux des profits réalisés par le trust. Ainsi, en continuant de nous en référer aux tables de Jenks, nous voyons que cette marge de bénéfice de 1 cent 175, qui fut réalisée par le trust du sucre à sa formation, en novembre 1887, avait été dépassée par l'industrie libre en 1882, puisqu'elle était alors de 1 cent 425 (en

---

(1) Traduit par Martin Saint-Léon, *op. cit.*, p. 160.

1880, elle était de 1 cent 037). Le taux des bénéfices du trust ne peut nous sembler dès lors excessif. De même, dans une autre industrie, celle du fer blanc, la marge de bénéfice, qui, en octobre 1898, avant la constitution du trust, était de 1 dollar 7728, remonte, dès après cette constitution, à 2 dollars 0586 en janvier 1899 et 2 dollars 8251 en avril 1899 ; mais il faut remarquer qu'en 1895 elle était de 2 dollars 6601, en 1896 de 2 dollars 2720..., etc. Là, encore, il n'y a pas excès. — Et inversement, si cette différence marginale s'abaisse à l'apparition d'une concurrence sérieuse, n'est-ce pas là une arme de guerre, un abaissement de prix exagéré, qui impose au trust des sacrifices passagers et ne le paye même pas de ses frais de manufacturage (car la marge en question comprend à la fois le coût du manufacturage et le profit) ? Nous savons, en effet, que la vente au-dessous du prix coûtant (*underselling*) est une pratique générale des trusts. N'est-il pas probable, par exemple, que l'étroite marge de 0 cent 416, réalisée par le trust du sucre en 1899, au moment où se fondent les raffineries indépendantes Arbukle et Doscher, n'était même pas rémunératrice ? Ce qui tendrait à le faire croire, c'est que cette marge est de beaucoup la plus basse qui ait été réalisée depuis 1882.

Ces variations ne prouveraient donc rien contre les trusts. Nous ne savons pas si *le prix normal et rémunérateur* n'est pas plus rapproché des prix du trust que des prix de l'industrie libre. Il nous faudrait calculer ce prix rémunérateur d'une manière précise, s'il était possible, afin de voir de combien s'en écartent les prix du trust, soit en plus, soit en moins quelquefois, et de connaître, par suite, *l'excès de son profit*. On constaterait, en outre, probablement, que la concurrence maintient presque toujours le prix *légèrement au-dessous* du taux moyen rémunérateur.

Enfin, en regard de l'argumentation des adversaires du trust, nous élevons ce fait considérable qui frappe à la lecture des tableaux de Jenks : c'est que, non seulement le relèvement des prix ou plutôt des profits, qui suit la constitution du monopole, n'affecte pas une allure excessive ni désordonnée, mais encore, durant la période où fonctionne le monopole, la différence marginale, *au lieu de s'accroître, diminue*. Ainsi pour le sucre. de 1892 à 1898 (période de fonctionnement paisible du trust), la marge s'est abaissée *régulièrement* de 1 cent 130 à 0 cent 800. Ainsi surtout pour le raffinage du pétrole, la marge a baissé dès après la constitution du trust (*Standard Oil C°*) en 1882, et n'a cessé de décroître depuis d'une façon régulière (1882-1898) (1). Ce résultat est déconcertant si l'on s'en tient aux termes de la doctrine libérale, qui ne connaît d'autre régulateur du prix que la concurrence, et qui, en l'absence de celle-ci, ne conçoit d'autre loi que l'intérêt personnel étroitement intéressé. Ici, la concurrence est à peu près impuissante, et cependant le prix diminue d'un mouvement régulier et sage, n'affectant nullement l'allure excessive et fantaisiste à laquelle on pourrait s'attendre si le prix était vraiment laissé à l'arbitraire de quelques industriels avides.

M. Jenks, commentant cette légère diminution progressive du prix pendant la période d'activité du *Standard Oil C°*, déclare qu'on eût pu escompter une diminution plus rapide encore, en raison des progrès de l'outillage. Entre 1882 et 1898, les opérations de raffinage et l'utilisation des sous-produits se sont rapidement développées, et l'on aurait pu s'attendre « à voir le prix du pétrole raffiné diminuer relativement au prix du pétrole brut, dans des proportions supérieures à la baisse effective. » Ainsi, la diminution de la marge cacherait un accroissement du profit. On peut répondre, toutefois, que cette diminution n'en reste pas moins étonnante, du point de vue toujours de l'économie libérale, puisque le public ignore ces perfectionnements du raffinage, et que rien ne forçait la compagnie monopolisatrice, en dehors de la concurrence, presque tout-à-fait anéantie à ce moment, à baisser son prix, à ne pas le

---

(1) Les prix de vente du pétrole ont décru bien plus rapidement encore que les marges de bénéfice. Le pétrole, qui, en 1871, avant la formation du *Standard Oil C°*, se vendait 24 cent 24 le gallon, ne se vendait plus, en 1898, que 6 cent le gallon. C'est ce qui fait dire à M. de Rousiers : « Il faut reconnaître qu'au point de vue purement économique, ce monopole a produit d'heureux résultats. » (*Les industries monopolisées aux Etats-Unis*, p. 75.)

maintenir à un taux *auquel le public était accoutumé,* et qui eût sans doute procuré des bénéfices encore plus élevés. Il y a là un calcul, une intention, qui échappe au premier abord, ou bien l'action de quelque élément inaperçu des économistes, qu'il faut éclaircir.

En tout cas, le fait nous paraît certain et suffisamment caractéristique pour être souligné : les trusts, en général, dans la fixation des prix, *n'ont pas abusé de leur situation.* Ils paraissent s'être contentés d'un profit un peu supérieur aux profits de concurrence, lesquels étaient d'ailleurs inférieurs au profit raisonnable, et pour ainsi dire rémunérateur. L'énormité des fortunes des directeurs de ces grandes compagnies, des *magnats des trusts,* tient à l'étendue de ces entreprises, qui fournissent souvent jusqu'à 95 et 98 % de la demande totale du pays ; mais elle n'excède guère sans doute la somme des bénéfices qui eussent été réalisés par l'ensemble des entreprises isolées auxquelles le trust a succédé, si chacune d'elles, d'ailleurs, avait fonctionné d'une façon satisfaisante et simplement rémunératrice. Ce qui nous frappe plus que l'énormité fort explicable de ces bénéfices, c'est leur *sécurité* relative succédant à l'incertitude des profits de concurrence, c'est leur régularité, qui tient à l'organisation rationnelle de la production.

En somme, les trusts se sont conduits *comme s'ils n'étaient pas maîtres absolus des prix.* Quelles sont donc les considérations qui les ont dominés, et à quelles lois cachées ont-ils obéi ?

Ecartons d'abord l'hypothèse d'après laquelle cette modération relative du prix tiendrait à la possibilité constante d'une concurrence, c'est-à-dire à la concurrence virtuelle ou *potentielle.* Celle-ci, toujours à l'éveil, serait prête à profiter des moindres excès de pouvoir de la compagnie monopolisatrice, pour capter la clientèle par des prix inférieurs. C'est ainsi que la domination du marché par un seul ne serait jamais qu'apparente, la possibilité de la concurrence imposant à cette domination des limites infranchissables. En d'autres termes, le monopole véritable *ne se conçoit même pas,* s'il n'est aidé par la loi ou par la nature, c'est-à-dire servi par des avantages artificiels ou exceptionnels (1). C'est là le raisonnement de l'école classique. Il est purement théorique. La menace de la concurrence virtuelle est bien illusoire pour des organisations gigantesques comme le trust de l'acier, œuvre de M. Pierpont Morgan, fondé sur un capital de 1.400 millions de dollars (plus de sept milliards de francs), — ou le *trust de l'Océan*, fondé sur un capital de 170 millions de dollars, encore l'œuvre de M. Morgan. Les avantages fournis par la nature ou par la loi, d'ailleurs tout à fait inexistants dans le cas de ces trusts, ne sont rien auprès de l'avantage écrasant d'une telle accumulation de capitaux. Quelles immenses fortunes ne faudrait-il pas risquer pour s'opposer sérieusement à d'aussi colossales entreprises ? Et ne peut-on pas affirmer que, dans ce cas et tant d'autres semblables, la concurrence virtuelle est totalement découragée et anéantie ? D'autant plus que le trust ne possède pas seulement l'outillage, mais la clientèle, c'est-à-dire qu'il a possession d'état. Il peut, s'il prévoit une concurrence sérieuse, la faire échouer, même avant sa naissance, par une baisse artificielle et momentanée des prix. C'est même là souvent tout l'effet d'une entreprise rivale qui se fonde ; elle force la compagnie qui détient le monopole à baisser ses prix, mais elle n'a qu'une existence passagère et finit par se laisser englober à son tour. En 1897, par exemple, le trust du sucre dut subitement abaisser ses prix à cause de la concurrence des raffineries Arbuckle et Doscher (2).

Il est assurément des exemples de trusts vaincus par une concurrence renaissante. Ainsi, le trust de l'anthracite, en 1897, succombe pour avoir trop relevé ses prix, après une dépression artificielle ; ainsi les premiers trusts de whisky (3). Mais ces

---

(1) Si, en fin de compte, disent les économistes, il ne viole les *conditions naturelles* du marché (Claudio Jannet, de Rousiers entre autres). Le monopole ne peut être qu'un produit *artificiel*, voilà, au fond, l'objection des économistes. Notons que cette objection repose sur un cercle vicieux, puisque ce qui est *naturel* dans leur pensée, c'est ce qui respecte la concurrence, et *artificiel* ce qui la supprime.

(2) Martin Saint-Léon, *op. cit.*, p. 150, note.

(3) P. de Rousiers, *Les industries monopolisées aux États-Unis.*

exemples, assez fréquents dans les premiers temps des trusts, *deviennent de plus en plus rares.* « Depuis trois ans, on ne cite guère de trusts en déconfiture » (1). C'est que l'expérience rend ceux-ci plus modérés, plus conscients de leur rôle, en même temps que la concurrence plus timide et moins aventureuse.

Donc, en fait, la plupart des grands trusts ont la domination pour ainsi dire complète du marché ; et cette domination paraît devoir leur être de plus en plus assurée. Aussi ne peut-il être sérieusement question, à leur sujet, de la menace de la concurrence virtuelle. Ce n'est pas celle-ci qui gouverne et limite les prix de monopole. C'est une tout autre règle.

IV. — *Les Monopoles et l'Opinion.*

Il s'en faut de beaucoup que le trust soit maître de créer le prix *suivant sa fantaisie.* Nous avons constaté qu'il s'était montré relativement modéré dans son attribution essentielle, la fixation du prix, mais nous devons ajouter qu'il ne pouvait faire autrement.

Que la forme de la production soit libre ou organisée, éparse ou concentrée, les règles supérieures qui dirigent le prix restent les mêmes : les trusts, comme les industries placées sous le régime de la concurrence, *doivent s'en rapporter avant tout à des jugements plus ou moins répandus qui constituent la base nécessaire aussi bien des prix de monopole que des prix de concurrence,* et qui sont leur limite et leur loi. Ce sont ces jugements, plus ou moins habilement reconnus, prévus, escomptés par le producteur, qui le guident dans la détermination du taux auquel il peut, le plus avantageusement pour lui, offrir sa marchandise au public.

Jenks reconnaît qu'il est une autre limite que la concurrence virtuelle à la toute puissance du monopole : c'est *l'effet des prix sur la vente.* Le monopoliste n'a intérêt à hausser son prix que jusqu'à une limite donnée, au-delà de laquelle la vente se

---

(1) Martin Saint-Léon, *op. cit.,* p. 163.

restreint et les bénéfices décroissent. C'est ramener la question à peu près aux termes dans lesquels Cournot la formulait il y a longtemps : il faut considérer avant tout *la relation entre le prix et la demande,* relation tout empirique d'ailleurs, variable avec chaque marchandise, et qu'une longue habitude des marchés ou l'établissement de statistiques patientes peuvent seuls préciser. Cette vue, infiniment juste et profonde, demande seulement à être ramenée à des termes psychologiques qui la complètent et l'éclaircissent.

Pour chaque marchandise, à chaque prix répond une demande différente, observait Cournot. C'est qu'à chaque prix l'équilibre des désirs concurrents, qui tendent à se satisfaire avec ce prix, change dans le cœur du consommateur. Suivant notre méthode, prenons pour point de départ l'analyse psychologique individuelle, et représentons-nous le cœur humain comme une sorte d'assemblée muette de désirs rivaux. Ces désirs (ces possibilités de jouissances) sont rivaux en ce que la satisfaction de l'un d'eux, aussi bien pécuniairement que vitalement, nous *coûte,* à chaque instant au moins, la satisfaction de tous les autres (1), la quantité d'argent que nous avons à dépenser n'étant, pas plus que la quantité d'effort dont nous disposons, inépuisable. Par suite, à l'apparition d'un prix, les désirs se mesurent entre eux rapidement, et c'est le plus fort de tous ceux qui peuvent être satisfaits avec ce prix qui l'emporte (et il faut compter, bien entendu, dans le nombre de ces désirs concurrents, le désir d'épargne en prévision des désirs futurs). Or, un prix, une somme d'argent, c'est une possibilité pour ainsi dire infinie de désirs satisfaits : avec le prix de 5 fr., par exemple, que l'on me demande pour un couteau, je puis aussi bien me payer une place de théâtre, un livre, un dîner; je puis placer cette somme à la caisse d'épargne ou la donner à un pauvre, etc... De tous ces désirs, le plus fort actuellement l'emportera. Mais si le prix du couteau monte à 10 fr., je pourrai satisfaire, avec le même argent, d'autres désirs plus coûteux,

---

(1) Se rapporter à ce que nous avons dit à propos de la formation du jugement de valeur (chap. VII, § 1).

faire une excursion que je projetais, etc... Si le prix monte à 20 fr., le désir d'une montre par exemple entre en concurrence et cent autres nouveaux désirs, en même temps que mon désir d'épargne, si je suis économe, peut être satisfait avec plus d'intensité par un plus gros placement à la caisse d'épargne, etc... A chaque fois donc que le prix s'élève, la possibilité de désirs concurrents s'étend davantage, des désirs nouveaux et plus forts entrent en scène, et, par suite, il y a moins de chance que ce soit le désir primitif qui reste le plus puissant de tous et qui l'emporte. J'abandonne alors mon désir de couteau, qui me coûterait tant d'autres désirs plus violents, et je dispose autre-ment de mon argent. Ainsi, en généralisant ce simple petit raisonnement, on comprendra comment, *par rapport au prix,* change, en même temps que la situation relative des désirs dans le cœur, l'étendue des consommateurs sur le marché. Les variations que subit l'étendue de la clientèle, c'est-à-dire le *quantum* de la demande, sont l'image agrandie des variations que subit le désir relatif de l'objet dans le cœur du consom-mateur.

Qu'on ne dise pas, d'ailleurs, que certains désirs, comme le désir du pain, du vin, etc., sont tellement généraux qu'on leur sacrifierait tous les autres au besoin, et que, par suite, aussi haut que le prix monte, pour eux la demande ne se restreindrait pas. Ceci n'est pas du tout certain ; et ce qui l'est, au contraire, c'est qu'en ce cas le désir du pain serait vite remplacé par le désir d'un succédané, d'un aliment analogue et non monopo-lisé. Ainsi peut être comprise psychologiquement cette règle habituelle des marchés, que M. Paul Leroy-Beaulieu appelle *loi de substitution.* Il faut ajouter que, s'il s'agit d'objets d'un usage courant, ou de denrées considérées comme indispensa-bles à l'existence, l'accaparement se heurte ici à une force redoutable, l'opinion. Pour eux, en effet, le public souffre seulement de toutes petites déviations autour du prix habituel ou *de coutume.* Dans le cas où une tentative d'accaparement porterait le prix de ces marchandises à des taux vraiment incon-nus, elle soulèverait une telle révolte de l'opinion publique, qu'elle ne pourrait tenir longtemps. Pour le blé, les prix dits *de famine* ont occasionné autrefois des réprobations et des révoltes devant lesquelles il fallait céder tant bien que mal ; mais de telles exactions de la part de monopolistes deviennent de plus en plus improbables et de plus en plus impossibles dans des pays où le gouvernement, en définitive, reste à l'opinion.

Il s'agit ici de la force de *l'opinion morale*. Comment expliquer sans elle l'attitude timide de certains trusts, par exemple du trust du sucre, très impopulaire en Allemagne, qui « n'a jamais épuisé sa marge de hausse, car il redoutait l'exaspération des consommateurs » (1)? Le trust des glaciers, à New-York, ayant voulu exhausser le prix de la glace, qui est d'un usage très général là-bas, dut fléchir devant le *tolle* de l'opinion (1897). Ces considérations nous amènent à comprendre pourquoi l'on croit reconnaître dans certains grands trusts de l'Amérique quelques traits et comme l'allure d'une administration générale pourvoyeuse de subsistances. Il semble que l'on trouve déjà, dans ces géantes entreprises privées, quelques-uns des motifs plus désintéressés qui font agir l'État : le souci relatif des intérêts du public, le désir de se rendre l'opinion favorable, de se maintenir en bon renom. Dégagées des nécessités pratiques des petites entreprises, forcément égoïstes et mesquines, elles paraissent avoir le sentiment vague de l'utilité générale, et, pour ainsi dire, la conscience de remplir une *fonction publique*.

Quoi qu'il en soit, le principal motif déterminant du prix de monopole ne se trouve pas dans le désir d'éviter la concurrence virtuelle, sinon il faudrait admettre que, dans le cas de monopole absolu (et il y a au moins un cas de monopole absolu, c'est celui qui s'appuie sur la loi, le *monopole légal*), nulle limitation n'intervient. Le principe essentiel et dominant du prix, ce n'est nullement la concurrence, soit effective, soit latente, des producteurs, — mais une toute autre concurrence,

---

(1) Souchon, *Les cartells de l'agriculture en Allemagne*, p. 222. Le trust du sucre n'a jamais surélevé le prix intérieur jusqu'à une hauteur voisine du droit de douane (avant la convention de Bruxelles), c'est-à-dire que, mis à l'abri de toute concurrence étrangère par les droits de douane, il ne profitait pas de cette situation.

interne celle-là, *la concurrence des désirs dans le cœur humain.*
Quand cet équilibre de désirs rivaux et coexistants se trouve en
contact avec un prix donné, il s'ensuit une lutte interne, puis
un apaisement, une conclusion : c'est le *jugement sur le prix,*
favorable ou défavorable, suivant qu'il se traduit par « j'achète »
ou bien « je n'achète pas ». Il est évident que l'intérêt du monopoliste est de rechercher le plus grand nombre de jugements
favorables, et, pour cela, la connaissance psychologique de la
clientèle lui est indispensable. S'il se croyait maître de la
situation, comme le lui laisserait croire l'Ecole libérale, et libre
de fixer le prix à sa guise, il verrait rapidement la consommation suivre une allure imprévue, s'étendant ou se restreignant
suivant la direction de ses fantaisies, et il éprouverait de
graves mécomptes; il comprendrait alors que la demande
n'obéit pas dans ses mouvements à des règles de hasard, mais
à des règles certaines, et qu'elle *suit le prix* suivant une courbe
propre et déterminée, qu'il est de l'habileté ou du génie du
producteur d'établir à l'avance et de prévoir.

Le cabinet d'un grand directeur de trust est une sorte de
laboratoire de psychologie. « Tous les matins, à 7 heures, dit
M. de Rousiers, les renseignements les plus exacts sur tous les
faits intéressant la production du pétrole sont centralisés et
présentés à M. Rockefeller... A 9 heures, d'après les indications
fournies, d'après les prévisions qu'elles font naître, *le prix
auquel le trust achètera ou vendra l'huile brute est fixé* » (1).
Il y a là une délibération, sans doute fort complexe, pendant
laquelle sont longuement pesées les possibilités, et avant tout
les possibilités *psychologiques* de la clientèle. C'est là que se
révèle à nous, sous sa forme la plus grandiose et la plus simple
à la fois, le mécanisme, d'ordinaire caché, qui aboutit à fixer le
prix. Ce mécanisme est ici plus solennel et plus savant à cause
de l'étendue de la clientèle et de la quantité d'éléments à
prévoir, mais il est en somme le même que celui qui entraîne
la formation d'un prix quelconque, même en régime de concurrence. C'est avant tout, on le voit, un *mécanisme psychologi-*

(1) *Les industries monopolisées aux Etats-Unis.*

que : il consiste dans la prévision plus ou moins exacte, par le producteur, des jugements de sa clientèle, de la réponse qu'elle fera à la question que lui pose le prix et, pour ainsi dire, de la *réaction* qu'elle manifestera à son contact.

En somme, le monopoliste trouve en face de lui une puissance redoutable, *l'opinion,* au sens large du mot. Nous pouvons nommer ainsi l'ensemble des idées et des jugements des consommateurs qu'il est obligé de prévoir, et avec lesquels il est forcé de compter pour établir son prix. Cette opinion se montre presque partout l'adversaire des monopoles, en qui elle voit, un peu naïvement sans doute, des entreprises d'exactions. D'autre part, les pouvoirs publics croient de plus en plus devoir intervenir contre eux, un peu en vertu de conceptions semblables, un peu aussi parce qu'ils redoutent de telles puissances rivales. Ainsi, le trust est pris entre l'Etat et le client-consommateur. Mais celui-ci est, d'une certaine façon, représenté par celui-là : l'Etat est l'organe de l'opinion publique, il agit comme mandataire des volontés du peuple. Et par suite, lorsqu'il poursuit les entreprises d'accaparement par des lois retentissantes, comme l'*Interstate commerce act* ou le *Sherman act* (1890), il affirme avec énergie ce que le trust ne peut méconnaître : que les jugements moyens des consommateurs sont la source et l'origine du prix.

Ainsi renaît, sous une forme le plus souvent irritante, la question du *juste prix.* Dans ses revendications contre un pouvoir qu'elle croit illimité, l'opinion se réclame des principes d'équité, l'idée d'un prix juste s'enracine au cœur des consommateurs. Et les monopoles sont de plus en plus obligés de tenir compte de cette forme la plus redoutable de l'opinion, les croyances morales. Un élément de justice se mêle chaque jour davantage à ce jugement moyen de la clientèle sur le prix de monopole, jugement qui sert lui-même de base nécessaire au prix, comme nous l'avons vu. L'opinion demande que la loi impose aux prix des trusts des limites conformes à l'équité ; elle devient exigeante, parce qu'elle soupçonne les trusts d'abuser de la situation (alors que cela leur est très difficile, sinon impossible), et elle réclame de plus en plus de l'Etat qu'il n'abandonne pas les prix à l'arbitraire de quelques entreprises trop puissantes (1). Ainsi l'autorité publique se voit déjà investie par l'opinion de ce rôle que lui reconnaissaient, théoriquement, les canonistes du XIIIᵉ et du XIVᵉ siècles : le devoir de fixer les prix de toutes les marchandises. Si les premiers trusts, d'ailleurs, ont donné prise à ces craintes et ces espoirs exagérés, les trusts d'aujourd'hui sont infiniment plus sages, et pour cela même ignorent les faillites retentissantes de leurs devanciers. Nous n'en croyons pas moins que le public, susceptible et méfiant, ne se résignera pas à laisser à quelques capitalistes le soin de déterminer les prix, et en appellera de plus en plus à l'autorité publique et à la loi, expression elle-même de l'opinion, mais revêtue aux yeux du peuple d'un aspect de pérennité illusoire et presque sacré.

Mais quel sera le guide de la loi future dans cette tarification générale des prix? Il faut bien partir d'une donnée fixe. Et nous ne voyons ici, en quelque sorte, qu'un cercle vicieux, puisque l'opinion réclame de la loi la fixation d'un juste prix, dont les éléments ne peuvent être pris que dans cette opinion elle-même. C'est pourquoi l'impossibilité de découvrir une formule du *juste prix absolu* nous apparait une fois encore, ainsi que la nécessité de recourir, pour le déterminer, à l'un de ces *absolus relatifs*, dont les astronomes usent dans leurs calculs, sorte de points de repère qui changent eux-mêmes, mais moins rapidement que les astres dont ils servent à mesurer les variations. Ici, l'absolu relatif, c'est l'Opinion.

Vu par le Président de la Thèse,

CHARLES GIDE.

Vu : *Le Doyen,*

GLASSON.   Vu et permis d'imprimer :

Le Vice-Recteur de l'Académie de Paris,

L. LIARD.

---

(1) Dolléans (*L'Accaparement*, p. 310-311) touche, un peu dans ce sens, à la question du juste prix et du juste profit.

BIBLIOGRAPHIE.

OUVRAGES GÉNÉRAUX.

Année sociologique (l'), publiée chaque année depuis 1898, sous la direction de M. E. Durkheim.

Anthoine (Père). — Cours d'Economie sociale.

Colson. — Cours d'Economie politique, professé à l'Ecole nationale des ponts-et-chaussées (1901).

Cournot (Augustin). — Recherches sur les principes mathématiques de la théorie des richesses (1838). — Principes de la théorie des richesses (1863).

Espinas (Alfred). — Histoire des doctrines économiques.

Gide (Ch.). — Principes d'Economie politique, 6ᵉ édition (1898). — Justice et Charité (dans Morale sociale, Alcan, 1899).

Ingram. — Histoire de l'Economie politique (traduction).

Jannet (Claudio). — Le Capital, la Spéculation et la Finance au xixᵉ siècle (1892).

Leroy-Beaulieu (Paul). — Traité d'Economie politique, 4 vol. (1896).

Maine (Summer). — Ancien Droit (trad. 1874).

Ribot (Th.). — Logique des sentiments (1905).

Schmoller. — Politique sociale et Economie politique (la Justice en Economie politique, — Economie, coutume et droit) (traduction Giard et Brière).

Tarde (Gabriel). — Les transformations du Droit (1ʳᵉ édition, 1893). — La logique sociale (1ʳᵉ édition, 1895). — La psychologie économique (2 vol., 1902). — Cours sur l'Interpsychologie au Collège de France (1903-1904).

OUVRAGES SPÉCIAUX.

—

La doctrine canonique du juste prix (Chapitre II).

ALBERT-LE-GRAND (1193-1280). — Ethique (livre V, traité II, chapitre 9). — (Opera omnia Lugduni, 1651, tome IV). — Bibl. nationale : Inv. D. 97.

ANTONIN DE FLORENCE (XVᵉ siècle). — Summa theologica.

ARISTOTE. — Morale à Nicomaque (livre V), (traduction Barthelemy Saint-Hilaire).

ASHLEY. — Histoire et doctrines économiques de l'Angleterre au moyen âge (2 vol. trad. Giard et Brière).

AUGUSTIN (saint). — De Trinitate (lib. XIII).

AVENEL (vicomte d'). — Paysans et ouvriers des trois derniers siècles.

BABEAU. — La lutte de l'Etat contre la cherté en 1724.

BASILE (saint). — Homélie contre les usuriers.

BAUNY (Père). — Somme des péchez.

BENTHAM. — Lettre sur l'usure (1787).

BIEHL. — Collectio sententiarum.

BOSSUET. — Traité de l'usure.

BRANTS (Victor). — Les débuts de la science économique aux XIIIᵉ et XIVᵉ siècles (Paris, 1881).

BRENTANO (Lujo). — Le concept de l'éthique et de l'économie politique dans l'histoire (Revue d'économie politique, 1902).

BUREAU DE LA MALLE. — Economie politique des Romains, 2 vol.

BURIDAN (XIVᵉ siècle). — Quæstiones in decem libros Ethicorum Aristotelis (lib. V, quæst. 16).

CODEX de Justinien (IV, 44, de rescindenda venditione).

DENIS (Hector). — Histoire des doctrines économiques et socialistes.

DIGESTE. — De minoribus.

ENDEMANN. — Studien in der romanisch-canonistischen Wirthschafts und Rechtslehre (2 vol., 1874-1883). — Die nationalœkonomische Grundsätze der canonistischen Lehre (1863).

FUNK. — Geschichte der kirchlichen Zinsverbotes (1876).

GAND (Henri de) (1220-1295). — Quodlibeta quæstiones.

GARNIER. — L'Idée du juste prix chez les théologiens du moyen âge (thèse, Paris, 1900).

GERSON (xive siècle). — De contractibus, prop. 18.

GRÉGOIRE DE NYSSE (saint). — Homélie contre les usuriers.

HAUSER (Henri). — Ouvriers du temps passé (xve et xvie siècles).

JANSSEN. — L'Allemagne à la fin du moyen âge (trad. 2 vol., 1887-1889).

JOURDAIN. — Mémoires sur le commencement de l'Econ. pol. dans les écoles du moyen âge (dans les Mémoires de l'Académie des inscriptions et belles-lettres, XXVIII, an. 1874).

KNIES. — Politische Œkonomie vom geschichtlichen Standpunckte (1883).

LANGENSTEIN (fin du xive siècle). — De contractibus (cap. XI).

MARTIN (Germain). — La grande industrie en France sous Louis XV.

MEDINA (xvie siècle). — De restitutione et contractibus.

MOLINA (xvie siècle). — Disputationes de justitia et jure, numéros 364-365.

NEUMANN. — Geschichte des Wuchers in Deutchland (1865).

PENNAFORT (Raymond de) (1175-1275). — Summa theologica.

PLATON. — Les Lois (livre XI).

PLATON (G.) — La démocratie et le régime fiscal à Athènes, à Rome et de nos jours.

ROGERS (Thorold). — Interprétation économique de l'histoire (trad. 1892).

ROSCHER. — Geschichte der Nationalœkonomie in Deutchland (1874).

THOMAS D'AQUIN (saint) (1225-1274). — Summa theologica (secunda secundæ, quæst. LXI, LXII, LXXVII, LXXVIII). — Commentaire à l'Ethique (Opera omnia, 1866).

SCACCIA (xviie siècle). — Tractatus de commerciis et cambiis.

SCHMOLLER. — Zur geschichte der nationalœkonomichen Ansichten in Deutchland während der Reformationsperiode (1861).

Le prix naturel des Physiocrates (Chapitre III).

DUPONT DE NEMOURS. — De l'origine et des progrès d'une science nouvelle.

HASBACH. — Les fondements de l'Economie politique de Quesnay et de Smith (Revue d'Econ. pol. 1893).

LETROSNE. — De l'intérêt social.

MERCIER DE LA RIVIÈRE. — L'ordre naturel des sociétés politiques.

PERIN (Ch.). — Histoire des doctrines économiques depuis un siècle.

QUESNAY. — Du droit naturel. — Observations sur l'intérêt de l'argent — (dans Œuvres complètes, édit. Oncken).

Truchy. — Le libéralisme économique dans les œuvres de Quesnay (Revue d'Econ. pol. 1902).

Veblen. — Les préconcepts dans la science économique (Quarterly journal of economics, january 1880).

La valeur psychologique (Chapitre IV).

Bastiat. — Harmonies économiques (tome VI des Œuvres, édit. Guillaumin, 1860).

Bicking (Maurice). — La valeur dans les sciences sociales (thèse, Paris, 1904).

Böhm-Bawerk. — La valeur (article pour le dictionnaire d'Econ. pol. de Conrad et Lexis, traduit dans Revue d'Econ. pol., juin 1894). — Capital und Capitalzins, 2 vol. (trad. chez Giard et Brière : Histoire des théories du capital et de l'intérêt, 2 vol.).

Bouglé. — Les sciences sociales en Allemagne (1896).

Carey. — Principes de la science sociale (trad. Guillaumin).

Condillac. — Le commerce et le gouvernement considérés relativement l'un à l'autre (1776).

Dubois (A.). — Les théories psychologiques de la valeur au xviiie siècle (Revue d'Econ. pol. 1897).

Edgeworth. — La théorie mathématique de l'offre et de la demande, et le coût de production (Revue d'Econ. pol. 1891).

Galiani (abbé). — Della moneta, libri cinque (un fragment traduit dans Revue d'Econ. pol. 1897).

Gide (Ch.). — La notion de valeur chez Bastiat (Revue d'Econ. pol. 1887).

Jevons (Stanley). — Theory of political economy.

Marshall. — Principles of economic (2 vol.)

Menger (Karl). — Untersuchungen über die Methode der Sociawissenchaften.

Petit (Eug.). — Etudes critiques des différentes théories de la valeur (thèse 1897).

Say (J.-B.). — Cours complet d'économie politique (Guillaumin).

Tarde (G.). — Les deux sens de la valeur (Revue philosophique, 1881, Revue d'Econ. polit. 1888). — Logique sociale (chap. VIII : l'Economie politique).

Turgot. — Valeurs et monnaies. — Réflexions sur la formation et la distribution des richesses — (dans Œuvres complètes, édit. Guillaumin).

Wagner. — Grundlegung der politischen Œkonomie (1892-1894).

Walras. — Economie pure.

La valeur socialiste (Chapitres V et VI).

AFTALION. — Sismonde de Sismondi.

ANDLER. — Préface à la traduction du Droit au produit intégral du travail, de Menger (1901). — Les origines du socialisme d'État en Allemagne (1897).

AYMARD. — Étude critique du travail comme élément constitutif de la valeur chez les économistes (thèse, Paris, 1905).

BAZARD. — Doctrine de Saint-Simon (conférences, 1828-1829).

BERNSTEIN. — Socialisme théorique et socialdémocratie pratique (trad. 1900).

BOURGUIN. — La mesure de la valeur (Revue d'Econ. pol. 1895). — Marx et Proud'hon (brochure, 1892). — Les systèmes socialistes et l'évolution économique (1904.

CAILLÉ. — Weitling (thèse, Paris, 1905).

CANTILLON. — Essai sur la nature du commerce (1755).

CORNELISSEN. — Théories modernes de la valeur (Revue socialiste, novembre 1901). — La dialectique hégélienne dans l'œuvre de Marx (Revue socialiste, février 1901).

CROCE (Benedetto). — Matérialisme historique et Economie marxiste (trad. 1901). — Devenir social, février 1898.

DENIS (Hector). — David Ricardo et la dynamique économique (Revue d'Econ. pol. 1902).

DESJARDINS (Arthur). — Proud'hon, 2 vol. 1896.

EFFERTZ (Otto). — Arbeit und Boden, system der politischen Œkonomie (Berlin 1897), dont une édition française partielle avait déjà paru en 1893-1894 (Marchall et Billard).

ENGELS (Frédéric). — Préface au III° volume du Capital de Marx. — Devenir social (nov. 1895).

GRONLUND. — The cooperative Commonwealth.

HALL (Charles). — On the effects of civilisation on the people in European States (1805).

HITIER. — Sismondi (Revue d'Econ. pol. 1899).

KAUTSKY. — Le Marxisme (trad. 1900). — Am Tage nach der Revolution (trad. dans Mouvement socialiste 1903).

LABRIOLA. — Discorrendo di socialismo è di filosofia.

LIESSE (André). — Le travail.

MARX (Karl). — Le Capital : tome I (1867) ; tome II (trad. chez Giard et Brière) ; tome III (1894, trad. chez Giard et Brière). — Critique de l'Economie politique (trad. Remy). — Lettre au Conseil général de l'Association internationale des travailleurs (Devenir social, 1898 : Salaires, prix et profits).

MENGER (Anton). — Le droit au produit intégral du travail (trad. 1900).

MERLINO (S.). — Formes et essence du socialisme (trad. 1898).

MILL (Stuart). — Principes d'Economie politique, 2 vol. (trad. Guillaumin), principalement livre III.

PROUD'HON. — Qu'est-ce que la propriété? ou recherches sur le principe du droit et du gouvernement (1840). — Contradictions économiques (2 vol., édition Flammarion).

RENARD (Georges). — Le régime socialiste (1898).

RICARDO (David). — Principes d'Economie politique (chap. 1, XX) dans Œuvres (édit. Guillaumin). — Lettres à Mac-Culloch (publiées par les Annales de l'Association économique américaine, 1895).

RICHARD (Gaston). — Le socialisme et la science sociale.

RODBERTUS. — Neber den Normalarbeistag (dans Berliner Revue, 1871). — Das Kapital. — Zur Beleuchtung der sozialen Frage, 2 vol.

SCHMIDT (Conrad). — Sur le IIIᵉ volume du Capital de Marx (Devenir social, 1895).

SCHŒFFLE. — La quintessence du socialisme (1874) (Edition française de la Bibliothèque socialiste, 1904).

SISMONDI. — Etudes sur l'Economie politique. — Les nouveaux principes (1819).

SMITH (Adam). — La richesse des nations (2 vol., édit. Guillaumin).

SOMBART. — Der moderne Capitalismus. — Sur le IIIᵉ volume du Capital de Marx (dans Archiv sociale Gesetzgelung de Brann, VII, 4). — Le socialisme et le mouvement social au XIXᵉ siècle (trad. 1898).

SOREL (Georges). — La ruine du monde antique (1902). — Sur la théorie marxiste de la valeur (Journal des économistes, 1897).

SULZER. — Die Zukunft der Socialismus.

THOMPSON (W.). — An inquiry into the principles of distribution of wealth most conducive to human happiness (1824).

WEITLING (Wilhelm). — Garantien der Harmonie und Freiheit (1842).

Le juste salaire (Chapitre VIII).

BEAUREGARD (Paul). — Essai sur la théorie du salaire. — Sur les décrets de 1899 : Monde économique (1899), et Revue d'Econ. pol. (août-sept. 1899).

CIRCULAIRE du ministre du commerce du 14 novembre 1899.

Eblé. — Les écoles catholiques d'Economie sociale (thèse, Paris, 1906).

Encyclique Rerum novarum (15 mai 1891).

Fagniez. — Etudes sur l'industrie à Paris aux xiiie et xive siècles.

Fristot (Père). — Le salaire familial (Etudes religieuses, 1894).

Gide (Ch.). — Rapport sur la section d'économie sociale à l'Exposition de 1900.

Hauser (Henri). — Ouvriers du temps passé (xve et xvie siècles).

Ihering (von). — L'évolution du Droit (trad. 1901).

Joly (Henri). — Le socialisme chrétien.

Lavollée. — Les classes ouvrières en Europe.

Le Foyer (Lucien). — Le minimum de salaire en Belgique (1898).

Leroy-Beaulieu (Paul). — Le travail des femmes au xixe siècle. — Essai sur la répartition des richesses.

Levasseur (Emile). — Le salariat (extrait des comptes-rendus de l'Association française pour l'avancement des sciences, 1901). — La théorie du salaire (Journal des économistes, janvier 1888). — L'ouvrier américain (2 vol.).

Louvard. — La protection des salaires dans les marchés de fournitures et de travaux publics (thèse, 1901).

Mazoyer. — Les conditions du travail dans les chantiers de la ville de Paris.

Metin (Albert). — Le socialisme sans doctrines (1901).

Note sur le minimum de salaire dans les travaux publics (Office du travail, 1897).

Polier (Léon). — L'idée du juste salaire (Giard et Brière, 1903).

Thünen (Von). — Le salaire naturel (trad.).

Vigouroux. — L'évolution sociale en Australasie (1902).

Voidier. — Le salaire naturel (thèse, Lyon, 1900).

Le juste intérêt (Chapitre IX).

Annuaire de législation étrangère.

Bulletin de la Société de législation comparée.

Perrin (Jean). — Essai sur la réductibilité des obligations excessives (Marchall et Billard, 1905).

Saleilles (Raymond). — La déclaration de volonté (1901). — Introduction à l'étude du droit civil allemand (1904).

Le fermage usuraire (Chapitre X).

ANNUAIRE de législation étrangère, 1875, 1883.

BAUDRILLART. — Propriétaire et fermier (Journal des économistes, août 1889).

BÉCHAUX (Et.). — La question agraire en Irlande au début du xx° siècle (thèse, Paris, 1906).

BOURGUIN. — De l'indemnité de plus-value au fermier sortant (Revue politique et parlementaire, février 1900).

EPPS (William). — Land system of Australasia.

LEROY-BEAULIEU (Pierre). — Les nouvelles sociétés anglo-saxonnes.

PRESSENSÉ (Francis de). — L'Irlande au xix° siècle.

VIGOUROUX. — L'évolution sociale en Australasie (1902).

Les monopoles et le juste prix (Chapitre XI).

AUPETIT. — L'œuvre économique de Cournot (Revue de métaphysique et de morale, mai 1905).

BROUILHET. — Essai sur les ententes commerciales et industrielles (1895).

COURNOT. — Principes de la théorie des richesses (liv. I, chap. vi et vii.

DOLLÉANS (Ed.). — De l'accaparement (1902).

GIDE (Ch.). — Le règne du consommateur (leçons données à l'Université de Lausanne, 1898).

JANNET (Claudio). — Le capital, la spéculation et la finance au xix° siècle (1892). — Les syndicats entre industriels pour régler la production (Réforme sociale, 1895).

JENKS. — Rapport préliminaire de l'« Industrial Commission » sur la question des trusts, et étude sur l'influence des trusts sur le prix (tome I). — The trust problem (1900).

LIEFMANN. — Die Unternehrmerverbände (1897). — Les caractères et les modalités des cartells (Revue d'Econ. pol., juillet 1899).

MARTIN SAINT-LÉON. — Cartells et trusts (1903).

DE ROUZIERS. — Les industries monopolisées aux Etats-Unis (1900). — Les syndicats industriels de producteurs en France et à l'étranger (1901).

TABLE DES MATIÈRES.

L'IDÉE DU JUSTE PRIX

Essai de Psychologie Economique

DEUXIÈME PARTIE. — **LES FAITS.**

Influence de l'idée du juste prix sur les prix réels.

—

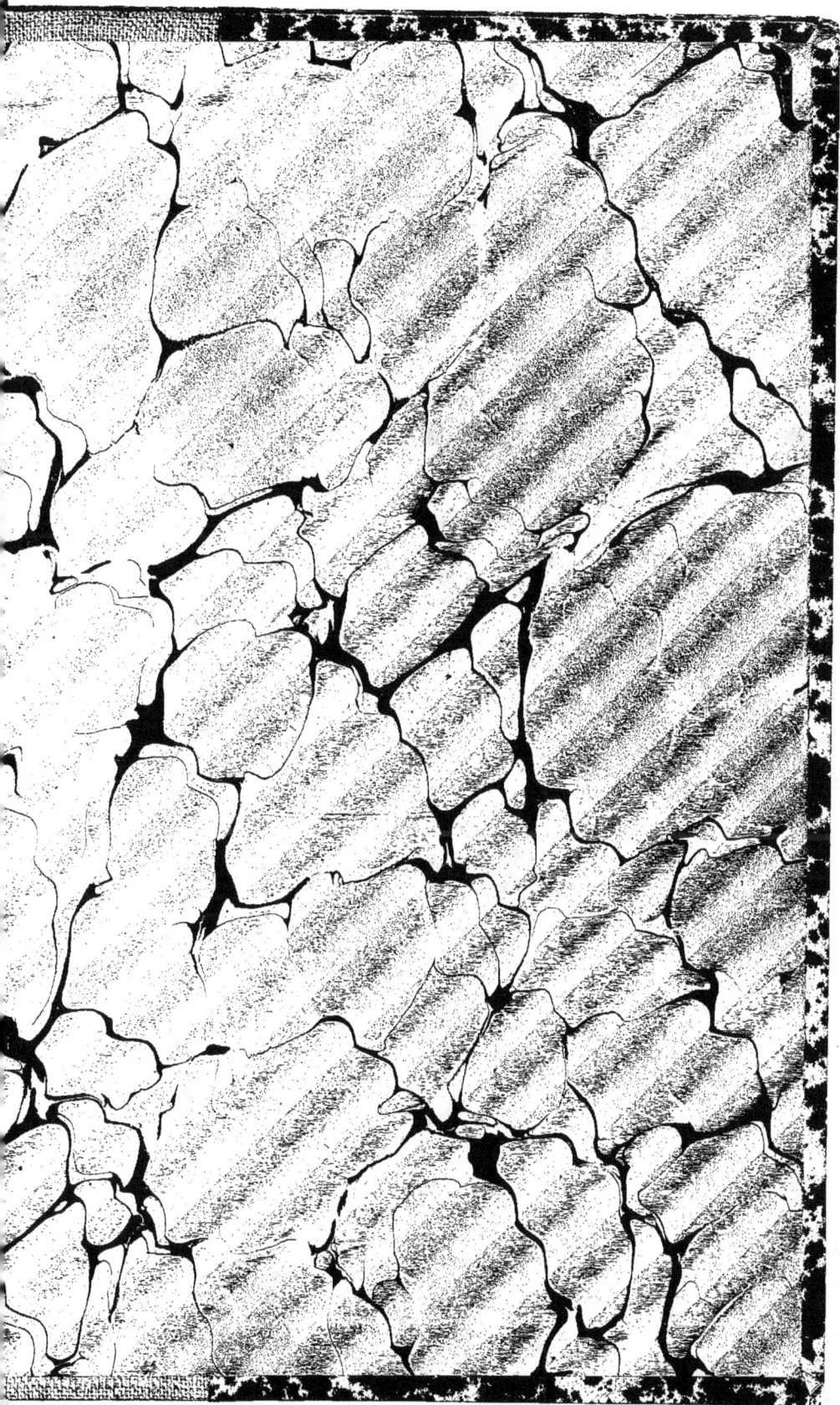

www.ingramcontent.com/pod-product-compliance
Lightning Source LLC
Chambersburg PA
CBHW061107220326
41599CB00024B/3948